山海大地雕文心

日照当代作家论

李恒昌

主 编

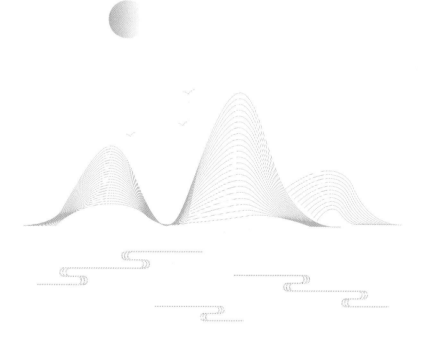

山东画报出版社
济南

图书在版编目（CIP）数据

山海大地雕文心：日照当代作家论/李恒昌主编.—济南：山东画报出版社，2023.12
ISBN 978-7-5474-4648-5

Ⅰ.①山… Ⅱ.①李… Ⅲ.①作家－人物评论－日照-现代 Ⅳ.①K825.6

中国国家版本馆CIP数据核字（2023）第241881号

SHANHAI DADI DIAOWENXIN　RIZHAO DANGDAI ZUOJIALUN

山海大地雕文心　日照当代作家论

李恒昌　主编

责任编辑　刘陆星
装帧设计　徐　潇

主管单位　山东出版传媒股份有限公司
出版发行　山东画报出版社
　　社　　址　济南市市中区舜耕路517号　邮编　250003
　　电　　话　总编室（0531）82098472
　　　　　　　市场部（0531）82098479
　　网　　址　http://www.hbcbs.com.cn
　　电子信箱　hbcb@sdpress.com.cn
印　　刷　济南新先锋彩印有限公司
规　　格　170毫米×240毫米　16开
　　　　　　　28.25印张　420千字
版　　次　2023年12月第1版
印　　次　2023年12月第1次印刷
书　　号　ISBN 978-7-5474-4648-5
定　　价　78.00元

序 言

黄发有

日照作为一个年轻的地级市，既有深厚的历史文化底蕴，又焕发出后来居上的活力。地级日照市 1989 年 11 月成立，其各项事业都在县级日照市的基础上向前推进。到了 1993 年，日照市文联和日照市作家协会才正式宣告成立。令人惊喜的是，年轻的日照在文学创作方面生机勃勃，日照的作家们展现出踔厉奋发、昂扬向上的精神风貌，锐意进取，守正创新，取得了堪称辉煌的文学成就。赵德发的长篇小说《经山海》获得第十五届全国五个一工程奖，夏立君的散文集《时间的压力》获得第七届鲁迅文学奖散文奖。这表明日照当代文学不再是边缘的存在，而是敢于在全国性舞台上大显身手。迄今举办了五届的"日照散文季"已经成为一个具有全国性影响的文学品牌，既促进了城市品质的提升，又推动了日照文学创作的繁荣。

最近几年，有多位省内外文学界的朋友跟我谈起日照的作家们和日照的文学创作状况，对日照文学的代表性作品和良好的文学氛围表示由衷的赞赏。日照文学的迅速崛起称得上是具有典型意义的文学现象，对于其他地市的文学发展具有参照价值和借鉴意义。日照文学之所以能够蒸蒸日上，其根本原因在于构建了健康的、具有可持续性的文学生态，日照作家们自觉维护和谐共进的文学环境。其一，日照文学建立了行之有效的传帮带机制。赵德发、夏立君等领军作家具有强烈的使命感和责任感，不仅不遗余力地向外界推荐年轻的、后起的日照作家，而且他们真的能够扑下身子去指导新人的文学创作。我阅读山来东、刘加云等作家的新作，见他们在后记中都会提到自己在写作、修改过程中得到的实实在在的帮助。正因如此，日照文学才能英才辈出，发展后劲不断增强。据我所知，不少地方的基层作家都是孤军奋战，在茫然中向前摸索。日照文联和日照作家协会发挥了很好的凝聚作用，从赵德发到夏立君到其他工作人员，他们都有自觉为作家服务的奉献精神。日照的年轻作家们是幸运的，不同背景的作家抱团取暖，通过文学寻找精神的归属感。

其二，日照文学具有一种海纳百川的襟怀，多元碰撞，平等交流，相互激发，多种文体各显其能，展现了艺术的丰富性。赵德发的小说创作形成了鲜明的艺术特色，以《通腿儿》《蚂蚁爪子》为代表的"沂蒙系列"中短篇小说耐人寻味，其"农民三部曲""文化三部曲"等长篇小说根深叶茂，提升了日照文学的艺术高度。他正在创作的"沧海三部曲"厚积厚发，令人充满期待。瞿旋、邓撰相、蓝强、许家强、潘维建等作家的小说创作屡有佳作，近年山来东的海洋题材长篇小说《彼岸》和刘加云深入挖掘日照历史文化资源的长篇小说《一街两城》为日照小说拓展了新的空间，贡献了新的力量。夏立君的散文创作文史交融，其诗化的形式中往往蕴含哲理意味。尤为难得的是，他与古人穿越时空的对话并不是单纯的智力游戏，而是以生命体验作为纽带，寻找并激活那些没有被时光磨灭的思与美。刘汉中、李世恩、窦永堂、于蓉、葛小明等散文作家的创作以不同的姿态持续生长，几代散文家共同努力，展现了散文艺术的丰富性与多样性。在日照的诗歌天空里，群星璀璨，李晓梅、王夫刚、上官南华、南方、窦凤晓、沈凤国等诗人以个性鲜明的诗风，交相辉映，土地的厚重博大与大海的广阔空灵赋予日照诗歌以复调的美学气质。在报告文学创作中，日照籍作家李存葆的《沂蒙九章》和铁流的《靠山》都是名篇，本土作家赵德发的《白老虎》产生了广泛影响，许家强、南方、秦忻怡等佳作迭出。李应该的戏剧创作屡获大奖，颇具大家气象。日照作家对于文体大都具有一种包容的气度，没有厚此薄彼的偏见。赵德发的散文、夏立君的小说都有上乘之作，作家自觉的跨文体实践拓展了文体创新的空间。

其三，日照文学始终保持一种开放的视野。日照文学界与外出发展的日照籍作家保持密切的互动，内外呼应，不断为日照文学发展提供动力和活力。从日照走出来的李存葆、丁建元、铁流、李林芳、蓝野、东紫、散皮、王世龙、张丽军等，他们的文学实践得益于故乡源源不断的精神滋养，又以不同形式回馈故乡，和日照本土文学创作形成了互在其中的良性互动。日照的作家都善于从故乡的风土人情中汲取灵感，但他们并不封闭和保守，而是以开放的视野不断引入新鲜的参照系，使得故乡成为精神的底色，成为牵系越飞越远的文学风筝的细线。我在评论赵德发创作历程的《君子之风》中有这样的表述："赵德发就像沂蒙山里的泉流日益壮大、奔流入海，走向浩大与辽阔，既有山的厚重和淳朴，又有海的深沉和包容。回首他的创作，《通腿儿》里的狗屎和榔头、《蚂蚁爪子》里的木墩就会浮现出来，这些土生土长的人物，就像土堆里的金块，经历时光的磨蚀之后显得更加闪亮。从《缱绻与决绝》中的'天牛'、《君子梦》里的'電子树'到《人类世》中的'金钉子'、《经山海》中的'楷树'，赵德发的长篇小说当中总有一个核心的物象和意象贯穿其中，既有一种无法尽言的象征蕴涵，又有一种调节叙述节奏和虚实关系的结构功能，这些意象也是连接天、地、人的对话通道。""赵德发的文学创作深植于脚下的土地，孜孜不倦地从故乡的自然景观、风俗传统与现实进程中汲取营养，从幼小的树苗长成参天大树，在精神向上攀升的过程中，他的写作变得丰富和博大。"赵德发的这种追求在日照作家群中具有一种普遍性，他们的创作都是有根的写作，但对根的追寻各有门径，各自乘流，开枝散叶，形成了缤纷多彩的文学景观。以夏立君的小说《草民康熙》为例，作家对于乡土经验的转化另辟蹊径，这种方式不那么具象，显得比较抽象。我们在阅读作品的时候，还是能深刻地感受到作家跟他曾经生活过的乡土世界的血肉关联。这篇小说采用了一种反讽的笔法，表面上显得比较轻松，具有一种喜剧色彩，但是文字的背后涌动一种挥之不去的沉重，潜藏了作家对乡土和那些小人物的深厚感情与复杂体验。

其四，文学评论与文学创作相互推进。南梁文学理论家刘勰曾在浮来山定林寺校经，创作出彪炳史册的《文心雕龙》。受到这一绵延不息的文脉的滋养，日照文坛对于文学评论表现出一种发自内心的敬重。任相梅、王成一、徐璧如、李毅然、林丽等本土评论家贴近日照文学现场，与当地的文学创作共同成长。《日照日报》等在地媒介也为文学评论提供园地。在一个海滨小城，曲高和寡的文学评论能够舒展地生长，这也是并不多见的现象。值得注意的是，他们的评论区别于循规蹈矩的学院批评，具有一种扎根本土的野生的活力。不应忽略的是，赵德发、夏立君、许家强等作家也不时撰写评论文字，形式自由不拘，因为深知创作的甘苦，评说往往能够切中肯綮。尤为难得的是，日照文坛经常组织一些活泼的交流与研讨，与会者开诚布公，对同道创作实践中的优点和缺点都能直抒己见，促进对方创作的提高与突破。还有一点，日照的评论者大都怀有仁心和恕道，在形成文字时重点肯定评论对象的发现与价值，在面对面时重点指出对方的不足，点评细致入微，因为他们明白基层作者普遍缺乏自信，在文学边缘化的背景下从事文学创作本非易事，如果在公开发表的评论中过于严厉，很可能给对方造成心理压力，使得他们一蹶不振，甚至半途而废。在我个人的阅读体验中，日照评论家的文字体贴而精细，大都包含一种内在的精神温度。

以日照文学的不凡业绩为依托，李恒昌主编的《山海大地雕文心——日照当代作家论》一书就有了一种特殊的意义。这本书收录了十一篇作家论，即张丽军、姚若凡的《王安友论：初心如磐成大象》，张元珂的《尹世霖论：发轫边缘立中心》，张丽军、张娟的《李存葆论：文学之花绽山巅》，李恒昌的《赵德发论：经山历海醉弦歌》，李恒昌的《铁流论：但倾长情著春秋》，王成一的《李应该论：立根乡土逐星空》，任相梅的《张丽军论：谔谔之声吐真言》，王成一的《东紫论：幽微深处探光芒》，王成一的《丁建元论：性灵天地铸诗思》，任相梅的《瞿旋论：笔力雄浑寄意深》，张元珂的《夏立君论：省察人间问苍茫》。李恒昌在此基础上撰写了综述《我心目中的日照当代文学》，从宏观上概述日照当代文学的突出成就，起到提纲挈领的作用。总体来看，这部著作侧重对具有代表性的日照当代作家展开深入的个案分析，同时以点带面地勾勒出日照当代文学的整体图景。值得一提的是，这部书的作者都是日照或山东本土的评论家，不仅对研究对象的作品了然于胸，对研究对象的创作道路、为人为文的风格都有深入了解，他们是作家成长道路的见证者，陪伴作家走过了漫长而艰辛的创作道路。书中的文字不局限于对作品的解读，还是评论家与作家之间的生命对话，以文学的灯火相互照亮。这本书深入日照的文学现场，既是对日照当代文学的阶段性总结，也对其发展前景寄予厚望，在日照当代文学的发展历程中必将产生深远的回响。因此，这本书既有促进文学繁荣的实践意义，也有不容忽视的史料价值。期待日照的作家们写出更多更好的作品，也期待有更多的评论家对日照当代文学进行更深入的挖掘与研究。

2023 年 10 月 1 日

目　录

综述：我心目中的日照当代文学

李恒昌

日照市位于山东省东南部黄海之滨，是一座新兴的港口城市，因"日出初光先照"得名。日照市历史悠久，文脉绵长。南梁文学理论家、批评家刘勰，祖籍日照，曾在浮来山下定林寺校经，并创作出我国古代文史批评三大名著之一的《文心雕龙》，缔造了日照古代文学的高峰。

进入当代社会，特别是日照建市和市文联成立以来，日照文学继承光荣传统，实施精品战略，文学创作取得长足发展，各种文体都有较大成就，大量作家形成自己独特的创作风格，在展现时代精神、重塑文化精魂两方面都作出了卓越贡献，在小说、散文、诗歌、戏曲等各种文学形式创作上别出心裁、苦心孤诣，创造出许多新颖别致又有强烈冲击力的经典作品。共创作出版各类文学作品近四百余部，在省级以上报刊发表一万余件，有许多作品获得包括全国精神文明建设"五个一"工程奖、鲁迅文学奖等在内的国家和省部级奖项，不仅在山东文学和沂蒙文学中占有极为重要的一席之地，而且放射出属于自己的独有光华。

几十年来，在日照生活工作的作家和在外地的日照籍作家，在不同的岗位和不同的领域，砥砺奋进，默默耕耘，不仅创作出一大批无愧于时代和人民的优秀作品，而且形成了一个颇具规模、令人瞩目、具有较强凝聚力的"日照作家群"。这个群体，可以排成一个长长的队伍。这其中，既包括王安友、尹世霖、李存葆、赵德发、铁流、夏立君、李应该、张丽军、东紫、丁建元、瞿旋等著名作家，还包括在小说、诗歌、散文、报告文学、戏曲和影视文学、文学理论和评论、网络文学等领域取得不俗业绩的诸多知名作家和诗人，他们的探索和努力，他们的思想和艺术，他们的理念和成就，都非常值得认真总结、关注和研究。

▍一、小说创作：缔造高原与山崮

小说创作，是文学创作的主要体裁之一。日照当代文学，在小说创作，尤其是长篇小说创作上，取得非常显著的成就，缔造出了具有沂蒙文学特质的高原和山崮，充分显示了他们应有的功力和创造力，这得益于老中青几代小说家的不断耕耘和攀登。

日照当代小说创作最突出的代表是赵德发。他的"沂蒙系列"中短篇小说，特别是业已完成的"农民三部曲""文化三部曲"和正在创作的"沧海三部曲"，不仅代表着日照当代文学创作的最高成就，在当代中国文坛也具有较高的地位和影响。他的《缱绻与决绝》获山东省第四届文艺精品工程奖，入围第五届茅盾文学奖，获第三届人民文学奖；《君子梦》获山东省第五届文艺精品工程奖、第三届人民文学奖、首届齐鲁文学奖；《青烟或白雾》获山东省第七届文艺精品工程奖；《震惊》获2003年"中国作家大红鹰文学奖"；《双手合十》获首届泰山文艺奖；《人类世》获第十届《中国作家》鄂尔多斯文学奖、第四届泰山文艺奖；《经山海》获中宣部第十五届"五个一工程"奖，荣登第四届中国长篇小说年度金榜。

王安友于1950年发表成名作《李二嫂改嫁》，讲述了一个农村青年寡妇改嫁的故事，具有强烈的反封建色彩，戏剧性强，语言简洁生动、通俗易懂。出版后不久便被改编为吕剧在全国各地上演，获得了广泛好评。1956年，结集出版小说集《十棵苹果树》。1956 年，出任山东省文联文学部部长，出版反映解放战争的长篇小说《战斗在沂蒙山区》。1958 年，反映农业合作化运动的长篇小说《海上渔家》在《收获》发表。1978 年，出版了长篇儿童小说《擒"鲨"记》。他还创作了一系列中短篇小说，包括《相对象》《枣树园》《不饶人的姑娘》《打镰》《认门》等。这些作品具有浓厚的生活气息和地方色彩，体现的依然是他与广大中国农民相一致的价值取向与审美趣味。

李存葆的第一部中篇小说也即他的成名作《高山下的花环》，于 1982 年出版，迅速登上文坛。这部作品讲述了中国人民解放军官兵在越战发生前后的故事，具有强烈的反思批判意味，结构新奇，戏剧性强，语言简洁、情感鲜明。作品出版后不久便被改编为电影在全国各地上演，获得了广泛好评。随后，他又创作完成第二部中篇小说《山中，那十九座坟茔》，在当代文坛产生较大影响。

瞿旋先后在《中国作家》《江南》等刊物发表长、中、短篇小说多部（篇）。2002 年，长篇小说《惊天动地》发表于《中国作家》；2005 年，长篇小说《大改制》发表于《中国作家》，同年由中国电影出版社出版；2006年长篇小说《侦察连》由长江文艺出版社出版，获山东省"五个一"精品工程奖；2009 年长篇小说《武训大传》由长江文艺出版社出版，获山东省"五个一"精品工程奖、山东省泰山文艺奖。他的长篇小说《惊天动地》和《武训大传》，也代表了日照文坛当代长篇小说创作的应有水平。

夏立君以散文创作著称，小说创作用他的话说就是"偶尔为之"，但与其散文一样，亦具出手不凡气象。《天堂里的牛栏》《草民康熙》等，是他早年发表的小说，近数年又发表《在人间》《俺那牛》《兔子快跑》等中短篇，并出版小说集《天堂里的牛栏》。作品叙述老道、风格独特，着力展现特定年代人与人、人与动物、人与自然之间的纷繁矛盾和复杂情感，与其散文表达中实现的生命省思、生存感悟一脉相承。

东紫本名戚慧贞，是曾经的药剂师，莒县浮来山乡人，最初的作品《被复习的爱情》《隐形的父亲》等是在山东中医药大学二附院工作期间的作品。2004 年，在她最困苦的时候，中篇小说《在珍珠树上》在《人民文学》刊发出来，激发了她的创作动力。先后出版长篇小说《隐形的父亲》，中篇小说集《天涯近》《白猫》《在楼群中歌唱》《红领巾》等。她的作品有一定的先锋意识，善于于人生幽微深处探寻光芒的所在。曾获人民文学奖、中国作家新人奖、第六届鲁迅文学奖提名奖、泰山文艺奖等奖项。

邓撰相早在 1957 年就发表过作品，几十年来他的创作热情一直不减，1992 年由中国社会出版社出版了小说散文集《一代风流》，又先后发表了短篇小说《知音》《红道与白道》和中篇小说《回头是岸》《大院风景》等。2004 年又有短篇小说《运交华盖》在《时代文学》发表。邓撰相的作品紧贴生活，人物描写丝丝入扣，入木三分。

流波1981年开始发表文学作品，著有长篇小说《红蜘蛛》《小河水悠悠》，中短篇小说集《天边有片瑰丽的云》。长篇小说《红蜘蛛》出版后，被春风文艺出版社列为"金枫叶系列长篇"首本修订再版，并获 1997 年度辽宁省"五个一精品工程奖"；中篇小说《警官之死》和《说与大海听》分别获得全国首届和第二届"金盾文学奖"。《红蜘蛛》直面人生与社会，通过"市姐"艾蒿被谋杀引发的一系列惊心动魄的事件，再现了处于经济转轨初期的桃花岛所经历的巨大阵痛。作品将笔触深入到人物的心灵世界，展现出一幅充满生命原色的真实风景和生与死、光明与黑暗激烈撞击后的奇特与瑰丽。走进《红蜘蛛》，便走进充满火药气息和殊死搏杀的烟雾之中。将看到正义之剑面对丑恶时的凛冽与威严，腐败势力达到疯狂极限后的哀鸣与毁灭。这是一曲悲壮、惨烈而又激人奋进之歌。

出版家安波舜继策划出版经典长篇小说《狼图腾》之后，亲自上阵捉刀创作长篇小说《少年狼》，是一部具有警世寓言功能的另类"狼图腾"，而且属于全新的"狼图腾"——精神的"图腾"。作品精心塑造了一个名叫巴雅尔的少年狼形象，通过他传奇般的艰辛经历，再现了其生存的困境和成长的烦恼，以动物喻人，以动物比人，对人类发出了警世般的预言，多维度展现了对高洁精神和有趣灵魂的"推崇"，具有极强的认知价值、警示价值和审美价值。

李建义在 1956 年便开始了他的文学创作，他的主要成就是长篇历史小说的创作。与焦安南合作，先后完成了《姜尚》《姜太公传》《姜尚全传》三部长篇小说，重现了历史伟人姜尚的生活状态，真实详尽，生动具体，显示了深厚的文学功力。其《状元焦竑传》，学理缜密，行文生动，是一部优秀的古文人传记。

刘加云以创作长篇小说为主，先后出版《一街两城》《屯沟河无语东流》《保险丽人》《办公室那些事儿》等多部长篇小说。以《一街两城》为代表的家族小说，蕴含着中国百年历史变迁和社会生活斑斓而蓬勃的大气象，作品巧妙又自然地把红色精神、文物魅力和传统美德结合起来，共同构建起这部作品叙述的整体脉络，呈现出开阔的格局和较高的精神立意。以《兵支书》《办公室那些事儿》为代表的职场小说，以《汉王剑》为代表的历史小说，都达到了一定高度。

山来东创作出版了海洋文学题材的长篇小说《彼岸》和中篇小说集《逃离纳利德卡》，其中《彼岸》获第五届泰山文艺奖（文学创作奖）。《彼岸》是一部极为难得的"大海小说"，也是一部极为深刻的"人生小说"。作品以清新的笔触、干练的语言、独特的故事，向读者打开了一个全新的世界：一个海上的世界，一个海员的世界，更是一个人性的世界，深刻而形象地回答了人生的航船如何才能驶向理想彼岸的问题。

蓝强出版有长篇小说《包村干部》等六部，科幻小说集一部，发表网络小说五百余万字，获第三届路遥全国青年文学奖小说类一等奖，还在《人民文学》《北京文学》《山东文学》《时代文学》等刊发表中短篇小说六十多万字。

许家强以《乡村纪事》为名创作系列乡土小说。他的武侠小说于奇诡的情节之外，追求诗性表达；他的乡土小说则有意回避情节曲折，而追求纯朴叙事，倾向散文化。长篇小说《开禧元年》表现出出色的情节剪裁与语言组织能力，虽然涵盖空间广阔、叙事头绪纷繁，却始终处于简洁、干净的阅读环境中，始终保持情节吸引力，让人无法释卷。

邵维霞读大学期间开始发表文学作品，先后在《青海湖》《山东文学》《当代小说》等多种刊物发表多篇中短篇小说。中篇小说《投资》发于《山东文学》1994年10月刊头题，产生一定影响，并先后被珠海市的《平沙雁》和安徽的《章回小说》等文学刊物转载。

赵加荀著有长篇商战小说《暗涌》《绝对控股》《交锋》《海市蜃楼乐园》等。作品深刻反映现实生活中商海斗争的尖锐性以及人性的复杂性，极具反讽地显示了人性的贪婪，复杂和心机，同时注重在复杂人性中也发现温暖、阳光。

潘维建陆续在《北京文学》《时代文学》等刊物发表数10篇短篇小说，长篇小说《蝶舞》获批2017年度山东省作协重点扶持作品。

陈修歌创作以短篇小说为主，《最后的时光》《短短长长》《我是小甜甜》《惊喜巧克力》《谁见过李粟》等作品先后发表于《山东文学》《西部》等报刊。

王娟主要从事小说及影视剧本的创作。2019年，由文汇出版社出版长篇犯罪心理小说《渎心者》，获第五届日照文艺奖"文学创作奖"。2020年，长篇悬疑小说《穿云猎日》有声书在懒人畅听平台播出。

林丛创作的长篇小说《十指相扣》，2020年7月由天津人民出版社出版。作品是一部讲述各个时期不同人们之间爱情的小说。涵盖的人群从50后到80后；从20世纪"上山下乡"，到21世纪"八项规定"；无论是高官、富商、白领，还是普通市民、山村孤儿、酒吧歌女。作者将那种一去不复返的早年往事写得深沉眷恋，字里行间的那股记忆中的美丽与忧伤，成为无数读者心中永远的珍藏。

孟庆良扎根盐业基层三十余载，深受盐文化浸润，有朴素的盐业情怀，善于小说创作，立志深入挖掘盐滩文化，展现盐滩人文情怀，已出版长篇小说《盐脉》。

牟敦乐创作的短篇小说《天蓝蓝》，在《青年文学》发表。铁路题材小说《通勤》，在《山东文学》刊发后，《小说选刊》选载，并获得《山东文学》优秀小说奖。真正见证其文学功力的作品是短篇小说《大爷回家吧》，此作为新浪网与《小说选刊》联合征文，每期在众多的参赛作品中选出一篇，直接入选《小说选刊》。这也是他第二次进入《小说选刊》。

日照小小说创作几十年来成就非凡，形成"日照小小说现象"，尤其是进入 21 世纪以来，日照小小说创作进入繁荣阶段。在此期间涌现出厉剑童、厉周吉、田玉莲、林华玉、乔正芳等多名骨干创作成员，极大地丰富了日照当代小说创作。

2023 年加入日照作家群的青年作家于潇湉，在儿童文学创作上展示了不俗的实力。自 2007 年开始发表作品，至今共发表、出版逾三百万字，独立创作并出版文学作品单行本 12 部。先后获得第十六届精神文明建设"五个一工程"奖、冰心儿童文学奖新作奖、桂冠童书奖、第七届"中国童书榜"优秀童书奖。作品于 2019、2022 年两次入选中宣部重点主题出版物。《鲸鱼是楼下的海》，以堪称"烧脑"的故事线索，把当代校园生活和百年前的"一战"背景巧妙联结起来，青岛的建筑古迹、独特的海滨地域特色经其精雕细琢，呈现出宏大而精微的气象。"青岛""海洋"这些关键词，也旗帜鲜明地进入她的创作谱系，成为她文学创作的精神底色。她以自己的所思所想所感，试图更加贴近社会与人生的本真，奋力书写着关于个人、关于城市，乃至关于这个国家的新质。2019 年出版以"蛟龙号"为主题的长篇儿童小说《深蓝色的七千米》，创新性地将科普元素融于现实题材的文学创作中，实现了科学和文学的"破壁"，引起评论界广泛关注；2021 年再次推出"雪龙号"主题小说《你在冰原》，到 2022 年"海洋科考"主题的书信体小说《海上飘来你的信》正式出版，"海洋主题""硬核科普""大国重器"已经成为于潇湉文学创作醒目的标识，她以独特视角践行着作家对主题写作的责任与担当，并以文学的方式传递科学之美，以科学的精神拓展文学的疆域。

▌ 二、诗歌创作：奔赴星辰和大海

当代日照文坛涌现出了许多优秀诗人和大量诗歌作品，诗歌版图日趋扩大，由点点散星到烁烁繁星，从星辰到大海，其密度之大，质量之高，在全国范围内也颇可观瞻，形成了独特的"日照诗歌星空"。李晓梅、王夫刚、上官南华（刘鹏）、蓝野、王世龙、李林芳、散皮等人勾勒出了最初的日照诗歌版图。近年则涌现出一批新锐诗人：窦凤晓、葛小明、罗兴坤、沈凤国，在国内获得了广泛读者。江兆明、南方、麦岸、东渔、非非、赵文涟等诗人，也创作出许多优秀的诗歌作品。另有诗人、翻译家薛舟对朝鲜、韩国优秀诗人的译著推介，也形成了一定的影响。这些诗人，有一个共同的特征，便是具有星光一般的效应。他们的诗章，像暗夜里的星星，不仅闪耀美丽的光芒，而且以其真挚的感情，能够温暖人们的心灵。读他们的诗章，让人相信，诗歌的光焰和生命，看似微弱，实际上要和万里黄河一样悠长。

尹世霖自 20 世纪 50 年代开始文学创作，一生笔耕不辍，尤擅长儿童朗诵诗创作，成为中国当代朗诵诗的奠基者和主将，他先后出版《红旗一角的故事》《少年朗诵诗选》《尹世霖儿童朗诵诗选》《夏令营朗诵诗集》《中国儿歌一千首》等十几种深受小读者喜爱的朗诵诗集，为推动少年儿童朗诵诗发展和普及教育作出了巨大贡献。

李晓梅是较早进入全国诗歌视野的优秀诗人，从 1981 年起，即开始在《诗刊》《人民文学》等重要报刊发表文学作品。李晓梅用"季节河"来形容自己漫长的干涸和瞬间到来的汹涌澎湃。她的作品始终保持与自己的理想追求一体同生。诗歌写作，不仅是她隔绝喧嚣、虚荣的孤岛，也是自我修正直面现实和真相的途径。

王夫刚是兼具开阔视野和去蔽意识的诗人。他善于发现和洞悉日常生活的荒诞和被万象红尘遮掩的真实，善于从最小的可能开始，以具体事件为契机，探究并试图厘清个体生命与公共时代的复杂关系，表达世事人心的动荡，冷静而凌厉的字里行间饱含着无限的悲悯和"原来如此"的沉重思考。著有诗集《诗，或者歌》《第二本诗集》《粥中的愤怒》《正午偏后》《斯世同怀》《山河仍在》《仿佛最好的诗篇已被别人写过》和诗文集《落日条款》等著作。

李林芳（山妹），现任青岛市作协副主席、《青岛文学》主编，是一位由山里走向现代都市的诗人。她的诗，善用"浥尘法"，如滴露将灰尘沾湿并滤去，让那些陈旧的事物焕然一新，随之涤去的还有内心的尘埃和世俗的枝枝蔓蔓，将休眠的记忆唤醒。她的诗不是简单的白描，而是揉进了诗人的审美观鉴赏力和理想，语调冷静中有深思，恬淡里有锋芒，缅怀中有期待。

从事文学创作 30 多年来，出版诗集《山庄》《素花襁褓》《艾涧诗草》《青箬笠》等。

上官南华（刘鹏），兼具先锋性与现实性。2001 年以南歌子之笔名参加第十七届青春诗会，长诗《青藏诗章》以白垩之笔名获 2007 年度人民文学奖，长诗《入海口》获 2013 年度黄河口（中国）金秋诗会一等奖。诗集《八声甘州》获第二届北京文艺网国际华文诗歌奖第一部诗集奖。近年来则持续发力，写出了《眉梢上的罂粟——碎片赋格三部曲》等长诗。

作为《诗刊》编辑的蓝野，其诗歌写作也引起广泛关注，吴思敬评论为："蓝野的诗代表了当下青年诗人创作的一种新的走向。过滤了某些口语写作的粗鄙，不俗、不滥、不浮。他往往从生活中捕捉一个场景，简洁的描述中充满了温馨的诗意……""把他自由灵动的文笔发挥到极致。基于对生活的深刻观察，他善于把生活经验加以集中，以奇特的构思表现出来，语言风趣而俏皮，读来诗味绵长。"出版诗集《回音书》《故乡与星空》《浅妄书》等。

南方的长诗《献给我的老师》入选作家出版社 1989 年版的《中国当代校园诗人诗选》；1990 年山东文艺出版社推出其个人诗选《永无颜色》。长诗《生日九章》《蓝颜色》分别刊发于《时代文学》《山东文学》，入选《中国当代诗人代表作》《山东 30 年诗选》《创世纪》《说与大海听》等选本。

王世龙将自己的主要精力放在"全国中学生叶圣陶杯作文大赛"的组织实施上，而他同时也是一位诗人。吴思敬评价他道："山里人自古以来就有一种对家乡的依恋情结。海生秉承了祖先的这种家园意识，他的胸怀充溢了对故园的爱、对家乡父老的深情。……他的诗尽管渗透着对大山的依恋，对家乡父老的热爱，表现了一种浓重的家园意识，但已不是传统的那种故土难离的情结了。他毕竟成长于 20 世纪后半叶的改革开放的中国，因此他对家园的关照在具有我们民族传统观念的同时，又有一种现代气息。"

窦凤晓的诗歌以独特的风格迅速进入读者视野。臧棣如此评价："窦凤晓的诗具有一种当代诗中很罕见的静物品质，这使得她的每一首诗，看上去都像是一件语言的艺术品。词与物的关联绷紧在诗人的高度警醒的生命感觉中；对于事物的呈现，她的词语的触感显得很精确，诗的视角也严格于表达的克制。里尔克倡导的——进入事物，在事物内部说话，在她的诗中都有更精彩的表现。"而耿占春则评价其为"正在走向深邃与成熟的诗人"。她先后出版诗集《天边的证词》《山中》《鹿群穿过森林》，与他人出版合集若干，部分作品被译介海外。获得泰山文艺奖（文学创作奖）。

诗人散皮先后出版诗集《意象·花季》《散皮短诗选（中英文对照）》《面壁集Ⅳ》《时间之虫》《镜子里的影像谋杀了我》《语言在草木中生长》《十诗人诗选》（合集）等多部。他的诗歌更多注重内心体验，希望通过自己的深刻体验而引发思考和品味，向往只有咀嚼才能品尝的味道，喜欢用最浅显的语言呈现语言背后的情景。

同时，在日照诗坛，还有以乡土写作为主的罗兴坤，带着熊熊烟火和雄心的沈凤国，诗人、作家、翻译家薛舟，九零后的年轻诗人葛小明等，他们的创作也各具特色，各有成就，共同构成日照诗歌蔚蓝色星空。

在传统诗词创作上，辛崇发、纪树贵、王福中等人也各有建树，创作出一大批具有较高水准的作品诗词。

▌ 三、散文创作：织就广袤原野

日照当代散文，像一片广袤的原野，具有原野的基本特质：原生、茂盛、葳蕤、碧绿，充满生机和活力。回顾日照当代散文创作历程，可谓成就非凡。不仅出现了站在全国前排并影响全国的名家高峰，也带动了一批较有成就的散文写作新秀在全国、全省崭露头角，整体呈现出一种老、中、青梯队式创作队伍结构。日照当代散文基本生态，可以视为由散文家散文、小说家散文、诗人散文三块领地构成。

散文家散文充满哲思和智慧。以散文创作为主的丁建元现任山东散文学会会长，先后在《散文》《中华散文》《散文海外版》《天涯》《时代文学》等刊物发表许多有影响的作品，被《散文选刊》《书摘》等重要刊物转载，并收入各类选本，在全国较有影响，并受到高校关注。作品先后被收入《中国风景散文三百篇》《二十世纪文化散文系列·生命文化卷》《中国散文精品·当代卷》《中国散文百年经典》《21世纪散文精品》《百年中国灵性散文》《精美散文读本》《新中国散文典藏》《新时期新锐散文精选》等。20世纪末，丁建元探索油画鉴赏和散文的联姻，把油画语言和人生感悟以及对现实的观察体验结合起来，尝试以"乱炖"为特色的"杂种"散文。2004年，由中国文联出版《色之魅——中外油画名作的解读》，获第二届齐鲁文学奖散文创作奖第一名。2013年，解读油画系列散文第二部《潘多拉的影》，由北京三联书店出版发行。近年创作散文新著《沂蒙山好人记》和《画布上的灵眼——色与线与善与恶》，其作品最大特色是充满智慧和哲思，具有绘画一般的质感和美感。

散文家散文以夏立君为代表。他凭借散文集《时间的压力》横空出世，在全国引发了不小轰动，因此被称为"中国文坛近年来杀出的一匹黑马"。也有业内人士评价说，夏立君的散文是对中国当代散文发展的贡献。他的散文融文史、哲思、诗性、批判于一体，结构结实，思绪飞扬，语言高度提纯，带有生命关怀、生存省思的深度与亲切感。

日照出道较早成就较高的散文家，还有刘汉中、李世恩、许家强、窦永堂、张西洪、杜守敏等。刘汉中出版散文集《沭河岸上》《风出青山》等，文风朴实大气。其长篇文史著作《解读管氏一门五进士》等作品是对地方文化研究的重要贡献。李世恩创作体裁广泛，而以散文创作更为见长，他的散文风格是文笔隽永，有文化深度，可读性强，如《寒山寺里听钟声》《面朝大海春暖花开》《赤壁古战场随想》等文化散文，是这方面佳作。许家强出版散文集《红尘叙事》《经历韶华》《点将中国》等多部，其作品视野开阔，文气丰沛，情感饱满。新闻从业者的窦永堂是能进行多文体创作的作家，在新诗、新闻、散文等诸方面都有不俗表现，近年来散文成就尤其亮眼。散文作品大气严谨有诗意，获得纪念曾巩诞辰1000年全国散文大赛一等奖、"刘勰散文奖"，第二届吴伯箫散文奖一等奖。近年来出版散文集《如日之出》、随笔集《灯盏为草根英雄闪亮》。张西洪散文，眷恋乡土，关注底层，文笔流畅，文风细腻淳朴，幽默接地气。出版散文集《大山有约》。

女散文作者于蓉较上面诸位要年轻，作为70年代初出生的女作者，于蓉近年开始散文创作，虽然出道较晚，但她的散文感觉初见端倪。散文《远去的河流》《西行漫记》《无名湖四季》等作品刊发于知名杂志。现在的她，有志于在自然散文写作上取得新的突破。

小说家散文散淡中透着深刻。小说家散文以赵德发为代表。作为以小说创作立身的赵德发，在数十年的写作生涯中也偶尔写一些散文，出版有散文集《阴阳交割之下》《拈花微笑》《白纸黑字》等。赵德发的散文语言朴素，四平八稳，收放有度，交代到位，有其小说语言的特点。《老家的年》等写的都是作家的亲身生活经历，在抒发人生况味的同时，糅合了对现代文明深深的忧思。散文《拈花微笑》《高旻寺听禅》从具体生活中来，到禅机的思考中去，放眼传统，时现机锋，让人会心一笑。2022年秋天写的散文《陔下之兰》写的是作家的同乡前贤、一代名士庄陔兰。将庄陔兰一生的追求和人格放置在风雨跌宕的时代背景中进行描绘，向世人展现了庄陔兰不同凡响的一生，同时也通过庄陔兰的一生展现了清末民国百年以来中国之"大变局"。散文写得沉重、厚实，将文学价值与史料价值进行了有机化合。

诗人散文充满诗性审美。诗人散文以李晓梅为代表。作为20世纪80年代见证朦胧诗运动的一代诗人，2000年之后，诗歌写作变得非常少，但她的散文写作却在悄悄发生着。2010年之后的几年里，她先后写了《珠宝店》《路口》《散文诗九首》等散文（散文诗），数量虽然不多，但质量上乘，境界格调超凡脱俗。这是她基于自身诗才的散文写作状态，读起来有宗教宁静的品质，深读下去，其中蕴含的诗性力量，又让人吃惊。

南方早期创作的散文《灵岩万岁》荣获全国青年散文大赛优秀作品奖，并收入年度选本。其《一座城市的背影》《姑苏三题》分别获第16届、17届中国新闻奖报纸副刊复评铜奖及华东地区报纸副刊好作品评选一等奖，全国中华散文大赛一等奖，入选中国作家协会创联部编选的《2006年中国散文精选》等多个选本。

新生代作家葛小明（90后），能够进行多文体的创作，尤其以散文成就最为耀眼，散文作品见诸多家名刊，是有能力站在散文创作前沿来表达自己的作家。近年先后获得"紫金·人民文学之星"散文奖、丰子恺散文奖、香港青年文学奖、万松浦文学奖等，已在全国形成一定影响。

值得关注的散文作家还有林丛、东夷昊（董玉军）、董伟伟、虎妞、王辉成、徐晓清、成月、李富晔、乔小桥、杨慧、厉彦山、王玉京等，也从不同角度丰富扩张着日照当代散文的广袤原野。

四、影视戏曲创作：赢得诸多奖项

日照市作协成员在时代的感召下，在观众的鼓舞与激励下，不断奋进、精心创作，在影视戏曲创作屡方面屡创佳绩，赢得了广大读者、观众的喝彩和称赞。

赵德发原著、雷娟担任编剧的电视连续剧《经山历海》，在中央电视台一频道黄金时段播出。由赵德发原著《缱绻与决绝》改编的电视连续剧《万物生》，由爱奇艺组织拍摄中。由长篇小说《君子梦》改编的 20 集电视剧《祖祖辈辈》，在日照电视台播出。这些不仅极大地丰富了影视舞台，更是在全国引起一定反响。

瞿旋、李宗柱创作的单本电视剧《港上的风》，先后在中央电视台和山东电视台播出，获山东省优秀电视剧三等奖。瞿旋创作的长篇电视剧本《民兵康宝》已经拍摄播出，《我是侦察兵》将投入拍摄。

李应该是日照戏曲创作的台柱子，为日照赢得了诸多荣誉。由他创作、山东省吕剧团演出的吕剧《石龙湾》获得全国第三届"文华奖"和"文华奖剧作奖"，该作品同期获中宣部"五个一工程奖"。1995 年 11 月，《石龙湾》由山东省京剧院移植复排，参加了中国首届京剧艺术节演出，获"程长庚铜奖"。1996 年 6 月，《石龙湾》入选中国戏曲经典剧目，被文化部列为向全国推荐的优秀剧目。1999 年 10 月，《石龙湾》电视戏曲艺术片拍竣，获2000 年度全国电视戏曲艺术片"飞天奖"。李应该创作、市文化局组织排演的大型新编历史故事剧《状元师傅》，在山东省第七届舞台剧本评奖中获一等奖。2001 年 9 月，吕剧《状元师傅》获得山东省委宣传部颁发的第六届精品工程奖。他的大型现代戏《九道湾》获荣获山东省第五届精品工程奖。

编剧、导演张玉贞，有三百余万字的各类作品发表上演。戏曲小品《借钩担》获全国小品大赛二等奖，入选1993至1994年中国戏剧年鉴；小品《借婆婆》入选中国文联《中国新时期二十年微型小品精选》；戏曲《白素莲》获山东省精品工程奖。中国第一部儿童曲艺小说《超女进行时》由人民文学出版社出版；长篇小说《咱村那些事儿》由山东友谊出版社出版。戏曲《花石村的笑声》（合作）入选文旅部全国线上展演并摄制戏曲电影在全国农村院线放映。

马丽丽共创作大、小型剧本数十部，并多次在全国、省、市获奖，多剧目发表或被搬上舞台。其中《毋忘在莒》获"中国戏剧文学奖全国优秀剧目调演"编剧奖金奖、山东省"五个一"精品工程奖、泰山文艺奖并在北京长安大剧院演出，是新中国成立以来日照市剧目首次晋京演出。大型话剧《青春飞扬》在山东省第九届优秀舞台剧评选中荣获二等奖。还有现代吕剧《银杏树下》、吕剧小戏曲《母亲》、小戏曲《特别约会》以及剧作《山东汉子》（演出本）、《大清第一清官》《花石村的笑声》《紧急出征》等。

80后青年编剧雷娟，近年来作品产生较大影响。31集电视剧《经山历海》，在央一黄金时间播出，获中国电视剧"飞天奖"提名奖、山东省优秀电视剧等；40集电视剧《追光者》获上海市文化发展基金扶持，入选国家广电总局2018—2022第二批重点电视剧规划选题，在腾讯视频、芒果TV全网首播，连续37天猫眼播放量日冠军，海外输出东盟十国及印度、马来西亚、越南等国家卫视及网络平台，并翻译成德语、希腊语在内的六种语言；42集电视连续剧《好运来临》在安徽卫视黄金档首播，获同期卫视收视冠军。

五、报告文学创作：与时代一起奔流

日照当代报告文学创作，紧跟时代步伐，取得了较大成就。总结日照报告文学创作，体现了深刻的历史性和强烈的时代性两大鲜明特点，主要有"两大关键词"：一个是"淘金"，一个是"加工"。

李存葆的小说《山中，那十九座坟茔》出版后，将创作重心转移到报告文学领域，取得了不俗业绩。1987 年，创作长篇报告文学《大王魂》。1991年，报告文学《沂蒙九章》，在《人民文学》第 11 期整期篇幅发表，深得广大读者的喜爱，在沂蒙老区引发强烈反响，并获得全国报告文学奖。

铁流现任中国作家协会报告文学学会副会长，1999 年，出版纪实文学《槌下硝烟——中国拍卖全景写真》；2002 年，出版纪实文学《中国驱逐舰备忘录》。2007 年报告文学《支书与他的村庄：中国城中村失地农民生存报告》，获得了中国鄂尔多斯文学奖优秀作品奖；2014 年，出版报告文学作品《国家记忆：一本〈共产党宣言〉的中国传奇》，获得山东省精品工程奖、中宣部"五个一"工程奖。他的代表作《靠山》，曾获得《当代》文学拉力赛年度总冠军，并再次获得中宣部"五个一"工程奖。他的多篇作品被《新华文摘》《小说月报》转载，根据《国家记忆：一本〈共产党宣言〉的中国传奇》《一个村庄的抗战血书》改编的电影《大火种》《渊子崖保卫战》已经在院线和中央电视台播出。其作品既具有鲜明的时代性，又具有深刻的历史性，是当代文坛不可多得的佳作。

赵德发出版长篇报告文学《白老虎》《1970 年代我的乡村老师生涯》《学海之鲸》《黄海传》等，其中《白老虎》获第六届鲁迅文学奖提名、山东省第十一届精品工程奖。

瞿旋出版长篇报告文学《寒门里走出的博士兄弟》，获第二届齐鲁文学奖。

许家强先后发表大量报告文学，代表性作品是 2010 年由山东文艺出版社出版的长篇报告文学《健康彩虹》，2019 年在《中国报告文学》杂志发表的中篇报告文学《太极天下》，2022 年在《中国作家》发表的长篇报告文学《田园报告》。《田园报告》的写作，用一整年的时间，跟踪采访一位叫张琳的农民，上百万字的原始记录，千余幅照片的图像记录，最终完成了这部小切口大主题的报告文学，真实记录了这个波澜壮阔的大时代里，一个普通农民的命运与生活的转折与起伏，为正在发生的历史留下了最真实的样本。

南方早期创作报告文学《黑白大沉浮》《党委书记》《中国脊梁》《刻在邮路上的人生》等作品，深刻剖析了 20 世纪八九十年代改革开放初期的社会问题，塑造了在开放大潮中的弄潮儿形象。随后创作《灵魂大雕铸》《宇宙梦寻》《穿越宇宙》等 80 余篇纪实文学文学，情真意切，文采斐然，先后获得多个奖项。

秦忻怡也是日照报告文学的一员骁将。2004 年，黄河出版社出版发行《野人刘连仁》。房福贤教授在《民族文学视野中的山东抗日文学》文中写道："从打开山东抗日文学新视野的意义上来说，秦忻怡的传记文学《野人刘连仁》是一个突破。"2007 年，江苏人民出版社出版《不屈的女人》；2014 年，重庆出版社出版发行《坚不可摧——日军战俘营的盟军战俘》。2022 年，二部著作均在中国传媒大学崔永元口述历史研究中心举办的第八届中国口述历史国际周"2022·国际口述历史项目展示"中对中外推荐展出。

六、文学理论与评论创作：继承刘勰衣钵

或许是得益于刘勰《文心雕龙》的影响，在日照这片热土上，活跃着一支具有一定实力的文学批评队伍。他们以自己的研究成果，彰显了日照的力量。这在全国地市级文坛极为罕见。

在文学理论与批评方面，出生于日照莒县浮来山下，现暨南大学文学院教授、茅盾文学奖评委张丽军最有建树，在当代批评界具有一定影响。先后出版《"样板戏"在乡土中国的接受美学研究》《"当下现实主义"的文学研究》《乡土中国现代性的文学想象》《中国现代文学研究方法论》《对话与争鸣——新世纪文学文化热点问题研究》《馨香母亲花——王玉梅评传》等著作。先后在《文学评论》《文艺研究》《人民日报》等报刊发表学术论文 200 余篇，主持国家社科基金项目 2 项。获省部级奖励 9 次。他的文学批评与文学思考，可贵之处不仅在于有一种犀利尖锐的批评风格，而且在批评锋芒背后展现的是一种文学批评的理论自觉。

山东省签约文学评论家任相梅，是一名实力派评论家。自 2006 年始，至今共发表、出版 50 余万字，40 余篇文章散见于《中国现代文学研究丛刊》《南方文坛》《文艺报》等报刊，代表作有《高原的呐喊——评张炜的长篇

小说〈你在高原〉》《陈映真论》等。曾主持省部级课题 3 项，参与完成国家社科基金项目、教育部课题多项。多次获得山东省高校人文社科奖。《新时期 30 年文学的经典化》《经典作家之李健吾》《坚守与超越："张炜式人文主义"的内涵及演变》等 12 篇文学评论文章被人大复印报刊资料报刊索引库收录。文学评论文章涵盖林语堂、萧红、艾青、浩然、张恨水等 20 世纪三四十年代的优秀作家群体，更关注张炜、赵德发、麦家等一众活跃在当今文坛的优秀作家。尤其是持续关注山东作家张炜，先后发表了《高原的呐喊》《存在与救赎》《知识分子的危机》等一系列评论文章。

任职于曲阜师范大学的王成一教授，也是日照文学评论的中坚力量。截至目前出版教材参编教材三部，四十多万字，发表文学评论文章、学术论文30 多篇，其中核心文章 4 篇，国家级 10 余篇，省级以上 20 多篇，计 20 多万字。其主要著作有：《评〈二十世纪中国文学与道德〉》《〈阿 Q 正传〉的革命启蒙及其悖论》《论赵德发〈农民三部曲〉的和谐观》《中国现当代文学教学改革探索》《荒诞现实与孤独内心的感觉化书写——论东紫小说的风格》《夏立君"时间"散文现代艺术浅析》等。

山东省美术家协会理论委员会副主任沈凤国，在文艺评论上颇有建树。2011 年至今，在《日照日报》开辟"大凤读画"专栏和"海曲会客厅——文化名人访谈专栏"。2014 年，在《法制日报·法治周末》两次开设"水墨精神"专栏，皆为唯一撰稿人。他的评论内容丰富，意趣鲜明。针对中国画史上的60 余位经典画家的经典作品进行艺术解读；针对当代艺术家袁武、张志民、李学明、胡石、北鱼、刘庆和、彭先诚、王涛、周京新、鲍贤伦、于明诠、孟庆星、于水等全国 60 余位书画家画作进行分析评价。截至目前，累计撰写书画评论文章180 余篇。部分文章被《中国书画》《东方艺术》《文摘报》《中国书画报》《文汇报》转载。

许家强的评论与杂文在国内也有一定影响。他在《光明日报》《文汇报》《中华读书报》《文汇读书周报》等报刊发表过大量书评及文艺评论，其书评及文艺评论多次获全国报纸副刊一二等奖。

在日照文坛，还活跃着文学评论"女性三剑客"。她们是：徐璧如、李毅然、林丽。她们虽为女性，但笔锋锐利，视角独特，文风扎实，似乎也是从《文心雕龙》中吸取了不少精神的营养。李毅然的文学评论在《人民日报》《光明日报》刊发。

进入网络时代，日照文坛也诞生了许多网络作家，最有代表性的有三位。许芳，笔名红摇、方应鱼，先后签约晋江文学城、书旗小说、爱奇艺文学等网站，创作网络小说《鸩心》《仙宠奶凶》《白泽寄生》等二十余部，共计约800万字。《白泽寄生》在上海白熊阅读平台举办的"极光杯"大赛中获最佳创意奖。《云渊数韶华》获爱奇艺文学平台举办的2019年爱奇艺文学奖文学赛区第一赛季季度优秀奖。

孔凡江，笔名"吃货大联盟"，先后签约起点中文网、爱奇艺文学、咪咕阅读。创作完成《大宋昏君》《宋朝败家子》《大明逆子》《无敌逍遥驸马爷》《时太祖》等畅销网络历史小说，共计一千余万字。《大宋昏君》获得阅文历史频道"历史网文之大赏·脑洞风暴"征文三等奖，《宋朝败家子》获得咪咕文学"第四届咪咕杯历史赛区"银奖，《大明逆子》获得咪咕文学"第五届咪咕杯男频赛区"铜奖。

孔成刚，山东省首届网络作协会员，先后在创世中文网、番茄小说网等发表《凌天剑尊》《重生之最强武帝》《红月复苏：缝尸就变强》等多部网络小说达400余万字。《绝不内卷，长生的我在宗门摸鱼》荣获"第二届网文大赛新人奖"。

"红日初升，其道大光。"日照是"日出初光先照"之地，日照当代文学也正如初升的红日，正在放射着万道金色光芒，并向天空和大地展现了不可限量的未来。我们有理由对其抱有更大更好更美的期待。

王安友论：初心如磐成大象

张丽军　姚若凡

王安友小传

　　王安友（1923—1991），山东日照人。1923 年出生于山东省日照市向阳村的一个普通农民家庭。幼年家贫，十来岁就给地主当长工，一直未能上学读书。1942 年参加革命工作，加入中国共产党。1943 年进入区政府工作，在工作之余自学文化知识，用不到一年的时间摘掉了文盲的帽子。从 1945 年冬到 1946 年春，他多次给地方报纸投稿，当上了《滨海农村》《大众日报》的通讯员。1946 年 3 月，首次在报纸上发表文章。

　　1950 年，王安友的第一部中篇小说也即他的成名作《李二嫂改嫁》出版。《李二嫂改嫁》讲述了一个农村青年寡妇改嫁的故事，具有强烈的反封建色彩，戏剧性强，语言简洁生动、通俗易懂。《李二嫂改嫁》出版后不久便被改编为吕剧在全国各地上演，获得了广泛好评。1951 年，加入中国作家协会。1952—1956 年间，创作了多部反映农村社会生活的中短篇小说。1956年，这些小说结集出版为小说集《十棵苹果树》。1956年，出任山东省文联文学部部长，同年出版了反映解放战争的长篇小说《战斗在沂蒙山区》。1958年，他的反映农业合作化运动的长篇小说《海上渔家》在《收获》发表。1959年，出任中国作家协会山东分会副主席。

20世纪60年代初期到20世纪70年代中期，王安友的文学创作活动受到冲击。在这一时期，他发表的文学作品为数不多，主要是一些创作杂谈和短篇儿童小说。进入新时期后，继续担任中国作家协会山东分会副主席。1978年，出版了长篇儿童小说《擒"鲨"记》。此后，他的中短篇小说《相对象》《枣树园》《不饶人的姑娘》《打镰》《认门》陆续问世。这些小说具有浓厚的生活气息和地方色彩，体现的依然是他在创作初期就形成的，与农民相一致的价值取向与审美趣味。1985年离休后，王安友依然笔耕不辍，创作了尚未被出版的中长篇小说十多部。

1991年5月因病去世，享年67岁。王安友来自最底层的大众，是土地的儿子，是农民的作家。他热情书写了新中国成立后农村的社会生活变化，在作品中成功塑造了"李二嫂"等最底层的文学人物形象，在中国当代文学史上留下了丰硕的创作成果。

▍一、从文盲到全国知名作家的王安友

王安友（1923—1991），在新中国从目不识丁的文盲成长为全国知名的革命作家。王安友是一位热情真诚的"农民代言人"。在其四十多年的创作生涯中，王安友以数篇长篇小说以及中短篇小说的创作实绩在中国当代小说史上留下了属于自己、也属于农民的精彩笔墨。

王安友从泥土地走到书桌前，拿起了自己来之不易的笔和纸，在自己的创作道路上走过土地，路过山区，又经过大海，讲述了许许多多与中国农民有关的故事。王安友一生的创作生动地向人们展示了一位农民作家在文学道

路上的初心如磐，笃行不怠。

（一）处女作即成名作

1950 年 8 月，山东新华书店出版了一篇名为《李二嫂改嫁》的中篇小说。这篇小说讲的是农村里寡妇改嫁的故事。在刚解放不久的新中国，以"寡妇改嫁"为题材的小说还是非常新颖的。因此，《李二嫂改嫁》刚一出版就受到了广大群众的热烈欢迎。小说《李二嫂改嫁》出版后不久便被改编成了吕剧在全国各地上演。1951 年 4 月 29 日，吕剧《李二嫂改嫁》在山东省第一届文艺工作者代表大会上正式演出。吕剧《李二嫂改嫁》的唱词朴素真实、深刻动人，演员们的表演也十分出色，能充分地表现角色的性格特征和内心情感。《李二嫂改嫁》的总体演出效果很好，受到了广泛好评。

1953 年，《李二嫂改嫁》在济南大观园演出，轰动一时。1954 年 6 月，山东人民出版社出版了由刘梅村、奇英改编为吕剧的《李二嫂改嫁》。同年 9 月，吕剧《李二嫂改嫁》在上海举行的华东戏曲观摩演出大会上包揽了剧本、导演、演员、音乐、舞美五个一等奖，这个成就对于山东吕剧来说具有里程碑意义。1955 年，山东省吕剧团带着吕剧《李二嫂改嫁》进京演出，当时的《人民日报》还在头版头条报道了这部剧演出的盛况。1957 年，长春电影制片厂把《李二嫂改嫁》拍成了电影。电影《李二嫂改嫁》获得了当年的百花奖，正是这部电影让"李二嫂"真正意义上地红遍了祖国的大江南北。在 20 世纪 50 年代，许多具有广泛影响力的报纸都刊出了与《李二嫂改嫁》有关的评论报道，如：《评吕剧"李二嫂改嫁"》（《解放日报》1954 年 11 月 10 日）、《评吕剧"李二嫂改嫁"的演出》（《戏剧报》1955 年第 11 期）、《"李二嫂改嫁"在荧幕上》（《文汇报》1957 年 12 月 15 日）等。

从《李二嫂改嫁》的作品出版、戏曲和电影改编演出的情况来看，小说《李二嫂改嫁》是 20 世纪 50 年代的一部成为具有全国影响力的重要文学作品。而在半个多世纪以后的今天，吕剧《李二嫂改嫁》也依旧活跃在戏曲舞台的前沿。经过几代演员的精彩演绎，剧中的"李二嫂"已经成为好几代观众耳熟能详的经典艺术形象。

那么，是谁创作出了《李二嫂改嫁》这个风靡全国的文学作品呢？出人意料、也令人惊喜的是，这部在全国范围内引起广泛关注的小说《李二嫂改嫁》不出自成熟作家之手，而是一位文坛新人的处女作。这位文坛新人是来自山东日照的王安友。

1923年，王安友出生于山东省日照市岚山区高兴镇向阳村的一个四代长工之家。王安友自述："我从前家里穷，十来岁就雇给地主当长工，生在农村里，长在农村里，后来又在农村里作了相当长时期的基层工作。"[1]这位农民作家到了22岁才开始学习文化知识，在之前二十多年的人生中从未经受过系统的写作训练。所以，王安友在进行小说创作时所需要面对的困难是非同一般的。相应地，他为此付出的努力和因此取得的成就也是非比寻常的。

（二）王安友怎么做起小说来

1950年，时年27岁的王安友正在乡下做基层工作。这时的他"因读文学作品受到了启发，心里激动了起来，渐渐的，也想把自己所见所闻的一些事，用小说的形式写出来"。[2]可以说，王安友最初的创作尝试来源于发自内心的一种创作冲动。而从王安友的成长经历来看，这份创作冲动的出现不是偶然的，王安友从小就怀抱有对于文学的喜爱，对于文学创作的向往。据王安友回忆，他的母亲和姐姐是他文学道路上最早的启蒙老师。王安友在自述《辛酸梦》中讲到了与母亲和姐姐有关的二三事："我母亲心很灵，虽然不识字，却能背很多唐诗。我随母亲，记忆力很强，别人说一遍，我就能全部记下来。"[3]"如果父亲晚上不在家，姐姐不等黑天就关上门，还用两根棍子把门顶上，在小油灯下给我讲《鸳鸯配老雕》《狐狸偷瓜》《老狼叫门》

---

〔1〕王安友：《下乡的感受和体会》，《文史哲》1962年，第2期。
〔2〕王安友：《我写〈李二嫂改嫁〉的经过》，政协东港区文史联谊委员会主编：《东港文史（文化艺术专辑第二辑）》，政协日照市东港区文史联谊委员会1999年版，第5页。
〔3〕王安友：《辛酸梦》，政协东港区文史联谊委员会主编：《东港文史（文化艺术专辑第二辑）》，政协日照市东港区文史联谊委员会1999年版，第3页。

等神奇有趣的故事。要不，就讲谜语叫我猜。"[1]在母亲和姐姐的教育和引导下，幼时的王安友渐渐发现了自己在语言方面的天赋，明白了自己对于文学的喜爱。进入少年时代，王安友依旧对乡间的各种文学艺术形式有着很深的兴趣。据《王安友家乡记事》一文记录，少年时期的王安友喜欢讲故事、看村里唱大戏、听评书，还跟当地的说书先生吴乃奎是忘年交。令人遗憾的是，由于王安友家境贫寒，父母虽然有心送他进学堂读书认字，却没有能力供养他上学读书。王安友只得从11岁起就给地主家干活，他日常的工作包括但不限于打扫牛铺、浇水拔菜、劈柴晒草、打扫院子等。那时候，王安友所在的东家请了私塾先生来家里教课，只是私塾先生教书所在的屋子却从来没有王安友的一个座位。当时的王安友："不用说上学读书，就是借送饭之机站到屋外侧耳细听一会儿屋里的读书声，也生怕被人看见。"[2]日复一日繁重的工作、被吩咐使唤的卑微处境无时无刻不在打击着少年王安友的上学梦想。

但王安友却并没有因此放弃生活，他曾说过："我始终未能跨进学校的门槛，成为一名学生，但是我却在社会这所学校里学到了应该学到的知识。"[3]王安友积极地积累自己的社会生活经验，在19岁参加革命，20岁加入中国共产党。已经有了丰富工作生活经验的王安友没有忽视学习文化知识的重要性，在22岁的时候正式开始学习文化知识。"万事开头难"，王安友作为文化知识的"初学者"在刚开始学习时就吃到了不少苦头。在刚开始读书认字的那段时间，为了练习写字，王安友有一次向同村货郎的老婆要了一点包煮青用的硬纸。结果，王安友却被货郎追上门来嘲讽："不论谁就要识字学文化，你的心也太大了。你瞧你们祖林里有棵像样的树吗？不是我瞧

〔1〕王安友：《辛酸梦》，政协东港区文史联谊委员会主编：《东港文史（文化艺术专辑第二辑）》，政协日照市东港区文史联谊委员会1999年版，第3页。
〔2〕王安友：《辛酸梦》，政协东港区文史联谊委员会主编：《东港文史（文化艺术专辑第二辑）》，政协日照市东港区文史联谊委员会1999年版，第3页。
〔3〕王安友：《辛酸梦》，政协东港区文史联谊委员会主编：《东港文史（文化艺术专辑第二辑）》，政协日照市东港区文史联谊委员会1999年版，第3页。

不起你，是你自己生就的骨头长就的肉——不是那个材料。"[1]嘲讽之后，货郎还把王安友要来的那几张纸又收了回去。学习资料和学习工具的缺乏、同村货郎充满恶意的嘲讽以及零基础带来的学习困难，随便哪一个都足以让常人的心里打起"退堂鼓"，放弃自学文化知识。可是王安友并没有因为这些困难而停止学习。他为了摘掉文盲的帽子，给穷人争一口气，用《百家姓》当课本，随身携带砂子以便于用手指头在砂子上练字。为了进一步提高自己的文化水平，王安友还主动写新闻稿投给地方报纸《滨海农村》。从 1945 年冬到 1946 年春，王安友一共写了 57 篇新闻稿件。其中一篇有关 1946 年区里开的"三八"妇女节庆祝会的稿件被采用发表了，这篇新闻稿就是王安友第一个公开发表的作品。此后，王安友坚持不懈地向地方报纸投稿，他被采用的新闻稿也越来越多。在 1949 年到 1950 年期间，在王安友给《大众日报》写的新闻稿件中，已经很少有不被采用的了。王安友渐渐树立起对自己的写作能力的信心，这为他后来下定决心进行小说创作做了心理上的准备。

到了 1950 年，对农村生活有着细致观察的王安友萌生了动笔写小说的想法，只是将这个想法付诸实践并不容易。王安友开始写作时由于毫无写作经验，写了好几次都没成功，十分泄气，还好队伍里有相关创作经验的同志指导。王安友想到了可以围绕自己最熟悉的"寡妇改嫁"问题进行小说创作，从而进入了"山重水复疑无路，柳暗花明又一村"的创作阶段。王安友创作道路的起步从写作"问题小说"开始。而在密切关注社会现实，并通过小说有意识地提出问题、甚至尝试在小说中解答问题。这一方面王安友的小说创作与赵树理的"问题小说"不谋而合。王安友在《我写〈李二嫂改嫁〉的经过》一文中明确谈道：自己想借小说反映一下现实生活中"阻挠寡妇改嫁"的问题，"借以来揭露封建婚姻制度的丑恶和害处，好好地批判一下存在人们头脑中的封建残余思想"。[2]确定了创作主题之后，王安友便开始搜集有

---

〔1〕邢乃让：《文学创作例话》，内蒙古人民出版社 1986 年版，第 8 页。
〔2〕王安友：《我写〈李二嫂改嫁〉的经过》，政协东港区文史联谊委员会主编：《东港文史（文化艺术专辑第二辑）》，政协日照市东港区文史联谊委员会 1999 年版，第 7 页。

关材料，组织写作，当年就完成了《李二嫂改嫁》这部中篇小说。王安友第一次小说创作的过程十分曲折，但结果还是很好的。在成名作《李二嫂改嫁》出版后的后一年，他被调到省文联工作，并加入了中国作家协会。在小草屋里出生的、农民的儿子王安友虽然没能实现自己的"上学梦"，却凭借自己丰富的生活经历、后天刻苦的学习，以及坚持不懈的创作实践成为一名专业作家。

（三）成为专业作家之后

加入中国作家协会之后，王安友并没有因为已取得的成就而骄傲自满、止步不前，而是怀抱着对文学真诚朴素的热爱在文学创作的道路上越走越远。在四十余年的创作生涯中，王安友的创作活动主要集中在两个时间段，分别是 1950—1961 年和 1977—1991 年。王安友在 1950 年通过写作《李二嫂改嫁》一举成名，在之后的一两年间里，他又陆续写出了短篇小说《陈大娘》《订合同》。而在 1952—1956 年间，除了写作短篇小说之外，王安友还尝试写作中篇小说和长篇小说，不断提升自己的写作水平。王安友这期间创作的中短篇小说《整社基点村的一天》《十棵苹果树》《追肥》《两个青年人》《看庄稼》《徐可顺》《一只小渔船的风险》都收录在《十棵苹果树》这个小说集里。这些小说从不同的方面描写了新中国成立后的农村生活，具有鲜明的时代色彩。1956 年，王安友出任山东省文联文学部部长。同年，他发表了中篇小说《渔船上的伙伴》，出版了反映解放战争的长篇小说《战斗在沂蒙山区》。1957 年，王安友回家乡日照挂职体验生活。1958 年"大跃进"期间，他发表了短篇小说《协作》《跃进》，也完成了长篇小说《海上渔家》的创作。这部长篇小说是王安友创作道路上的新收获，其艺术水平相较于《战斗在沂蒙山区》有所提高。《海上渔家》先在大型刊物《收获》全文发表，后由新文艺出版社出版单行本。1959 年，王安友任中国作家协会山东分会副主席。同年，山东人民出版社出版了王安友的短篇儿童文学作品《三张标语》。1960 年人民文学出版社将王安友的部分中短篇小说结集出版。小说集名为《渔船上的伙伴》，共收录了：《李二嫂改嫁》《整社基点村的一天》《十棵苹果树》《追肥》《两个青年人》《协作》《渔船上的伙伴》七篇作品。

到了 60 年代初期，王安友多创作短篇作品，这些作品大都发表在刊物《人民文学》《山东文学》上。例如：刊登在《山东文学》1960 年第 4 期的短文《柴立青》；刊登在《山东文学》1960 年第 6 期的短文《竹藤花开》；刊登在《山东文学》1960 年第 9 期的短文《王文波》。现在来看，这些短文所描写的时代氛围和人物形象并没有能够自然地融合到一起。这些作品中的人物过于概念化、抽象化，难以给人留下深刻印象。王安友在 1962—1963 年发表了《下乡的感受和体会》《生活是创作的源泉》《从读者批评谈起》《努力做一个彻底革命的文艺工作者》等文章，杂谈自己的文学创作理念。在这些文章中，王安友表达了自己对于扎根实际生活、与广大人民群众联系在一起的决心，以及写出广大人民群众喜闻乐见的文学作品的真诚愿望。在 20 世纪 60 年代初期到 20 世纪 70 年代中期这十几年间，王安友的文学创作活动受到冲击，但他并没有因此放弃写作。王安友从 1969 年开始下乡劳动，到了 1972 年被调回济南，任山东人民出版社编辑副组长，分管文艺编辑室，主编文艺书稿。这一年，王安友的又一儿童文学作品《一个暴风雨的晚上》出版。据王安友的女儿王建平回忆，王安友在"文革"后期就开始利用工作之余写作长篇小说《凌云河》，继续他的文学创作活动。据王安友的战友包干夫回忆：在 1975 年间，王安友曾有一次热心地为一位年轻的工人作家的作品提供修改意见，还把他为自己的作品新构想的几个十分精彩的情节无私奉献给了这位青年朋友。到了 1978 年，山东省文联及各协会恢复工作。王安友继续担任中国作家协会山东分会副主席，以高昂的创作热情进行文学创作。同年，山东人民出版社出版了王安友的长篇儿童文学作品《擒"鲨"记》。1979 年王安友的短篇小说《相对象》发表在《人民文学》1979 年第 3 期。同年，王安友的短篇小说《枣树园》发表在《山东文艺》1979 年第 6 期。

　　到了 20 世纪 80 年代，随着市场经济的发展，拥有大量读者群的武侠小说、言情小说以及冒险小说等通俗文学作品更受出版商的青睐。相应地，王安友写农村生活的纯文学作品则面临难以发表的窘境。已经离休的王安友并没有因此丢失自己的创作热情，他一如既往地辛勤工作，笔耕不辍，创作出了许多中长篇小说。1981 年，王安友发表了中篇小说《不饶人的姑娘》，以及一篇描写农村生活的长达五十多万字的长篇小说《凌云河》。次年，王安友的又一篇反映农村生活的作品《认门》发表于《人民文学》。1983 年，王安友发表了短文《回顾来路谈弯直》，分享自己有关文学创作的心得体会。1984 年 10 月，人民文学出版社重新编辑出版王安友的小说选集《渔船上的伙伴》。到了 1989 年，王安友的好几部长篇如《再婚记》《前线》《豪门闺秀》《红姑娘》等或正在写、或已完稿、或已交出版社。1991 年 5 月 28 日王安友因病逝世，享年 67 岁。令人遗憾的是，王安友的作品并未全部问世，据说"他去世后，还有中、长篇小说十几部尚未出版"[1]。但著作的未出版并不意味着道路的未完成，王安友在文学道路上不停耕耘的旅程已很动人。在此，诗人孔林为王安友写作的一句诗正可以作为王安友小传的结尾："你是土地的儿子。/ 土地必生成庄稼，必有收成。/ 你是株火红的高粱。/ 那诚实的颗粒又回归泥土。"[2]

二、"有理由自豪，但并不满足"：从《李二嫂改嫁》开始的文学人生

王安友的处女作《李二嫂改嫁》完成于 1950 年。这一年，解放区的土地改革运动正蓬勃发展。土地改革运动抨击了旧有的封建土地制度，极大地解放和发展了社会生产力。同年，《中华人民共和国婚姻法》在全国范围内正式实施。这部新中国成立后颁布的第一部基本法明确地提出要废除不合理的封建主义婚姻制度，明令禁止干涉寡妇婚姻自由。由此，更多的妇女有机会摆脱封建家庭的压迫，投入到新时代的劳动生产和社会活动中。这一年，中国人的家乡发生着巨大的变化，时代的众多新命题与普通人的生活与命运紧密交织。新时代期待着新的故事，新的故事期待着新的作家。王安友就是

---

[1] 邓撰相：《王安友在日照》，《山东文学》2021 年第 9 期。
[2] 孔林：《你是农民的儿子——悼念王安友同志》，政协东港区文史联谊委员会主编：《东港文史（文化艺术专辑第二辑）》，政协日照市东港区文史联谊委员会 1999 年版，第 29 页。

20世纪50年代较为活跃的新作家中极具代表性的一位。

在开始走上创作之路时，王安友并没有选择在作品中对时代的宏大命题进行铺陈和解读；他的写作方式是通过书写现实生活中的具体问题来揭露旧时代的封建婚姻习俗的丑恶处，宣传倡导新时代的文明风尚。从《李二嫂改嫁》和依据《李二嫂改嫁》改编而成的戏剧和电影在全国范围内大受欢迎的情况来看，王安友"大处着眼，小处落笔"的写作策略显然是成功的。对于经常在乡村做基层工作，又在近些年碰到不少寡妇改嫁的真实案例的王安友来说，"寡妇改嫁"和"阻挠寡妇改嫁"就是他这一时期最熟悉和最想书写的具体问题。他的《李二嫂改嫁》讲述的正是一个"寡妇改嫁"的故事。这个故事的背景设置在1947年的鲁中南解放区农村。在这个故事中，寡妇李二嫂和村民张小六这对向往结婚自由的青年男女在本村党员干部的帮助下，冲破了来自封建势力的种种阻挠，成功地结为夫妻。《李二嫂改嫁》有着鲜明的反封建的思想主题，这在解放不久的农村有着极现实的斗争意义和实际的教育意义。

除了思想主题顺应时代发展、满足读者阅读需要之外，《李二嫂改嫁》之所以大受欢迎还因为它是一部戏剧性非常强的小说，有着迂回曲折，扣人心弦的故事情节。《李二嫂改嫁》的戏剧性主要得益于王安友在叙事中使用了延宕的叙事方法。延宕是戏剧创作中常用的一种手法，延宕手法的恰当使用可以使得故事情节更加跌宕起伏，引人入胜。《李二嫂改嫁》这篇小说对延宕手法的使用就是很成功的。举例来说，《李二嫂改嫁》的第十章写到了李七在小树丛中袭击李二嫂，手已经掐住了李二嫂的脖子这一幕。这一幕的矛盾冲突非常激烈和尖锐，但是这一幕又是第十章的结尾发生的，故事的发展还要等待"下回分解"。还比如说，在故事的最后一章，李二嫂终于向群众讲清楚了自己的遭遇，阻挠她改嫁的坏人也受到了打击。眼看着李张二人就要顺利结婚，王安友却在这时安排李二嫂的哥哥刘桂标再次出场，发表不同意李二嫂嫁给张小六的意见，暂时抑制和干扰了戏剧情势的发展。在这两个例子中，延宕手法的运用使得故事情节更具紧张性，能起到调动读者往下阅读的好奇心的效果。与此同时，误会手法的应用也为《李二嫂改嫁》的戏剧性做出了很大的贡献。李二嫂和张小六在第二章节就约定好了要共同步入婚姻的殿堂，但他们二人直到最后一章节才真正走到了一起。这之间发生了很多戏剧性的误会，例如：张小六误以为母亲给自己娶的媳妇就是李二嫂；政府的工作人员于助理、李二嫂的哥哥刘桂标都误会张小六是个坏人；李二嫂的母亲和哥哥误会李二嫂学坏了，私自和坏男人在一起。这些误会不是文章的闲笔，每一处误会都和前文埋下的伏笔相照应，使得故事情节更加完整，增强了故事的戏剧效果。

值得一提的是，除了故事戏剧性强之外，《李二嫂改嫁》拥有广大的读者群的原因还在于小说中带有生活气息和地方色彩的语言表达。王安友曾谈到他认为《李二嫂改嫁》写得较为成功的原因是："《李二嫂改嫁》这件事出在俺庄上，所有的人物都是我的老邻居。"[1]《李二嫂改嫁》中的人物都有一个现实生活的原型，比如"天不怕"的原型就是王安友庄上的宋大娘。因为对宋大娘平时的说话方式印象深刻的缘故，王安友将"天不怕"的语言表达也写得十分生活化、口语化。比如，"天不怕"在数落李二嫂时，气愤地说道："她知道什么是做媳妇！"[2]这句话更准确的表达方式应该是："她哪里知道什么是做媳妇！"但王安友所用的句式显然更符合当地农村妇女的口语表达习惯，更具真实性。王安友熟悉父老乡亲们朴素简单、直白干脆的说话习惯，所以他在《李二嫂改嫁》中将人物对话也都写得十分生动简洁。其中较有代表性的是张小六和李二嫂互通心意的对话。李二嫂用两句话就表明了自己的心意，她说："六兄弟，我准备改嫁了！……你还不趁早打打谱吗？"[3]张小六也回应得十分干脆，他直接说："前几天，我本想把咱俩的婚姻问题谈开……"[4]生动简练的人物对话使得《李二嫂改嫁》的文本语言充满着生活气息和地方色彩，文本中多处出现的民间俗语也有相同的

---

[1] 王安友：《回顾来路谈弯直》，本社编辑部主编：《作家经验谈》，农村读物出版社 1983 年版，第 105 页。

[2] 王安友：《渔船上的伙伴》，人民文学出版社 1984 年版，第 3 页。

[3] 王安友：《渔船上的伙伴》，人民文学出版社 1984 年版，第 12 页。

[4] 邓撰相：《王安友在日照》，《山东文学》2021 年第 9 期。

作用。王安友在文中使用的俗语包括但不限于："有病背不了丈夫，有事背不了邻居。"[1]"肚子里无饭怨天长，面前的活多嫌天短。"[2]"风不来，树不响。"[3]这些俗语都是劳动人民根据生活经验创作出来的口语化的表达，经过人民群众的口耳相传，一出现就能引起广大读者的共鸣。

　　王安友深受民间说书艺术的熏陶。他在进行小说创作时除了有使用俗语的习惯，还会给自己创作出来的人物起便于读者记忆的、带有夸张色彩的绰号。用单一的绰号规定人物的性格和行为虽然容易使人物形象流于扁平，但是形象的扁平并不意味着这个人物就是一定是单调乏味的。赵树理的作品中就有很多漫画式的扁平人物，比如《小二黑结婚》里的二诸葛、三仙姑，《锻炼锻炼》中的小腿疼、吃不饱。这些绰号可以较为直观地展现这些次要角色的某种性格特征，还自带夸张、幽默的表达效果，朗朗上口又便于记忆。这样来看，王安友在文中直接将李大娘唤作"天不怕"是有助于对这个人物形象的塑造的。这样的绰号看似夸张，却也达到了艺术上的真实，显示了王安友在人物塑造方面的巧思。除了使用夸张的绰号塑造人物，初次写作小说的王安友还懂得运用比喻、拟人等修辞手法来写人状物，增强文章的文采。王安友用"一张西瓜脸全气黄了"[4]来形容天不怕气急败坏时的神态，将天不怕的脸色变化写得特别生动形象。王安友在表现张小六和李二嫂之间情愫暗涌的相处氛围时，是这样写的："桌子上的小油灯，被风吹得乱点头，乍乍地一看，活像在朝着人挤眼。"[5]这个句子将小油灯拟人化，将灯火都写得可亲可爱，成功地写出了这对青年男女相互表白之前害羞又期待的心理状态。总的来说，《李二嫂改嫁》有着具有深刻意义的思想主题，巧妙流畅的情节设计，丰富生动的文本语言，很像一位成熟作家的创作。怪不得时任

　　[1]王安友：《渔船上的伙伴》，人民文学出版社1984年版，第5页。王安友：《渔船上的伙伴》，人民文学出版社1984年版，第5页。
　　[2]王安友：《渔船上的伙伴》，人民文学出版社1984年版，第17页。
　　[3]王安友：《渔船上的伙伴》，人民文学出版社1984年版，第24页。
　　[4]王安友：《渔船上的伙伴》，人民文学出版社1984年版，第5页。
　　[5]王安友：《渔船上的伙伴》，人民文学出版社1984年版，第11页。

新华书店山东分店编辑部副主任的王希坚在看过《李二嫂改嫁》之后说道："看过这本生动的小说，恐怕我们不会想到这本书的作者是一个雇工出身，长期做实际工作的工农干部。"[1]

虽然《李二嫂改嫁》具有多方面的优点，但客观地来看，这部中篇小说也有一些不足之处。正如知名作家骆宾基所言，王安友能够创作出这篇脍炙人口的小说"有理由自豪，但并不满足"[2]。值得自豪之处前文已经分析过，那不满足之处在于什么呢？这就需要在与同类题材的高水平创作的对比中发现了。在中国现当代文学史中，赵树理的创作与王安友的创作在主题和写法方面是相似的。赵树理的创作曾在1947年召开的晋冀鲁豫边区文艺工作座谈会上被集中讨论。会后陈荒煤发表了文章《向赵树理方向迈进》，将赵树理的创作概括提炼为"赵树理方向"。"赵树理方向"对20世纪五六十年代的文学创作有着深刻的影响。赵树理的创作能成为一个方向有许多原因，其中一个重要原因在于赵树理懂得对现实做艺术化的处理，创作出了一些具有典型意义的人物形象。以其写于1943年的中篇小说《小二黑结婚》为例：赵树理有意将小二黑和小芹塑造为更具深刻性和教育意义的典型人物形象，所以就在作品中强调他们的斗争精神，策略性地略去对他们面对重重阻力可能有的退缩想法的书写。而王安友的《李二嫂改嫁》则没有处理好生活真实和艺术真实的辩证关系。王安友写李二嫂有过自杀的想法从生活逻辑上来说是可信的。可是从艺术效果来说，这样写就会在一定程度上减弱李二嫂形象的斗争性，不利于在小说中塑造一个具有典型意义的社会主义新人形象。王安友曾经结合当时的读者批评反思过《李二嫂改嫁》的不足之处，他总结到："从艺术角度上看，《李二嫂改嫁》的初稿也有不少不真实的地方，这就是人物性格不够统一，行动缺乏思想基础。"[3]这个观点是切中肯綮的。在完成《李二嫂改嫁》的写作之后，王安友的创作风格已经初步形成，他后期

〔1〕王希坚：《几句介绍》，王安友：《李二嫂改嫁》，华东人民出版社1951年版，第1页。

〔2〕骆宾基：《书简·序跋·杂记》，青海人民出版社1986年版，第46页。

〔3〕王安友：《从读者批评谈起》，《山东文学》1962年第9期。

的小说创作都或多或少带有这部小说的影子。小说《李二嫂改嫁》是一部具有深远影响力的作品，也是中国当代文学史研究不断重返的一个重要现场，其成功和不成功的经验都值得后来的文学创作者和研究者关注和分析。

在通过《李二嫂改嫁》进入文坛之后，王安友保持着自己高昂的创作热情，在1951—1958年这段时间陆续创作了不少短篇小说。作为一位有着很强政策观念的干部，王安友对社会中的政治氛围十分敏感。在新中国从新民主主义社会转变到社会主义社会的过渡时期，农业合作化运动使农村社会发生了巨大变化。王安友敏锐地捕捉到了农业合作化运动对农村生活和农民心态产生的影响，在创作中较为细致地反映了这一时期农村的家庭关系、生产生活、社会道德的新变化。1956年，他的第一部短篇小说作品集《十棵苹果树》出版。小说集《十棵苹果树》是王安友非常重要的一部作品集，较为全面地展示了他的创作才能和创作趣味。王安友后期的很多作品，尤其是长篇小说《海上渔家》就是在这个作品集的基础上拓展延伸出来的成果。

在小说集《十棵苹果树》收录的七篇短篇小说中，除了《一只小渔船》讲的是渔民和海匪的斗争故事以外，其他的六篇小说都以农村生活作为题材。《两个青年人》写了一对青年男女的爱情故事，故事主旨是提倡新时代的青年男女在共同劳动、学习、进步的基础上相知相恋。《追肥》是一个喜剧故事。在这个故事中，老家长李洪陆在新的时代环境之下摆脱了封建狭隘的旧思想，尊重了一向没有发言权的两个儿媳妇的意见。这一家人为了生产活动的顺利进行共同努力，在家庭里树立起民主作风。《十棵苹果树》描写了一位热爱劳动的老人尹相顺从不愿入社到向往入社的过程。这篇小说的三个小标题的安排十分巧妙，它们分别是："想不通""粮食囤和胭脂盒""一切都忘了"。"粮食囤和胭脂盒"代表物质条件的变化，"想不通"和"一切都忘了"代表思想观念的转变。这三个小标题生动地概括呈现了尹相顺的思想转变过程。《徐可顺》也写了一个老年农民在农业合作化过程中的思想变化，王安友将这个转变过程写得十分自然，令人信服。《整社基点村的一天》是农业合作化运动发展到高潮时期的作品。王安友在这篇小说中歌颂了广大农民要求入社的积极性，同时也对农业合作化运动中某些农村领导干部的保守思想做了否定。

王安友有一些以农村干部为主角的短篇小说，比如1956年发表的《渔船上的伙伴》和1958年发表的《协作》。小说《渔船上的伙伴》以王安友的亲身经历为依托，讲述的故事是：一个年轻的下乡干部刘山为了更好地了解渔村的生产活动，努力克服自己晕船的毛病随渔民一起出海，在与渔民同吃同住同劳动的过程中逐渐赢得了渔民信任。乡村干部出海的这一情节也被王安友运用到了长篇小说《海上渔家》当中。《协作》是极具时代性的短篇作品，反映了"大跃进"时期的农村社会生活。《协作》通过书写两个农业社互相帮助着完成栽种地瓜的任务一事，歌颂了当时"我为人人，人人为我"的工作氛围，并对文中一些持有保守思想的干部做了负面的评价。但《协作》对于干部形象的塑造比较薄弱，文本语言也不够丰富生动。以上这些短篇小说都截取了那一时期农村社会生活的不同侧面，可以看作是一些生动翔实、具有阅读和研究价值的时代记录。

而王安友的创作野心让他没有止步于短篇小说的写作，他开始孜孜不倦探索长篇小说该写什么，该怎样写。在写完《李二嫂改嫁》之后的第六年，他的第一部长篇小说《战斗在沂蒙山区》出版。又过两年，他的长篇力作《海上渔家》也与读者见面。

三、"胸中的大气象，艺术的大营造"：从《战斗在沂蒙山区》到《海上渔家》

1950—1958年是王安友创作的丰收期，在这一时期王安友不仅写出了一批高质量的短篇小说，还创作出了《战斗在沂蒙山区》《海上渔家》两部长篇小说。从反映社会生活的角度来看，短篇小说以简洁和直接见长，长篇小说则以其丰富和复杂取胜。好的长篇小说不是情节的简单拼贴，也不是写作技巧的比试擂台，而是"一种胸中的大气象，一种艺术的大营造"[1]。王

---

〔1〕莫言：《捍卫长篇小说的尊严》，《当代作家评论》2006年第1期。

安友的创作才能在他的短篇小说中已经初见端倪，而他的长篇小说则更为全面地展示了他的思想水平和艺术水准。从 1956 年出版的《战斗在沂蒙山区》到 1958 年出版的《海上渔家》，王安友在长篇小说创作方面获得了可喜的进步。

王安友在 1951 年就写出了《战斗在沂蒙山区》的初稿，但这部小说在 1955 年 12 月才定稿。《战斗在沂蒙山区》在问世之前曾经被王安友改过七八次，是王安友的心血之作。据说在某次修改中，王安友一下子将十几万字的稿全部推翻重写。王安友多次修改这部作品的原因不仅与他初次创作长篇小说，相关创作经验不足有关，也与这部长篇小说本身所处理的题材的复杂程度有关。《战斗在沂蒙山区》是战争题材的小说，以 1947 年国民党重点进攻山东解放区为故事背景。1947 年，是山东解放区频繁地遭受敌军攻击的一年。这一年对山东人民来说是艰苦的一年。同时，这一年也是人民解放军挫败国民党军对山东解放区的重点进攻的一年。1947 年 5 月，人民解放军在孟良崮战役中大获全胜。不久后，解放战争就从战略防御阶段进入了战略反攻阶段。《战斗在沂蒙山区》就从 1947 年的春天讲起，讲述了沂蒙山区的武工队、民兵在党的领导和群众的支持下向敌军和还乡团进行英勇斗争，保卫了当地群众的安全，取得最后胜利的故事。

在《战斗在沂蒙山区》这部长篇小说中，王安友选择将笔下的人物放置在战争的大背景下去遭受磨难，蜕变成长。这样的写作设计与王安友的人生经历和写作追求有关。成长于 20 世纪 40 年代的王安友有直接参与武工队斗争的经历，他明白战争会迅速改变人民的生活方式，对人民群众的影响是直接且巨大的。"沧海横流，方显英雄本色。"具有艰苦性、复杂性的战争最能磨砺人的精神，淬炼人勇于斗争、无私奉献的高尚品格。而王安友正有塑造出能给读者留下深刻印象的正面形象的写作追求。于是，王安友便花费了大量笔墨描写了在这场斗争中发挥积极作用的党员干部陈大山、孙秀兰、齐祥等人。只是在这部小说中，王安友塑造的这些正面人物依然存在形象还不够突出、不够典型的问题。这是由于《战斗在沂蒙山区》的出场人物众多，故事线却不够清晰完整，没有一个中心事件。所以，王安友着力塑造的正面人物实际上并没有很多令人印象深刻的"登台亮相"。事实上，王安友在这部长篇中写得比较生动的形象是村长陈亮和农民张吉福。这两个人物都不是完人，在故事的开始都犯过错误。陈亮热心工作却不太懂得依靠群众的力量办事，善良热情却被狡猾的敌人蒙蔽利用了很长一段时间。张吉福老实本分却对敌军抱有不切实际的幻想，缺少斗争精神，还差一点被敌军利用谋害自己的父老乡亲。但是，这两人在认清事实真相之后又都表现出了过人的勇气和担当，为保护人民群众，争取战争胜利做出了自己的贡献。王安友对这两人的性格特征、思想转变进行了仔细的描写，把这两个人物写得个性鲜明，富有立体感。

除了认真构思小说的思想内容，用心塑造人物形象之外，王安友在创作这部长篇小说时还非常重视小说的语言描写。《战斗在沂蒙山区》的文本语言就是从日常生活中的语言提炼并加工而来的，具有俗白简洁、自然生动、感情色彩鲜明的特点。小说中的人物在发言时常使用一些接地气的俗语，"俗话说"在整部小说中多次出现。这些俗话有："生处不嫌地面苦，人走千里不忘家。"[1]"耍龙玩虎，不如锄地刨土。"[2]"生难留熟难离。"[3]"人无头不走，鸟无头不飞。"[4]"过庄户日子，就得精打细算呀。"[5]等等。这些俗话都是既符合人物性格又能与故事场景相配合的语言表达，增强了小说的生活气息。王安友还能用极简短的语句描述人物复杂丰富的内心活动。举例来说，王安友有一次这样书写民兵刘双全的心理独白："他的态度很冷静，但是双全就觉得他的话里有话，肚子里有牙。"[6]这句话几乎是毫不费力地就写出了刘双全因为李顺亭的话感到不舒服的心理状态，自然流畅又富有表现力。《战斗在沂蒙山区》的文本语言不仅是口语化，还是形象化

---

〔1〕王安友：《战斗在沂蒙山区》，新文艺出版社 1956 年版，第 20 页。
〔2〕王安友：《战斗在沂蒙山区》，新文艺出版社 1956 年版，第 95 页。
〔3〕王安友：《战斗在沂蒙山区》，新文艺出版社 1956 年版，第 106 页。
〔4〕王安友：《战斗在沂蒙山区》，新文艺出版社 1956 年版，第 147 页。
〔5〕王安友：《战斗在沂蒙山区》，新文艺出版社 1956 年版，第 188 页。
〔6〕王安友：《战斗在沂蒙山区》，新文艺出版社 1956 年版，第 17 页。

的，这主要是因为王安友能够熟练运用比喻的修辞手法。小说中有这样一句话："结果，原来敌人吹嘘的'解放军不存在了'的神话，像春后的薄雪一样，随着阳光的照射，便马上化为泡影了。"[1]这句话生动形象地表现了敌人的谣言因为人民解放军的胜利不攻自破的情况。此外，王安友的语言还富有感情色彩，他的语言浸透了他本人对解放区的军民发自内心的爱与诚。他写张根儿拉着红全大爷的手低声哼唱一支新编的歌："星儿闪闪光儿亮 / 蒋匪进攻太猖狂 / 这黑暗的夜间不会久 / 明天一定出太阳。"[2]；也写张吉福将自己的生命置之度外，诚恳地对陈大山说："您权当是我的孩子，好生干吧！只要你们这些人活着，总会对咱庄户人家有好处。"[3]这些自然真诚，不带一丝矫饰的语言是小说人物的真心话，也是王安友本人的心灵之歌与肺腑之言。

《战斗在沂蒙山区》作为王安友的第一部长篇小说，有很多值得称赞的地方，但这部小说同时也存在很多瑕疵。这部长篇小说最突出的问题在于详略安排不当，情节架构不太合理，整体上较为冗长繁杂。而在《战斗在沂蒙山区》出版两年后才问世的《海上渔家》则对这些问题做了很大的改进。在写作《海上渔家》之前，王安友曾仔细研读过中国古代文学的经典之作《红楼梦》，对《红楼梦》的结构和人物都十分熟悉。对《红楼梦》的学习在一定程度上提升了王安友的写作水平。在《海上渔家》中，王安友已经能较为娴熟自然地处理人物性格的发展变化。《海上渔家》这部作品在当时和后世都得到了许多来自文学评论者们的认可和称赞。20世纪五六十年代和80年代的一些相关评论文章（《谈王安友的创作》《论农民作家王安友和他的小说创作》《王安友论》等）都不约而同地指出《海上渔家》是王安友创作道路上可喜的一个进步。

《海上渔家》主要讲述的是：在全国的农业合作化运动蓬勃发展的大背

---

〔1〕王安友：《战斗在沂蒙山区》，新文艺出版社1956年版，第185页。
〔2〕王安友：《战斗在沂蒙山区》，新文艺出版社1956年版，第133页。
〔3〕王安友：《战斗在沂蒙山区》，新文艺出版社1956年版，第258页。

景下，一个位于山东沿海的，名叫"徐家湾"的渔村在党的领导下走合作化道路，组织生产合作社的故事。王安友在《海上渔家》重点描写的是徐家湾的渔业初级社建立发展的过程。在 20 世纪 50 年代，有很多描写农业生产活动的作品问世，但写渔业生产的长篇小说却是为数不多的。土生土长的庄稼人王安友开拓了自己的创作题材，在《海上渔家》描写了渔民的生产活动和生活方式。"渔民生产"这个新颖的题材使得王安友的文学创作将农业文化和海洋文明联系了起来，生发出了新的、富有生命力的内容。海洋常与人们的商业贸易活动联系起来，这种活动相较于传统的农业生产有着较大的不稳定性。习惯在不稳定性中生产生活的渔民们多有着开拓进取、开放包容的精神品质。同时，在靠海的渔村中，基本上每家每户都得靠出海捕鱼为生。出海捕鱼要得到尽可能多的收获需要装备完好的大船、渔村中捕鱼经验丰富的老船长，以及出海的每位渔民之间的相互配合。所以对大部分没有自己的大船的渔民们来说，集体生产比个体生产更具优势，农业合作化运动对他们来说有着天然的吸引力。但在徐家湾这个三百多户人家的渔村里，不是人人都对合作化运动采取支持的态度。王安友书写了徐家湾里不同的人物面对合作化运动时的不同表现，通过一系列具体的事件塑造出了四类人物。这四类人物分别是：领导合作社建设的党员干部、支持合作社建立的贫苦渔民、从排斥到自发加入合作社的中等渔民以及破坏合作社建设的富裕渔民。

王安友在《海上渔家》中着力塑造的优秀党员干部主要有区委副书记尹相科、区乡干部陈常荣和村干部尹香兰。在这三个人中，王安友较为准确地描写了尹相科的理念活动，将陈常荣的工作作风和性格特征写得十分鲜活生动，对尹香兰这个人物的塑造最为成功。在《海上渔家》发表后不久，许多相关的评论文章都分析评价了尹香兰这个人物形象。而关于"尹香兰这个角色写得到底好不好"这个问题，评论者们的意见并不统一。一种观点认为尹香兰这个角色是"没有塑造成功的共产党员形象"[1]。另一种观点认为尹

---

〔1〕山东大学中文系三年级红旗文艺小组：《尹香兰——没有塑造成功的共产党员形象》，《前哨》1959 年 7 月号。

香兰这个角色一直坚定不移地站在党的立场上，性格上有软弱的一面，也有坚强的一面，富有民族色彩和积极的时代意义。[1]第二种观点显然是更合情合理的。因为王安友不仅写出了尹香兰这个人物形象的复杂性，还写出了她形象的发展性。1962年9月，王安友在谈到他本人对尹香兰形象的看法时也说道："我认为，这样由幼稚到老练，由软弱到坚强的发展过程，是合乎人物性格的。"[2]尹香兰有着多重身份，她既是贫苦渔民的女儿，又是一个富裕渔民家庭的主妇，同时还是一位热心集体工作的共产党员。尹香兰这个人物形象不仅有着中国劳动妇女善良、包容的传统美德，还有着敢于斗争、无私奉献的党员觉悟。尹香兰在故事开始的时候会一味地忍让苛待她的婆婆，没有表现出鲜明的斗争精神。但随着故事发展，尹香兰在实际工作生活中不断成长，变得越来越坚强，越来越敢于斗争。她的形象是变化发展着的，也是符合生活逻辑和艺术逻辑的，令人印象深刻。

王安友笔下的贫苦渔民尹得明、尹相秋、刘老三等人尽管生活条件贫穷，但都很有骨气和志气，从始至终都坚定地要走合作化的道路。这些勤勉、自尊的贫苦渔民都希望靠自己的双手创造美好生活，不再遭受不公平的对待。因此，他们是农业合作化运动天然的支持者，在农业合作社的建立过程中起着重要作用。王安友写得比较生动的人物还有中等渔民徐顺。小说里的徐顺虽然名字里带"顺"，却没有一帆风顺的幸运。徐顺在和反动的富裕渔民接触的过程中总是担惊受怕，处处受挫。这与他逆来顺受、委曲求全的性格有关。富裕渔民张成仙让他烧毁渔网、破坏船上的水柜，他都不敢拒绝，但最后也没真的狠下心去做这些事。直到他终于认识到渔业合作社的优越性，他才真正心甘情愿地成为合作社的一员，继续勤恳踏实地工作生活。在描写心存私心、刻意阻挠合作社的建设发展的富裕农民张成仙、石大发等人时，王安友采用的是全知视角。王安友在小说中揭露和讽刺了他们的言行不一致，并给他们安排了不好的下场。

---

〔1〕田仲济：《尹香兰的民族风格和时代意义》，《山东文学》1960年第4期。

〔2〕王安友：《从读者批评谈起》，《山东文学》1962年第9期。

《海上渔家》的语言风格保持了王安友小说语言的一贯风格，有着直白干脆、生动形象、自然率真的特点。诗人孔林曾这么评价王安友的小说语言："读你的文字像读青青的禾苗。"[1] 在《海上渔家》中，王安友对于比喻手法的运用更为熟练。王安友在这部小说中运用了一些散发着"泥土气息"的、接地气的比喻。比如这两句话："大家一听娘娘挂灯，转眼间都像一棵干巴白菜见了雨水。"[2] "最后连常荣也有点儿泄气，起不得火，冒不得烟，真是豆腐掉在灰窝里，吹也吹不得，打也打不得。"[3] 这两句话用"白菜""豆腐"这两样农民日常生活中常见的食物来写人物的心理，生动形象又便于读者理解，有很好的表达效果。《海上渔家》语言表达的另一个显著特征是大量的俗语的运用。我们可以在小说中读到"饥了救一口，强似饱了救一斗。"[4] "饥了糠如蜜，饱了蜜不甜。"[5] 这样根据温饱感受创作出来的俗语；读到"人拦不住百语，树拦不住百斧。"[6] "砸蛇砸头，出了事儿找主。"[7] 这样根据工作经验创作出来的俗语；读到"屡见常，初见新。"[8] "人要脸，树要皮。"[9] "耳听不如眼见。"[10] "心里没做亏心事，夜里不怕大叫门。"[11] "账目清，好弟兄。"[12] 这些根据生活体验创作出来的俗语。这些俗语用短短几个字就说清楚了很多生活道理，代表着劳动人民对日常生活经验的认识与总结。这些俗语给《海上渔家》加入了很多"常

---

〔1〕孔林：《你是农民的儿子——悼念王安友同志》，政协东港区文史联谊委员会主编：《东港文史（文化艺术专辑第二辑）》，政协日照市东港区文史联谊委员会1999年版，第28页。

〔2〕王安友：《海上渔家》（第一部），上海文艺出版社1958年版，第84—85页。

〔3〕王安友：《海上渔家》（第一部），上海文艺出版社1958年版，第326页。

〔4〕王安友：《海上渔家》（第一部），上海文艺出版社1958年版，第287页。

〔5〕王安友：《海上渔家》（第一部），上海文艺出版社1958年版，第404页。

〔6〕王安友：《海上渔家》（第一部），上海文艺出版社1958年版，第253页。

〔7〕王安友：《海上渔家》（第一部），上海文艺出版社1958年版，第332页。

〔8〕王安友：《海上渔家》（第一部），上海文艺出版社1958年版，第94页。

〔9〕王安友：《海上渔家》（第一部），上海文艺出版社1958年版，第121页。

〔10〕王安友：《海上渔家》（第一部），上海文艺出版社1958年版，第497页。

〔11〕王安友：《海上渔家》（第一部），上海文艺出版社1958年版，第524页。

〔12〕王安友：《海上渔家》（第一部），上海文艺出版社1958年版，第438页。

识"，这使得《海上渔家》所讲述的故事更贴近劳动人民的生活，更具真实感和说服力。

在 20 世纪五六十年代，许多处理时代重大题材的作家都有写多卷本长篇小说的写作计划。不过，大部分作家都只完成了第一部小说的创作。王安友创作《海上渔家》也是如此。《海上渔家》作为一个系列来说是"未完成"的，但现在呈现在读者眼前的《海上渔家》（第一部）作为一部长篇小说来说已经是独立完整的了。这部小说在情节安排方面比起《战斗在沂蒙山区》更加从容有序，只是还是有些不必要的情节，比如小说中尹相秋卖白菜那一段情节就比较赘余。还需要指出的是，这部长篇小说有很多单调的，缺乏变化的语言描写。王安友在这部小说中数次使用"透不过气"来形容人物的心理状态，屡次使用"不回脖"形容人物固执的性格色彩。好的创作从不是简单的重复，多次使用同一种语言表达去形容不同的人物会给读者带来审美上的疲倦。总的来说，从《战斗在沂蒙山区》到《海上渔家》，王安友的创作水平有了长足的进步，但还有很多进步的空间。

整体来看王安友在 20 世纪五六十年代的创作成果，可以发现王安友的文学观与当时主流的，强调"文艺为政治服务""文艺为工农兵服务"的文艺思想相一致。王安友的小说创作在题材选择、人物塑造、语言表达等方面都十分符合《在延安文艺座谈会上的讲话》对文艺创作活动的规范和要求。而王安友之后三十多年的创作也都自觉遵循着他在早年间就内化于心的创作规范。

四、传承红色文化的小英雄形象：《一个暴风雨的晚上》和《擒"鲨"记》

在写完《海上渔家》（第一部）之后，王安友暂时放下了继续写作长篇小说的计划，集中精力创作短篇小说。1959 年 12 月，王安友的短篇小说《三张标语》被山东人民出版社出版，这是他第一部以少年儿童为主角的短篇小说。这部短篇小说的情节并不复杂，主要突出表现了在中国共产党领导感召下成长起来的少年儿童英勇无畏的精神品质。这部小说的主要内容是：抗日战争期间，少年儿童小山和小栓出色地完成了武工队叔叔交给他们的任务，将"打倒日本帝国主义！""共产党万岁！""毛主席万岁！"[1]三张标语贴到了敌人所在的炮楼墙上。这部短篇小说构思精巧，贴标语这个精彩的情节在他后来的小说《擒"鲨"记》中也有出现。《三张标语》是王安友第一次尝试创作儿童文学作品，这篇小说的出现为他之后的儿童文学作品《一个暴风雨的晚上》《擒"鲨"记》的陆续问世做了酝酿和铺垫。

在 1960—1962 年这一段时间里，王安友主要的创作活动就是发表一些宣传色彩较强、艺术价值有限的短文以及一些创作杂谈。王安友在 1960 发表的短文《柴立青》《竹藤花开》《王文波》相较于他之前的作品，情节更为简单，写故事写得比人物要好。而在这之后，王安友面临创作思路阻塞和创作活力流失的问题，他的小说创作也进入了长达十几年的沉潜期。直到 20世纪 70 年代末，王安友才迎来他中短篇小说创作的又一个旺盛期。在这之前，王安友的创作成果只有 1972 年 10 月出版的短篇儿童小说《一个暴风雨的晚上》和 1978 年 6 月出版的长篇儿童小说《擒"鲨"记》。这两部儿童文学作品向读者表明，王安友并没有放弃文学创作，他仍在文学创作的道路上坚韧地前行。值得高兴的是，在这条文学创作的道路上，王安友也不乏优秀的同行者。在 1972 年，也就是王安友的短篇说《一个暴风雨的晚上》出版的那一年，李心田的中篇儿童小说《闪闪的红星》由人民文学出版社出版。这部小说获得了广泛的好评，在 1974 年还被改编为电影，在全国范围内引起了很大的轰动。《闪闪的红星》的成功说明儿童文学创作也是大有可为的。这对正处于创作困难期的王安友来说，或许是一种难得的激励吧。

《一个暴风雨的晚上》讲述的故事是：在 1970 年的夏天，三个少年响应"拥军爱民"的号召，共同出海为解放军叔叔捕捞了红爪蟹子作为礼物。在满载而归的过程中，少年们依靠自己的智慧和勇气保护了一艘装载着支农物

---

[1] 王安友：《三张标语》，《1949—1979 上海儿童文学选第四卷低幼儿童文学》，少年儿童出版社 1979 年版，第 41 页。

资的轮船免于触礁的危险，最终安全回乡。《一个暴风雨的晚上》的篇幅不长，故事性比较强，给人总体的阅读感受是轻松欢快的。这部长篇小说虽然是儿童文学作品，却与一些成人文学作品有很高的重合性。作为这篇小说主角的三位少年儿童（贫苦渔民的儿子秋山和大明，拖网船上的技术员的儿子石头）有着带有明显成人特征的行为举止和心理活动。王安友这么写不代表他对儿童的自然天性认识不足，他这么写是因为他更关注和强调儿童的社会属性。王安友明白少年儿童同样也是所有社会关系的总和，不能脱离社会关系而孤立存在。因此，王安友有意把自己真诚的政治热忱融化到他笔下的少年儿童中，突出表现这些少年儿童作为正式的革命的接班人不怕困难、昂扬向上的精神品质。这种书写方式具有教育儿童读者传承和发展光荣的革命传统的作用，在当时的儿童文学创作中非常普遍。王安友完成于1977年的儿童文学作品《擒"鲨"记》也采用了这种写法。

《擒"鲨"记》于1978年6月由山东人民出版社出版，这部长篇小说采用成人视角叙事，以抗日战争为题材。《擒"鲨"记》书写的是1942年发生在山东沿海渔港的抗战风云。抗日战争是中国近代以来抗击外敌入侵第一次取得完全胜利的民族解放战争。抗日战争的胜利不仅对于中华民族的觉醒和团结有重大意义，还为世界反法西斯战争的最终胜利做出了重大贡献。新中国成立以来，尤其是20世纪50年代，描写这场具有重大历史意义的战争的优秀长篇小说层出不穷。比如入选"新中国70年70部长篇小说典藏"的小说《铁道游击队》就是20世纪50年代初的作品。像《铁道游击队》这样书写敌后斗争的传奇故事在当时很受读者欢迎。王安友在《擒"鲨"记》采用的也是自己较为擅长的传奇叙事。《擒"鲨"记》具体讲述的故事是：1942年，抗日战争正处于战略相持阶段，我国解放区的军民与疯狂进攻的日本侵略者做了艰苦卓绝的斗争。在敌强我弱的形势下，我国沿海地区的一支武工队采用游击战术不间断地打击敌人。故事的主角赵燕是一位贫苦渔民家庭出身的孩子，他和他的伙伴们水牛、海云、牤撞等少年在武工队的领导下，智斗日本侵略者及其走狗，取得了一个又一个的胜利。

从小说的情节结构来看，《擒"鲨"记》相较于王安友早期创作的两部长篇小说，故事情节更为集中、连贯。《擒"鲨"记》的章节标题基本上都是简洁明了，概括性强，整齐划一的词句，这与古代长篇章回体小说的章节题目设计很相像。这样的标题设计可以更好地调动读者的阅读兴趣，帮助读者理解和记忆故事内容。《擒"鲨"记》的部分章节标题还运用了比喻、夸张的修辞手法，具有生动形象的表达效果。例如："村内打狗""深海夺枪""赵燕闹海""魔洞里探险""引蛇出洞""大海擒'鲨'"等。这些标题用简洁的词组来概括富有冒险色彩的情节内容，颇符合少年儿童的审美趣味。在小说的语言描写方面，《擒"鲨"记》有一个突出的优点，即将大量的人物对话都写得十分简洁生动，具有画面感。举例来说，《擒"鲨"记》中赵燕和水牛有这样一段对话："沉住气""是。""大起胆来。""你放心，我不怕。""别忘了去给我送信！""什么地方？……""青蛙沟。""暗号？""不变""好！""开始行动！"[1]（先说话的是赵燕，后回答的是水牛，两人一问一答。）这段对话加起来没有超过四十个字，却蕴含了许多重要信息，没有一个字是多余的。而且，这段对话中标点符号的运用非常恰到好处，能清晰地展现说话人的心情变化。这些人物对话好像不是王安友"写"出来的，而是里面的人物自然而然地"说"出来的。从情节结构和语言特点来看，《擒"鲨"记》其实是一部很适合被改编成影视作品的儿童小说。

因为具有一定儿童文学色彩的缘故，《擒"鲨"记》对于阅读量不大的少年儿童读者来说也不难阅读。小说中鲨鱼精、高胜虎、赵燕这三个名字就很符合少年儿童的审美趣味。因为鲨鱼、老虎、燕子这些动物在儿童文学作品中都比较常见，为大部分少年儿童所熟知。所以，鲨鱼精、高胜虎、赵燕一出场就能引起少年儿童读者的熟悉感。不仅如此，这三个名字还能清晰地概括这三个人物各自的形象特征，便于少年儿童读者从简单的人物符号出发去理解复杂的故事情节发展。在"大鱼吃小鱼"的海洋世界中，"鲨鱼"是会主动攻击、捕食小鱼的生物。对于还未成熟的少年儿童而言，极具攻击性的鲨鱼会让人不由自主地害怕和排斥。因此，"鲨鱼精"理所当然地就是一

---

〔1〕王安友：《擒"鲨"记》，山东人民出版社1978年版，第145页。

个反面人物的形象，他的出场就是故事中黑暗势力的现身。而高胜虎则让人联想起有勇有谋、能击败老虎这种丛林之王的英雄好汉，自然而然地就能让崇拜英雄的少年儿童心生好感。那么，高胜虎就自然就是一位正面人物，能够推动故事走向好的结局。原名"海生"的赵燕则让人轻易联想起贴着海面劲飞，轻盈灵活，在暴风雨中也依然勇敢飞翔的海燕。这样的形象最适合与抗日战争中的少年英雄联系起来，给故事增添希望的亮色，使读者坚定战斗必胜的信心。

《擒"鲨"记》的人物塑造方式与王安友之前的小说创作是大体相同的，都是在敌我斗争中塑造正面人物、中间人物以及反面人物。而《擒"鲨"记》较为特殊的一点是，王安友在这部小说中塑造了许多极富斗争精神的少年英雄形象。王安友在《擒"鲨"记》引用过这样一句民间俗语："刀在石头上磨，人在斗争中练。"[1] 在这部儿童小说中，王安友不是在"游戏"中，而是在"斗争"中完成对少年儿童形象的塑造。他笔下的少年儿童赵燕、水牛、海云、牤撞无一不是在斗争中成长起来的。其中，主角赵燕的成长经历最具有代表性。年仅 15 岁的赵燕在武工队的领导下，在与比自己大得多的敌人的斗争中多次取得胜利，最终成长为一名正式的海滨武工队队员。王安友在《擒"鲨"记》的第十九章《赵燕闹海》中写到了一个富有传奇色彩、令人印象深刻的斗争情境。在这个情境中，赵燕带着炸药通过潜水靠近了敌人的汽艇，一个人炸毁了敌人的四艘汽艇。王安友用紧张激烈的情节、开阔盛大的场面、生动形象的语言描绘了这段富有传奇色彩的经历。这段传奇的故事情节使得赵燕敢作敢为、英勇无畏的少年英雄形象更加深入人心。

从五四时期到 20 世纪 70 年代，中国的儿童文学作品中出现了众多红色少年儿童形象，《擒"鲨"记》中的小英雄赵燕的形象不是"一个"，而是"一类"。五四时期，蒋光慈《少年漂泊者》描写了一位深受旧社会压迫，在中国共产党的感召下成长为一位革命战士，为革命付出生命的农村少年汪中。抗日战争时期，陈伯吹的抗战题材儿童小说《华家的儿子》《火线上

---

〔1〕王安友：《擒"鲨"记》，山东人民出版社 1978 年版，第 250 页。

的孩子们》书写了一位有坚定的抗击外敌、保家卫国的爱国主义精神的少年英雄华儿。1948年，管桦发表了《雨来没有死》，在小说中塑造了一位智斗日本侵略者的小英雄雨来。新中国成立后，徐光耀笔下机智勇敢的小兵张嘎，李心田笔下从农民孩子成长为解放军战士的潘东子都是感人至深的红色少年儿童形象。这些在中国共产党的领导感召下成长起来的红色少年儿童形象不仅在当时受到欢迎，在现在也具有很强的艺术生命力，感染和教育了不只一代人。

除了在战斗场面中正面描写人物，王安友还使用了对比的手法来塑造人物形象。在敌强我弱的斗争形势中，王安友能通过语言、神态和动作描写表现革命者必胜的信念，以及汉奸气急败坏、心虚软弱的内心状态。在小说中，武工队队长高胜虎智慧地躲过了敌人的重重搜查，出其不意地站在特务杨麻子的面前，对他说："我就是你们整天想抓都抓不到的高胜虎。"[1]语气铿锵有力，显示他胜券在握的心理。而反观一开始拥有大量资源的敌人，倒是常常惊慌失措，显示出失败的颓势。举例来说，王安友用比喻的手法写日军指挥官沙岛"两眼通红，像一条剁掉了尾巴的疯狗"[2]。写鲨鱼精"满面失色，像一头挨了鞭子的骡子似的"[3]。通过王安友的对比描写，读者可以感受到武工队的胜利具有必然性。需要指出的是，这篇小说在塑造高胜虎这个人物形象的时候，写他的思想觉悟较多，对他的性格色彩写得较少。也就是说，高胜虎在这部小说中已经是一个固定了的，没有成长发展的形象。结合小说设置的历史背景来看，武工队队长高胜虎的形象是完全可以令人信服的，他的爱国主义精神和不怕牺牲、勇敢战斗的行为也都是完全真实的。只是，如果王安友能花多些笔墨写高胜虎的童年经历，写出他从一个少年儿童成长为武工队队长的过程，可能会让这个人物形象更加丰富立体。而且，这样写也会使得高胜虎与赵燕这两个人物之间有更强的互动性，写出令人感

---

[1] 王安友：《擒"鲨"记》，山东人民出版社1978年版，第518页。
[2] 王安友：《擒"鲨"记》，山东人民出版社1978年版，第381页。
[3] 王安友：《擒"鲨"记》，山东人民出版社1978年版，第367页。

动的、革命精神的代代相传。

总的来说，《擒"鲨"记》这部儿童长篇小说的艺术水平没有超越《海上渔家》，但是它表示王安友的创作道路有了新的、可贵的进展。创作儿童文学作品帮助王安友慢慢恢复了自己的创作活力，为他在 20 世纪 70 年代末期再次进入创作的旺盛时期做了准备。

五、"不饶人的姑娘"：新时期·老作家·新婚恋书写

在 20 世纪 70 年代末到 20 世纪 90 年代初的十几年间里，改革开放促使市场经济迅速发展，也使得社会生活发生着多方面的变化。这一时期的文学界也出现了众多新名词。从 20 世纪 70 年代末期到 20 世纪 80 年代中期，单是描述文学思潮的名词就包括但不限于：伤痕文学、反思文学、改革文学、先锋文学、寻根文学等。而到了 20 世纪 90 年代，各种文学现象和文学作品多元并存，令身处其中的作家和读者都感到眼花缭乱。在这十几年间，文坛是纷繁复杂的，而王安友的书桌则是简单安静的。王安友像一位"聚光灯之外的追光者"那样，从不着急追赶潮流，只是执着而专注地书写他所熟悉的农民生活。因此，王安友的安静不等同于沉默，也并不意味着不丰富。他在新时期的创作显示了一位老作家令人感动的勤恳、踏实与坚定。

1979 年，王安友发表了两部反映粉碎"四人帮"前后的农村社会生活的短篇小说《相对象》和《枣树园》。《相对象》是王安友在新时期创作的第一部短篇小说，讲述了一对农村青年男女的恋爱故事。《相对象》的故事题材与《李二嫂改嫁》遥相呼应，不过《相对象》的女主角杨桂花身上已经没有李二嫂曾经的犹疑和软弱，她从出场开始就是自信快乐、积极乐观的。《相对象》以新时期"四个现代化"建设为故事背景，巧妙地运用了误会、巧合的叙事手法，将两位同为村庄大队的科技队长的男女主角的相知相恋写得"出乎意料之外，又合乎情理之中。"《枣树园》描写的则是村里的老支书米怀山为枣树园大队的实际生产着想，顶住"四人帮"的压力，坚定地落实农村经济政策的故事。同王安友 20 世纪 50 年代创作的短篇小说相比，这两部

小说的艺术水平没有明显的进步或退步。但是与同年问世的，获得 1979 年全国优秀短篇小说奖的《剪辑错了的故事》和《乔厂长上任记》相比，这两部小说的思想容量和情感内涵还是不够丰富的。在 20 世纪 80 年代初，王安友创作了一部中篇小说《不饶人的姑娘》，两部短篇小说《打镰》和《认门》。这三部小说的艺术水平都比较成熟，与王安友在 20 世纪 50 年代创作的作品《李二嫂改嫁》《追肥》《渔船上的伙伴》一同被收录进人民文学出版社 1984 年版的小说集《渔船上的伙伴》中。

王安友完成于 1981 年 6 月的中篇小说《不饶人的姑娘》是王安友为数不多的带有鲜明的历史反思色彩的作品。这篇小说的产生与当时的时代环境和王安友的个人写作追求有关。1978 年 5 月，文章《实践是检验真理的唯一标准》引发了一场关于真理标准问题的大讨论。在这之后，当代文坛出现了一批具有反思色彩的文学作品。在"大跃进"时期，王安友的文学创作受到当时时代氛围的影响，对一些过于激进的时代内容也进行了肯定和歌颂。在小说《不饶人的姑娘》中，王安友对之前的创作内容进行了反思。王安友在《不饶人的姑娘》中肯定了"不比指标，只比实产"的青年干部孙宝山和葛秀玲实事求是的工作态度，反思和批判了这一时期一些农村基层干部的浮夸和强迫命令等恶劣作风。《不饶人的姑娘》是一篇反思文学的佳作。这部中篇小说"从反思历史出发的历史批判所达到的深度，并未导致否定一切的另一种简单化。"[1] 王安友有分寸感地批评了当时过高的生产指标和盲目深翻地的指令，同时也对当时的群众"不推诿、不拖延、积极完成任务"的劳动态度予以了充分的肯定。这种辩证看待问题的思维方式除了有益于作家的文学创作，也能帮助文学评论者走出"非此即彼"的评论误区，看到文学作品在当时与后世的真实价值。在 1980 年代"重写文学史"的进程中，一些包含许多社会政治内容的文学作品的审美价值常被评论者们质疑。现实主义文学经典《子夜》在这一时期也曾被评价为艺术水平不高的"一份高级形式

---

〔1〕丁尔纲：《王安友论》，政协东港区文史联谊委员会主编：《东港文史（文化艺术专辑第二辑）》，政协日照市东港区文史联谊委员会 1999 年版，第 19 页。

的社会文件"[1]。这提示我们，如果不结合文学作品产生的时代背景，只是以最新的审美趣味去评价之前的文学作品，是很容易得出具有局限性的结论的。

在完成《不饶人的姑娘》后不久，王安友继续创作他所熟悉的，婚恋题材的短篇小说。《打镰》《认门》这两部短篇小说的问世意味着王安友的短篇小说创作已经进入了从心所欲、游刃有余的成熟阶段。《打镰》这篇小说很容易让人联想起王安友的早期创作《追肥》。因为这两部短篇小说的都以"合作互助"为主题，批评了老一代农民身上残留的封建思想和家长作风。在故事篇幅略小于《追肥》的情况下，小说《打镰》向读者展现了更为曲折复杂的故事情节。这是因为《打镰》有着富有戏剧性的人物设定和巧妙的叙事手法。《打镰》的男主角李保祥和女主角赵凤兰所在的家族都是铁匠世家，但李、赵两家互不来往。古往今来的许多爱情小说都会采用这种"两大家族关系不好，家族的儿女们却坠入爱河"的情节模式。这种情节模式会增加故事的矛盾和冲突，增强故事的戏剧性。此外，《打镰》还使用了倒叙的叙事手法，先写故事的男女主角的婚后生活，将他们的相爱过程按下不表，为故事设下悬念。小说的后文则细致展示了悬念解开、矛盾解决的过程。这样，小说皆大欢喜的故事结局就显得更有说服力，也更能满足读者的阅读期待。短篇小说《认门》讲述的也是新社会的农村青年男女的婚恋故事。认门是新社会农村的一种结婚习俗，指女方在订婚前可以去男方家庭了解情况。而在《认门》这个故事中，"认门"作为一种习俗的含义弱化了，作为男女主角相互表白的契机的这个作用则得到了强化。在认门的过程中，男主角石柱和原本前来认门的桂芳没有看对眼，却和前来帮忙的女主角刘凤兰订下了婚事。

从以上五篇小说来看，王安友颇有些信奉"无巧不成书"的说法。王安友常在小说中运用巧合和误会的写作手法组织故事情节。《相对象》《不饶

---

[1] 蓝棣之：《一份高级形式的社会文件——重评〈子夜〉》，《上海文论》1989 年第 3 期。

人的姑娘》《打镰》《认门》的男女主角都不是一开始就有和对方结婚的想法。他们或是因为巧遇、或是因为误会解开、或是因为"为他人作嫁衣"而不成才与对方产生了进一步的交流联系，又慢慢在相处中爱上了对方。总而言之，王安友笔下的青年男女们都是通过一些妙不可言的缘分自然而然地走到了一起。这样的写法不仅增强了故事的戏剧性和可读性，还能使得小说"新社会婚姻自主"的主题思想更为突出鲜明。因为"巧合""误会"这样的词汇天生带有不确定性，婚恋过程中的"巧合"与"误会"暗示着将要谈婚论嫁青年男女们拥有选择的自由。王安友在他的作品中表示，在新社会，青年男女双方能够自主自愿地结合在一起，而不是必须遵守传统婚恋习俗中的"父母之命，媒妁之言"。这是王安友从 1950 年写作《李二嫂改嫁》开始就持有的婚恋观，而除了婚恋观没有变化之外，王安友的审美观也是一如既往的。

整体来看王安友在 1979—1982 年创作的这五篇小说的环境描写和外貌描写，可以发现王安友依然保持着与农民相一致的，以实用为最高标准的审美观。农民出身的王安友能感同身受农民的想法，知道整日奔波劳累的他们并没有闲暇去欣赏没有实际用处的事物的美。有学者曾指出，赵树理的"问题小说"创作思想"带有典型中国农民实用主义审美特点，可以看作是中国乡村文化的产物"[1]。同样在乡村文化中长大的王安友持有与赵树理相似的创作思想。因此，他和赵树理的农村小说都存在"没有真正的风景描写，只有生活化的自然""几乎没有人物外貌美的描写"[2]这两种审美特征。在王安友 1950 年代的作品的环境描写中，读者就能明显感受到王安友眼中的自然不是诗情画意的，而是充满了人间烟火的气息。比如说王安友在短篇小说《整社基点村的一天》这样描写早上十点以后的太阳："今年夏天特别热，早十点以后，太阳就已经像一盆炭火了。"[3]在《海上渔家》这样描写徐

---

〔1〕贺仲明：《赵树理与浩然：农民审美的两种形态及命运》，《文艺争鸣》2022 年第 2 期。

〔2〕贺仲明：《赵树理与浩然：农民审美的两种形态及命运》，《文艺争鸣》2022 年第 2 期。

〔3〕王安友：《十棵苹果树》，中国青年出版社 1956 年版，第 7 页。

家湾向西的一面荒海滩"这荒海滩经常是沾得好像刚出锅的黄糕，平得好像一面镜子，每逢涨潮，这里立刻就会变成了一片汪洋。"[1]这两个句子都用了比喻的修辞手法，喻体分别是"碳火"和"黄糕"，都是具有浓厚社会生活气息的事物。王安友1980年代的创作中的环境描写也是如此。在《不饶人的姑娘》中，王安友写到："更重要的是杨家洼全是深没有底，宽没有边的黑色蒜瓣子泥，上面盖着二十多公分厚的一层熟土。"[2]这句话清楚地表示了，比起杨家洼地面上的风景，王安友更关心的是杨家洼土壤的质量和状态。王安友笔下生活化的自然言说的其实是他勤恳、朴实的农民心态。

在这种心态的影响下，王安友很少会从"好不好看"的角度出发对书中的人物进行外貌描写。他会不自觉地突出描写人物符合农村劳动生产要求的性格气质和外形条件。在《不饶人的姑娘》开篇的第一章中，葛秀玲一出场，王安友就花费了很多笔墨描写了她热爱新社会的种种表现，在生活中是如何乐于助人，在处理工作问题时又如何麻利快当。但关于葛秀玲的相貌特征，王安友却只字未提。这种"让性格先出场"的人物出场方式其实有些不符合生活逻辑。因为在现实生活中，人们会先看到一个人的外貌，再了解到这个人的性格。但是这个人物出场方式却是符合王安友的艺术创作逻辑的。因为秉持农民实用主义审美观的王安友最先关注的并不是人物的外貌美，而是人物的性格、品质。这部小说的第一段对主人公的外貌描写在小说的在第二章"娘的心事"。"娘的心事"即男主人公杨宝山的妈妈对他婚姻问题的思虑。在描写孙宝山的外貌的句子之后，有这样一句话："儿子好像一块红宝石，扑闪扑闪地放着灿烂的光芒，使她感到心头明亮，对未来充满了信心和希望。"[3]这句话是孙宝山的母亲孙大娘的心声，表明孙宝山的外形条件有助于他们母子过上更好的生活。这时外貌描写对于故事情节发展来说有了实质的作用，所以也不是纯审美意义上的。

[1] 王安友：《海上渔家》（第一部），上海文艺出版社1958年版，第1页。
[2] 王安友：《渔船上的伙伴》，人民文学出版社1984年版，第153页。
[3] 王安友：《渔船上的伙伴》，人民文学出版社1984年版，第147页。

在《打镰》中，王安友是这样介绍女主角刘凤兰的："姑娘虽然高高细细，体格却像小伙儿一样强壮；面色虽然黑灿灿的，却黑得俊秀，黑得健康。"[1]这句话表面上写的是刘凤兰的外形特点，实际上写的是她勤劳上进的人格品质。在描写男主角的外形特征时，王安友采用了老铁匠赵老栓的视角。赵老栓一开始没留神李保祥有什么值得注意的地方，直到他发现李保祥在打铁的时候才仔细打量他。老铁匠发现："小伙子脸大口方，眉黑眼亮，一米七八的身个，粗粗的胳膊宽宽的肩膀，显得那么英俊、精神，身上蕴藏着一股使不完的力气。"[2]这句话的外貌描写说明王安友不在意人物的秀美与否，而关注人物是否身心健康、勤劳能干。小说《认门》中对两位主人公的外貌描写也证明了这一点。王安友一笔带过对刘凤兰、石柱的外貌描写，却展开书写了他们劳动时的情境。就是在描写男女主人公的外貌时，王安友突出表现的也是他们自身健康的气色，而不是他们外在的衣着打扮。王安友写刘凤兰有："红扑扑的长方脸，水灵灵的大眼睛，两个鞭子又粗又短。"[3]写石柱是个："虎头虎脑的小伙子，大高个，方脸膛，黑眉大眼高鼻梁，粗腿大脚宽肩膀。"[4]在这样的写作方式中，女主人公蕙质兰心的内在美，男主人公勤劳能干的优秀品质得到了更大程度的彰显。

总的来说，在新时期的创作中，王安友依然坚持着他作为一位农民作家的价值取向与审美趣味。只是，这些创作在当时缺乏理想的读者，甚至也缺乏不够理想的读者。在1980年代初期，时代的审美风向与1950年代相比已经有了较大的变化。在这一时期，与王安友的创作风格截然不同的作家作品变得流行起来。举例来说，1981年，汪曾祺一篇写水乡爱情故事的短篇小说《大淖记事》获得了当年的全国优秀短篇小说奖。这篇小说这样写湖泊："春夏水盛时，是颇为浩渺的。……夏天，茅草、芦荻都吐出雪白的丝穗，在微

---

〔1〕王安友：《渔船上的伙伴》，人民文学出版社1984年版，第288页。

〔2〕王安友：《渔船上的伙伴》，人民文学出版社1984年版，第290页。

〔3〕王安友：《渔船上的伙伴》，人民文学出版社1984年版，第267页。

〔4〕王安友：《渔船上的伙伴》，人民文学出版社1984年版，第270页。

风中不住地点头。"[1] 这样写男主角十一子的外表："他长得挺拔四称，肩宽腰细，唇红齿白，浓眉大眼，头戴遮阳草帽，全身衣服整齐合体。"[2] 这样写女主角巧云的外表："瓜子脸，一边有个很深的酒窝。眉毛黑如鸦翅，长入鬓角。眼角有点吊，是一双凤眼。睫毛很长，因此显得眼睛经常是眯晞着。"[3] 这些句子的语调从容悠闲，能颇为耐心地为读者勾勒好看的自然风光和人物外表。《大淖记事》的这些语句体现的是一种平静淡泊、"心远地自偏"的创作心态。这种创作心态是热心社会工作的王安友所不熟悉的。也是在20世纪80年代初，王安友另一不熟悉的文学类型"小巷文学"也迎来了它的黄金发展期。小巷义学作品土要书写不同历史时期中市井平民的日常生活，不强调各种形式的斗争，不追求过度的激情，而是专注于营造一种平静和谐的氛围和恬淡安然的情调。这与王安友情节化、戏剧化的小说创作风格也是大相径庭的。

年近花甲，却置身于那么多自己不熟悉的文字当中，王安友多少会有点疑惑，但他却没有从文学创作的舞台中离场。他的好友苗得雨在诗作《梦安友》中写道："算不清你近年有多少作品没有问世，/ 有人怨你不腾点空走门烧香，/ 你说"我这代出不了就等儿子出，/ 走定了大街就决不走小巷！"[4] "决不走小巷！"短短几个字是多么的干脆且有力，通透且豁达。身处纷繁复杂的文学场域，王安友这种"直直走，不拐弯"的写作态度是难得的，也是值得读者们敬重的。

六、"回顾来路谈弯直"：王安友独特的文学之路及其价值意义

从1950年创作出《李二嫂改嫁》到1991年因病逝世，王安友在文学创

---

〔1〕汪曾祺：《大淖记事》，陕西人民出版社2020年版，第1页。

〔2〕汪曾祺：《大淖记事》，陕西人民出版社2020年版，第6页。

〔3〕汪曾祺：《大淖记事》，陕西人民出版社2020年版，第12页。

〔4〕苗得雨：《梦安友》，政协东港区文史联谊委员会主编：《东港文史（文化艺术专辑第二辑）》，政协日照市东港区文史联谊委员会1999年版，第30页。

作领域深耕四十余年，留下了数篇长篇小说和中短篇小说。农民作家王安友数十年如一日地保持着自己的创作热情，书写不同社会历史时期的农村生活和农民心态，用众多小说构筑了一个广阔的乡村社会。在悼亡诗《你是农民的儿子—悼念王安友同志》中，诗人孔林将王安友"农民作家"的形象写得丰富、立体、真诚动人。他这样描述王安友这位农民作家："你踏上泥土就将一生交给了泥土。/你走近泥土就成了粒种子，以泥土为苦，以泥土为乐。/你眯着眼睛说：我是农民的儿子。/你会讲茅屋的故事，茅屋会讲你的故事。"[1] 农民的儿子王安友在成为专业作家之后的创作道路并不是一帆风顺的，他也曾在文学创作的道路上走过一些弯路。但总体来看，王安友在文学创作的道路上笔耕不息，收获颇丰。回顾王安友创作道路上的弯直，可以为新时代的乡村书写提供借鉴与启悟。

（一）王安友独特的文学之路及其独特价值

王安友是新中国培养出来的农民作家，他书写的是新中国的人民群众所熟悉的中国故事。与中国现代文学史中注重表达个人生命体验和感受的乡土文学作品不同，王安友的乡土小说创作更注重书写乡村集体的政治生活、经济生活与文化生活。王安友的长篇小说中，《战斗在沂蒙山区》以解放战争为题材，《擒"鲨"记》《奇女复仇记》以抗日战争为题材，《海上渔家》以农业合作化运动为题材。王安友的小说注重题材与主题的时代性与重大性，茅盾的创作也是这样。茅盾在20世纪20年代以大革命时期为创作背景创作了《蚀》三部曲，这三部曲分别是《幻灭》《动摇》《追求》。而作为与社会主义建设同步成长的农民作家，王安友的文学创作道路的主旋律则是：认同、追求和坚持。王安友发自内心地认同和支持中国共产党领导下的社会主义建设，鼓励新中国的农民们追求他们理应享受的、正当的幸福，坚持在作品中继承和弘扬优良的革命传统。同时还需要指出的是，王安友的作品不是对大

---

〔1〕孔林：《你是农民的儿子——悼念王安友同志》，政协东港区文史联谊委员会主编：《东港文史（文化艺术专辑第二辑）》，政协日照市东港区文史联谊委员会1999年版，第28页。

历史风云变幻的宏观概述，而是对普通民众在大历史中的日常生活的具体书写。王安友善于运用"宏观着眼，微观落笔"的写作策略，这使得他的小说创作更富生活气息。王安友的创作虽然没有达到赵树理、周立波、柳青这三位作家的高度，但他也不愧为中国当代文学史中书写中国新农村生活的出色作家之一。

从审美价值的角度来看，王安友的作品有开阔壮丽、清新健朗的美学风格，能给读者提供别具一格的审美体验。从半殖民地半封建社会中备受压迫的穷苦农民变成社会主义国家充满希望的农民作家，王安友发自内心地热爱中国共产党领导下的新社会。他亲眼见证了，在中国共产党的领导下，新中国的人民群众逐渐走出了帝国主义、封建主义和官僚资本主义三座大山笼罩在他们头上的阴影，昂首挺胸地向光明的未来前进。王安友在书写新社会时的心情是开朗、乐观和热情的。因此，他的作品也自然没有旧社会的乡土文学作品那种沉滞压抑，苦闷忧愁的笔调。王安友的笔调是昂扬向上，明朗热情的，仿佛迫不及待地向读者展示被解放了的中国人充满希望和阳光的新生活。王安友将无产阶级的工农群众作为他小说中的主角，表现了新社会农民健康、积极、兼具善与美的形象。王安友的以中国当代史的重大历史事件为题材的文学创作达到了力与美的统一，表现出了激昂有力、壮阔崇高的审美风格。王安友的创作风格在20世纪50年代已经基本形成，他的大部分文学作品都带有"十七年文学"的特征。具体来说，王安友的小说创作在形式和内容方面都有明显的民族化、大众化的特征，具有一种朴素清新、开阔壮美的审美风格。

王安友小说的题材和主题相当丰富和广泛，而这些小说大部分都反映了同一种文学现象，即"问题小说"的出现和形成。问题小说最开始出现在五四时期。五四时期的问题小说大多"只问病源，不开药方"[1]，即使作者有意在小说中提供答案，这些答案也停留在对抽象的"爱"与"美"的推崇与歌颂。这样的答案具有浪漫色彩，但是难以落实，不具备太多现实意义。

---

〔1〕严家炎：《中国现代小说流派史》（增订本），长江文艺出版社2009年版，第31页。

与此同时，有些问题小说的"问题"都不太具有现实意义。因为有些问题小说作者是从观念出发提出问题，而不是在现实生活中发现问题。到了1950年代，赵树理的问题小说开始反映他下乡工作时碰到的具体问题，并写出了问题的解决过程。王安友的问题小说与赵树理的问题小说性质是一样的。王安友在《李二嫂改嫁》中写了自己熟悉的寡妇改嫁问题，并展开叙述了寡妇李二嫂在村干部的帮助、群众的支持下成功改嫁的过程。这部短篇问题小说通过日常的事情来教育还没有摆脱封建思想的村民，对青年男女追求婚姻自由、向残存的封建意识作斗争有鼓励作用。由此可以看出，王安友的问题小说继承和发扬了我国传统现实主义小说教化和训导的作用，兼具审美价值和现实意义。

（二）王安友文学创作的局限与不足

学者丁帆先生曾指出，长篇小说价值判断的三大关键词是："人性的、审美的和历史的。"[1]王安友较为成熟的文学作品在历史叙事和审美表达方面做得都非常不错，只是这些作品对复杂人性的刻画还是不够细致深刻的。王安友写作时喜欢设计丰富多样的故事情节，这一方面使得他的小说富有戏剧性，一方面也使得他的小说缺少描写世道人心的空间。正如有学者指出的那样："'心'是一部小说的魂灵。……最好的文学也该是找'心'的文学、寻'命'的文学，在作品中建立起了人心世界的丰富维度的文学。"[2]如果一部小说只完成了对完整故事过程的叙述，而没有写出人心的多重维度，那它必然是有缺憾的。王安友文学创作的局限首先在于他对人心描写的简单化倾向，这种倾向在他写他所不熟悉的人物时表现得最为明显。王安友写他不熟悉的人物时，会不自觉地忽略对这些人物各自的心灵做深入的观察和书写。这就使得这些人物缺少令人印象深刻的个性，似乎只是某种具体观念的载体。总之，对许多人物浮于表面的描写使得王安友作品的人性书写不

---

〔1〕丁帆：《如诗如歌如泣如诉的浪漫史诗——余华长篇小说〈文城〉读札》，《小说评论》2021年第2期。

〔2〕谢有顺：《重申长篇小说的写作常识》，《当代作家评论》2006年第1期。

够丰富，这限制了王安友的文学创作呈现出更广阔的审美空间。

前文已经分析过王安友小说语言的长处，在这里要补充分析的是王安友小说语言的不足。王安友的小说中有不少单调的、重复的语言表达，这些表达在一定程度上减损了小说叙事的说服力。举例来说，王安友经常用"兰"字给自己小说的女主人公命名，如孙秀兰、尹香兰、赵凤兰、刘凤兰等。这样写在突出这些女主人公身上共同的"蕙质兰心"的形象特点的同时，也造成了她们各自不同的个性的模糊甚至是不可见。由此，王安友作品中的女性形象就显得千篇一律，难免给读者造成一定的审美疲劳。还需要指出的是，王安友描写不同人物的心理状态或性格特征时，所用的词句有时是大同小异的。比如说，在描写人物心乱如麻的心理状态时，王安友这样写："李二嫂一听天不怕的话，那心里一下子好像塞上了一把乱草。"[1]"徐顺不见锥子便罢，一见锥子，心里突然又像塞上了一把乱草。"[2]在描写人物固执的性格特征时，王安友这样写："不想，那陈亮像水鸭吞了一根筷子似的，横说竖说就是转不过来。"[3]"这是他的老脾气了。在气没消以前，你把他抬到井里去，他也不回脖。"[4]"李大婶见老汉像水鸭吞了根筷子，那脖子硬是扭不过来，"[5]这些句子是为了人物形象塑造服务的，它们的简单和缺少变化直接削弱了人物形象的表现力。

人性书写的不足和语言表达的单调阻碍了王安友的作品在人物塑造方面取得更大的成功。王安友的作品"在人物形象的创造上，缺乏更高的，给人以深刻教育和启示的典型形象。"[6]王安友作品的人物塑造多是现实经验与创作观念的碰撞与融合的结果。王安友的现实经验多来自他在农村工作生活中遇到的人和事，所以他写得较好的人物形象一般都是以他熟悉的父老乡

〔1〕王安友：《渔船上的伙伴》，人民文学出版社1984年版，第61页。
〔2〕王安友：《海上渔家》（第一部），上海文艺出版社1958年版，第233页。
〔3〕王安友：《战斗在沂蒙山区》，新文艺出版社1956年版，第241页。
〔4〕王安友：《海上渔家》（第一部），上海文艺出版社1958年版，第176页。
〔5〕王安友：《渔船上的伙伴》，人民文学出版社1984年版，第282页。
〔6〕孟浩：《创造更高的典型——杂谈王安友小说的人物创造》，《山东文学》1960年第7期。

亲为原型的。王安友写得尤其好的是具有一定封建保守思想，但又在新的现实条件下完成了自己思想转变的老农民。但是王安友塑造老农民形象时表现出的概括能力，在塑造具有正面意义的党员干部形象时没有完全体现出来。在正面人物形象塑造方面，与王安友同时期的作家柳青做得更好。柳青在《创业史》中塑造了梁生宝这位具有正面意义的社会主义新人形象。在梁生宝身上，我们能感受到优秀的中国共产党员所具有的动人的精神力量。对比来看，王安友对齐祥、陈大山、尹相科、高胜虎这些优秀的共产党员形象的塑造就不够深刻，不够典型。这样的人物形象不够有说服力，对于人心的激励作用是有限的。

（三）王安友文学道路的当代启示与影响

据邓撰相回忆，1957 年的夏天，王安友告诉彼时还是一位青年作家的他，创作"不要闭门造车，要到群众中去，到火热的生活中去。去体验，去观察。好记性不如个烂笔头，还要多记录"〔1〕。1962 年，王安友发表在《山东文学》的文章《生活是创作的源泉》也谈道："作家对他描写的生活是否熟悉，以及熟悉的程度如何，对他的作品的成败起重大的作用。"〔2〕在走过三十多年的创作历程之后，王安友又叮嘱青年作家一开始创作要"先写自己最熟悉的生活"〔3〕。王安友的文学道路给我们的启示首先是：写好自己熟悉的生活才能少走创作的弯路。事实上，"写好日常生活"一直以来都是小说作者们需要具备的一项基本写作能力。因为小说具有虚构性，需要加入从日常生活中而来的、丰富真实的细节才能达到艺术上的真实，增强自身的感染力。与此同时，"写好日常生活"代表一种"大处着眼，小处落笔"的写作策略。像王安友会通过写战争年代物资的贮藏和转移来侧面表现战争的紧张，通过写渔民们借船和出海捕鱼的事件反映农业合作化运动的发展。这种写作策略可以帮助作者生动且具体地绘出时代的风云变幻，对有意在小说

---

〔1〕邓撰相：《王安友在日照》，《山东文学》2021 年第 9 期。

〔2〕王安友：《生活是创作的源泉》，《山东文学》1962 年第 5 期。

〔3〕王安友：《回顾来路谈弯直》，本社编辑部主编：《作家经验谈》，农村读物出版社 1983 年版，第 104 页。

中进行宏大叙事的作家有很重要的参考价值。

王安友的文学道路还启示我们：民间艺术、中国古典文艺是中国现当代小说创作可以借鉴的重要文化资源。王安友在山东的乡间田野中长大，受民间文化形式影响较深。中国乡间的民风民俗所蕴含的丰富思想文化资源帮助王安友渐渐形成了自己的独特创作风格。王安友的小说艺术风格与赵树理、周立波相似，他们的小说创作都在民族化、大众化的艺术风格方面做了自觉的探索。王安友的小说具有跌宕起伏、一波三折的故事情节、"娘娘挂灯"这样的民俗文化内容，以及生动简练、通俗易懂的文本语言，很符合劳动人民的阅读口味。为了在文学创作道路上走得更为长远，王安友还通过阅读中国古代文学经典的方式不断地增强自己的文学素养。他的重要创作经验之一是："要多读书，读好书。同一个事，看看人家是怎么写的，这事让我写，会怎么写。"[1]王安友在写作《海上渔家》之前曾仔细研读过《红楼梦》这部经典之作，学习了心态借动作写的传统小说笔法。王安友在《海上渔家》写道："他用袄袖子擦擦汗，强打着精神凑近喝茶的那张小桌，往下一坐，突然跌了个斤斗，当他半天爬起来一看的时候，这才知道他坐错了地方，原来小凳距离他还有将近一尺多远。"[2]用一系列动作描写表现了徐顺被张成仙威胁时又慌又怕的心理。《海上渔家》相较于王安友之前的创作，在艺术水平方面进步不少，这说明王安友对古代文学经典的学习是卓有成效的。

最后，王安友的文学创作之路还启示我们：文学创作要处理好生活真实与艺术真实的关系。在四十多年的文学创作实践中，王安友信奉和践行的是"生活真实艺术真实相统一的严肃现实主义原则"[3]。从这个原则出发，王安友在小说中塑造了三类人物形象，即：正面人物、中间人物和反面人物。而这三类人物又可以再分为圆形人物和扁平人物两个类别。值得肯定的是，王安友将一些扁平人物也写得富有艺术魅力。这些扁平人物多有"脸谱化"

---

〔1〕邓撰相：《王安友在日照》，《山东文学》2021 年第 9 期。

〔2〕王安友：《海上渔家》（第一部），上海文艺出版社 1958 年版，第 219 页。

〔3〕丁尔纲：《王安友论》，政协东港区文史联谊委员会主编：《东港文史（文化艺术专辑第二辑）》，政协日照市东港区文史联谊委员会 1999 年版，第 19 页。

的特征，是"带戏出场"的，比如《李二嫂改嫁》中的"天不怕"，《战斗在沂蒙山区》的"胎儿坏"，《擒"鲨"记》中的"鲨鱼精"等。这种"脸谱化"的人物身上具有传统戏剧艺术的魅力。熟悉戏剧表演的人都知道，为了便于观众更直观地理解戏剧，戏剧中蓝脸、白脸、红脸、黑脸都对应着不同的人物角色类型。从读者接受的角度来看，小说中"脸谱化"的人物有鲜明的性格特征以及与其性格特征相匹配的外形和思想行动，很容易为大众读者所理解、记忆。而且，这些"脸谱化"的人物形象本身还带有作者对不同人物形象所做出的价值判断，有很强的艺术感染力。"脸谱化"艺术形象的创作体现的是王安友从生活出发，又对生活进行艺术化处理的写作策略。这种策略是值得小说创作者们学习的。

事实上，在21世纪当代中国社会中，王安友热情书写过的农村在新时代又有了新的变化。那么，当今的作家们要怎么写好新时代的农村社会生活？我想，农民作家王安友的创作经验就是对这个问题的一个有效回答。在成为知识分子之前，王安友首先是一位农民。"农民身份"与王安友终生相伴，"农民视角"是他观察和描写现实生活必然会采用的视角之一。而他又不只是一位农民，王安友做过实际的乡村工作，是工作经验丰富的干部，能以干部的视角去观察农村的生产工作和社会活动。在新时代乡村振兴战略的大背景下，作家们正需要从农民视角和干部视角两种视角出发，书写乡村的新故事、新农民和新史诗。近些年，赵德发的《经山海》、贺享雍的《天大地大》、付秀莹的《陌上》、陈涛的《在群山之间》就是从这两种视角出发写作而成的当代优秀乡土文学作品。

千百年来，中国乡土文学的创作之路向来是不断发展、不断延伸着的，并将延展至遥远的未来。在这条文学之路上，王安友是很独特的"这一个"。他的文学传奇而又执着的一生，见证了新中国文学事业的"人民性"精神特征：王安友来自最底层的大众，以"李二嫂"等最底层的文学人物形象确立了其独特的当代文学史地位。我们有理由期待新时代中国作家会写出更多品质优良的、令广大人民群众喜闻乐见的"新山乡巨变"的新优秀文学作品。

尹世霖论：发轫边缘立中心

张元珂

尹世霖小传

尹世霖（1938—2021），祖籍日照，中国当代著名儿童文学作家。曾为北京二中名师、中国作家协会会员，兼任北京作协儿童文学创作委员会副主任。他出生于武汉，成长于青岛，立业于北京，先后在青岛市太平路小学、青岛二中初中部、北京二中高中部、北京师范学院（现首都师范大学）历史系完成从小学到大学的求学历程，后任教于北京二中，并终身以教师和"教师作家"为业、为荣。他自20世纪50年代开始文学创作，一生笔耕不辍，尤擅长儿童朗诵诗和历史题材文学创作。其中，作为中国当代朗诵诗的奠基者和主将，他先后出版《红旗一角的故事》《少年朗诵诗选》《尹世霖儿童朗诵诗选》《夏令营朗诵诗集》《中国儿歌一千首》等十几种深受小读者喜爱的朗诵诗集，为推动少年儿童朗诵诗发展和普及教育作出了巨大贡献。在当代中国，没有任何一位作家能像他这样，任凭世事如何变迁，任凭文学思潮如何翻涌，都将自己一生审美姿态、文学情怀、创作精力、文学愿景投注于儿童朗诵诗的理论与创作实践中，从而为中国当代文学特别是儿童文学开拓出一块新地。同时，他也以《岳云小将真传》《文明之花五千年》《三国兴亡》等几种长篇历史题材文学作品，以及《冷眼热游大洋东》等若干散文随笔，而成为文学创作领域内的多面手，并在普及中国历史知识、历史文学理论和丰富特定年代大众读者的精神生活作出了一定贡献。他在文学活动组织方面的能力和贡献也有目共睹。比如，在北京几次举办作家培训班并自任班主任，发现并培养了不少教育领域内的作家；和同仁策划并创办《中国校园文学》；屡屡组织并参与各种少年儿童朗诵诗活动。因此，从教学、创作到文学活动，尹世霖都是一个不容漠视的当代作家，须予以全面、深入研究。

▌作家之路：生平、身世与作家身份的生成

任何一位作家的身份生成、从文动机、文体诉求以及最终形成的文学样态，都与其人生历程以及以此为基础所逐渐成型的世界观和文学观息息相关。中国古代文学批评向来重视作家生平、身世与其文学实践活动之间互动关系的考究，试图从中探察和把握作家之所以成为作家的内在因由，以及分析作家、作品、世界、读者"四要素"之所以互动生发为一个有效"意识结晶体"的奥妙。这种知人论世、以意逆志的传记式批评方法，对今天的"作家论"写作或研究所构成的启发在于，对任何一位作家及其作品的研究，须首先把其生平与身世作为一个独立要素予以考察，并在作家与作品之间发现并阐释出深层意蕴来，以弥补以文本为中心的研究范式对作家与作品间内在关联性的关注不足。以此而论，若对尹世霖这位跨越多个时代、身兼多个身份、操持多种文类且取得突出成就的作家予以研究，对其生平、身世予以考察，并以此探察和阐释其作家生成之谜及其作品的艺术特质，就显得尤其必要且为触及核心命题之举。

尹世霖生于较为自由、开明的士绅之家，这为其自童年和少年时期的生活和教育预设了充分而完备的物质基础。父亲尹昇日虽在1952年病逝于青岛，但作为政界或军界的技术型人才和高官，他在过去几十年间所结下的人脉和家产，也保障了包括尹世霖在内的7个儿女的正常成长。其中，上层军官出身的尹父基于自身病痛（身患肋膜炎）的切身体悟以及在世时的嘱托——"他也没有忘记，自己的儿子世栋和世粱，都曾被占据观海二路11号大院的日本人立川家里那身强力壮的孩子欺负过。因此，除了告诫子女们要能吃苦，爱劳动和以简朴为本之外，他还不止一次地鼓励子女们锻炼身体。"[1]——对其母亲吕淑春及其对子女的家庭教育产生了重大影响。这位贤淑而开明的母亲，在此后岁月中大力鼓励和引导子女在读书求学之外多多从事文体活动，才使尹世霖在文艺和体育上的天赋得以发挥。在青岛，他较为顺利地完成从小学到中学的教育经历，期间，他特别乐于和善于参加各类文体活动：

> "小学四年级时的演出比赛和头一次登台演戏的场面，我至今记忆犹新。……第一次登台演出，我演一个次要角色——仆人。……不知怎的，那以后，我竟成了学校的'名演员'了。……我在六年级，上街头演出《锯大缸》，好些青岛市民都认识了我。"[2]
>
> "我考上青岛最棒的青岛二中，第一次活动就是讲故事比赛。接着，我又参加了中学的剧团。不过，到了中学，我再也不演老太太了，而是演小孩、小牧童什么的。令我永生难忘的是，学校推荐我参加了青岛市孩子文工团，又随团参加了新鲜有趣的夏令营。"[3]

在青岛，作为青少年的尹世霖从课堂内到课堂外都接受到了彼时最好的

---

〔1〕黄喆生：《尹世霖评传》，未来出版社2016年版，第34页。
〔2〕尹世霖：《儿童文学路》，《金色少年》1991年第11期。
〔3〕尹世霖：《儿童文学路》，《金色少年》1991年第11期。

教育。他在文化课之外，从经常参加演讲、演戏（话剧、歌剧）等文娱活动，并通读《三国演义》《西游记》等古典小说和《小五义》《青城十九侠》等武侠小说，还痴迷讲求韵律的韵文以及试写快板、快书，这些都逐渐培养了其对文学特别是朗诵诗的爱好。特别是其中的演戏活动，对其文学素养的养成尤其重要，作者曾对这一段经历总结道：

> "可不能小瞧这些活动呀！我的'艺术细胞''文学素养'不就是这样培养出来的吗？那些讲究音韵节奏的戏曲的词儿，不就是我最初背诵的'诗歌'吗？为什么我初中时就在自己的小本本上写下一段又一段的快板诗，难道不是受的这些有益活动的影响吗？"[1]

> "人的文学细胞、艺术细胞有的是天生的，有的却是后天培养的。肯定是我在小学、初中的文艺活动，培养了我的文学艺术细胞。……我从来没读过什么《十三辙韵》《诗词韵律》的书，可是我从初中就开始爱上说快板、说快书，后来又爱上了朗诵诗。而且我从那时起就自己写快板、快书，后来又写起'诗'来。"[2]

由上，我们可以清晰地看到这样一条因果链：父亲对于儿女须强健身体的告诫→母亲对这种理念的服膺及大力引导→子女在文艺和体育方面的天赋和潜能得以发掘和表现→尹世霖在中小学期间凭借经典阅读和参加各类文体活动而初步培养起对于文学（韵文、朗诵诗）的热爱。另一条是，大家族、大家庭，物质条件较好→子女受到良好的教育，而且家庭成员多，各有所长，互为鼓励→尹世霖为"文"的素养和才华得到培养和初步表现。

从青岛来到北京，并考入北京二中，是其人生中的又一件大事。北京二中向来重视校园文体活动，从出墙报，举办朗诵会，到开办写作营，各种活动丰富多彩。北京二中先进的办学理念、各种社团组织，成为培育其文学天

---

〔1〕尹世霖：《儿童文学路》，《金色少年》1991年第11期。
〔2〕尹世霖：《种子》，《少年作文辅导》1991年第11期。

赋的丰厚沃土。关于这段求学经历，尹世霖说：

"高中，我大胆地独自进京（当时没有户口问题），考入享誉中华的北京二中。无独有偶，进入北京二中的第一项活动又是演讲比赛。我这个一口山东腔的土包子竟获得第二名（第一名是同年级的韩少华——现在中国的著名散文家）。我刚刚摘下红领巾，就当上了少先队中队辅导员。中队活动多么需要朗诵诗呀！但是到哪里去找呢？于是，我自己写。不过，我仍然没有想到去当作家，做诗人。因为我向往的是大海，一心要考造船学院和海运学院。50年代前期的恶劣住校生活，使我们班上40多人中的20多人患上了肺结核，我也位列其中，不得不在高考前3个月改报文科。我就这样上了北京师范学院（首都师范大学）历史系。"[1]

在自述中，他言及和韩少华同台竞技并获奖、担任少先队辅导员并创作朗诵诗，以及高考填报时弃工从文的经历，都是促使其"作家身份"最终生成过程中的重要一环。在整个二中求学期间，潘逊皋先生别具一格的深谙文学之道的语文课，同年级同学韩少华以及往届学兄从维熙、"神童作家"刘绍棠无形中所给予的文学启蒙，以及在参加北京市青年文学晚会时结识阮章竞、袁鹰、郭小川等大诗人所引发的对于成为一名作家或诗人的美好愿景，诸如此类带有鲜明文学氛围的校内外活动，对于尹世霖由文学爱好者向作家身份的转型，都做了良好的铺垫。更关键的是，由兼任少先队辅导员并不断自写各类风格的朗诵诗，以及主持"文艺宣传队"、创立"诗歌创作组"、组织"北京二中影视小组"等社团，更使其在接近"诗人"身份与气质方面向前进了一步。虽然二中求学时期以及进入北京师范学院时期的尹世霖，并没有明确把作家作为自己的身份和志业，但他所热衷和努力实践的活动又无不时时、处处与文学或文学活动密切关联——从把从维熙、刘绍棠、韩少华

---

[1] 尹世霖：《儿童文学路》，《金色少年》1991年第11期。

等二中才俊当作自己钦慕和学习的楷模，到自己亲自创作各种朗诵诗以供朗诵活动需要，再到因病不得不弃工从文并进入大学历史系学习，他所走的每一步都是自觉或半自觉的从文之路。当这位酷爱朗诵诗、追慕诗人情怀的"准大学生"发表第一首长达96行的儿童朗诵诗《夜空飞游记》时[1]，就初步展露出其由文学爱好者向作家身份转向的苗头。他说："我当时还没想到，《辅导员》杂志发表的处女作和北京师范学院的录取通知书，决定了我的人生道路——做一名'双重园丁'，既是一位教书育人的教师，又是一位向孩子提供优秀精神食粮的儿童文学作家。"[2]也就是从这一刻起，教师和"教师作家"的身份、志业虽然在他的脑海中仍然是一个模糊性的存在，但"儿童文学作家"的自我认知及其形象建构已开始潜滋暗长。这一身份的萌芽以及灵光乍现，在其一生为文之路上，恰似一个路标，始终指引其排除万难而一往无前。

考察尹世霖的作家之路，我们会发现，他最初都是在因"用"而不断在实践中找到了自己奋斗的目标，即经由对演戏、演讲的体悟和配合各种校内外文体活动而创作朗诵诗，以及长期受到文学才俊或前辈的文学熏陶，而逐渐生成一种由外到内式的自我关照和形塑的演进模式。这一生发过程不可谓不长，它起于青岛中小学时期的典籍阅读和登台演剧，酝酿于北京二中时的朗诵诗试写和文学氛围，萌发于高中毕业后的第一首长诗发表与自我期许，然后经过大学四年以及重回二中从教时期的多年沉淀、淬炼，才在1972年因儿童朗诵诗《红旗一角的故事》的发表以及被屡屡搬上朗诵诗的大舞台，而终于在当代文坛确定了一个优秀诗人的身份和地位。所以，在笔者看来，尹世霖作为儿童文学作家的身份被同行和读者广为熟知，并在更大范围和更高层次产生实质性影响，应是奠定于1970年代初期。然后，尤须强调的是，他依然是在"十七年"文学时期成长并受其影响而成长起来的一代作家，也是链接"十七年"和"文革"儿童文学的代表性作家。其意义就在于，经过

---

[1]《辅导员》1957年8月号。
[2]尹世霖：《难忘的一步》，《辅导员》1993年7月号。

十多年的经验摸索和文体历练，冲破种种意识形态的拘囿，而以《夜空飞游记》和《红旗一角的故事》而建立起作为一名"诗人"的形象，也正见证和反映了一位作家与时代既合拍又背离的发展之路。因此，尹世霖及其诗歌在新时期以前所走过的历程，既是一种文学（儿童朗诵诗）归向本体的自律发展之途，也是一种涵纳着历史风云的镜鉴之路。

文学之路：创作、出版与作家志业的实现

尹世霖一生笔耕不辍，据笔者不完全统计，截至 2022 年年底，他至少出版了 78 种各类著作。如此高产，当然与其拥有健康的身体、自觉的奉献精神和非凡的文学智慧紧密相关。自 1957 年 8 月发表处女作以来，尹世霖在文学之路上，将文学创作、教育教学、个体生活聚为一体，使其彼此关涉、生发、升华，从而成就了这位"教师作家"的非凡成就。文学作为一种生活、志业直至其生命终点才止息。他的文学创作主要包括以下四类：

一、儿童朗诵诗。这是最能彰显其文学成就和地位的门类。他一生致力于为低幼儿、幼儿、儿童、少年等各年龄段的孩子创作朗诵诗，先后出版了 20 多种朗诵诗集。这些诗歌因在内容、主题、韵律、意境、意象及艺术形式建构上的别出心裁、雅俗共赏而自成一脉，一直以来备受读者（各年龄阶段孩子）喜爱。其诗歌不仅在班级、校园、校外夏令营、城市广场等各类活动中被广为朗诵，还屡屡被改编为广播剧、艺术片、音乐剧，或制成录音带而在广播和电视台播出。从现场活动，到被拍成艺术片，再到被制作成唱片、录音带，尹世霖及其朗诵诗借助各种媒体或平台，得到广泛传播。其中，从儿歌、童话诗、谜语歌、歌谣、植物诗、花儿诗、童话寓言诗等诗歌门类，到海滨、生物（林学）、地质旅行、天文、测绘、海洋、水利等夏令营朗诵诗，再到《船长》等长篇叙事诗，都可展现其诗歌在题材和内容上的广博、主题和文体上的丰赡。尹世霖及其朗诵诗，从创作、出版到教育，都是一个他人所无可取代的独立品牌。

二、历史读本和历史文学。因大学所学为历史专业，后又长期担任历史

老师，尹世霖必然在创作中关注历史。作为中学历史教育界的名师，他先后编写《中国近代史自学读本》《中国历史学习手册》《鸦片战争和第二次鸦片战争》《外国历史学习手册》等发行量几万乃至十几万册的历史辅导读物。在 20 世纪八九十年代，尹世霖凭借其在中学历史教育教学界的名师地位及效应，独自主编或与其同样是历史专业的妻子赵贵玉合编的诸种历史读物，对于面向各级学生及历史爱好者普及历史知识、辅助历史教学，都作出了不小贡献。更重要的是，作为教师作家，他先后创作《三国兴亡》《岳云小将真传》等长篇历史小说，编写《帝王的故事》《神童的故事》《包青天的故事》《中国名人童年故事》《中华人物故事全书》《历代少年精英画传全书》等带有普及性的历史故事书。这些专注普及历史知识的辅导读物，或者集历史知识与文学趣味于一体的历史文学作品，比较充分地展现出尹世霖作为"教师作家"的史责、史识、史思、史情。其历史文学创作的艺术特质有三：第一，以小说方式写历史，以实现文学与史学的科学结合，即他所说："时间、地点、主要人名，全是真的"[1]；"素材一律取之严肃的史书"[2]，同时，他也注意"观点新""全景式"（不光写军事、政治斗争）、"重事实"，以使读者在乐于阅读的同时，获取真实可信的历史知识；[3] 第二，突出文学性，尤其善于通过对话和设置场景，生动呈现历史和历史人物的原貌；第三，将历史故事化，将历史人物形象化，并将历史知识灌注于其中，使其历史文学拥有了雅俗共赏、寓教于乐、中外皆宜的接受与传播效应。他的历史文学或历史人物故事可单篇发，可专栏发（多在《少年文学报》《初中生周报》《小葵花》等报刊上连载），亦可以文丛方式出版，在小读者群众有着较为广泛的传播面。其影响不仅在国内，亦波及国外。比如，1992 年，美国《世

---

〔1〕尹世霖：《文学、史学的科学结合（代序）》，《岳云小将真传》，湖南少年儿童出版社 1990 年版，第 4 页。

〔2〕尹世霖：《文学、史学的科学结合（代序）》，《岳云小将真传》，湖南少年儿童出版社 1990 年版，第 5 页。

〔3〕尹世霖：《再谈谈历史文学创作》，见《让诗长上翅膀》，接力出版社 1996 年版，第 697 页。

界日报》（华文版）邀请尹世霖写了近 5 年的专栏文章，即在该报"儿童世界"专版连载其《中国少年英雄》，每月刊发 2—3 篇稿件；他还为马来西亚编写了一套《包青天的故事》（共 3 本），主编了一套《马来西亚小学道德参考读物》（一至六年级，每年级一本）。这两个事例可表明，尹世霖及其历史文学书写也为普及中华英雄人物形象、传播中华文化精神，作出了独到贡献。

三、散文与随笔。首先，他在期刊上发表的文章多为教学教育随笔（比如《我再也不敢拍着胸脯说……》《教师的面子》《教师光荣的背后》）[1]，或者人物印象记（比如《莫说教师多凡品》《鲜为人知的艾青轶事——献给艾青先生辞世十周年》）[2]，或紧贴时事的时评与杂感（比如《卡通和文学》《〈义务教育法〉太及时了——与中学生谈〈中华人民共和国义务教育法〉》）[3]，或记录日常生活和抒怀性的小散文（比如《青春常绿》《老将新兵常德行》《听听女儿的几句话》）[4]……后结集成《教师光荣——尹世霖五十年教育文存》一书并由接力出版社于 2007 年 4 月出版。这些文章被分别归入"德智体美""二中钩沉""杏坛之光"栏目内，足可见出其在题材、内容、主题上与其作为"教师作家"的身份、视域和经验的一致性。其次，《冷眼热游大洋东》是一部记录美国之行的游记散文著作集。这部散文集共包括 8 个栏目："归去来兮"（9 篇）、"水色山光"（20 篇）、"社会多棱"（15 篇）、"人物剪影"（13 篇）、"衣食住行"（13 篇）、"洛城四季"（8 篇）、"佳节吉日"（18 篇）、"文体之花"（11 篇）。作者将述行、纪事、写景、摹物、随想和文化关怀融为一体，并以"冷眼"视之，从而客观、冷静地将这次美国之行予以全景呈现。其中，以自己的切身经历说事、析理，或者采

---

[1]《光明日报》1993 年 3 月 4 日；《北京晚报》1988 年 9 月 7 日；《中国教育报》1997 年 2 月 1 日。

[2]《北京教育》（普及版）2004 年第 10 期；《海内与海外》2007 年第 3 期。

[3]《北京晚报》1997 年 2 月 19 日；《初中生周报》1986 年 6 月 18 日

[4]《新观察》1980 年第 3 期；《地质报》1980 年 8 月 23 日；《东方少年》（阳光阅读版）2005 年第 9 期。

用对比视角，揭示中美文化差异，从而给读者以某种深刻启迪，成为作者在这部散文中所侧重表达的主题向度。另外，这部散文集以游记方式介绍美国之行，以朴素文笔素描异域风景，以文明互鉴心态置入文化反思，对中国读者认识美国文化、感知中西差异，都提供了较为新颖的视域和典型的素材。

四、文论。他的文论不是那种严谨的专业论文，而是带有突出的散体文写作的特质。他的文论作品主要包括两类：一类是关于朗诵诗的评论或理论探讨，比如，《童诗要让孩子喜欢》《我写儿童朗诵诗的体会》《朗诵诗和诗朗诵》等都是探讨朗诵诗理论和实践经验的代表作，他言情析理，将自己所想娓娓道来，带有十足的娓语体风格；另一类是关于教育教学、历史的文论，比如，《编好中学历史课本》《韵文识字、诗教和语文教育——在21世纪中小学语文教育座谈会上的大会发言》[1]，这类文论文风朴实，论述及物，通俗易懂。这两类都是服务于诗歌创作和教育教学的带有经验总结性的文论，比较充分地展现出作者诗观、历史观、教育观。

上述四类作品贯穿于尹世霖生命始终。儿童朗诵诗和历史文学创作是尹世霖文学志业的主攻方向。在其一生中，诗歌、历史文学、散文随笔、文论各自承担着不同的生命体悟和文类诉求。他不断在纯文学与俗文学之间转换，并以创作儿童朗诵诗和历史文学为主线，以创作散文、随笔和文论为辅线，以编写各类通俗故事、辅导读物为补充，从而形成了其带有突出应用性、教育型的为文之路。

"教师作家"是尹世霖对自己身份和志业的期许，并将之全力贯彻于文学创作和文学实践活动中。在中国现当代文学史上，虽然以教师身份从事文学创作的作家并不鲜见，比如，朱自清、丰子恺、叶圣陶、夏丏尊、曹文轩、余一鸣等曾身兼教师与作家两种身份，并创作出了不少以教育为背景或题材的经典之作，但像尹世霖这种自始至终将教师和作家两种身份合二为一，将儿童文学创作和教育教学始终关联一起，并将为儿童写诗、写故事、出精品

---

[1] 与赵贵玉写，《历史教学》1981年第3期；《教师光荣——尹世霖五十年教育文存》（接力出版社2007年版）。

（"我的上帝在中国，他们是海峡两岸的中国少年儿童！"[1]）的宏愿不折不扣执行至生命终点的"教师作家"并不多见。他创作朗诵诗、短篇历史故事和长篇历史小说的愿景主要面向小读者，端正、通俗、有趣成为其竭力追求的文本品格，特别是知识性、趣味性与文学性的结合，常使其能够切合和满足少年儿童心理、接受习惯的内在需求。在当代幼儿及少年儿童读物中，他的儿童朗诵诗之所以拥有这么庞大的受众群体，并被各大出版商所反复出版，其根本原因就在于此。

文学活动：参与、建构与新时期儿童文学的守护者

"文革"结束后，中国进入"新时期"。政治层面上的拨乱反正，经济上的改革开放，文化上的中西交融，都为新时期文学提供了一个非常自由、开放、多元的发展空间。各类文学流派、思潮此起彼伏，文学社团与民刊遍布各大高校，各类作家和名作纷纷面世，从而生成了中国当代文学史上的一个文学黄金时代。置身于这种文化语境中的尹世霖，借助北京二中和北京作家协会这两个平台，以新时期儿童文学（朗诵诗）为阵地，逐渐由边缘进驻到中国新时期文学现场的中心地带。这个地带不是那种经由精英作家借助"三个崛起""朦胧诗潮""先锋小说""新写实"等显赫思潮所建立起来的上层空间，而是借助教师和教师作家在文学上的自觉自为、校园文学的勃兴而逐渐衍生出的一个相对独立但与"上层"并列存在的场域。在这个场域中，尹世霖是一位冲锋陷阵、引领潮流的开拓者。他也是一位重要的文学活动家，在文学流派、社团、期刊、培训班的阐释、组织和运作方面，也做出了不可低估的文学贡献。

首先，他是"北京二中作家群"的命名者、阐释者。作为二中作家群中的一员，他率先提出这一说法并从其内涵与外延角度予以详细梳理、阐释、

---

[1] 尹世霖：《我的上帝在中国》，《冷眼热游大洋东》，中国社会出版社 1996 年版，第 4 页。

建构，从而确证其在北京新时期文学流派史上的重要地位。根据原北京二中校长梁新儒的说法——"'北京二中作家群'是世霖在二中的一次讲座中最早提出的。"[1]——可推知，这一命名的提出时间肯定在1998年以前。其实，自20世纪80年代，他就在《从刘绍棠到韩晓征》《又一颗文学新星》《文学新星在闪耀》等文章中[2]次第介绍和阐释从二中走出去的文学名家。到90年代即常以"群"论之：

> "北京二中被誉为'作家摇篮'，如果说从维熙、刘绍棠、韩少华、舒乙、李洪洲、孙武臣、李冠军、关登瀛以及本是建国早期新中国如日初升时期出身于二中的作家的话，那么，即使在十年动乱期间毕业的学生中也涌现了作家兼记者的刘霆昭、刘厘华、陈维伟、李培禹、杨大明、刘庭华、施亮等，他们既是各自报刊的笔杆子，又是全国或市作家协会会员，至于'文革'以后二中培养的小作家，更是接连不断：韩晓征、刘慧军、王蕤、朱佤佤、许言、张悦悦……社会上把二中说成是作家摇篮并不为过！"[3]

很多当代作家的成长都与高校教育经历密不可分，比如，张炜与烟台师专（鲁东大学）、毕淑敏与临沂师专（临沂大学）、李洱与华东师大、海子与北京大学、方方与武汉大学，等等，但与高中教育发生实质关联者并不多见。从这个意义来说，关于"作家摇篮"和"北京二中作家群"的命名，以及主编《作家摇篮——文学之星从这里升空》一书[4]，不仅对开掘、宣扬北京二中与作家的关系以及源远流长的校史精神作出了重大贡献，还对于促

---

〔1〕梁新儒：《时代的呼唤》，《作家摇篮——文学之星从这里升空》，尹世霖主编，中国社会出版社1998年版，第2页。

〔2〕《当代少年》1988年10月号；《北京晚报》1991.5；《北京晚报》1992年10月31日。

〔3〕尹世霖：《莫说教师多凡品》，《北京教育》（普及版）2004年第10期。

〔4〕中国社会出版社1998年1月出版。

进从维熙、刘绍棠等作家研究以及阐释现代教育与文学内在关系，提供了新视角、新材料、新样本。从主流文学史层面上来看，"北京二中作家群"与代表新时期文学创作成就之一的"乡土小说"（代表作家：刘绍棠）、"大墙文学"（代表作家：从维熙）、儿童朗诵诗（代表作家：尹世霖），在作家谱系和精神渊源方面有着不可被忽略的内在关联性；从作家个体成长角度来分析，北京二中的民主之风、名校传统、教育思想对刘绍棠、从维熙、尹世霖等新时期著名作家文学素养、思想和风格的形成，也都是各个有别，因而也都是一个个须区别对待的课题。比如，韩少华及其散文与北京二中语文教育教学存在何种关联，刘绍棠及其早期小说与二中语文名师潘逊皋有着怎样的内生关系，尹世霖及其朗诵诗与二中校园文化如何在主题和修辞上发生互动式效应，等等，都是"作家论"书写中所不能忽略的领域或命题。总之，作为这一作家群的最早提出者、建构者，尹世霖的推动，当功不可没。

其次，他是《中国校园文学》杂志的重要创刊者。该杂志虽然是尹世霖与黄世衡、夏有志等人共同发起，但申请书号、编务等一系列活动都是由他主持或操办。事实上，尹世霖是其中最关键的人物："《中国校园文学》的刊号，是我'跑'下来的；挂靠单位，是我联系的；编辑部用房及全套设备，是由我所在的北京二中免费提供的；印刷、装订则由我的家乡日照市印刷厂接手；就连发行人员，也是我从北京二中'借来'的。为了刊物的诞生，我的确付出了艰辛努力。"[1]由原北京二中提供场所和启动资金，1989年5月，被誉为"中国校园写作第一刊"的《中国校园文学》第 1 辑以丛书形式由教育出版社出版、发行。关于第一辑的参与者，尹世霖亦有清晰记忆："第一辑《春潮》扉页注明主编（袁世衡），副主编（尹世霖、夏有志），顾问（韩作黎、刘国正），以及挂名的编委 18 人。尾页注明《春潮》由山东日照市印刷所印刷，中国校园文学丛书处发行。但是，书上未能注明的编辑部七君子——除正副主编外，还有编辑（郭洪波、于玉珍），发行（赵宏升），财

---

〔1〕尹世霖：《魔障》，见《教师光荣——尹世霖五十年教育文存》，接力出版社 2007 年版，第 205—206 页。

会（樊俊英）。"[1]1980 年代是中国文学的"黄金时代"，各种流派、思潮、作家层出不穷，各种官办、民办刊物接连出现，共同推动了新时期文学大发展。尹世霖是新时期儿童文学领域内朗诵诗的奠基者，也是儿童文学期刊阵地建设中的主将。在创刊过程中，他几乎不要任何金钱和物质上的回报，而只以责任和事业为重，为中国校园和当代儿童文学争得了一块宝贵的文学园地。2000 年后，《中国校园文学》主管单位由教育部移交中国作家协会，到今天一直成为全国性的大刊、名刊。它主打"校园文学"旗号，读者遍布中国校园，不仅一直是教师作家发表文学作品的主阵地，也是促进中国当代儿童文学发展的重要力量。总之，以尹世霖为核心和主将的开创者的贡献，亦当被铭记。然而现实是，今天的读者也包括绝大部分文界人士知道此事者已寥寥无几了。

再次，他策划和举办了儿童文学作家班。尹世霖在担任北京市作家协会儿童文学委员会副主任期间，策划并创办了"北京市中小幼教儿童文学作家班"（1990 年 12 月 2 日—1990 年 2 月 1 日）。这期由尹世霖担任班主任、吸纳 150 位学员（由北京教师和部分高校大学生组成）参加的儿童文学作家班，邀请曹文轩、樊发稼、金波、郑渊洁、张之路等儿童文学名家或评论家担任授课教师，在举办方式、培训对象、讲课内容都做了有益探索和实践。邀请教师行业内的作家（主要是儿童文学作家）为教师行业的学员授课，以及以举办作家班方式寻找和培养教师作家的行动，都具有十足的开创性。不仅如此，尹世霖还在此基础上再次举办"作家提高班"，即从首期学员中选出 20 名优秀学员，邀请陈建功、吴苏阳、毕淑敏等著名作家、教授授课，从而为优秀作家的快速成长施于一臂之力。尽心呵护，辛勤培育，终于结成硕果，据曾为当年培训班学员之一的黄喆生统计："进入新世纪以来，有近 10 位学员因创作成绩显著，当上了名副其实的教师作家。其中，有 1 位成了中国作家协会会员，7 位加入了北京作家协会会员。这些学员的作品有的荣获了全

---

〔1〕转引自黄喆生：《尹世霖评传》，未来出版社 2016 年版，第 160 页。

国优秀儿童文学奖，有的荣获了冰心儿童图书奖，有获文化部蒲公英奖。"[1]
这些学员成为"教师作家"并取得不俗成就，若追溯源，当然都与尹世霖及
其所操办的作家班，有着不可割裂的关系。

　　最后，他也是新时期儿童文学的反思者和建设者。儿童文学作为一种以
少年、儿童和婴幼儿为主体受众的文学门类，在理论、创作、出版和阅读方
面都有其相对独立而特殊的文类属性。古今中外，凡优秀儿童文学作品无不
在帮助儿童在释读历史、感知时代、增长知识、开发心智、补益生活方面，
展现成人文学所没法达到也无可取代的艺术品质。然而，长期以来，理论与
创作的滞后，特别是儿童文学精品的困乏，使得新时期儿童文学发展存在诸
多误区，比如，过分"成人化"（背离儿童本体）、抽象的说教气、严重的
类型化或概念化、农村题材的荒芜、对"美的规律"及其图景的创造力严重
不足，等等。对尹世霖而言，他的关照点有二：对儿歌、童诗接受语境始终
保有警惕；对儿童朗诵诗题材、类型和教育投入精力和心血。实际上，这是
两个互为映照、互为补充的命题：他对儿童诗歌远离本体的创作倾向多有警
惕，以及对诸如"灰色儿歌"——一种"在小学生和中学生中流传的内容灰
色、形式简短、语言俚俗的歌谣，大多出自经过改写后的流行歌曲、老童谣
和古诗词。"[2]——大流行现象的辩证思考，正是衍生出对于后者的努力
实践，即，一方面，他调整创作方向，适当减少少年朗诵诗的创作量，而加
强对童诗、幼诗、低幼儿诗等短诗创作理论或规律的探索与实践，并努力开
拓新题材、新领域（比如他的"四季之诗""百花谣""新农村诗"），以弥
补在朗诵诗创作领域内所存在的诸多短板或空白；另一方面，他又通过主编
各种中国经典儿歌、童谣、童诗等文丛方式，以配合当前创作或弥补儿童诗
歌精品的不足，比如，他编选的《哆来咪童诗九家》《大苹果》丛书、《传
统童谣新编》，以及出版的个人诗集《金色童谣——尹世霖儿歌童诗精选》，
都是他为改变这种境况而做出的努力。这是一个编选者与出版商共同推动的

---

〔1〕黄喆生：《尹世霖评传》，未来出版社 2016 年版，第 166 页。
〔2〕黄喆生：《尹世霖评传》，未来出版社 2016 年版，第 226—227 页。

结果，当然，对尹世霖而言，也是一个争夺话语权、培育理想读者、引领儿童文学出版新风尚的大举措。

正如鲁迅、茅盾、巴金等众多新文学作家在创作之外也是著名的文学活动家、出版家一样，尹世霖也兼有多重身份。建构和推介"北京二中作家群"，创办并运作《中国校园文学》（丛书）创刊，举办北京儿童文学作家培训班，以及为扶正儿童文学生态（把"灰色儿歌"染绿）而做出的出版行动，是尹世霖在文学活动方面取得突出成就的四大"业绩"。他在文学活动上的天赋、能力及其成就，可以成为解读新时期文学社团、文学思潮和出版生态的样本。

▍文学理论：中国当代儿童朗诵诗理论的奠基者

高中毕业那一年公开发表长达96行的《夜空飞游记》虽然被标注为"儿童朗诵诗"，但尹世霖对这种文类的认知与理解在此后很长一段时期内并未自觉上升到文体意识层面。即使在1970年代，《红旗一角的故事》在国内"爆红"，他对"儿童朗诵诗"的文体认知也依然停留于感性领域或非系统性的经验层面。然而，他的儿童朗诵诗创作在跨越从"十七年"到"文革"20多年的创作历程中，当然也已然沉淀下了丰富的创作经验。这也就是为什么当一进入1980年代，其朗诵诗创作与理论出现相向而生、"比翼齐飞"的局面。几乎与"归来诗人群""朦胧诗""第三代诗歌"等新诗主潮同步，尹世霖也在1980年代前半期完成了关于"儿童朗诵诗"文体理论及其形式特征的系统阐述。创作与理论（文体）彼此映照，相互支持，标志着"儿童朗诵诗"这种新诗门类，已在新时期文学史上"落地生根"。在此过程中，尤须强调的是，这是尹世霖以一己之力引入中国新诗现场的新文类。

何谓"少年儿童朗诵诗"？尹世霖曾有个界定："第一是诗，而且是美好的诗；第二是为少年儿童写的诗；第三是适合朗诵的诗；三条加在一起，正是'少年儿童朗诵诗'。"〔1〕这个定义可简洁概括为一句话：为少年儿童写的、适合朗诵的、美好的且具备诗歌本体特征的诗即为"儿童朗诵诗"。实际上，早在 1983 年，他就撰文从内涵、特征、功能等几方面界定和阐释这一概念：

　　"儿童朗诵诗是儿童文学中最具教育性的文学样式之一。由于它是供班、队日和校内朗诵活动使用的，可以恰当地配合班队日的主题和现场活动的环境。儿童朗诵诗本身具有类似于演讲的鼓动力量和冲击力量；诗的立意和诗的号召，鼓舞着每一个参加活动的小听众、小观众；诗的激情和他们的心情紧密相通，使之动情、动心。

　　"儿童诗是心灵美、语言美的伙伴。……儿童朗诵诗比短小的儿歌、儿童抒情诗充实，又比较长的叙事诗精炼、重情。每一首儿童朗诵诗的主题明确而单纯，可以通过艺术形象让孩子们清楚领会。……

　　"儿童朗诵诗首先是诗，它具有诗的共同特性，又具有本身的特点。儿童朗诵诗要十分重视自己的两个对象：朗诵者、听朗诵者。……

　　"我不同意那种认为只有以慷慨的语句、铿锵的节奏来表达志向、情绪的诗，才算得上是朗诵诗的意见。我注意在自己绝大多数的儿童朗诵诗（不包括部分会议、节日的献诗）中，都力争做到三有：有人物、有故事、有情节。……

　　"作为儿童朗诵诗……一是尽量合辙押韵，二是强调诗的节奏、音乐美，三是明快，句子简明、通晓、易懂。……它是一诵即过，立即接入下一句或下一节，容不得费解、艰涩之处。……"〔2〕

这是一篇阐述"儿童朗诵诗"本体内涵、文体特质及其功能的重要文章，

　　〔1〕尹世霖：《我写儿童朗诵诗的体会》，《儿童文学研究》1992 年第 4 期。
　　〔2〕尹世霖：《收获诗的明天（代跋）》，《尹世霖儿童朗诵选》，人民文学出版社 1983 年版，第 173—174 页。

它不仅是对其此前二十多年创作经验的理论总结，也基本奠定了此后作者对这种文学样式的文体认知。三年后（1986年），在此基础上，他又在一篇论文中作了系统论述：

"一、要有'诗歌的特点'，有诗歌的共同特性，不要以为朗诵诗可以依靠豪迈的语言、慷慨的句子来打动人。相反，它首先要靠诗的意境、诗的激情来感染听众。儿童朗诵诗首先是诗，应该是一首有诗意、有诗情的好诗；它同样忌讳那种标语口号、政治术语式的浅薄说教。

"二、要有'朗诵诗'的特点，这点不同于一些只能供人案头阅读的诗。案头诗有些可以写得晦涩一些，更朦胧一些，读者可以在消解时停下来。掩卷沉思。而朗诵诗则不可以，因为它要由朗诵者在台上一诵而过，立即接入下一句或下一节。因此，朗诵诗要求写得相对明快、通畅、易懂，同时更注意音韵、节奏，读起来应该是朗朗上口、娓娓动听，富有音乐美。

"三、要有'儿童诗'的特点，这点不同于一些供成人阅读和朗诵的诗。因为儿童朗诵诗的对象主要是少年儿童：听众是少年儿童，大多数朗诵者也是少年儿童（个别第三人称的诗可以由成人朗诵，如《明天，红领巾飘扬在胸前》）。儿童朗诵诗不宜太长，一般供个人朗诵的诗以四五十行为宜；集体朗诵的诗可以稍长些。诗中最好有鲜明的'形象'，以便吸引活泼好动的孩子。能不能吸引住孩子，这是对诗本身和对朗诵者的双重考验。"[1]

由上可以看出，他在1980年代就已基本奠定其一生关于"儿童朗诵诗"内涵、外延及其艺术特质的整体认知。所不同在于，他又在此基础上又进一步细分、细化，即从"儿童朗诵诗"概念范畴中又细分出如下三种：

---

〔1〕尹世霖：《朗诵诗和诗朗诵》，见《让诗长上翅膀》，接力出版社1996年版，第749页。

一、幼儿朗诵诗（包括低幼儿）。它的特性在于："在节奏上，儿歌也比较固定，多数儿歌每句最后一个音步（或音节）为单数字（一个字或三个字）……还有少数儿歌，每句最后一个音步为双数字（两个字），一般读起来往往最后两字之间拉长一个拖腔。"[1]具体落实于创作中，须做到"语言尽量明快诙谐，节奏要尽量活泼自然，音韵尽量优美动听，而内容，则尤其注意浅显风趣。"[2]这很可能是自有新诗以来首次出现的关于"幼儿朗诵诗"形式和写法的系统阐述，也是最能彰显其儿童诗歌理论中最具特色的部分。

二、儿童朗诵诗（写给小学中高年级孩子）。尹世霖延续此前的概念界定，且再次强调，要"尽量做到三有：有人物，有故事，有情节，靠诗中鲜明的人物、简单的故事、有趣的情节，吸引住活泼好动的孩子。"[3]这是尹世霖用力最勤、认识最深、耗时最久的研究领域，也是其进入朗诵诗创作之前最先尝试写作的文类。

三、少年朗诵诗。这是在"儿童朗诵诗"基础上衍生出来的一种分类，在他看来，这种诗歌样式"不能单靠简单的故事（诸如做好事等等），而应该在诗的哲理、发人思索、给以启发上下功夫"[4]。

适合朗诵并通过视听系统最终生成"诗意"，从而完成对于一首诗的接受过程，是儿童朗诵诗的另一主要特征。如何确保适合朗诵，他说："一是明快，句子简明、通畅，易于理解；二是尽量合辙押韵，诵来上口（但不能因韵害词）；三是把握诗的节奏，使其富有音乐美。"[5]在这段话中，前两条是对作者及其文本而言，第三条是对朗读者而言。因此，任何一首儿童朗诵诗，都须经过作者和朗诵者的双重创造，方能完成一首诗的接受过程。在此，作为儿童朗诵诗"四要素"的作者、朗诵者、听众、环境（三者共

---

〔1〕尹世霖：《我写儿童朗诵诗的体会》，《儿童文学研究》1992年第4期。
〔2〕同上。
〔3〕同上。
〔4〕同上。
〔5〕同上。

存的时空）既彼此影响、相互制约，又须形成合力、止于一点。不仅如此，他也对作为不可或缺环节的"朗诵"也有理论论述。他从"理解作品""熟练""字音""重音""语调""节奏""神眼""姿势""手势"共九方面，对"怎样才能朗诵得好"做了全面、系统论述[1]：

1. 朗诵者与作者合体说："朗诵者是以作者的身份在同听众交流。"

2. 区分语句重音和逻辑重音："处理重音，一般是重读，有时也可以用高音、颤音、停顿、轻读、慢读等办法来突出。"

3. 语调调节论："要掌握好和运用好音调的高低、音量的大小、声音的强弱、速度的快慢，有对比、有变化，使整个朗诵犹如一首优美的乐章。"

4. 节奏论："首先要理解整个作品的节奏，是明快、激昂，还是低沉、回转。……同时，在一首诗中，如《红旗一角的故事》，不同的段落、小节，甚至一些诗句，也要掌握不同的节奏，才能表达好诗中的内容和情感。"

5. "视像"概念、理论及其功能："眼睛是心灵之窗。观众通常都是看着，甚至盯着台上人的眼睛；朗诵者则用自己的眼神配合语言，把丰富的、变化的感情传达给听众。……眼睛好像电视荧屏，似乎能把一个接一个的具体形象展现出来……朗诵者的眼神好像真的看见了辽阔的广场，花朵盛开；接着又仰望英雄纪念碑，高大雄伟。这就叫'视像'，能把丰富的感情、鲜明的形象传达给听众。"

6. 姿势："朗诵者登台时，一般要自然而轻盈地走向台中，脸要微微偏向观众一侧。站定后，……最好是双腿微微靠近，自然站立，上身端庄，给人以正直健美的感觉。"

7. 手势："手势和眼神一起，可以配合语言传达形象，抒发情感。……一般说来，手势不要太多、太大；不要一个动作做完马上收起；手势的运用要恰到好处，既不要僵板，也不要乱动。"

目前，尹世霖可能是国内唯一一个对儿童朗诵诗朗诵者诸要素做系统理

---

〔1〕详见尹世霖：《朗诵诗和诗朗诵》，见《插上诗歌的翅膀》，接力出版社1996年版，第746—748页。

论建构的诗人。在上述论述中，合体说与视像理论都是尹世霖的独创："合体说"也即"复数作者"（或者"书面原创者 +N 位朗诵者"，N ≥ 1）模式，由于朗诵者是"复数作者"中的最大"变量"，因此，任何一首儿童朗诵诗最终生成的效果都各各不一；以朗诵者为视点所生成的"视像"，与书面文本所生成的"意象"，彼此间的叠合及共生图像也呈现无可计数的可能性。这种带有经验与实战性的理论探索，也颇能彰显其为儿童文学所作出的重要而独特的文学贡献。

综上，尹世霖的诗歌理论贡献，主要有：一、创生新诗体。他充分继承汉语文学中韵文传统，以及借鉴、吸纳古今儿歌、童谣、童诗中可视可听的艺术经验，经过长时期的理论探索和文学实践，创生出了一种适合各种场合的既可"写"又可"说"的儿童诗歌，从而为中国当代儿童文学发展提供了新样式。不同于一般的儿童诗歌——专于"写"（书面写作）而弱化或完全忽略"声音"的童诗，儿童朗诵诗是将"写"与"说"合为一体而生成的一种新诗样式；不同于古代儿歌、歌谣、童诗，它是由当代诗人创作出的专门符合当代儿童成长规律、阅读趣味和接受习惯的朗诵诗。或者说，它是指在根据各年龄段儿童接受规律而创造出的一种努力在声音系统和语言符号之间互相消解理解障碍、声音与语义合一的现代新诗样式。二、建构儿童朗诵诗的本体理论。重视并探寻声音与汉语符号的即时表现功能、效果，从而将过去单纯追求"语言本位"的童诗转为"声音"与语言并重的"双本位"朗诵诗，是其在理论与形态上的一大创造。所谓"奠基者"，即他是从理论到实践（创作）都形成自己独有体系的建构者。

文学成就：中国当代儿童朗诵诗创作的主将

尹世霖在中学时期长期写作各类演讲和朗诵性质的短小韵文，这为他此后从事儿童朗诵诗写作奠定了良好基础。他在大学毕业后又回母校担任历史教员，虽也遭受历次运动的冲击，但因在写、编、演、导等方面的天赋和才华，他一直未曾远离文艺活动。始于本能的文学执念、长期业余写作的磨炼，以及切近时代的省思，最终在文学上有所回报——这就是他在 1957 年发表的长达 96 行的诗歌《夜空飞游记》和 1973 年出版的诗集《红旗一角的故事》。《红旗一角的故事》共收《迎着太阳上学校》《书包的秘密》《雷锋叔叔的画像》《两个"战士"》《运动会上》等 11 首诗。其中，《书包的秘密》《红旗一角的故事》广为传播。在"文革"时期，尹世霖也是少数能在官办正刊上发表诗歌的诗人。紧贴主流意识，以政治话语推动诗意流动，是该时期其朗诵诗占据主流和主调的主题向度。这种倾向在"文革"结束后的几年内，依然如故。有些作品因过于接近主流政治，有着浓重的概念化弊端。比如，在《一张大学录取通知书——在批判"两个估计"会上的发言》[1] 中，诸如"毛主席光辉的教育思想，/ 照耀着前进的航线""感谢您啊，华主席，/ 再次为我们拨开乌云见青天"一类的诗句，基本就是彼时对主流政治意识的直接图解。这类诗歌当非优秀之作。但不管如何，《夜空飞游记》和《红旗一角的故事》都是他以"教师作家"身份创作和发表的早期儿童朗诵诗的代表作。他也因之而被广大师生和读者所广为熟知。其中，从《夜空飞游记》（1957年）讴歌祖国社会经济建设新成就，《红旗一角的故事》（1972 年）缅怀和歌颂为新中国现身的革命烈士，《"中华"——一个真实的故事》（1981 年）呼唤科学并为知识分子发声，到《这样爱我们的祖国》（1985 年）言说如何爱国，都可看出，及时感知、记录或表达时代主潮，以及践行"介入"或"文以载道"的诗教传统，一直是尹世霖及其儿童朗诵诗所一以贯之的表达向度。这类诗歌被屡屡搬上舞台，改编成情景剧，或常在校园、班级活动中被广为朗诵，儿童朗诵诗所承载的爱国教育功能得到充分发挥。

尹世霖的儿童朗诵诗在新时期走向成熟并在创作上呈现"井喷"态势。进入 80 年代，几乎与国家"拨乱反正""解放思想"和"改革开放"的时代主潮同步推进，尹世霖连续推出《少年儿童朗诵诗选》（1982.3）、《幼儿朗诵诗选》（1984.8）、《尹世霖儿童朗诵诗选》（1985.1）、《夏令营朗诵诗集》（1985.4）、《金色的童年》（童诗艺术片，1985.5）、《节日集会朗诵诗选》

---

〔1〕《人民教育》1977 年第 3 期。

（1987.8）、《校园朗诵诗选》（1989.9），标志一种首先专注于创造和谐优美音韵体系和自由明朗节奏，同时也依靠朗读者发声、加工和传递诗意的较为成熟的童诗样式的生成。其中，《尹世霖儿童朗诵诗选》作为尹世霖代表作，收入自 1957 年以来 40 首在内容、思想和艺术上俱佳的儿童朗诵诗。初版本卷首有艾青题字"让诗长上翅膀飞向四面八方"，卷末有《收获诗的明天（代跋）》。内分"一热爱祖国"（7 首）、"二校园新歌"（8 首）、"三体育健儿"（5 首）、"四雷锋精神"（6 首）、"五科学少年""六星星火炬"（8 首）。总体来看，其艺术特色主要有：题材广泛；笔调活泼；形象鲜明；讲求音韵、节奏；具有鲜明、浓厚的教育色彩。这 40 首诗歌为我们研究其自 1957 年以来儿童朗诵诗思想内容及艺术特色提供了典型文本。

进入 90 年代，他又有《童话寓言朗诵诗选》（1990.6）、《小朋友朗诵诗》（1991.6）、《金翅膀——尹世霖儿童诗歌专辑》（录音带，1992）、《船长》（长诗，2000 行，1992.3）、《童话朗诵诗》（1995.11）、《智慧儿歌》（1995.12）等朗诵诗集的出版。如果说 1985 年（共有 3 部诗集出版）标志着尹世霖儿童朗诵诗创作第一个高峰的降临，那么，待至 1996 年，大型诗歌总集《让诗长上翅膀》（收诗 376 首）的出版，则标志着其创作迎来第二次创作高峰[1]。进入新世纪，第一个 10 年以 2005 年为界，在此后 5 年内竟有 10 部诗集面世，可看作是他的第三次创作高峰；第二个 10 年，除陆续推出几部新诗集外，他依靠大型丛书的编选，依然保持一个相当可观的出版量。这种态势一直到其离世的 2021 年才戛然而止。在其人生的最后十多年间，我们可以明显看到，有其如下几个转向：诗句变短，诗歌变小；侧重为幼儿、低幼儿朗诵诗写作；创作与编选同步推进；在内容、风格、句式等切近儿童本体。尹世霖以一己之力，在过去几十年间持续创作，不断推新，且以出现三次创作高峰的创作成绩，显示了其在当代儿童文学领域内所取得的非凡成就。其创作时间之长、诗集数量之多、所涉题材之广均创造了新历史。

---

〔1〕1999 年，《当代儿童少年朗诵诗》（三卷）的出版，则是对"第三次高峰"作了注脚。

尹世霖的儿童朗诵诗写作有着清晰的读者定位，针对不同年龄层次，其诗歌在内容、句式、韵律、节奏等方面都会呈现不同风景。其中，针对幼儿、儿童的诗歌多为短诗，有鲜明形象，韵律和节奏感强，读来朗朗上口，易记易诵。《花儿的诗》（8 首）、《童话诗豆豆》（25 首）、《植物的诗》（15 首）、《谜语歌》（25 首）等组诗可为代表作。这类诗歌也是尹世霖诗歌探索与实践的艺术结晶，即有感于对那种标语化、政治术语式等浅薄说教风的不满，转而追求切合儿童本位的以优美形象和丰富诗意感染人的创作风尚。这类短诗从内容到形式都是归向"诗本体"的艺术建构，一改此前那种单靠强大外力或强势修辞推动的非本体模式。形式即内容，内容即形式，这种艺术辩证法在尹世霖 1980 年短诗创作中即已得到充分体现，真正实现了他所谓"首先是诗，是好诗"的文体愿景。比如：

云

蓝湛湛的天上飞着白云，/ 白云呀揪住了孩子的心。/ 它变成了一盘莲花，/ 孩子想把花儿献给母亲；/ 它又变成了一匹大马，/ 孩子想骑上马儿征服星辰。

呵，蓝湛湛的天上飞着白云，/ 白云揪住了一颗颗天真的心……

1980.1.19

雨

春天的雨

沙沙沙

种子发芽了，

夏天的雨

哗哗哗

喂饱了大庄稼，

秋天的雨

刷刷刷

浇出一幅画：

丰收的田野金灿灿，

粮囤像那胖娃娃。

春雨、夏雨、和秋雨呦，

冬天变成了小雪花。

1980.6.2

云和雨本是司空见惯的自然现象。但在作者艺术想象和营构下，由"云"联想到"一盘莲花""一匹大马"，进而由此分别引出"孩子"与"母亲"（母爱）、孩子与"时空体"（绮丽想象）之间的意蕴指涉关系。在此，纯真的童心、自由的联想共同指向美或美好，非常感染人。而对于雨，也是借助于文学想象，营构出一幅虚实交融、柔美纯粹的田野风景画。在此，自然界的雨声、田野里的丰收、一年中的四季更替，以及蕴含于其中的大地之妙，都在作者修辞"装饰"下——拟人化笔法、纯化策略和"楼梯式"诗歌形式——呈现为一种美的画面和境界。这类诗歌虽短，但诗意与诗情特入心。其原因之一就在于，他特别善于在短短的几句诗中，三言两语烘托一种意境，或者建构一个有意味的"形象"（意象），并以此为中心，表达一种情感或指涉一种意蕴。比如《吊兰》[1]："花草向天长，/ 吊兰往下吊。/ 他说大地是母亲，/ 一心向着娘怀抱。"前两句平淡无奇，只不过是在言说一种植物生长习性，但后两句非同寻常：将吊兰生长习性，指向对母亲与母爱的表达。吊兰的生长方向，朝向大地，而大地与母亲存在天然的互指互涉的象征关系，所以，吊兰向下生长，也就被转化为另一种动机："一心向着娘怀抱！"在此，由实入虚，并由"虚"传递转喻义，进而迸发出诗意。吊兰向下生长的姿态，指涉一种母爱——书写母亲，表达母爱，方式方法无可计数，所达成的文学效果也异彩奉呈——这种想象与表达是诗人尹世霖的独有创造。从物象到意

---

〔1〕创作于 1990 年 8 月 13 日。

象，从事理到情理，一切隐喻、象征及其转换都无懈可击！

他的诗歌从不避诸如家国、母爱、美善、理想、科学、大自然等常见教育主题，也常注意对于说理、明理的表达；为特定节日、班级活动或校外夏令营创作的各类朗诵诗，也大都注重渲染氛围，凸显主题，升华意识，且极具鼓动性。也就是说，尹世霖的儿童朗诵诗写作，将教育功能置于首要位置。但不管表达何种理念，大都不是那种直接图解或硬性灌输，而总是借助优美形象或和谐意境的营构，从而潜移默化地予以表现。比如：

　　天黑走小道，／头上月亮照。／我爱月亮值夜班，／不和太阳争荣耀。

　　月亮小船云海游，／月亮宝宝晴空笑。／我爱月亮变化多，／不像太阳太单调。

——《月亮》[1]：

　　银杏树呵，／您多像中华民族；／我们，像一粒粒白果，／降生在地球。

——《银杏古树》

　　山爷爷，／您真美，／绿树、红花把您环绕。

　　不，孩子，／你的双手和智慧，／能把最美的世界创造。

——《山和孩子们的对话》[2]

《月亮》上下两节都有"理"的渗入，但"讲道理"——什么样的人或物值得爱——都是寓理于形象中；《银杏古树》中的这一节将"银杏古树"与"中华民族""我们"与"白果"的关系作了转喻，意在表达一种稍显抽象的时空认知观；《山和孩子们的对话》通过一老一小对话关系，由实入虚，阐释和宣扬某种"美的本质"。这三首诗都是通过优美形象及其关系的生动

---

〔1〕创作于1990年8月22日。

〔2〕创作于1983年4月25日。

建构，继而表达某种“理”，但“理”的生成与传达都非直说，而是潜移默化的潜入、显意。无论书面文本还是视听系统，都是优美形象及内生关系占据“主体”，而非抽象的理念“喧宾夺主”。

尹世霖也时常针砭时弊或介入对不良社会现象的思考或批判。这充分表征出一位诗人在处理自我与生活、自我与时代时所秉持的审慎观察、独立思考和勇于介入的文人知识分子精神。这也是尹世霖自以《夜空飞游记》和《红旗一角的故事》感知、介入和言说宏大时代主潮并产生广泛影响以来，所一向延续和秉承的介入时代、瞩目众生、高扬“大我”的诗人精神传统在新时期的一种自然延续和表现。比如：

邻居有条狗，/ 见人汪汪吼；/ 扔去一块肉骨头，/ 它摇头摇尾跟你走。/ 哎呦呦，/ 到底是条狗。

邻居有条狗，/ 见人汪汪吼；/ 弯腰捡块小石头，/ 他夹着尾巴退着走。/ 哎呦呦，/ 到底是条狗。

——《一条狗》[1]

为什么爸爸妈妈使劲惯我，/ 我却越长越小？ / 为什么姥姥不娇我、不惯我，/ 我却觉得她比谁都好？

——《独苗苗》[2]

小庞有三“绝”，/ 别人没法学：

第一遇事先瞪眼，/ 样子活像马王爷；/ 第二开口嗓门儿大，/ 脏话像污水往外泻；/ 第三最爱晃着走，/ 横着肩膀、下巴噘。

小庞自认是英雄，/ 别人叫他小螃蟹。

——《小庞》[3]

---

〔1〕尹世霖：《小朋友朗诵诗选》，中国和平出版社 1991 年版，第 14 页。
〔2〕尹世霖：《小朋友朗诵诗选》，中国和平出版社 1991 年版，第 43 页。
〔3〕尹世霖：《小朋友朗诵诗选》，中国和平出版社 1991 年版，第 83 页。

这三首诗都有其特定的时代背景和指涉意义：因对毫无立场与人格，或者趋炎附势之人的厌恶而写《一条狗》——"狗"的两次本能反应，多么讽刺啊！因对"独生子"教育问题有所担忧而作《独苗苗》——"我"对成长经历的言说，难道不让人警醒吗？因关注校园中"问题少年"而作《小庞》——这位叫"小庞"少年难道不是你我眼前的某位吗？

儿童朗诵诗最终要借助视听系统得以达成诗意、诗情的传达和接受，因而其在理念、结构、诗形、音韵、用词、用语等诸多方面，都有别于传统的诗歌写作。诗人的书写系统与朗读者的发音系统，必须在高度融合、彼此依持、互为生发基础上，才能成就一首好诗的最终生成。这种瞬间传达、即时理解、同场共情的运作逻辑、规律，必然事先深刻影响着诗人的构思与创作。语言上过于晦涩，主题上过于烦难，结构上过于复杂，思想表达过于抽象，都是不可以的。一切都须简单、平易、生动，语言自然、流畅，尤其注重于节奏感和韵律体系的造设。诗歌语言以及朗诵者以此为本所发出的话语，也都须瞬间转化为某种形象或画面，以利于听众瞬时接受和理解。为了遵循这种规律和生成这种效果，尹世霖在结构、节奏、音韵或修辞上做了诸多有益探索与实践。还是以《一条狗》为例，对之略作说明。这首诗分上下两节，每节都开头两句都是"邻居有条狗，/ 见人汪汪吼"，最后两句都是"哎呦呦，/ 到底是条狗。"这就在结构上形成了一种有规律的循环复踏模式；"狗"作为核心形象，有声音（"吼"），有神态（"摇头摇尾""夹着尾巴"），有行动（"跟你走""退着走"），非常容易为听众所理解；节奏感强：句内2字、1字、3字或4字一单位，即"2111/221/213/143/3/23"，非常适合朗诵。第二节等同于第一节，也是"2111/221/213/143。/3/23"。每句最末一字分别是"狗""吼""头""呦""走"，都押"ou"音，并且每一个都是重音字，读来朗朗上口。因此，这是一首寓意深、易理解且适合朗诵的儿童朗诵诗名作。

努力探索和建立符合当代儿童朗诵诗韵律体系，在尹世霖各时期实践中都是一个一以贯之的诗学命题。每一首诗从整体到局部，都须严格遵循这种韵律规约。以"外在律"规约句式、节奏，专注营造某种旋律、气氛，然而从外到内，形成诗意、诗情流动的"内在律"。比如，《我爱祖国》[1]共五个句组，每个句组四句话，每个句组前两句都是"我爱×，我爱×，/ 我爱祖国xxx。然后再由每一组后两句描述言说对象（海与山、花与草、月与星、河与林、日与云），并表达对祖国新容新貌的热爱之情。即便在其长篇叙事诗创作中也如此。比如，长达2000行的长诗《船长》（共6章30节）在诗形上齐整、匀称，内部注重语调、节奏和轻重音的有规律布局。以第一章第一节为例，本节共9个句组，每个句组4行，整体上具有形式上的美感；每个句组第二句话的最后一个字（花、霞、大、瓜、瓜、家、芽、把、花）以及最后一句话的最后一个字（芽、画、家、下、花、涯、瑕、芽、华）都押"a"韵；九大句组整体上按顺时展开，前两句用各自拆分一个大长句，但都凸显"儿童心呀"一句的主体性，第3、4两组都以"比方说……"开启，从而形成句式与句意的并列展开，第五组虽然开头一句省去"比方说"，但依然是与前两组保持并列关系，从第六组开始出现转折（"可我要讲的江洋呵"……），此后第7、8、9组都是顺次关于"江洋"的介绍。由此可看出，即使内部结构和诗意流动，也都呈现某种有意味的可被充分感知的律动。这种探索与实践都是独具个体性的、创造性的，而主旨在于确保作为核心要素之一的"朗诵"（视听系统）的独立生义功能的实现。

综上，新时期以后，他因接连出版涵盖适合各年龄段、各种场合的儿童朗诵诗，而在当代中国儿童文学领域内，成为一座高峰。他作为"国内儿童朗诵诗第一人"的美誉或身份定位，也就愈发深入而远播。早在20世纪90年代初，就有儿童文学研究领域内的学者评价道："我国写儿童诗的诗人不少，但以写朗诵诗著称并产生深广影响如世霖者，国中尚无第二人。"[2]"世霖是坚守儿童朗诵诗写作的唯一一人，坚持几十年，不断开

---

[1] 尹世霖：《小朋友朗诵诗选》，中国和平出版社1991年版，第51页。
[2] 樊发稼：《序》，见尹世霖著《小朋友朗诵诗》，中国和平出版社1991年版，第1页。

拓。"[1]"早在70年代初，尹世霖出版了我国第一本个人儿童朗诵诗集，后来又编出我国第一本少年儿童朗诵诗选，第一本幼儿朗诵诗选和第一本童话寓言朗诵诗选。他在儿童文学界有特殊贡献。"[2]他的儿童朗诵诗也广泛影响到几代儿童的阅读与成长："这位儿童文学作家曾经以撰写朗诵诗而名扬中国，笔者在学生时代，就曾经在人民大会堂听过少先队员们朗诵尹世霖撰写的诗歌。"[3]"我年轻时当小学老师，曾将他的一些诗歌念给孩子们听。二十五年前我来到日照工作后认识了他，每每读到他的赠书，书架上渐渐地竖起一排。前几年，我将尹老师写的童谣读给外孙女听，竟让两三岁的她会心而笑。他上幼儿园时，曾在才艺比赛中朗诵尹老师的诗作，获得奖励。不只我外孙女，在全国，尹世霖作品的读者有千千万万，遍布于两三代人之中。"[4]至其2021年去世，作为一种评定，他也以对儿童朗诵诗理论的探索、建构及其实践，而在中国当代儿童文学发展史上占有一席之地。

▋ 余论：文学史定位及相关话题

尹世霖的文学活动和文学创作前后跨越64年（1957—2021），历经"十七年""文革""新时期""新时代"四大文学时代。笔者从作家之路、文学之路、文学活动、文学理论、文学成就五方面对作为作家的尹世霖及其文学做了全面而系统地梳理与阐释。那么，我们该如何认定其在中国当代文学史上的成就和地位？

首先，关于其作家身份的界定：因为他是一个可以分别被置于新诗和儿

---

〔1〕钱光培：《儿童朗诵诗"别是一家"——尹世霖童诗研讨会发言摘记》，《少年儿童文学研究》1993年第2期。

〔2〕孙云晓：《儿童朗诵诗"别是一家"——尹世霖童诗研讨会发言摘记》，《少年儿童文学研究》1993年第2期。

〔3〕陈建功：《童心伴我大洋东》，见尹世霖著《冷眼热游大洋东》，中国社会出版社1996年版。

〔4〕赵德发：《金色童谣精彩人生——〈尹世霖评传〉序言》，未来出版社2016年版。

童文学范畴内予以关照和研究的当代作家，所以，从他自定的"教师作家"到被约定俗成的诗人、儿童文学作家，都可以被当作其作家身份的狭义界定；又因为广义文学类包括但不限于小说、诗歌、散文、剧本、传记（自传和他传）、报告文学、回忆录等，所以，凭借儿童朗诵诗和历史文学而奠定其文学成就的尹世霖，当然也可以被列入中国当代优秀作家行列内。但广义上的界定，会遮蔽其作为诗人或儿童文学家的身份特长，因此，若从推进其经典化角度考量，还是将之作为"诗人"或"儿童文学作家"来认定或评介为佳。而将他认定为"儿童文学作家"，似乎更为科学一些，这样可以将他的历史文学写作包括在内，共同指向并有利于综合研究其在中国当代儿童文学史上的地位、贡献。

其次，关于其文学成就和文学史地位：因为他终身致力于儿童朗诵诗创作，历经四个时代并能创作出代表彼时艺术最高水平的作品，并且一直被后世小读者所广为阅读，其代表各个年龄段的诗集也一直在常印常销，所以，在当代中国，尹世霖及其儿童朗诵诗已展现出某种可能被"经典化"的兆头；又因为他以"教师作家"所展开的长达60多年的儿童朗诵诗创作，已为中国当代诗歌（史）或中国当代儿童文学（史）创造了新诗样式。他创造了切合中国当代各年龄段儿童文学阅读、教育的文学新样式，并从理论（经验）到实践（创作）形成了自己一整套独立体系，所以，在中国当代诗歌史、中国当代儿童文学史上，尹世霖及其儿童朗诵诗应占有一席之地。

再次，关于文体归属及入史问题：因为文体划分一直存在"四分法"（小说、散文、诗歌、话剧），这种借鉴现代欧美的传统分类法一直主导着文学史写作，所以，目前，尹世霖及儿童朗诵诗很难入主流文学史家的法眼；又因为"重写文学史"是一个永恒的持续展开的过程，所以，以"四分法"为基础建构起来的中国现当代文学史，肯定越来越不适应新时代需要，随着文学史书写理论不断更新，特别是"大文学史"观念与实践的深入展开，包括儿童朗诵诗、传记、报告文学在内诸多"边缘文体"一定会被纳入文学述史范畴。

最后，关于儿童朗诵诗与跨媒体写作：因为尹世霖儿童朗诵诗的发表以期刊、出版、影视为主，而且一首诗须借助朗诵者才能最终完成，所以他是跨媒体写作的典范代表；又因为拥有庞大的小读者群的强大支撑，以及绵延不绝的阅读需求，所以，尹世霖及其儿童朗诵诗无论在今天还是在未来都可期可待，从而为其"经典化"预设了种种可能。[1]

在笔者看来，儿童朗诵诗是中国诗歌不可或缺的重要门类，也是在传统"四分法"之外须纳入中国新文学范畴的新文体，因此，以此为文学史研究和写作对象，自是题中应有之义。然而，他在当前文学述史和文学现场中的位置是相当尴尬而有意味的：一方面，尹世霖及其儿童朗诵诗一直在文学史边缘——一个不被正统文学史所关注和书写的对象；另一方面，尹世霖及其儿童朗诵诗又一直在文学阅读现场的中心地带——一个被各年龄阶段孩童所广为阅读和接受的儿童文学作家。从边缘到中心，一边偏冷，一边趋热，那么，"中心之热"会否冲淡或捂暖"边缘之冷"吗？这种寄托美好愿景的发问，既表达出一种对当前文学述史理念、格局的不满，又是显示出对未来的美好期待或呼吁——在不久的将来，文学或文学史"革命"，以及相伴而来的大文学史写作，能给予类似尹世霖这种在"大文学"某领域或新文体上取得开创性成就的"奠基者"或"主将"们以应有地位。

---

[1] 文学经典建构的因素是多种多样的，至少有：文学作品的艺术价值；文学作品的可阐释的空间；意识形态和文化权力变动；文学理论和批评的价值取向；特定时期读者的期待视野；"发现人"（又可称为"赞助人"）。童庆炳先生概括的这"六要素"基本涵盖了"文学经典"建构过程中内部和外部的基本要素。我所理解的"经典""经典化"是两个不同的概念，前者是"完成时"，是确保如何保值或增值；后者是"进行时"，是确保其不再减值的过程，也可能只是显现一点"经典之相"（需有待时间的检验）。然而，历史经验不止一次地告诫我们，真正的"文学经典"都要经历过反反复复的"去经典化""再经典化"的拉锯式的演变过程，或者说，所谓文学的"经典化"从来不是一次性的、一劳永逸的，而是持续的、接受各种力量考验的保值、增值或者减值的动态过程。推动当代文学的"经典化"进程的已知和未知因素远不止上述"六要素"，它远比理论预设要复杂而丰富的得多。尤其在此过程中，新的不可预知的力量会随着时间的永续演进和空间的持续拓展而不断浮现。其实，除却那些不可预估的、不可言说的未知动因外，没人怀疑学院派（含各类科研院所）力量在文学经典建构中的巨大作用。他们不仅是及时的"发现人"，还是积极的建构者。事实上，新时期以来的中国文学经典化，正是借助于这股传统而又强大的精英力量，逐渐奠定了今天中国当代文学作家、作品经典化的初始风貌。

李存葆论：文学之花绽山巅

张丽军　张　娟

李存葆小传

李存葆（1946—），山东日照人。1946 年出生于山东省日照市东淮河村的一个贫苦农民家庭。1951 年，进入村小学读书。1959 年，考入管帅中学，广泛涉猎各种书籍，在写作文时有意识地借鉴其他作家的写作手法和语言词汇。1962 年，因家贫辍学务农。1964 年，应征入伍，在《青岛日报》《大众日报》《前卫报》等报纸发表文学作品。1970 年，调任济南部队政治部宣传队创作员，创作了大量的短篇小说、戏剧剧本、报告文学，正式走上文学创作之路。

1982 年，李存葆的第一部中篇小说也即他的成名作《高山下的花环》出版。《高山下的花环》讲述了中国人民解放军官兵在越战发生前后的故事，具有强烈的反思批判意味，结构新奇，戏剧性强，语言简洁、情感鲜明。《高山下的花环》出版后不久便被改编为电影在全国各地上演，获得了广泛好评。1984 年，考入解放军艺术学院文学系。1985年，出版第二部中篇小说也是最后的小说作品《山中，那十九座坟茔》。1986年，开始担任济南军区政治部创作室创作员。

《山中，那十九座坟茔》出版后，李存葆的创作重心开始转移到报告文学领域。1987年，创作长篇报告文学《大王魂》。1991年，报告文学《沂蒙九章》占据《人民文学》第11期整期篇幅发表，并获得全国报告文学奖。1992年，开始担任济南军区政治部创作室主任。1995年，发表散文《我为捕虎者说》，此后逐渐将创作重心转移到散文领域。1996年，担任解放军艺术学院副院长，兼《解放军艺术学院学报》主编；同年，开始担任中国作协第六届副主席。1997年，被授予少将军衔。

21世纪以来，李存葆致力于散文创作，硕果累累。2002年，出版散文集《大河遗梦》，获得第三届鲁迅文学奖全国优秀散文奖、杂文奖。2006年至2013年，先后出版散文集《李存葆散文》《最后的野象谷》《大河之子》。

李存葆是从农村走出来的作家，他的精神之根在沂蒙土地里，他热情书写了这片土地的喜怒哀乐，在中国当代文学史中留下了"梁三喜"等沂蒙儿女形象。根在沂蒙，又不只是沂蒙。李存葆关注的更是全体人类的命运。

一、从炮兵到全国知名作家

1982年11月，《十月》第6期头条位置刊出了一篇名为《高山下的花环》的中篇小说。该小说讲的是越战前后中国西南边陲某部九连官兵的故事，其紧贴现实、揭露矛盾的写作精神广受赞扬。三年后，该小说作者的好友李本深撰文总结该小说所获成就，直言"轰动！！！成功！！！"[1]简单的两个词，六个感叹号，足见李本深的惊讶与激动之情。《高山下的花环》在当时到底取得了怎样的成就，竟致使一位文学评论者发出这样近乎嘶吼的感叹。

我们在翻阅相关文献资料后可以发现，《花环》自1982年在《十月》第6期发表后，不仅在全军引起了极大的轰动，而且也获得了全国读者的热烈追捧。一时间，《花环》成为国人茶余饭后争相谈论的焦点话题。在20个世纪80年代，由于受到传播技术的限制，《花环》所引起的轰动效应首先是通过被大量报纸转载这一途径表现出来的。据研究人员的不完全统计，《花环》自发表后，大约有74家报纸全文转载或刊发故事梗概，比较著名的报纸有《文汇报》《中国青年报》《解放军报》等。不仅是这种综合性的报纸，还有专业的文学类期刊以头条位置转载它，如《小说月报》《小说选刊》《中篇小说选刊》等。以上列举的报纸期刊均是在国内外具有重大影响力的大型刊物，它们在同一时间段内集体转载同一篇小说，这足以证明该小说在当时的中国社会所引起的极大反响。

在各地报纸争相转载的同时，各地出版社也纷纷加入"花环热潮"之中，出版了各种版本的《花环》单行本。在这些出版社中最早拔得头筹的是山东人民出版社，这或许是因为李存葆本身即是山东人的缘故。因此，该出版社如愿获得了李存葆的好感，率先出版了李存葆创作生涯中的第一本书——《高山下的花环》。这是一本由《高山下的花环》命名的文学作品选集，除了成名作《高山下的花环》外，选集还收录了李存葆的其他作品，如报告文学《将门虎子》《金银梦》，短篇小说《母亲，孩儿对您说》《瞧，这些导弹兵》等。山东人民出版社的成功被全国各地的出版社纷纷效仿，各种版本的《花环》竞相流传起来。根据目前已有的数据发现，全国共有13家出版社出版过《花环》，曾印刷单行本180万册，在当时堪称是文学类书籍印刷之最。除了汉文版本的《花环》外，各少数民族地区的出版社还出版了各自民族语

---

〔1〕李本深：《话说李存葆——关于青年作家李存葆的无标题聊天》，《当代戏剧》1985年第3期

言版本的《花环》，如蒙文版、哈萨克文版、维吾尔文版、锡伯文版、朝鲜文版等，这些少数民族语言版本使得《花环》得以渗透进中国偏远地区，真正在全国范围内掀起了一阵"花环"热风。有了这些出版社的加盟，《花环》的发行量陡然上涨，短时间内已然突破千万大关，这在当时的纸质媒体时代堪称奇迹。《花环》不只在国内取得如此高的成就，它甚至走出了国门，在世界范围内也产生了广泛影响；它不仅被英国、法国、日本、苏联等十几个国家的出版社翻译出版了这本书，而且于1989年入选美国嘉兰德出版公司的"20世纪世界文学丛书"。如果说《花环》当时在国内的热度尚且还有某些政治因素参与的话，那么它在国外所受到的关注则可以说是文本自身美学价值的展现，是文本内容切中人类共同命题的结果。

倘若以上这些数据尚不能说明《花环》盛况的话，那么从同一时代走出来的军旅文学评论家朱向前的一段自述则可以真切地证明它的存在："《花环》发表的时候，我还是原福州军区炮兵政治部宣传处的一名干事。那时候报纸每天也就连载两三千字，9万字的小说大概连载了将近一个月。当时我们处里人手一份报纸天天盼着，报纸一到立马放下手中的活计，人人埋头阅读，完全沉溺了进去，为之感动，为之欢欣，亦为之流泪。即使在中午和晚上的饭桌上，中心话题也是《花环》，那真是一段激动人心的日子啊。"[1]连载是最能检验一部作品是否吸引人心的路径，如果一部作品不具有撼人心魄的艺术感染力，它是不能够经受住时间周期的考验的，读者往往读着读着就放弃了。反观《花环》，它却能够在将近一个月的时间里时刻抓住读者的心，令读者如疯魔般的痴迷于它，这不能不说是它的巨大成功。可以说，朱向前以自己魂牵梦绕的阅读体验给予了"花环热"最有力的证据。

除了以小说形式流传外，《花环》还被改编成了话剧、舞剧、电视剧、电影等多种艺术形式，这些较为大众化的艺术形式使得《花环》得以跨越语言文字的门槛，在更为广泛的底层无识民众中流传起来，进一步将《花环》的热度推向高潮。在众多的艺术形式中，尽管《花环》电影拍摄的时间最晚，

---

〔1〕朱向前：《李存葆与〈高山下的花环〉》，《军营文化天地》2011年第4期。

但它却无疑是最成功的改编形式。这种成功既有赖于小说本身的艺术价值，同时也离不开谢晋导演的执着追求与突破精神。《花环》讲述的是战争中小人物的故事，与故事外的普通群众有着天然的情感维系关系，这是故事之所以感人的根基，也是谢晋导演拍摄电影的首因；然而，一部优秀的电影只有感人显然是不够的，它还要能够在感动中引起观众的思考，这就要求小说故事必须具有相当的精神深度。尽管《花环》存在某些创作局限，但就电影改编的这两点要求来看，《花环》显然是完全符合的，因此，早在小说正式发表之前，谢晋导演就向李存葆预定下了小说的电影拍摄权。然而，随着小说在全国风靡，《花环》的各种艺术形式载体也争相涌现时，谢晋的电影却迟迟没有上映，究其原因，其实是谢晋的高要求使然。他不满足于只是简单地将小说文字翻译成视觉影像，而是希求以电影为载体呈现出小说的精神实质。为了达到这一艺术目的，谢晋及其同人在小说基础上进行了再创作，但是这种再创作却并非随意为之，而是在不违反小说精神实质基础上的删改添加。为了保证改编过程不至于偏离预设轨道，谢晋不仅邀请小说作者李存葆坐镇，还邀请了有改编经验的李准参与进来，三人共同完成了电影剧本的创作。与小说相比，《花环》的电影剧本减弱了叙述故事的力度，凸显了人物感情线索，冲淡了某些戏剧性元素，加强了记录写实的风格特征。这种改编获得了文艺界的肯定，不仅剧本获得了 1983 年的《解放军文艺》优秀作品奖，而且作为编剧的李存葆与李准两人也荣获了第五届金鸡奖最佳编剧奖。剧本是电影的内在灵魂，优秀的剧本往往是电影成功的关键。《花环》剧本被敲定后，电影的后续拍摄任务才有序开展起来，在全体工作人员和演员的共同努力下，《花环》电影终于在 1984 年 12 月登上了荧幕。电影上映后广受全国观众好评，陆续获得了"第五届中国电影金鸡奖最佳故事片奖""第八届大众电影百花奖最佳故事片奖""文化部 1984 年优秀影片奖"等一系列奖项。随着放映队将《花环》电影带向工矿、农村、部队及边远山区，《花环》一时间成了中国家喻户晓的故事，其精神有力地形塑着 80 年代国人的内心世界。

当我们冷静审视"花环热"这一文化现象时，我们可以惊奇地发现隐藏在它背后的政治魅影。尽管政治与文学是两个容易顾此失彼的对象，但我们却不得不承认政治权力把《花环》推向全国时所起的重要作用。众所周知，当年时任中共中央总书记的胡耀邦曾自费购买 2000 册《花环》赠送给南疆前线的战士们，这可以说是文学史上的一个罕见事件，它表明了《花环》所受到的政治肯定，为以后的"花环热"搭建了足够安全的政治平台。然而，一部文学作品的火热如果仅有政治保驾护航的话显然是不够的，它自身必须具有过硬的艺术审美价值，这才是一部文学作品火热的根基。《花环》是二者兼而有之的小说文本，伴随着它在全国的火爆，忠于祖国、忠于人民、忠于自己的英雄品格也逐渐渗入国人的内心世界中，重新形塑了国人的精神信仰，为以后的国家建设锻造了一个更加理性坚韧的精魂。

"花环热"有政治因素，但又不只有政治因素。《花环》小说的确打破了许多艺术陈规，在以往被视为禁区的题材领域有所开拓。因此，它通常被学界视为新时期开启中国军旅文学崭新局面的力作。王炳根称其为"军事文学上的里程碑"[1]，认为中国当代军事文学沿着它开辟出来的道路结出了累累硕果；徐崇刚更是直接称赞其改变了人们对军事文学的偏狭观念，"《花环》以其深刻的思想、深厚的感情、生动的情节、动人的形象、浓郁的生活气息和独特的艺术风格使读者们不得不对我们当代军事题材小说创作刮目相看。"[2]朱向前认为它"开创了'当代战争'文学战线"，并将其称之为"军旅文学破冰三部曲"[3]之一。无论是叙事内容还是叙事形式，《花环》都表现出了与以往军旅文学迥然不同的风貌。这种新风貌既因应着时代巨变，又契合着文学自身的发展规律，可以说，《花环》是新时期文学中集政治性与文学性于一体的典范之作。小说文本的政治性源自战争题材的选取，对越自卫反击战是当时中国刚刚经历过的一场战争，对它的书写本就应是军旅文学

---

〔1〕王炳根：《"花环"之后——谈近年来军事题材创作》，《当代文坛》1984 年第 8 期。

〔2〕徐崇刚：《军事题材文学的新收获——评中篇小说〈高山下的花环〉》，《咸宁师专学报》1983 年 00 期。

〔3〕朱向前：《李存葆与〈高山下的花环〉》，《军营文化天地》2011 年第 4 期。

的责任。李存葆作为一名部队作家，他在承担起这份责任的同时，也没有忘记文学性才是文学作品的灵魂，因此，他拒绝做简单的政治传声筒，在展现普通战士们的英雄品格之时，着力剖析英雄们更为内在的精神世界，揭露他们思想上的痛苦与挣扎，将以往文学中被神化的英雄形象还原为有血肉、有思想的人的形象。

尽管李存葆完成《花环》初稿仅用了十多天，但我们却不能将其视之为追赶潮流的速成之作。事实上，《花环》是李存葆的厚积薄发之作，是在他生命之树上自然结出的果实。对李存葆来说，《花环》能够取得如此大的成功绝非是偶然，而是时代巨变中作家坚守自我、勇于突破的必然。《花环》让李存葆声名鹊起的同时，也让他遭受着诸多质疑，但他并未被声名所累，而是沉下心来去关注更广泛的社会现实，在对历史的反思中完成了自己的又一部力作——《山中，那十九座坟茔》（以下简称《坟茔》）。这部作品对李存葆个人来说是具有特殊意义的，可以这样说，它证明了李存葆并不是时代催生的幸运儿，而是一个有真才实学的作家，属于他的文学时代才刚刚开启。对此，李存葆的挚友李本深曾说："这部力作的诞生，向人们证明了《花环》并不是中国当代文学史上的一个偶然的现象，李存葆也不是只有一锤子买卖的幸运儿。就说他是程咬金的'三板斧'吧，他也才劈出去两斧，还有很厉害的一斧在后面等着哩，请诸君拭目以待好了，存葆绝不是一盏省油的灯。"[1]的确如此，虽然同为中篇小说的篇幅，但《坟茔》却比《花环》表现出更大的精神容量，小说揭露矛盾的胆识更加出色，反思历史创伤的笔触也更加深入。显然，李存葆在《坟茔》中倾注了更多的艺术勇气，他将自己在《花环》中未说完的话全部倾吐在《坟茔》中，可以说，该小说熔铸了李存葆对祖国、对人民更加深沉厚重的热血情感，开始显现出一个作家成熟的气魄。尽管这种艺术成就与渐趋宽松的时代环境不无关系，但如果没有作家足够深厚的艺术才华作为内在支撑，无论是多么宽松的时代环境恐怕也无

---

[1] 李本深：《话说李存葆（续）——关于青年作家李存葆的无标题聊天》，《当代戏剧》1985年第4期。

法凭空产生出如此震撼人心的文学作品。

▍ 二、"花环"之后的小说家李存葆

李存葆创作的小说数量不多，真正进入文学史视野的只有《高山下的花环》和《山中，那十九座坟茔》两部中篇小说，恰恰是它们奠定了李存葆在中国当代文坛的地位。自两部小说发表之日起，评论界就对其投入了相当大的热情，使李存葆的小说从民间读者的世界提升到文学研究的世界中，着力挖掘李存葆独特的小说创作理念，产出了一系列高质量的研究文章。

在揭露历史创伤方面，辛漠夫称其小说是"历史感笼罩下的整体把握"[1]，认为小说在描写残酷而充满热血的军人生活中折射出了复杂丰厚的历史发展信息；田君在读完《坟茔》后，曾撰文写道："它又如一把沉重的铁锤，敲击着读者的心扉，在不同的心理层次，发出反思历史和探求现实的交响。"[2]在这句话中，历史乃是已逝的"文革"历史，指明该小说是对"文革"历史的发问。以歌颂英雄人物为研究角度的学者主要有两位，张志忠1985年在其发表的评论文章中认为，"在今日文坛格局中，李存葆是以他特有的英雄悲剧和英雄人物形象（这在近年文学中是不多见的）增添了新的东西。"[3]朱向前在亲身经历了人民军队的改革过程后，于2011年重读《花环》，他撰文指出现代人民军队的精神仍然与《花环》精神相契合，"这种精神和当年《花环》中表现的'位卑未敢忘忧国''天下兴亡，匹夫有责'的中国传统美德一脉相承。李存葆作为一个优秀作家的过人之处也是在这里表现出来了，20多年前他就用《花环》对中国民族的根性做出了直抵事实真

---

〔1〕辛漠夫：《历史感笼罩下的整体把握——评李存葆的中篇小说从〈花环〉到〈坟茔〉》，《当代作家评论》1985年第4期。

〔2〕田君：《〈山中，那十九座坟茔〉的不足——致李存葆同志》，《当代文坛》1985年第6期。

〔3〕张志忠：《花环与坟茔前的美学思考——论李存葆笔底的英雄悲剧》，《当代作家评论》1985年第4期。

相的断语。"[1] 在此可以看出，朱向前已经跳出了以往研究者框定的固定时代的英雄主题这一范畴，开始将具体的英雄行为融入形而上的民族精神之中，尝试着以文本中的英雄人物为小切入口去挖掘更深层的主题意蕴。以上这些研究成果是与李存葆小说同步发生的，透过它们，我们可以看到那个时代的价值观念和文学观念；它们是李存葆小说研究中的重要一环，可以成为我们后续研究的坚实基础。

同一部小说的主题意蕴会因为读者所处的时代环境、身份地位、生活阅历等因素的不同而有所变化，这种变化叠加在一起的最终结果就是该小说丰富的主题意蕴。尽管笔者在此特别强调读者在丰富小说主题过程中所起的重要作用，但这并不意味着要完全置小说文本中的作者意图于不顾，而是在小说文本基础上进行的合情合理的阐释。在上述列举的众多研究成果中，朱向前的研究成果尤值得我们注意，他依托当代社会现实去反观《花环》，于纷繁错乱的文本细节中把握住了精神传承这一主题，给我们后续的研究提供了一种启示。面对复杂的小说文本现状，我们需要以一个当代读者的眼光去进行重新审视，以今观古或许能够挖掘出文本在以往时代语境下并不明朗的主题思想。简而言之，我们必须要做到在切合小说文本实质精神面貌的基础上，因应时代语境的变化，去挖掘作者暗藏在其中的超出既定时代的具有普遍意义的哲思意蕴。

如何将一个英雄的故事讲得不落俗套又动人心弦？搞清楚这一问题，我们就能知道李存葆小说创作成功的秘诀。

首先，一个好的英雄故事必须以饱满立体的英雄形象为内在支撑。细读李存葆的小说文本，我们可以发现，他在人物形象塑造方面十分用心，既注重展现英雄与外部世界的矛盾冲突，又注重展现英雄个人内心世界的矛盾冲突。前者使小说文本表现出正义的光芒，后者使小说文本表现出人性的光芒。《花环》中的靳开来形象是新时期文坛中让读者眼前一亮的英雄形象。在塑造这一形象时，李存葆虽打破了以往军事文学对革命战士的僵化书写模式，

---

〔1〕朱向前：《李存葆与〈高山下的花环〉》，《军营文化天地》2011 年第 4 期。

但却并没有全然颠覆，而是保留下了英雄之所以会成为英雄的那些特质。在战场上，靳开来是一名有勇有谋的、成熟的解放军干部，具有十分过硬的身体素质与军事才能，不仅能够手持一把傣族大刀左右劈砍出一条行军道路，也能够巧妙地用炮炸掉敌人的碉堡。靳开来不是一个孤胆英雄，他始终有着一颗赤诚火热、敢爱敢恨的心。他主动承担起尖刀排的死亡任务，只为保住连长家的唯一血脉，使年迈的梁大娘不至于孤苦无依；他虽埋怨思想动摇过的赵蒙生，但当他们成为一个战壕里的兄弟时，他仍然用一颗赤诚的心接纳了他，始终保护、鼓励着他，用自己的实际行动引导着赵蒙生的思想蜕变；他始终怀着一颗大无畏的心，在战争中时时冲在队伍前面，将危险首先置于自己身上，以至于最后踩中地雷而壮烈牺牲。忠义勇敢、无谓牺牲的品格是战争赋予靳开来的生命底色，同时也是中华民族得以繁荣复兴的强有力的精神支撑，刚经历过信仰丧失年代的人们怎能不为之动容？靳开来触动了他们心中被时代压抑已久的良善与美好。

靳开来又是怀才不遇的，他忠义勇武的形象外表下隐藏着一颗怨愤的心。他的怨是由个人的不平遭遇而来，他的愤是对社会整体不公而发。作为九连中资历最老的一位排长，无论军事素质还是军龄长短，靳开来都是连队中的首位，然而因为他的牢骚，团以上的干部屡屡阻拦他升任副连长。这使得他在连队中的处境格外艰难，自我解嘲为食之无味弃之可惜的鸡肋，因此，他曾十分认真地向指导员提出自己要在下批转业回地方，渴望着老婆孩子热炕头的生活，这是靳开来作为一个生命个体的本能欲求，同时也是他对苦闷的军旅生活的逃避式宣泄。"'牢骚'，但决不只有牢骚……"[1]这是《花环》发表之初，当时的评论者对靳开来这一形象的评价，他抓住了靳开来的精神内核，即为国为民的大我情怀，时至今日，这句话仍然是切中肯綮之语。细读文本后，我们可以发现，靳开来的每次牢骚话都不是无缘由的，他抱怨连队干部是苦行僧的差事，那是因为连队的原指导员、副连长、副指导员都因

[1] 彭礼贤：《"牢骚"，但决不只有牢骚……论〈高山下的花环〉中靳开来的形象》，《当代作家评论》1984 年第 6 期。

事离开了连队，梁三喜作为唯一留在连队的连级干部即使面对妻子即将生产的状况，依然是不敢休法定的探亲假，我们固然可以说这是梁三喜个人奉献精神使然，但我们也可以从靳开来的牢骚话中窥见上级干部群体与下层普通干部情感脱节的暗影，更遑论他们与普通战士的情感联系了，这一点是李存葆在其小说创作中极力展现的。在他的第二部小说《坟茔》中，这种情感脱节表现得更为明显。师政治委员秦浩明知龙山工程存在巨大的安全隐患，但为了自己的荣誉与仕途，竟置普通战士们的生命安全于不顾，以各种手段诱使战士们拼命赶工，他的个人私心最终葬送了十九位年轻战士的生命，这实在是令人痛心的事件。

靳开来的直率坦诚不能被上级领导接受，他的牢骚实则是对这种封建专制遗毒的反抗，但遗憾的是，他个人的力量终归是太弱小，正如鲁迅在《呐喊·自序》中所说的"我决不是一个振臂一呼应者云集的英雄"[1]那样，靳开来也只是一个孤独的反抗者。反抗使靳开来在连队中步履维艰，他的一腔热血被现实环境浇得冰凉，失望之后选择转业回地方，如果没有战争，靳开来或许就真的离开部队了。从某种意义上来说，战争重新赋予了靳开来作为一名军人的生命价值，他的牺牲使整个连队获得了生的希望，甚至也是战争取得最后胜利的保障。然而，英雄却并未得到"正史"的认可，为国牺牲的靳开来连一枚最起码的军功章都没有，这其中固然有其违反军规的原因，但其中是否还暗藏着当权者对反抗者的惩戒与规训呢？所幸的是，文学作为一门人学，它并未放弃对真英雄的书写，可以说，文学在一定程度上弥补了"正史"的不足。在文学视野中，靳开来是新时期具有人性的英雄形象，他在争取自己生存权利的同时也在积极地为国家民族奉献自身。

如果说靳开来形象折射出英雄个人与外部世界的矛盾冲突，那么彭树奎形象则折射出英雄个人内心世界的撕裂与挣扎。在《坟茔》中，彭树奎是一个被贫穷困扰的战士。因为贫穷，他无法与订婚多年的菊菊结婚。在菊菊

---

〔1〕鲁迅：《呐喊·自序》，《鲁迅全集第一卷》人民文学出版社 2005 年版，第 439 页。

被革委会主任看中意欲娶之后，菊菊哥哥便向彭树奎提出两个迎娶条件，一是千元彩礼，二是提干；千元彩礼对彭树奎来说是难如登天的事情，唯提干尚有希望，这便为展现彭树奎的内心冲突打下了前文本基础。因为，提干的权力是被牢牢掌握在秦浩、殷旭升等人手中的，提干被他们当作检举郭金泰"罪行"的诱惑性奖励，这意味着彭树奎要想提干就必须站到他们的阵营中去，必须违背良心与正义去中伤郭金泰。这显然与彭树奎的忠厚正直的精神品格相抵牾。在殷旭升第一次以提干为条件诱惑彭树奎揭发郭金泰时，彭树奎怒不可遏，"他真的眼红了。怒火烧的。他想蹿回连部，指着殷旭升的鼻子臭骂一顿，而后再把那张提干表撕个稀巴烂：老子不稀罕！"[1]这时的彭树奎还依然坚守着自己的本心，根本不屑与殷旭升等人同流合污。但是菊菊的到来以及地方革委会主任的步步紧逼使他的压力陡增，在专政小分队抢人事件后，他坚挺的精神脊梁还是弯折下来了。在殷旭升的谆谆劝诱下，彭树奎痛苦地垂下了高昂着的头颅，"彭树奎心理上的防线一下子崩溃了，他抵挡不住这番刚柔相济的攻击。此刻，他开始在心灵的天平上，一颗、一颗地挪动着砝码……这是最后的机会了。失去它，菊菊将无处安身。失去它，家里的亲人将无法逃脱临头的大难。"[2]在贫穷导致的困境面前，彭树奎无奈放弃了自己坚守的正义，这给他的精神带来了极大的痛苦。由此可见，彭树奎形象并非是可以呼风唤雨、无所不能的完美英雄形象，他有着普通人难以应对生活琐事的烦恼与痛苦，是李存葆遵循日常生活逻辑而塑造出的英雄形象。

我们不能将彭树奎视为一个精神堕落者而对他加以批判，而应该把他视为一个努力生活的奋斗者。对他在奋斗过程中犯下的错误，我们应该怀着一颗怜悯宽容的心去原宥。大塌方事故中无数战友的惨死使彭树奎彻底认识到自己为之折腰的对象是多么的可恨可笑，于是当梦寐以求的提干表真正摆在他面前时，他反而一下子将它撕得粉碎，然后决绝地脱下军装去走老一辈人

〔1〕李存葆：《山中，那十九座坟茔》，华艺出版社 1993 年版，第 175 页。
〔2〕李存葆：《山中，那十九座坟茔》，华艺出版社 1993 年版，第 251 页。

闯过的关东路了。在此，作者向我们展现的是伟大人格的闪光之处，它或许会屈服于生活命运，但它却永不会屈服于宵小之徒的不正之风。小说最后并未对彭树奎离开部队后的生活进行明确描述，但我们可以知道的是他不会再饱受精神折磨，他依然会以一颗正直的心去迎接生活的苦难。

其次，一个好的英雄故事必须以灵活生动的叙事手法为讲述手段。《花环》采用的是倒叙手法，整个小说可以说是赵蒙生的回忆讲述。如此一来，小说不仅充溢着浓重的悲壮气息，而且也流荡着忏悔自新的意识。小说中的"我"一开始对赵蒙生的认识是这样的，"赵蒙生是这三营的指导员。他出生于革命家庭，其父是位战功赫赫的老将军，其母是位'三八'式的老军人。三年前在对越自卫反击战中，他荣立过一等功。三年多来，他毫不艳羡大城市的花红柳绿，默默地战斗在这云南边陲。另外，他还动员他当军医的爱人柳岚，也离开了大城市来到这边疆前哨任职。"[1] 不了解故事真相的我们或许会认为这又是一个标准的"高大全"式英雄形象，然而，作者并不如我们所想，他立马改变了小说的叙述者，从第一章开始，让赵蒙生担任了小说的叙述者，"我"眼中看到的完美的英雄形象逐渐被解构。

赵蒙生是一个"军二代"，其父母都是老一辈革命家，在军中有着极高的地位。因此，赵蒙生刚一出场就是一个贪图安逸享乐的"二混子"形象。在军机关里，他担任着摄影干事的美差，散漫邋遢成性，因为天天睡懒觉而被戏称为军机关里的"一号卧龙"，不仅如此，他还从营养学的角度来安排自己的饭食，橘子汁、巧克力、蛋糕等稀罕食物从未短缺过。而想想那为一个半馒头大发雷霆的梁三喜、小心翼翼咬食饼干的孙大壮、为一个苹果感动的彭树奎，赵蒙生的营养学又如何不让人心生厌恶呢？他之所以会自请担任九连指导员，也只是为了方便将来调回父母身边工作而已，可以说，身为军人的他所做出的每一项决定都是从个人利益出发的，从来没有将集体、国家置于自我前列。连队艰苦的生活条件使赵蒙生调回父母身边工作的心日益急切起来，他不断催促着母亲动用权力关系将他调回去。不幸的是，就在赵蒙

---

〔1〕李存葆：《高山下的花环》，作家出版社 2013 年版，第 1 页。

生拿到调令的那一刻，战争却爆发了，他所在的连队即将奔赴前线，走还是留成了为他必须考虑的两难问题。尽管赵蒙生最后还是选择了随连队奔赴战场，但不得不说，他其实是不情愿的，奔赴战场也只是为了维护自己的名声而已。当其他战士纷纷为了被越寇袭扰的边民而愤慨求战之时，赵蒙生却心生犹豫，意欲退缩。"我懊丧自己自作自受，我后悔当初不该放着摄影干事的美差不干，来到这九连搞啥'曲线调动'！眼下，我唯一的希望是离开这战斗连队，回到军机关……"[1]在其他战士们浴血奋战的时候，赵蒙生却在求助他的母亲调离前线，这实在是对其军人身份的抹黑。然而，赵蒙生临阵脱逃的想法最终在雷军长的雷霆怒火下彻底流产了。雷军长并未给自己的救命恩人吴爽面子，反而在全军面前大骂她狗胆包天，引得战士们纷纷嘲笑蔑视赵蒙生。巨大的耻辱彻底激发出赵蒙生的血性，使他义无反顾地奔赴战场。可以说，赵蒙生是新时期军旅文学中第一个被骂上战场的军人形象。

尽管赵蒙生奔赴战场的原因不甚光彩，但他在战场上依然是勇敢的，不仅身先士卒，而且机智果敢，真正表现出了一个军人的血性与胆识。在绝对平等的死亡面前，赵蒙生摒弃了思想中的个人主义，彻底将自我融入连队集体中，在与战友并肩作战的过程中逐渐完成了思想蜕变。值得一提的是，与以往革命文学中以激扬的政治口号来表现人物思想的蜕变不同，《花环》中赵蒙生思想的蜕变是通过一系列的忏悔心理表现出来的。在得知梁三喜是家中独子甚至还没见过自己刚出生的孩子时，赵蒙生自责不已，"怪我，都怪我这不称职的指导员，使连长早该休假却没休成！"[2]在司号员金小柱牺牲后，赵蒙生想起他在连队中对自己无微不至的照顾，忍不住在心中祈求他的原谅，"小金呀，原谅我吧，我不会是个永远都不称职的指导员，更不会成为'王连举'！"[3]由此可以看出，金小柱的牺牲已经使赵蒙生暗暗立下当一个合格军人的誓言。靳开来的牺牲及后续评奖问题让他认识到某些掌

〔1〕李存葆：《高山下的花环》，作家出版社 2013 年版，第 34—35 页。
〔2〕李存葆：《高山下的花环》，作家出版社 2013 年版，第 46 页。
〔3〕李存葆：《高山下的花环》，作家出版社 2013 年版，第 52 页。

权者极端狭隘的政治心理，体会到官兵之间严重的情感隔膜。梁三喜的牺牲
是最能促使赵蒙生思想转变的事情。当敌人的子弹射来时，梁三喜将生的机
会留给了赵蒙生，而将死留给了自己，他这种舍己救人的精神深深感化了赵
蒙生，使赵蒙生在此后的一生中都自觉担当起军人的使命。不仅如此，赵蒙
生还自愿承担起了赡养梁大娘的责任。如果说驻守边防是赵蒙生延续所有牺
牲战士生命的表现，那么他赡养梁大娘的行为则可以说是他对梁三喜个人生
命的延续。

　　尽管赵蒙生是那场战争中活下来的幸运者，但他的后半生都生活在悔
恨的痛苦中。作者多次中断赵蒙生讲述故事的时间，来呈现赵蒙生的痛苦悔
恨，"说到这，赵蒙生两手捂着脸，把头伏在腿上，双肩在颤动。我知道，
他已陷进万分自责的痛苦中。"〔1〕"赵蒙生哽咽着，讲不下去了。""讲到
这，赵蒙生两手攥成拳捶打着头，泪涌如注。他已完全置身于当时的场景中
了。"〔2〕在《花环》中，故事时间中止，叙事时间仍在进行，正犹如死去的
人永远留在了那个时空，而活着的人却在当下的时空承受着无尽的痛苦。我
们都说痛苦会随着时间的流逝而慢慢被抹平，但赵蒙生的情感却并没有按照
这样的逻辑发展。在引子中，作者对赵蒙生眼睛的描写透露出该人物心底的
哀伤，"显然是因为缺乏睡眠的缘故，此时他那拧着两股英俊之气的剑眉下，
一双明眸里布满了血丝，流露着不尽的忧伤和悲凉。"〔3〕终于，赵蒙生由一
个吊儿郎当的"二混子"军人成长为了一个体魄强健、不怒自威的英武军人，
但他却为他的成长付出了巨大的代价，从此以后，他的性格变得令人难以捉
摸，个人的欲望被他彻底压抑下去，终其一生都生活在牺牲战友的精神光环
下。战友已经牺牲，梁大娘又不肯接受自己的赡养，这一切都让他的心灵无
法得到抚慰。说到底，赵蒙生是一个始终忏悔着但又自觉得不到救赎的犯错
者形象。

　　〔1〕李存葆：《高山下的花环》，作家出版社 2013 年版，第 42 页。
　　〔2〕李存葆：《高山下的花环》，作家出版社 2013 年版，第 72 页。
　　〔3〕李存葆：《高山下的花环》，作家出版社 2013 年版，第 2 页。

除了精心设计小说结构外，李存葆还特别注重小说结尾的韵味，既具有中国古典美学的审美特质，又具有现代理性精神烛照下的警醒作用。《花环》的结尾这样写道："松柏掩映的烈士陵园里，到处有人工精心培育的花丛。在梁三喜烈士的墓前，是一簇叶茂花盛的美人蕉。硕大的绿叶之上，挑起束束俏丽的花穗，晨露在花穗上滚动，如点点珠玉闪光……默立在这百花吐芳的烈士墓前，我蓦然间觉得：人世间最瑰丽的宝石，最夺目的色彩，都在这巍巍青山下集中了。"[1]争相绽放的鲜花代表着英雄永远不会被遗忘这一事实，他用唯美的语言表达出了对英雄的崇敬，一切情感的表达都是那么自然，毫无造作生硬之感。与《花环》结尾的唯美生动不同，《坟茔》的结尾更具有警惕、呐喊意味。"规划中的龙头崖将建成旅游文化中心，崖上的十九座坟茔是注定要迁走的了。有关部门曾联系将这些坟迁入半岛地区烈士陵园，陵园方面则说：'按现行政策规定，非战争死亡人员均不能算烈士，何况他们是……'下面的话没忍心说出口。对这十九座坟究竟做何处理，目前还是一桩悬案。不过，除民政部门外，对迁坟的事并没有多少人放在心上。火热的工地、未来的码头、高楼、马路、商店、公园、影院、舞厅……足够他们想的了。只有龙尾村那些上了年纪的人们还时常念叨：'要是那支队伍还在的话，干这活儿，一个顶十个！……'"[2]现代性的入侵极大地冲击了中国人的英雄情结，传统英雄品质不断受到质疑与挑战，富翁成为新时代的英雄人物，为国牺牲的战斗英雄逐渐被遗忘。李存葆有感于这样的社会情感危机，在《坟茔》的结尾将现代性与英雄融合在一起，表达了对英雄被质疑、被遗忘的痛恨，也呈现了中国人在现代性力量侵蚀下疲软无力的精神状态。这一结尾既是李存葆作为文学先行者的呐喊，也是他为中国人敲响的警钟。

如果说《花环》是一曲英雄颂歌的话，那么《坟茔》则是一曲英雄挽歌。《山中，那十九座坟茔》结束后，李存葆就退出了小说领域，他曾在一次访谈中说，自己的退出是因为不熟悉人民军队日益翻新的现实，这其实正暗合

〔1〕李存葆：《高山下的花环》，作家出版社 2013 年版，第 126—127 页。
〔2〕尹世霖：《小朋友朗诵诗选》，中国和平出版社 1991 年版，第 14 页。

李存葆自己初登文坛时的信念，即书写自己熟悉的生活。随着自己阅历的增加与文化知识的积累，李存葆站得更高了，他开始对人性、对文化等更具有普遍价值和意义的东西进行思考，通过报告文学、散文等写实性的文学体裁直接干预现实。从这种意义上来说，李存葆变了，其实也没变。他改变的是自己的文学体裁，不变的是那颗为民说话的拳拳之心。

▌ 三、用赤心向人民报告：《大王魂》与《沂蒙九章》

《山中，那十九座坟茔》之后，李存葆悄然退出了小说界，对此，时人都说他是江郎才尽了，事实果真如此吗？无论外界吵得多么热闹，李存葆始终沉默不语，然而沉默并不意味着赞同，不再创作小说也并不意味着他的艺术才华枯竭了。

1988 年，李存葆的名字登上了《人民文学》8 月号，《大王魂》是他继两部中篇小说后，再一次给中国当代文坛的献礼，只不过，这一次他是以一名报告文学家的身份出现在全国读者面前的。两年后，他又以报告文学体裁创作了《沂蒙九章》，该作品最初发表于《人民文学》1991 年第 11 期。为了发表这部作品，《人民文学》编辑部做出了创刊 42 年来的第一次"荒唐决定"。作为一种定期刊载小说、散文、报告文学等不同文体的文学类期刊，《人民文学》竟然在 1991 年第 11 期几乎倾尽整期篇幅来刊载李存葆的《沂蒙九章》，这不能不说是文学发表史上的一个"稀罕事"。李存葆这一名字每次出现在文坛中时，似乎都会带来一种不寻常的现象，前有风靡全国的"花环热潮"，后有罕见文学发表界的《沂蒙九章》。过去的辉煌已成为历史，把握好当下才能创造更加美好的未来，作为李存葆文学创作第二阶段的报告文学，它的得失成败是我们树立起李存葆文学形象的重要一环，它在李存葆创作生涯中发挥的承前启后作用值得我们再一次去探索发掘。

由小说到报告文学，伴随着体裁转变而来的不仅是写作技法的变化，更重要的是写作精神的变化；可以说，虚构与真实是两种文体之间的最大区别。谈到小说和报告文学之间的差异时，《文学评论》的前任主编敏泽先生曾经这样说："这类报告文学，虽然在基本情节上要受到事实本身的种种限制，不如小说那样可以任意驰骋、虚拟，但生活本身所提供的情节的感染力，有时也并不是任何虚拟所可比拟的，这既是它的局限所在，同时也是它的优势所在。"[1]很显然，小说是虚构的，它的人物、故事情节都无法在现实生活中找到十分确定的对应物；而报告文学却与之截然不同，它是完全写实的，其人物和故事情节都是从日常现实生活中提炼出来的，是现实中人物故事的真实呈现。基于这两种文体之间的显著差异，我们不禁要问，作为一名以小说创作蜚声中国文坛的当代作家，李存葆的此次转型是否是成功的呢？这一问题的答案自然不能不顾事实而一语定之，我们必须要从李存葆的两部报告文学作品出发，以它们为载体去给予李存葆的此次转型客观评价。同样地，李存葆对中国当代文学发展的功过是非也要由他的作品评定，这是不容置疑的标尺。

《大王魂》描写的是山东省广饶县大王镇的改革生活，改革虽是作品的主题，但却不是唯一，作者将描写的笔触向前延伸至该地区光辉的革命历史中去，通过该地区对中国革命的巨大贡献来揭示它贫穷现实的不合理。作品整体分为五部分，由前至后分别是幽魂篇、驱魂篇、换魂篇、正魂篇、聚魂篇；不难发现，无论是整个作品的名字，还是每个章节的名字，"魂"这个字都存在其中，它对于李存葆的这部报告文学作品，乃至整个报告文学创作来说似乎都具有某种独特的意义。对此，周政保在给《大王魂》作的序中曾这样写道："所谓'魂'，在作品中是一个富有民族思维色彩的中性词：凡精神世界的一切，几乎都可纳入'魂'的范围。"[2]他的解释剔除了"魂"在中国民间传统中具有的迷信色彩，而凸显了其形而上的精神意义，这是非常切合作品主题的阐释。在广大的中国农村社会中，"魂"一直都是一种神秘的存在，没有人见过它，但又没有人怀疑它，可以说，"魂"作为一种农

---

〔1〕敏泽：《时代的强音民族的脊梁——读〈沂蒙九章〉》，《文学评论》1992年第1期。

〔2〕李存葆、王光明：《大王魂》，山东友谊书社出版社1989年版，第1页

村社会认知事物的思维方式，经常会左右人们在日常生活中的行为选择，招魂仪式的屡见不鲜即是一个鲜活的例子。正因为"魂"这个字在中国民间社会所具有的迷信色彩，李存葆给自己作品取下的这一系列名字才会令人既惊叹又迷惑。[1] 我们惊叹的是李存葆的艺术勇气，他敢于给作品根正苗红的内容披上略显迷信色彩的外衣，而当我们只看到这一题目时，迷惑又随之而来，全然不知作品内容，只有自己读下去才能彻底了悟其内涵，如此一来，《大王魂》的阅读效果即有一种拨开云雾见青天之感。然而，这样的阅读效果并不是随便哪一个作家都能够创造出来的，它与作家的文学成长环境密切相关。李存葆作为一名在农村长大后又参军入伍的作家，他的文学成长环境可以划分为两种截然不同的写作传统，借用哲学的一对概念来说则是，农村是唯心的，而军队是唯物的。在李存葆的作品中，这两种写作传统十分自然地混融在一起，使它们得以呈现出高于同时代主旋律作品的艺术价值，在反映时代重大主题的同时，避免了喊口号式的内容空洞性，而表现出改革年代热腾腾、兴冲冲的人间烟火气。

李存葆不满足于《大王魂》取得的成就，他于1991年又创作出了长篇报告文学《沂蒙九章》，该作品的发表意味着李存葆的报告文学创作臻于成熟。与《大王魂》将叙事视点固定在大王镇不同，《沂蒙九章》的叙事视点更为分散，它以沂蒙地区为统帅，描写了大大小小近二十个乡村的改革生活，尽管文本铺排面甚广，但却也并未给读者带来冗余拖沓之感，这显然是作者敏于甄选材料、组织架构文章所取得的艺术成效。可以说，比之《大王魂》，《沂蒙九章》的野心更大了。诚如刘白羽在给《沂蒙九章》作的序中所言："作家，用血化为墨迹的阵痛，让'血的蒸气与真的声音'结晶，再现了蒙山沂水所经历的'残酷的洗礼，庄严的涅槃，伟大的觉醒，神奇的再生……'"[2] 众所周知，沂蒙的历史是被革命烈士的鲜血染红的历史，是在苦水中长久浸泡过的历史，同时也是在绝望之处不断寻觅生机的历史，站在

---

〔1〕李存葆、王光明：《大王魂》，山东友谊书社出版社1989年版，第1页。

〔2〕李存葆、王光明：《沂蒙九章》，作家出版社1992年版，第2页。

历史纵深处的李存葆怎能不为它感动、为它震荡？他的笔又怎能无视那群为沂蒙奋斗过或正在奋斗着的人民？李存葆正是秉持着不负历史、时代与人民的文学理念，创作完成了《沂蒙九章》。从《高山下的花环》到《山中，那十九座坟茔》，到《大王魂》，又到《沂蒙九章》，甚至是到后来的《鲸殇》《大河遗梦》《飘逝的绝唱》等散文作品，我们不难看出，李存葆是一个非常善于给自己作品取名字的作家，唯美动听而又饱含深意是他一贯的追求。回到《沂蒙九章》的名字来看，"九章"二字最浅层的意思是整部作品包含的九个章节，但了解中国古代文化的读者却绝不会止步于此，他们可以按图索骥，将李存葆的文脉向前回溯到战国诗人屈原那里，如此一来，李存葆的《九章》与屈原的《九章》在某种意义上就产生了时空呼应，两个相距千年的作者也在情感上获得了某种共鸣。屈原对楚国百姓生活的关注、对楚国前途命运的忧虑都化为一种忧国忧民的士大夫情怀，悄无声息地融入李存葆的报告文学创作中，因此，它们不是歌功颂德的庙堂文学，而是真实反映社会生活的、真正属于人民群众的文学。

　　真实性作为李存葆报告文学创作的最重要的艺术追求，首先是通过他笔下的人物形象表现出来的。与他在小说中塑造的人物形象谱系不同，由于《大王魂》和《沂蒙九章》主要描写的是沂蒙地区热火朝天的改革生活，因此，这两部作品塑造最成功的艺术形象是新时代的改革者。之所以说这些改革者形象是李存葆报告文学真实性的载体，是因为他们并不是完美无缺的，他们的创业也并不是一帆风顺、一蹴而就的，他们是在一连串被侮辱、被损害的境地中艰难跋涉过来的改革者。为了购得搪瓷制品的原材料，翟学生在身体烧到四十度的情况下，顶风冒雪，扛着五十斤大米去恳求分管计划的某处长，却遭到他轻蔑又无情的拒绝，"'鸡蛋？凑鸡蛋还能办厂子？'处长冷笑着，'天下奇闻哟！回去吧，计划不能列！'"[1]处长字里行间流露出来的蔑视折损的是翟学生的尊严，那种被看不起的滋味使他痛苦不堪，"当他歪歪斜斜、满身泥水地回到客店后，便一头栽到床前，痛不欲生地哭了起

---

〔1〕李存葆、王光明：《沂蒙九章》，作家出版社1992年版，第56页。

来……"[1]我们常说男儿有泪不轻弹，究竟是怎样逼仄的生存环境才会让顶天立地的男儿翟学生痛哭流涕？是家乡父老的殷切期盼，是森严冷酷的制度律条。尽管改革开放的时代已然到来，但与城市的快意春风相比，农村依然枷锁重重，其改革之路走得比城市要艰难得多，可以说每一步都浸透着农民的血与泪，诚如李存葆在作品中所说的那样，"庄稼人办企业如同铸山煮海，戛戛其难。"[2]这种难不仅来源于商业经济自身的风险，还来源于农民身份让他们遭受的种种歧视，相较于前者，后者对农民创业者的伤害更为严重。没有钱送礼，又想让处长们将罗庄搪瓷厂列入国家计划中，翟学生只得像一个仆人那样，默默付出自己劳动，"翟学生在处长们上班之前，就早早赶到，给各个办公室擦桌子，抹椅子，提开水，磕烟灰；中午、晚上，又家家跑，帮他们买煤球，倒垃圾……天天如此，日日这般。"[3]终于，他的淳朴勤快感动了处长们，搪瓷厂顺利被列入了计划。读至此，我为翟学生感到高兴，但我又十分难过，农民合理的求生存、求发展的愿望为什么总是要饱受这么多不必要的磋磨？农民身份似乎就先天地给了他们承受这么多苦难的机会。在其他作家都在书写城市轰轰烈烈的改革生活时，李存葆选择农村改革作为自己的描写对象，其意义不只是开拓题材范围这么简单，更重要的是借此展现了改革的复杂性。

翟学生虽然只是《沂蒙九章》中众多改革者形象中的一个，但他的创业路却是改革之初农村改革者都走过的路，因此，这一形象是具有典型意义的存在。作为农民，无论是他为了创业成功在遭到城市歧视时隐忍不发的姿态，还是为了节省资金而拼力苦干的坚韧卓绝；无论是在他走投无路时痛哭流涕的软弱狼狈，还是他在创业成功时欢天喜地的昂首挺胸；这些都表明这一形象是有血有肉的、扎根于现实生活中的真实的人的形象。除翟学生之外，《大王魂》和《沂蒙九章》还描写了许多改革者形象，如因不满弄虚作假而被排

---

〔1〕李存葆、王光明：《沂蒙九章》，作家出版社 1992 年版，第 57 页。
〔2〕李存葆、王光明：《沂蒙九章》，作家出版社 1992 年版，第 55 页。
〔3〕李存葆、王光明：《沂蒙九章》，作家出版社 1992 年版，第 57 页。

挤闯关东、在新时期担任镇企业总公司经理的李培义，因一辆破自行车而被严打、后来创办起周庄第一个橡胶厂的李俊福，勇于改革农村基层管理体系的马洪勇、段维仁等，敢于违抗时代教条、在罗庄建起第一家搪瓷厂的李荣强、李桂祥等人，像这样的改革者形象在作品中还有很多，限于篇幅，在此就不再一一举例。他们的身份、年龄、性格、经历等都不尽相同，但他们为了彻底摆脱贫穷而迸发的艰苦奋斗精神，在时代巨变中表现出来的超强的适应能力，却是惊人的一致，这可以说是一种沂蒙精神在改革时代的别样呈现，往大一点来说，这同样也是一种民族精神在改革时代的别样呈现。

李存葆报告文学的真实性还通过揭露社会黑暗面表现出来。新时期以来，报告文学获得了繁荣发展，但也暴露出来了诸多问题，真实性即是其中的一个方面。20 个世纪 90 年代之初就有学者在总结新时期报告文学创作经验时指出过，"报告文学在新时期文学发展中到了一个前所未有的高度，但我看这个高度在 1989 年之后结束了。这几年，虽然有不错的报告文学，但被大量的伪报告文学所吞噬。这些伪报告文学或是明星逸事，或是宫廷秘闻，或是广告文学……一把剪刀如浆糊，一堆钞票加吹捧，无论是采访者或被采访者，都没有了真实、正义和激情可言，失去了以前报告文学的风格和品格，肆无忌惮地糟蹋着报告文学"[1]。很显然，在该学者看来，真实性是报告文学极为重要的精神品格，它的丧失意味着报告文学的堕落。不可否认，李存葆作为时代环境中的一员，又由于政治身份的束缚，其报告文学创作也会沾染上此种时代风气，一定程度上来说，他忽略了农村内部存在的某些矛盾纷争，对农村改革的未来过于乐观；但总的来看，李存葆的两部报告文学作品《大王魂》和《沂蒙九章》，它们揭露批判的笔触还是比较强劲的，歌颂良善、批判丑恶依然是他不变的创作旗帜。

李存葆笔下的社会黑暗面首先是在党的队伍内部展开的，在他的报告文学中，不只有为帮人民群众致富呕心沥血的党员干部，还有许多借改革之机中饱私囊的党员干部，因此，李存葆的报告文学是极力展现最真实的党员干

---

〔1〕肖复兴：《关于散文随笔及其他》，《文艺报》1994 年 9 月 1 日。

部队伍的。改革政策的实行在促进中国经济飞速发展的同时，也给予了某些思想不端正的政府干部谋取私利的机会，不知不觉间，贪腐之风在改革大潮中悄然刮起，《沂蒙九章》第七章《大蒜、钻石及其他……》对这一问题进行了集中描写。蒜薹丰收了，商人高额的收购价格让蒜农们喜上眉梢，然而，原本应该为他们的喜悦保驾护航的政府却使了绊子，某些政府工作人员为了从中获取私利，巧设了各种乱罚款乱收费的条目宰割前来收购蒜薹的外地客户，最终导致外地客户纷纷空车而走，蒜农们的大量蒜薹累积成垛，眼睁睁看着一年的心血慢慢烂掉又无能为力。李存葆揭露批判的笔触并未止步于此泛泛而谈，在第七章中，他还集中笔力描写了苍山县工商局局长张志富的罪行，他不仅肆无忌惮地贪污受贿，而且还利用魏克印组织起黑恶势力去威胁抵抗县委、县府的调查。在他们管理下生活的苍山县百姓苦不堪言，如果说蒜农因天灾而衣食无着还情有可原的话，那么蒜农因这种人祸而衣食无着只会让人怒发冲冠。大批蒜农冲进县政府打砸抢掠，此情此景竟然会再次发生在新时代的中国，这不免让人胆战心惊。由于某些政府人员的不良行为，竟致使农民与政府的关系坏到如此地步，以至于新任县长李荣强上任时都不敢从正门进入县政府，下乡走访时也饱受农民群众的侮辱谩骂。由此可见，苍山县政府在人民群众那里失去了公信力，这对一个国家民族的未来发展是非常危险的。李存葆虽不是政府管理者，但知识分子的责任意识与使命担当使他不得不关注这些黑暗现实，不得不去反思批判其赖以滋生繁衍的土壤。超凡的艺术勇气使他成为新时期以来最早书写党内腐化问题的作家之一，这种大胆批判的意识直接影响了后来的周梅森、阎连科等人的文学创作。

除了描写某些党员干部的腐化堕落外，李存葆还关注到了改革时代中人的精神黑暗面，这或许是改革发展更为严重的阻力。无论是《大王魂》，还是《沂蒙九章》，李存葆都写到了"红眼病"这样一种丑恶心态。换句话来说，这其实是一种嫉妒心理。嫉妒从何而来？正如李存葆自己所言："'红眼病'则是一种游荡的情欲，一个贪婪的妖魔。"[1] 它的本质是人类贪得

---

[1] 李存葆、王光明：《大王魂》，山东友谊书社出版社1989年版，第29页。

无厌的欲望。

李俊福提出拿一部分橡胶厂的利润出来奖励给职工，并表示自己分文不取，对此，村支书不仅表示怀疑，甚至坚决否定了他的提议，"老支书用怀疑的眼光打量了一下李俊福，然后像联合国安理会常任理事国一样，断然行使了否决权！"[1]在老支书的打量眼神中，我们可以看出他是在以小人之心度君子之腹，他显然不相信李俊福会分文不取。李俊福的创业热情被老支书的行为狠狠泼了一盆冷水，决然辞去了橡胶厂的工作，就算是后来重新主持工作时，他也实行了合同制。虽然合同制看似只是现代工厂发展的一种新制度，但它实际上打破了传统乡村的伦理道德体系，以法律的强制性来保障改革的顺利进行。中国有一句古语叫"树大招风"，大概的意思是指一个人出了名或有了钱后容易引起别人的注意，而这种注意往往会给他们带来麻烦；这句古语绝非凭空产生，它是中国人几千年来生命体验的凝结，李俊福和周庄橡胶厂被清查的遭遇再次印证了这句古语的现实性。当周庄的橡胶厂蒸蒸日上之时，三封匿名信却给它招来了一支清查队，长达五个月的清查工作彻底搞垮了橡胶厂。当个人的愚昧找到强大的权力作为依傍时，它的破坏力量会暴涨，这对尚处于萌芽时期的改革而言是毁灭性的存在。实际上，李存葆的思维已然跳出了改革所遭受的这一磨难，他站在更高的地方审视的是整个中国历史，它的每一次曲折都必然地与愚昧、强权相关，对此，作者愤恨地说："中国是个无奇不有地国度，曾制造了多少千古之谜。后经省有关方面查实，周庄这桩清查案，根本不是'中央交办，省委催办的大案要案'，只不过是有人凭着几封匿名信，去做他们需要做的文章而已……"[2]

在改革中，周庄冤案并非是唯一的，而是许多村集体企业都会遇到的困境。1983年，与周庄被清查同一年，罗庄也被检举了，检举信声称罗庄是靠送礼行贿发家的，这种诽谤给在苦水中创业成功的罗庄人民造成了极大的痛苦，"天在旋，地在转，李桂祥只觉得眼冒金星。罗庄人蒙受了奇耻大辱！

---

〔1〕李存葆、王光明：《大王魂》，山东友谊书社出版社1989年版，第28页。
〔2〕李存葆、王光明：《大王魂》，山东友谊书社出版社1989年版，第32页。

罗庄人遭受到覆盆之冤！往昔创业路上，有多少委屈，多少损害，多少拼搏，多少创伤，此刻，含泪带血，一起在他的心头交汇……"[1]作者用情感极度饱满的叹号和排比句来渲染罗庄人民的愤懑与委屈，我们在深知罗庄人民走过的创业路后，不禁与他们感同身受。同一年，不同地区的农民创业者竟有了同样的遭遇，"窝里斗"仿佛一个魔鬼一样游荡在改革者阵营中，挥之不去。改革之难，不仅在于政治革新、经济致富之难，更重要的是人心转换之难。"我们目前进行的这场改革，表面上似乎只是存在于经济和政治领域，实质是涉及人们的精神、文化、伦理、道德、心理等一系列领域，是要重新塑造民族之魂。"[2]如何在改革中凝聚人心？如何让人心在改革中保持纯净？这是李存葆的报告文学留给我们思考的问题。

与其他文学体裁不同，报告文学是近代新闻事业发展的产物，它具有很显著的新闻写作特征，如纪实性、应时性等；正是它这种特殊的产生背景才使得某些研究者提出过，报告文学只需要把人和事情报告清楚就可以了，他们认为报告文学不需要像小说、散文、诗歌那样追求形式技巧。很显然，这样的论断只强调了报告文学的报告性，而忽视了它的文学性；在这种认知的误导下，许多作家的报告文学作品都呈现出叙述平板、结构单一、语言枯燥等艺术局限。然而，报告文学作为一种十分重要的文学体裁，我们最应该强调的其实是它的文学性，这一点是确定无疑的。如何在报告的基础上展现出文学的魅力？这是所有报告文学作家都应该思考的问题。

李存葆的两部报告文学作品《大王魂》和《沂蒙九章》，紧跟时代脚步，描写了轰轰烈烈的农村改革生活。虽是应时之作，但它们却不是干巴巴的改革事件的罗列，而是有选择、有节奏、有情感的文学记述。《大王魂》分为五个章节，幽魂篇、驱魂篇、换魂篇、正魂篇、聚魂篇，这五个章节在文本中的结构位置是作者有意为之的；幽魂篇描写的是大王镇光辉又荒唐的历

---

〔1〕李存葆、王光明：《沂蒙九章》，作家出版社1992年版，第60页。
〔2〕张春宁：《画民族之魂——从报告文学〈大王魂〉谈改革者的形象塑造》，《文艺评论》1989年第1期。

史，驱魂篇描写的是改革初期崭露头角的还未被党领导的农村创业者，换魂篇描写的是农村基层政权的革新，正魂篇描写的是在改革中富起来的人的坚守与迷失，聚魂篇描写的是大王人共同建设家乡的强大凝聚力。从幽魂到聚魂，是大王镇一步步发展的历史。作品的结尾与开头既产生对比又彼此呼应，可以说，现在的大王镇彻底改变了乞讨的历史，同时它也不负曾经创造下的红色历史，这一切都是在党与人民的共同努力下取得的。具体到每一章节内容的描写中，李存葆又采取以人物串联故事的写作策略，这样一来就使整个作品活了起来。如换魂篇写农村基层政权的革新，作者从对比两个红色乡村的历史与现实着手，揭露出固守传统最终会掉队的残酷事实，紧接着，作者又通过描写王国平的不平遭遇展现了革新农村基层政权的必要性与紧迫性，最后，推动农村基层政权革新的关键人物马洪勇隆重登场了。不仅是《大王魂》，《沂蒙九章》也是如此，由于该作品的描写范围远大于《大王魂》，因此，李存葆转而采取了按照土地、水、路、电等直接关系到民生的问题来划分章节。所有改革活动都通过人物遭遇展现出来，这是李存葆报告文学的显著艺术特征。在这种写作策略中呈现出来改革不再是一种政策性的、冷冰冰的存在，而是紧贴人民生活的、热腾腾的存在，它不是遥不可及的，而是正发生在我们身边的现实。

四、从《我为捕虎者说》开始的散文家李存葆

在中国当代文坛，李存葆总是一个不按常理出牌的作家，以至于他的每一次亮相都令人惊叹。当他的小说被大家争相追捧时，他却转到了报告文学领域；当他在报告文学领域打出一片天地后，他又转到了散文领域。对此，舒晋瑜曾感慨道："不能只用一种调子唱歌。"[1] 她用乐理来解释李存葆的数次文学转型，把握之精准、批评之灵动不得不让人称赞。的确如她所言，

---

〔1〕舒晋瑜：《不能只用一种调子唱歌——访军旅作家李存葆》，《中华读书报》2001 年 7 月 25 日，第 009 版。

李存葆的文学形象是多变的，他似乎总是不愿意满足他的读者的心愿，他像一个热衷于开疆扩土的战士一般孜孜不倦地开拓着自己的文学版图，得益于这种文学野心，我们才看到一位属于散文的李存葆。

《我为捕虎者说》是李存葆散文的起点。1995 年这篇散文一经发表就广受好评，不仅获得了全军八一新作奖一等奖，还获得了全国第一届"韩愈杯"散文大赛一等奖。从此之后，李存葆创作散文的热情一路高涨，《鲸殇》《大河遗梦》《祖槐》《沂蒙匪事》《飘逝的绝唱》《绿色天书》等优质散文一篇接一篇地展露文坛。自 1995 年创作散文始，迄今为止，在二十七年的时间里，李存葆创作了百余万字的散文，数量虽然庞大但内容却并不驳杂，总的来说，李存葆的散文主要围绕着自然生态和人性生态这两个主题展开。尽管如此，但也必须指出的一点是，自然生态与人性生态这两大主题的划分并非决然割裂，同一个文本可能具有多个主题，主题与主题之间的思考也是互相缠绕的。自然生态主题的文学作品描写的对象虽是自然环境，但其更深层次的精神支撑又何尝不是人性生态的恶化呢？因此，我们不能以非此即彼的对立眼光来看待李存葆的散文作品，而要用连贯的、整体的眼光来看待李存葆的散文作品，只有这样才能发现李存葆独特的散文创作理念。

我们一般提到生态二字时，往往会更关注自然环境一面，而实际上生态这一词语的容量应该更大。在李存葆看来，生态不仅是自然的生态，更是人性的生态。人性是李存葆在创作初始就关注的命题，也是其文学作品思想之所以深刻的内在根基。纵观中国文学史，关注人性并非是一个特殊现象，几乎每一历史阶段的文学都会出现一位以描写人性为主题的杰出作家，如 20 个世纪 20 年代的鲁迅、30 年代的沈从文、40 年代的钱钟书等。然而，新中国成立后实行的新的文艺政策却抑制了此类主题的生长，复杂多变的人性书写被简单片面的人性书写所取代，在这种书写模式下，以后很长时间内的文学作品中再也没有出现过像阿 Q、傩送、方鸿渐这样复杂矛盾的灵魂。尽管此阶段的文学作品中也出现了许多令人印象深刻的艺术形象，如《红旗谱》中的朱老忠形象、《创业史》中的梁生宝形象、《林海雪原》中的杨子荣形象等，在创作时间上来看，他们显然是更接近我们当下审美质素的艺术形象，但是我们也不得不承认，他们给我们读者的感觉其实是高高在上、遥不可及的，他们始终是远离我们的他者，而并非是我们自我本身，因此，我们虽然会为之感动，但却不会有同一灵魂相遇的痛楚与喜悦，归根结底，这正是因为缺乏对人性复杂面向的挖掘。

"文革"结束后，中国文学才逐渐走出这种写作困境。李存葆就是第一批重返人性主题的代表作家，他依托当时文坛质询"文革"的语境，拷问的是人类灵魂深处的善与恶。在小说《花环》和《坟茔》中，人性描写既是使艺术形象立体化的重要手段，又是探寻历史曲折原因的重要路径，可以说，作者正是通过描写人性的善与恶揭露出了"文革"背后最根本的动因。对人性的关注在李存葆散文创作中表现得更为鲜明，他扎根到现实生活中去获取散文素材，将人性在日常生活中的善恶真实地描写出来。《沂蒙匪事》就是此类散文的杰出代表，该散文描写的是沂蒙地区猖獗的匪患活动，是人与人之间的厮杀斗争。文章篇幅较长，共分为六个小节，每个小节之间环环相扣，具有极强的逻辑性与真实性。为了达到"真"的艺术效果，李存葆对《沂蒙匪事》中所写到的人物、情节、地名、村名等细节都进行了详实的考证，但他却具有明确的文学意识，他深知自己并不是要去写一本"匪史"，而是想要通过描写匪患活动揭露出更普遍的人性问题。正如他自己所说："我的用意在于，通过几类土匪、几桩匪祸、几个近代匪首，去剖析滋生土匪的社会因子。这其中有地理环境闭塞、文化素质低劣的原因，由贫富悬殊、官逼民反的原因，也有吏治腐败、兵匪一家的原因，更有人性中'恶'的一面在动荡年代里毫无顾忌地大释放的原因。"[1]直视这些由人性之恶导致的血淋淋现实，作家的创作意图跃然纸上，即呼唤人性之善复归。李存葆是一个善用对比手法的作家，不仅在同一篇文章中多次运用，而且在不同文章之间也可以运用，如此一来，李存葆的所有散文就都构成了一个有机整体，共同完成了他对人性的思考。"既破且立"是李存葆书写人性的核心理念，因此，他不仅批判人性之恶，同时也极力张扬人性之善，在抑恶扬善中完成他以文

---

〔1〕李存葆：《李存葆散文》，中国社会出版社 2006 年版，第 162 页。

学重塑人心的理想。他的第一篇散文《我为捕虎者说》描写的是"当代武松"何广位的传奇一生；何广位是河南孟县武桥村的一位村民，之所以称其为"当代武松"，是因为他身形矫健、力能扛鼎，曾经捕获过大量的虎豹猛兽。他从事危险系数如此之高的捕猎活动实则是其穷困潦倒的生活所迫，但当他可以凭借捕猎的本事彻底改变自己的生存环境时，他却又有一颗淡然的心，面对富贵权势的诱惑而不动摇，始终本分地从事着维持自己生计的捕猎活动，在国家法律明文禁止捕猎虎豹等珍贵动物后，他又开始以采药为生，可以说，不管是在如何困顿的境遇中，何广位都没有给予人性之恶展露的机会；他对己严格，对人宽厚，始终给予亲朋好友他最大能力的关怀，其仁厚而洁净的心灵是李存葆极力赞扬的对象。

人性是最复杂、最难以把握的东西，权力、金钱、生命威胁、情感关系等都可以使之发生裂变，向善的可以转变为作恶的，作恶的也会转变为向善的，是善是恶皆在人的一念之间。李存葆之所以书写人性主题，其意图就在于借文学的力量去抑恶扬善，在完善人类自身的同时促进社会发展。与鲁迅、沈从文、钱钟书等作家专注于刻画人性内部的复杂面貌不同，李存葆将人性生态恶化与自然生态恶化勾连在一起，揭露出两者间潜藏着的内在联系性，在他的笔下，人性生态恶化直接导致的结果便是人类对大自然的疯狂掠夺，致使自然生态遭到严重破坏。当社会现代性的脚步疯狂向前迈进的时候，文学作为一种审美现代性却对它产生了质疑，李存葆文学作品中的自然生态主题就是在此背景下出现的。

《鲸殇》是李存葆1997年创作的散文，它以鲸这一动物群体为描写对象，展现了鲸不断被人类掠杀的现代命运。李存葆以"殇"字来给自己的散文命名，其中的深意自明。东汉许慎在《说文解字》中将"殇"字释义为未成年而死的人，后来的文学墨客又用它来指代为国战死之人，无论是哪种意义，"殇"字都蕴含了极为悲痛惋惜的情感。因此，仅仅是从散文名字来看，《鲸殇》也可以说是李存葆为鲸而作的诔文，"以鸣鲸之冤，以喊鲸之屈"[1]。

---

〔1〕李存葆：《李存葆散文》，中国社会出版社2006年版，第1页。

鲸其实是一种寿命很长的动物，它们自由自在地生活在海洋之中，不仅在很长时间内都与生活在陆地上的人类相安无事，而且还因其身形的庞大美丽受到人类崇拜；然而，人类文明的发展却破坏了两者之间的友好关系，鲸因其自身超高的经济价值而成为人类捕猎的对象，猎鲸者的人数越来越多，猎鲸的武器也越来越先进，短短几十年内，鲸的数量锐减，有些鲸类甚至已经灭绝。有的研究者对此提出，人类文明史在李存葆的笔下实际上是一部掠夺史、野蛮史。[1] 在人类中心主义价值观的操控下，人类对大自然进行了全方位的掠夺，动物、植物、河流、土地等都遭到了不同程度的破坏。李存葆的脚步走过大江南北，看着满目疮痍的大自然，他怎能不心痛？怎能不反思？

黄河是孕育我们中华民族文明的摇篮，一直以来都是我们中华民族的骄傲，也是支撑我们中华民族不懈奋斗的精神源泉，一首《黄河大合唱》以波涛汹涌的黄河水的气势唱出了全体中华儿女坚强不屈的斗争精神。裹挟着黄沙的滔滔河水东流入海，我们何曾想到过她会有断流的一天。很不幸，我们现在看到了，而且不止一次地看到了。李存葆的《大河遗梦》就是一篇描写黄河断流的文字，他用"遗梦"二字来暗指黄河水流不再强劲的残酷事实。20世纪90年代以来，一方面因为降水量的急剧下降，另一方面又因为用水量的急剧增长，黄河断流的讯息开始变得屡见不鲜。在李存葆的笔下，奔腾的黄河水已成为一个远去消逝的梦，现在的黄河更像是一个老态龙钟的老人，时断时续的水流如同她那时有时无的呼吸一样，揪扯着我们每一个中华儿女的心。这是因为，黄河作为我们民族的母亲河，无论从物质意义上还是从精神意义上，她对我们民族来说都是极为重要的。李存葆也并不是一位无病呻吟的作家，他之所以写下这篇《大河遗梦》，很大程度上正是因为他看到了黄河断流给我们民族的生存与发展所带来的危机。黄河断流看似事小，但它背后却潜藏着极大的危机，水量减少带来的结果是河水流速的减慢，而河水流速减慢则意味着泥沙大量沉淀下来，近年来，黄河下游河段的河床逐

---

[1] 李晓华：《从李存葆散文〈鲸殇〉看大散文特征》，《四川三峡学院学报》1999年第S1期。

渐抬高，地上河的情况变得越发严重，黄河对周边地区的威胁越发厉害。既然这一切的罪魁祸首是人类自己，那么人类也必须为此接受黄河的惩罚。

无论是写人性生态，还是写自然生态，李存葆都有着自己独特的生命观。他不仅否认了以某些人为中心的生命等级观念，更否认了以全体人类为中心的生命等级观念，建立起真正意义上的所有生命均平等的生命观。正如他在《绿色天书》中所说的那样，"在版纳热带雨林里，万千生命中的每种生命，都能找到各自的生存位置。它们都有充分的权利谋求生机与繁荣。雨林下那仁慈的地母，对它们不分高低粗细，不分长短宽窄，不分三六九等，不分嫡生庶出，毫无取舍、毫无嫌弃地全部容纳了它们。"[1]李存葆对生命的独特认知往往使他去关注弱势群体，这种弱势群体既包括底层人类，也包括人类社会之外的自然世界。在他的笔下，不只有饱受贫穷折磨的沂蒙农民，还有西双版纳的热带雨林、鄂西的神农架、香格里拉的牧场、济南的霍泉，鲸鱼、亚洲象、小鼷鹿、大野牛、支那虎、白颊长臂猿等动物都活灵活现地出现在他的散文中，读之，让人洗去喧嚣浮躁。然而，这些活泼泼的生命却只是李存葆散文中的一部分，他不得不直面现实，去书写它们濒临灭绝的悲剧命运。

李存葆在创作散文时习惯使用对比的手法，在过去与现在的对比中自然呈现出描写对象的变化，这种变化也表露出人类文明发展的悖论性。一般而言，随着人类文明的发展，人类的人格也应得到相应的完善，人与人之间的关系、人与自然的关系都应该达到一种和谐状态；但事实却是，人类的人格非但没有得到相应的完善，反而在金钱物质的刺激下发生了新的劣变，人际关系的冷漠、自然环境的恶化都是现代文明的恶果。对此，有研究者曾经批评过李存葆，说他是一个不愿意接受现代文明的作家，但我却不这么认为。李存葆并不是一个开历史倒车的作家，早在他的报告文学创作中，他就已经毫不吝惜笔墨地赞扬了改革带给沂蒙人民的现代新生活；当改革的热潮退下后，李存葆重新审视现代文明，他发现了现代文明恶的一面，因此，他开始

---

〔1〕李存葆：《李存葆散文》，中国社会出版社 2006 年版，第 89 页。

在散文中给现代文明祛魅。

五、将忠心爱心匠心镌刻在沂蒙大地上——李存葆的沂蒙书写

从地理区域的角度来说，李存葆并不是沂蒙山人，而是日照市五莲县人，五莲县依傍着的是崂山山脉，现在属于日照市管辖，无论是过去还是现在，五莲县都不曾被划到沂蒙地区。既然如此，李存葆又何以被人们认为是沂蒙山人的呢？这还要从他的成名作《高山下的花环》讲起，梁三喜一家是作者着力塑造的沂蒙家庭，是具有典型意义的家庭形象，通过梁三喜一家，我们看到了沂蒙人民对中国革命做出的贡献，也看到了沂蒙人民承受着的深重苦难。读之，我们热泪盈眶。正是因为梁三喜一家的形象如此深入人心，李存葆才会被认为是沂蒙山人。或者我们可以说，李存葆是沂蒙山人，并不是地理意义上的，而是精神意义上的。"沂蒙山那边我常去的，我对沂蒙文化的接触和了解还是给了我一些影响……不管写散文、小说还是报告文学，沂蒙山人给我最大的影响就是做人多少要有良知"[1]，精神上的沂蒙山贯穿在李存葆的文学创作始终，从《高山下的花环》到《沂蒙九章》，再到《沂蒙匪事》，他所走的每一步都扎根在沂蒙大地。

（一）看得见的沂蒙

沂蒙作为一个自然地理区域，它在被写入文学作品中时，首先应当呈现的是它独特的自然景观。李存葆数次出入沂蒙山，他对沂蒙山的一山一水、一草一木都十分熟悉，这种熟悉使他笔下的沂蒙避免了陷入红色文化符号的空洞性误区，而呈现为一个情景交融、鲜活生动的地理空间形象。

像黄河孕育了我们民族的文明一样，蒙山沂水也孕育了沂蒙人的文明。倚赖着蒙山沂水成长起来的沂蒙人民具有山一般坚毅的性格、水一般澄澈的心灵，他们是中国革命、中国建设不可或缺的重要力量。歌颂人民的力量一

---

[1] 王万森、周志雄、李建英、邱键：《沂蒙文学走向新时代》，山东人民出版社2018年版，第260页。

直以来都是中国文学的使命之一，但文学在担当这样的使命时却会容易犯空洞化、虚浮化的错误，将人民群众强大的精神力量写得空洞无味、虚无缥缈，这其中最大的原因即在于写作者忽视了精神所赖以存在的现实物质基础。长久以来，李存葆都坚持用自己的脚步去丈量沂蒙这片土地，从自然中去探寻沂蒙人民的精神源泉。因此，比之前辈作家，李存葆歌颂沂蒙人民的力量时少了些喊口号式的告白，多了些可视可感的物质佐证。

李存葆的作品为我们呈现的第一个沂蒙精神的物质载体就是蒙山。蒙山海拔 1156 米，在山东，是仅次于泰山的第二高山，明代曾有诗人赋诗一首赞它道"名山高并已无多，此去遥天能几何"，意思是说蒙山已经高的离天不远了，此说虽然有些夸张，但足可见蒙山的巍峨壮丽之势给诗人心理造成的冲击力。李存葆虽不是诗人，蒙山也并非是他写作的焦点，但即使是寥寥数语的描写，他仍然抓住了蒙山的神韵。"山上突兀之山曰崮，一条腿的锥子崮，二条腿的仙人崮，三条腿的鳌子崮，四条腿的板凳崮，卧虎崮，盘龙崮，焦赞崮，孟良崮……七十二崮，是造物主于混沌中从大海的浴盆里捧给沂蒙的奇绝景观。"[1]崮这种山形的典型地貌特征是四周陡峭、山顶平坦，山壁越往上去越为陡峭，越往下来则越为平缓，从远处望去，它酷似一座座拔地而起的高山城堡，连绵耸立，雄伟峻拔。李存葆钻研文字，将这种地理风貌呈现在我们读者眼前时，既保留了崮的气势，又没有磨损文学的美感，"抱犊崮山区方圆近二百里，位于峄县之北、临沂之西、滕县之东、费县之南的四县接壤处，主峰抱犊崮有'鲁南擎天柱'之称。崮下群山夹裹，百峰拱立。山腰间，草木葱茏，萋萋莽莽；崮四周，悬崖如削，锷逼天际；危崖之下，古柏倒挂，葛藤缠绕，有天然石洞三个，可纳数百之众；崮顶有田约20 亩，平整如畴，尚有天池两座，水深过米。欲抵崮顶，只有北崖一线鸟道，鸟道最险处，有石匠凿出的半环形铁扒手，登崮者牢牢抓之，方可攀援。"[2]在这段描写中，李存葆首先从抱犊崮的覆盖范围入手对其进行整体描写，而

〔1〕李存葆、王光明：《沂蒙九章》，作家出版社 1992 年版，第 7 页。
〔2〕李存葆：《李存葆散文》，中国社会出版社 2006 年版，第 132 页。

后又按照从下到上的顺序对其进行细致描写，三字句定位，四字句绘形，语言半文半白，读来颇有一种郦道元写三峡之感。抱犊崮虽然只是沂蒙七十二崮之一，但它却是具有典型代表意义的崮，因此，通过它基本可以展现沂蒙山区的地貌特征，这种以小见大的写作手法大大缩减了文本的篇幅，避免了重复书写给读者带来审美疲劳感。

李存葆写沂蒙山的地形地势不是图做欣赏之态，而是要将它纳入沂蒙历史中去考察，力求揭示出沂蒙精神得以生长的更为根本的自然土壤，这恰恰是一个我们在进行文化研究时忽视掉的维度。一方水土养一方人，这是人们耳熟能详的一句话，蒙山的险峻、沂水的宽宏初步塑造了沂蒙人的精神品格，他们坚毅勇敢，又温厚善良，这是沂蒙精神的血脉所在。李存葆写沂蒙地区的过去、现在和未来，都和这一方水土相关。在过去的抗战年代，中国共产党之所以选择在沂蒙山建立了根据地，很大程度上是因为该地区险峻的地形地势，不仅易守难攻，而且物产丰富，便于保存实力，可以满足同敌人打持久战的战略计划；在现在的改革年代，沂蒙地区之所以会沦为贫穷的重灾区，很大程度上也是因为该地区险峻的地形地势，山路崎岖，交通闭塞，使它在新中国成立后很快被甩出建设浪潮之外。在此，自然与人之间的微妙关系被李存葆一语道出，蒙山真切地戏弄了沂蒙人，它在过去庇佑了沂蒙人革命推倒旧社会，却又在现在阻碍了沂蒙人改革奔向新生活。

（二）看不见的沂蒙

沂蒙一词并不是这一地区古已有之的称呼，它是因应着中国抗战而生的一个称呼，既是一个的自然地理概念，同时也是一个人文地理概念。如果一定要论这两个概念谁更为重要的话，那么很显然，沂蒙的人文内涵要比自然内涵更为重要。

李存葆笔下的沂蒙是一个有情的沂蒙，这种情既是民族家国之情，又是个体关怀之情。《花环》中的梁三喜是沂蒙大地的儿子，他的身上流淌的是沂蒙山区无数革命先烈们滚烫的热血，为了祖国的安全，他舍弃了个人小家庭的幸福，长时间坚守在祖国的边境线上，直至牺牲都没有见到自己刚刚出生的女儿。梁三喜是忠义豪爽的，尊敬爱护与他同行的战友。作为连长的他深知基层部队的艰苦，对赵蒙生主动请缨担任连队指导员的行为感到敬佩，并尽自己最大的能力关心照顾赵蒙生；他在连队十公里武装越野中会特意留下司号员小金陪同赵蒙生，并时刻宽容鼓励掉队的赵蒙生；他得知是赵蒙生扔掉了一个半馒头后，原本愤怒地要开班务会批判此行为的他又默默取消了会议。但这并非意味着梁三喜是一个容易妥协的人，在国家民族面前，梁三喜是一个疾恶如仇又冷静自持的人。当他知道赵蒙生来连队只是为了曲线调动后，一向教导战士们说话文明的他第一次骂出了脏话。一个人在极端愤怒的情绪下会很自然地进出脏话，赵蒙生曲线调动的丑行彻底激怒了梁三喜，使他对赵蒙生的尊重一扫而光。但梁三喜毕竟不同于只顾发泄自己愤怒的莽夫，他在愤怒时依然保持着军事领导特有的冷静，因此，他能够在痛骂赵蒙生时也将军人临阵退缩的行为后果一一向他讲明。面对改正错误后奔赴战场的赵蒙生，梁三喜也并未因他曾经的思想动摇而稍加鄙视，相反，他对赵蒙生表现出了更多的理解和宽容，并最终为了保护赵蒙生而献出了自己的生命。

家中唯一剩下的儿子牺牲后，梁大娘没有抱怨，而是表现出前所未有的冷静与释然，在她看来，为国牺牲是值得的，"莫哭，都莫哭……庄稼人种地，也得流几碗汗擦破点皮，打江山保江山，哪有不流血的呀！三喜他为国家死的，他死得值得……"[1]我们可以看到梁大娘在国家面前的理解宽容，却看不到她内心丧子后的千疮百孔。玉秀趴在梁三喜坟头痛哭的声音似乎正在透过小说文字传入我的耳朵，李存葆也在引导着我们重新思考战争的意义。也因此，他笔下的沂蒙书写比之前辈作家的歌颂英雄，多了一分反思。从处女作《行军小憩》到成名作《高山下的花环》，可以说，李存葆的文笔是在书写一系列人民军队生产生活的过程中逐渐成熟起来的。与当下和平年代的部队作家有所不同，李存葆是切实经历过战争的部队作家。在对越自卫反击战期间，他曾被抽调为随军作家，紧跟部队出战，不仅在极其恶劣的行军途中进行英雄人物事迹采写，而且还在战后继续深入边防部队进行采写，

---

[1]李存葆：《高山下的花环》，作家出版社 2013 年版，第 113 页。

这种扎根部队紧贴现实的写作精神使其创作表现出了超常的生活气息，大量的细节描写使得文本故事得以经受住读者的细致推敲。以《花环》为例来说，该小说讲述的是对越自卫反击战前后人民军队中发生的一系列人事悲欢故事，乍看之下，故事似乎并无什么新意，但它却深深地打动了全国读者的内心，原因何在呢？我想这自然离不开作者深挖生活细节的功劳，一向只抽劣等旱烟末的梁三喜在奔赴战场前破例抽起了"红塔山"，靳开来临死前深情注视着自己放于胸前的全家福，赵蒙生赶鸭子上架式地奔赴战场……如果不是切身感受过生活，作者是不能够写得出如此动人的细节的。甚至也可以这样说，正是这些细节描写决定了《花环》最终的成败。

有人曾认为李存葆的《花环》无法为他笔下的战争确立意义，"尽量回避意义的解释，不得已时便在很少的两处，借用人物之口，以重复官方辞令的表述略加点染。"[1] 这一观点确实有它的合理性，正如这位评论者所说，《花环》中确实缺少对战争动因及敌人形象的细致描写，小说是直接从行军作战开始的，重点描写的是我方官兵在战争中的英勇表现。然而，如果我们就以此而断定小说是再次陷入了转型时代的政治漩涡中的话，这未免又失之于片面，事实上，含混朦胧有时会比具体明确承载更多的意义。倘若我们依该评论者的观点补足《花环》的"缺漏"，那么小说文本的篇幅不仅会大大增长，而且也会使其对战争的阐释陷入寻常的政治意义范围内，在简单的敌我角逐中滑入以往战争文学的写作窠臼中去，这显然与作者力求创新突破的文学精神相背离。从某种意义上来说，含混朦胧的战争书写既是小说文本的美学表现，同时也是李存葆对战争的态度。李存葆是一个敏感多思的作家，在亲身经历过战争后，他必然也思考过战争是为了什么这一命题。在他看来，祖国受到侵犯是战争兴起的首要原因，强调中国并非是一个好战的国家，认为战争其实是外敌挑衅下的不得已之举。也许有人会认为李存葆这种对战争的认知实际上正是政治话语的传声筒，但这种认知其实也是切合当时社会现

---

〔1〕林晨：《转型时代的范文——李存葆〈高山下的花环〉新论》，《文艺争鸣》2015 年第 8 期。

实的,《花环》借靳开来之口道出了中国对越南的仁义,"自己的老百姓勒紧了裤腰带,却白白送给人家二百个亿!"[1]然而,中国的仁义并未得到越南的同等相待,生活在中国边境上的百姓经常受到其袭扰,在此境遇下,即使国力疲弱并不适合打仗的中国仍然决定接受挑战,以捍卫祖国尊严的坚定决心打响了反击越南的战争。

作为一名中国军人,李存葆觉得这场战争是必须要打的,但当他走向英雄个人时,看到的却又是伴随其生命殒灭而出现的一位位失去儿子的年迈父母、失去丈夫的垂泪妻子与失去父亲的懵懂幼儿。与以往的战争文学相比,《花环》最突出的艺术特征即是将故事时间延长至战争结束后,写到了战后评功评奖、烈士遗属来队悼念等故事,这种书写策略表明作者对战争的认知开始变得立体,战争最本质的暴力属性已经被他认识到了。有战争就会有死亡,这是早已被人们认定的残酷事实,然而,在这种集体默认的语境中被淹没的其实正是生命个体本能的求生欲望。战争在李存葆的笔下变成了一个矛盾集合体,不得不打又希望不打,两者在他的心中互相说服却难分胜负,正是基于这样一种情感体验,李存葆在《花环》中对战争意义的书写才变得含糊不清起来。对此,我们可以说这是《花环》的不足之处,但我们也可以说正是这种含糊不清的书写才引起了我们读者的持续思考。实际上,《花环》超越了以往中国战争文学侧重于简单歌颂战争胜利这样的书写模式,通过悬置战争意义的书写策略拔高了中国战争文学的思想高度,即展现战争中普通生命个体的痛苦挣扎。

除了展现家国民族之情外,我们还可以看到沂蒙人与人之间的温情,这是沂蒙大地几经磨难仍旧不断迸发出生机的根源。李存葆以贫穷为切入口,去探测沂蒙人血脉的温度。孙大壮是李存葆笔下的另一个沂蒙大地之子。他比梁三喜还要不幸,十一岁时父母双亡,靠一位远房婶婶照料,吃着百家饭长大。在当时极端贫穷的境况下,全村人共同承担起抚养孙大壮的责任,让他顺利长大成人。为了给孙大壮寻一个出路,村里人决定送他去当兵,但却

---

[1]李存葆:《高山下的花环》,作家出版社2013年版,第61页。

遇到了武装部长的盘剥，他们表现出了前所未有的决心与胆气，"'砸锅卖铁咱也得让孩子参上军！'庄里的老人们一合计，狠了狠心：'为了孩子有个出路，扒房子！'村人含泪把那两间房子扒了。到集上卖掉门窗和檩条，买回一条活鲜鲜十八斤重的沂河大鲤鱼，星夜送给了公社武装部长……"[1]房子是一个人在某地方安身立命的基础，一个人失去了房子也就失去了他与该地方最直接的联系。村里人扒掉房子送孙大壮参军，不为别的，只为他能有一个出路，再也不用回到这个贫穷的村庄。他们对孙大壮的付出不求得到任何回报，只因他是沂蒙山村里的一个孩子，作为年长者，他们自觉担起了父母的责任。沂蒙人民从来都不是一个又一个孤独冷漠的个体，他们是一个血脉相连、荣辱与共的群体，其温情的对象由本乡人辐射到异乡人，展现出沂蒙文化的内在温度。

从1982年创作出《高山下的花环》至今，李存葆在文学领域深耕四十余年，创作出了小说、散文、报告文学等多种体裁形式的文学精品。部队作家李存葆数十年如一日地保持着自己的创作热情，书写了不同社会历史时期的人民生活，通过描写他们喜怒哀乐来呈现更为普遍的中国社会现实。在进入部队之前，李存葆是一个贫苦农民家庭的孩子，中国传统农村的生产生活方式造就了他脚踏实地、沉着稳重的性格特质，这种性格特质自然而然地渗透进他的写作之中，使他的文学作品读来有一种稳扎稳打之感，里面的每一个人物形象都像是我们身边的人一样，丝毫没有陌生感与隔阂感。从这种意义上来说，李存葆亦可被称作是一位农民作家，这不仅是因为他的农民家庭出身，更多的还是因为他为农民说话的文字，以及他关怀农民的真挚情感。尽管如此，我们也不得不承认的是，李存葆的文学创作并不是完美无缺的，它仍然存在着某些不可避免的矛盾和冲突，但这并不能掩盖李存葆文学创作的闪光之处。总的来说，李存葆以他饱满的创作热情和创作才华为当代文坛贡献了许多的文学精品，他的成功与他的失败都是我们当下文学创作不可或缺的养分。更进一步从题材方面来说，对李存葆的创作道路进行回顾与反思，

---

〔1〕李存葆：《十九座坟茔》，华艺出版社1993年版，第200页。

不仅可以为当下的军旅文学创作提供某些经验教训，同样也可以为新时代的乡土文学创作提供某种启示。

　　真实地书写自己熟悉的生活是李存葆初登文坛之时就已立下的信念，这种熟悉的生活作为李存葆文学创作的活源之水供给了他数不尽的灵感。将熟悉的生活呈现在纸上时并不是一件容易的事情，许多作家都会犯下将生活泛化而失其批判力度的错误，李存葆始终警惕于此，他先天敏感多思的气质往往使他关注到旁人难以关注到的生活面，使他能够穿透现实生活的表象，去发现生活肌理深处的血与泪。从自己熟悉的生活出发，李存葆的文学作品意蕴实际上已经超出了时代生活的局限，而成为具有普遍意义的命题。

赵德发论：经山历海醉弦歌

李恒昌

赵德发小传

赵德发，1955 年 7 月生于山东省莒南县相沟镇宋家沟，担任过乡村教师、公社与县委干部。1988 年考入山东大学作家班学习两年，毕业后调日照市工作，曾任市文联副主席、主席，市作协主席，中国作家协会第八、九届全委会委员，山东省作家协会第五、六届主席团副主席。

赵德发已发表中篇小说 25 部，短篇小说 100 余篇，大量作品被转载并获奖。其中《通腿儿》获《小说月报》第四届百花奖，《选个姓金的进村委》获《小说月报》第八届百花奖。结集有《赵德发短篇小说选》《蚂蚁爪子》《蝙蝠之恋》《我知道你不知道》《当代中国作家选集丛书·赵德发卷》《被遗弃的小鱼》《嫁给鬼子》《大地慈悲》。

赵德发已出版长篇小说 9 部：《缱绻与决绝》《君子梦》《青烟

或白雾》《震惊》《魔戒之旅》《双手合十》《乾道坤道》《人类世》《经山海》，其中《缱绻与决绝》获山东省第四届文艺精品工程奖，入围第五届茅盾文学奖，获第三届人民文学奖。《君子梦》获山东省第五届文艺精品工程奖、第三届人民文学奖、首届齐鲁文学奖，《青烟或白雾》获山东省第七届文艺精品工程奖，《震惊》获2003年"中国作家大红鹰文学奖"，《双手合十》获首届泰山文艺奖，《人类世》获第十届《中国作家》鄂尔多斯文学奖、第四届泰山文艺奖。《经山海》获中宣部第十五届"五个一工程"奖，登上第四届中国长篇小说年度金榜，被改编成电视连续剧《经山历海》在央视一套黄金时间播出。

赵德发创作有长篇纪实文学5部：《白老虎——中国大蒜行业内幕揭秘》《1970年代：我的乡村教师生涯》《金城记》《学海之鲸——朱德发传》《黄海传》。其中《白老虎——中国大蒜行业内幕揭秘》获第六届鲁迅文学奖提名、山东省第十一届文艺精品工程奖。

赵德发的散文随笔，结集有《阴阳交割之下》《拈花微笑》《白纸黑字》《有家回有人等》。另有访谈录结集为《写作是一种修行》《从山岭到海洋》。

2018年，安徽文艺出版社出版了12卷《赵德发文集》。

赵德发曾任曲阜师范大学兼职硕士生导师，系山东理工大学、青岛大学、中国海洋大学驻校作家。

赵德发是当代文坛的著名作家，山东文学具有一定旗帜性和重要功勋性的人物。他自1979年踏上文学之旅，潜心创作四十年，先后创作完成"沂蒙系列中短篇小说"，"农民三部曲"（《缱绻与决绝》《君子梦》《青烟或白雾》），"文化姊妹篇"（《双手合十》《乾道坤道》），长篇小说《人类世》和《经山海》等作品，迄今已发表出版各类文学作品800万字，多次获得国家和省部级奖项。其中长篇小说《经山海》，荣获第十五届全国精神文明"五个一工程奖"。他的作品以恢宏的气势反映了中国当代发展的生动实践，表达了对人类命运的深切忧思，寄予了对未来的美好希冀。本文尝试对其文学追求、思想内涵和艺术特色进行初步分析和研究。

一、理念论：修行·逃亡·根柢

或许是受了著名文学评论家刘鹏的影响，赵德发对文学创作的理论问题，也像修行之人一样深入思考，也像哲人一般深入研究。因此，他的文学理念和文艺观念相比而言似乎更深刻，更到位，也更自成体系。他的创作也就更加自觉和自信。归纳概括起来，他的文学理念、文艺观念主要包括以下内容：

1. "修行说"——文学是一种修行

在很多人那里，文学是一种爱好，也有人认为是一种事业。赵德发旗帜鲜明地指出，文学是一种修行。在《葆住这份教徒式的情感》一文中，赵德发说，就读于山东大学作家班时，在附近的教堂，看到天主教徒们庄严地齐声诵念祷文，仰望着高高的教堂穹顶，竟悄悄地流泪了。在这个时候，他想到了自己和文学。后来，在山西五台山看到一位老僧，三步一叩，且叩且走，他一下子肃然起敬。因为他知道这是远方僧人的"大朝台"之举，要拜遍五个山顶。他的眼角不由的湿润了。在这个时刻，他又想起了自己和文学，文学也是一种宗教。他一直这么认为。

赵德发是突然爱上文学的。最初他曾经迷恋过音乐，但没有成功。他对文学的热爱，起源于秋夜的一个念头。事情发生在地处山乡的莒南县相沟乡古城联中。他曾回忆说："那时我正在本地一所山乡联中做教书匠，已经转正。有一天晚上备完课，我发现办公橱里有一本《山东文艺》杂志，便拿到手中翻看，那是一本山东省文学艺术界联合会第三届全委会第三次扩大会议专刊，上面有几位业余作家的发言，谈他们怎样走上创作道路的文章深深吸引了我。像电光石火一般，一个念头闪现于我的脑际：他们能，我难道不能？"他被信念之火点燃，浑身发烧，彻夜难眠，在脑海里设想了种种，展望了种种。从此，他认定自己这一辈子是为文学而生，要当作家的冲动时时激荡在他的心中。多年之后，他依然对那个秋夜念念不忘。这是一个非常重大的决定。它标志着赵德发的人生旅程，从此由自发状态转向自觉状态。此前，无论是到村中务农，还是担任老师，都是一种被动的自发行为，而随后的写作生涯，完全出于自己的选择，是一种主动的自觉行为。

赵德发认真践行自己的"修行说"。1988年春天，山东大学作家班招生。得知这一消息后，担任县委组织部副部长的赵德发非常兴奋。他向领导郑重提出报考的请求，领导不解：为什么？他回答说，我想当作家。他的心是真诚的，眼睛是热切的。他的执着最终打动了领导，对其破例放行。对这一选择，很多人不解，放着好好的仕途之路不走，却要去当辛辛苦苦爬格子的作家。有些人想不通，怀疑他是不是脑子烧坏了。但是，他坚持了自己的选择。山东大学作家班学习结束后，他如愿到日照市委宣传部报到，担任市文明办正科级秘书。虽然没有了领导职名，但他毫无怨言。有一次下乡，有人听说他以前曾担任莒南县委组织部副部长，现在却是一个普通秘书，便说"祝贺你不当部长当秘书"。他只是一笑了之，心想他们并不了解自己。在日照工作期间，赵德发先是担任市文联筹备组组长，后来担任市文联副主席。干了几年之后，宣传部部长找他谈话，问他愿不愿意调换工作岗位。他问想让他干什么，宣传部部长说可以干副部长。他又一次婉言谢绝："多谢部长厚爱，我不能放弃写作。"对于他的这些选择，很多人不解。其实，这些人哪里明白，他早已把文学当成了自己的宗教，把写作当成了一种修行。

因为一个偶然的契机，他皈依了缪斯女神，从此便对她顶礼膜拜万般迷恋，恨不能宰掉自己用作牺牲来讨得她的欢心。多少年来，一直对文学一往情深。不管别人如何议论，不管缪斯是否垂青。其间，他经受过很多诱惑，也遭受诸多磨难。但依然痴心不改，信念永存。这是一种生活的炼狱，更是一种精神上的修行。这是刘勰当年在定林寺修经抄经、撰写《文心雕龙》的精神，也是一个当代作家所应有的精神。修身，修心，修文字，赵德发一路修来，修成了今天的模样。

2. "逃亡说"——作家的宿命就是逃亡

作家应该过什么样的生活，担负什么样的责任？这是一个非常重大的问题。赵德发从 2005 年塞万提斯文学奖得主、当代墨西哥著名作家塞尔西奥·皮托尔的随笔集中读到了答案：逃亡。逃亡，不是逃避责任。逃亡，首先是逃离平庸的生活。作家的这种逃亡，其目的何在？在于逃离平庸的艺术。走出去，积攒经历，开阔视野，站到艺术峰巅，拥有世界眼光，这是一个作家之文化养成所必需的。皮托尔的逃亡还有一种，那就是逃离麻木的心境和旁观者的角色。赵德发的基本结论是：逃吧，逃吧，不逃则亡。这就是作家的宿命。从事创作几十年来，赵德发一直遵循着"逃亡"这一宿命和使命，一直奔走在"逃亡"的路上。逃离世俗，逃离仕途，逃离——

其实，这里的逃亡，不是消极的，而是积极的。与其说是逃亡，不如说是一种奋斗。通过奋斗，逃离平庸的生活。他是这样倡导的，也是这样实践的。回顾赵德发的既有人生经历，有两条基本线索：一条是奋斗，改变命运；另一条是写作，追逐梦想。而这些都是逃离平庸生活的自觉实践。

一是他不断改变人生命运。主要是扎扎实实的努力，改变农民身份，脱离农村，不再长期遭受农村生活的艰苦和辛劳。这方面，他通过从小勤奋学习，务农不怕吃苦受累，当民办教师和代课教师尽职尽责，最终考取了公办教师，后来担任领导干部，一步步实现了改变命运的目标。

二是不断追逐文学梦想。主要是实现他想当一个作家的梦想，兑现他"别人行，我也一定能行"的诺言。这方面，他通过勤奋学习，进电大学习，进山大学习；勤奋写作，先写短篇小说，写散文，再写中篇小说和长篇小说，目的也慢慢实现了。在此期间，他的作品多次获得当代文坛重要奖项，曾先后获得第三届人民文学奖，《小说月报》第四届、第八届百花奖，三次获得《中国作家》奖，首届齐鲁文学奖，第一届、第四届泰山文艺奖（文学创作奖），第四届、第五届、第七届、第十一届山东省精品工程奖等。2019 年面世的《经山海》，获得了中宣部第十五届精神文明"五个一工程"奖。这是社会对他的奖掖，时代对他的奖掖，也是大地对他的奖掖。

三是不断拓展创作领域。他的三个"三部曲"（农民三部曲、文化三部曲和正在创作中的沧海三部曲），从经验之内到经验之外，从书写生存，到书写文化，再到书写精神，一步一步升华提高，一步一步拓展延伸，从而达到了崭新的境界。他应山东文艺出版社的邀请，创作完成了长篇纪实文学《黄海传》，这无疑也是一种新的挑战和拓展。

应当看到，要想实现真正的逃亡并不那么容易。因为作家也是人，他们或是有稳定而安逸的生活，或是有来自单位、家庭诸方面的束缚，或是缺少金钱、时间等必要的条件。面对这些，他们的确很无奈，但赵德发也有办法：让心去逃亡。身不出国门半步，却让一颗心通过阅读和想象去游历，去流浪，去体验，去获得想获得的一切。

3. "根柢说"——让写作回到根上

赵德发在北京大学"我们文学社"演讲时，提出了"让写作回到根上"的观点。他说，自己的创作取向引起了一些朋友的注意，他们问我为何对这些题材感兴趣，我的回答是：让写作回到根上。

为什么写作要回到根上。他以自己的创作为例，证明了这个问题。为什么写作要回到根上，因为只有回到根上，才有生命、有活力、有力量。他同时指出，让写作回到根上，并不是像20世纪80年代中期的"寻根文学"一样，按图索骥，去简单地寻根，而是要审视中国文化之根，做出了更为深刻的思考，创造出崭新的艺术生命。

对于张炜的《芳心似火》、阿城的《三王》、汪曾祺的《受戒》等"回到根上"的写作，赵德发极力推崇。他还向莘莘学子介绍了让写作回到根上的路径和方法：一是大量读书。二是深入采访。三是认真思考。四是精心创作。

总结赵德发的创作，他的创作之根在哪里？在生他养他的那片具有浓郁乡情的沂蒙大地上，在浸润他成长的五千年优秀传统文化上，在中华民族天行健君子自强不息的伟大精神上。

让写作回到根上，最重要的还在于他对写作本质的认识。他说，作家要把着力点放在历史和本质上，这是作家的历史使命。1990年，他专门撰写《新的着力点：历史与本质》，介绍他这方面的认识和做法。他充分认识到，描写农村生活是中国当代作家的一大传统。但进入90年代，农村题材小说铺天盖地地涌现，并没有促进农村题材创作的真正繁荣。反而，产生了读者的日增不满。这是什么原因造成的？应该怎么办？赵德发有自己的思考和答案。他认为，最根本和关键的是，农村题材作品太浅显。

"首先应该把审视的目光放得更为久远一些。"他说，把我们所了解的农村放到历史长河中去考察、去认识、去表现。这几年来我们口语中一个用得较多的词汇是"跨世纪"，其内涵是百年之交。其实与此同时进行的还有纪年单位更大的千年之交。这种千年之交起码在基督教文化中是放在非常重要的位置的。而在农村，目前正在进行着的是比千年之交还要重要的一种交替：已经存在了几千年的中国农民已经进入终结阶段。从哪里看得出来？从遍布农村的非农产业上，从流动在全国的上亿民工身上，从农业的商品化进程上，从日益缩小的城乡差别上……这种变化是人类历史上的一个奇迹。

赵德发说，我们这代作家就幸运地生活在这个时期。我们应该时刻关注着这个进程，用历史的眼光去观察农村生活的宏观与微观景象，并用我们的作品准确、恰切地反映这场巨变。人从来都是历史中的人，写好了历史中的人也就在一定程度上完成了文学的使命。一部长篇小说，可以用它较长的跨度来表现历史中的农民和农民在历史中的变化。即使是只用中、短篇去描写一个生活片断，恐怕也不应少了历史眼光的观照。倘若如此，我们的作品也许会有更多的意义。

二、作品论：认知·启示·审美

赵德发的文学作品，像一个丰富博大的文学世界，里面有山川，有大地，也有大海，其中最重要的是能够带给人极为重要的认知价值、启示价值和审美价值。这从他的一系列重要作品中得到充分体现和论证。

1.《通腿儿》：展现苦难温情

有一部小说像一部黑白电影，一看便将人引入沂蒙山区，引入那段极其艰苦，又充满温情的岁月。这篇小说，便是赵德发的《通腿儿》。它既是赵德发的"顶瓦"之作，也是他短篇小说的代表作。

所谓"通腿儿"，是指过去生活贫穷落后年代，我国北方部分地区农村老百姓之间，冬天利用一条被子，被子两头一头睡一个，相互通腿休息的一种睡觉方式。这种方式有两个优点，一个是节约被子，这一点在经济条件拮据的农村十分重要。一个是能够彼此温暖对方，让漫漫冬夜不再令人感到过于寒冷。这种睡觉方式，既是一种无奈之举，也是一种智慧的选择。

"通腿儿"在沂蒙山区广泛采用，祖祖辈辈都是如此。兄弟睡，通腿儿；姊妹睡，通腿儿；父子睡，通腿儿；母女睡，通腿儿；祖孙睡，通腿儿；夫妻睡，也是通腿儿。赵德发从这种祖祖辈辈流传下来的睡觉方式中发现了创作的素材，找到了创作的灵感，经过认真思考，精心布局，终于将之诉诸笔端。

《通腿儿》的最大成功之处，就在于通过野槐村农民邻居狗屎和槲头之间、狗屎媳妇和槲头媳妇之间通腿睡觉的故事，形象地展示了艰难困苦时代，乡村农民之间相濡以沫的苦难温情，体现了沂蒙山人敦厚淳朴的民风和正直善良的心地，再现了沂蒙山区人民艰难悲怆的生活画卷。

狗屎和槲头通腿儿睡觉，是双方父母做出的决定。他们两家本是非常要好的邻居，眼看着两个孩子长大了，不能再和父母同床睡眠，又不能每家都单独添置一床新被子，于是，一家买被面，一家置棉花，共同做了一床新被子，从此狗屎和槲头便天天夜里通腿儿睡在一起。睡得久了，自然就有了感情，而且越来越深。两人约定，长大娶了媳妇之后，虽然不能通腿儿了，但还是要好下去，盖屋要盖在一起，继续当邻居，即便跟老的分了家，也要搭犋一起种地。

然而，他们的约定并没有如愿以偿。一切源于两人都娶了媳妇，一切又都源于一个迷信说法。

他们是同一天结婚娶媳妇的。按照当地人的迷信说法，新婚蜜月期，两家新媳妇不能见面，否则对双方不利，会倒大霉。如果万一不小心见面，要抢着主动给对方说话。因为主动说话一方有利，被动回应的不利。

婚后，两家新媳妇都严格遵守这一"风俗"，蜜月期决不见面。然而，问题出在那天两人到外面观看小村过队伍上，无意之中两人碰到了一起。犹豫之中，槲头家的率先向狗屎家的问话，狗屎家的不理，气哼哼地走了。

从此，两家新媳妇便成了"仇人"，两家男人也不能再像之前一样走动联系，彼此有了隔阂。

村里举办识字班时，狗屎家的踊跃参加，榔头家的却唯恐避之不及，任凭村里怎么做工作，也坚决不参加，目的只有一个，躲开死敌狗屎家的。

事情在狗屎去当八路后发生了改变。这个平时连鸡也不敢杀的男人，在媳妇的动员下报名参军，不料第一次参战便死在了战场上。

噩耗传来，狗屎家的哭得昏天黑地。这时候，榔头家的实在看不下去了，赶过来劝慰，没想到狗屎家的想起那个迷信说法，将一切都归罪于两人见面时对方率先给她说话，便用荆条劈头盖脸地抽打榔头家的，直到抽得对方左眼鲜血直流，两个人才紧紧地抱在一起，哭在一起。自此两人的恩怨得以化解，变成相互理解、相互关照的好邻居。

真正的考验来自狗屎家的难以回避的生理需求。有一段日子，狗屎家的时常想起"那个事儿"，有时候火烧火燎的。她又不想离开这里重新组织家庭。怎么办？当榔头家的得知这一切之后，表现出一般人难以理解的大度。她主动提出夜里让自己的男人榔头过去，帮助狗屎家的解决生理需求问题。

当狗屎家的默认这一想法，榔头也勉强接受这一"任务"后，问题来了。无论是榔头，还是狗屎家的，总是感到死去的狗屎，好像还活着，总是若隐若现地站在那里看着他们，让他们不敢越雷池半步，从而彻底放弃了不健康的想法。

狗屎的影子一直萦绕在榔头的心头，成了他的心魔。怎么办？经过再三考虑，他们决定，让榔头也去当兵。榔头当兵不久，榔头家生下一个小男孩，取名抗战。从此，榔头家的和狗屎家的搬在一起，过起了"通腿儿"生活，两人一起照顾抗战，一起等待榔头归来。

故事的结局是悲惨的，也是耐人寻味的。两人等来等去，结果，革命胜利后，榔头在上海组织了新家；抗战也不小心在水塘里淹死。

若干年后，两位老人在一起"通腿儿"睡觉，榔头领着一个小伙子从上海赶来，进了他们的屋。小伙子不知道两人为何这样睡觉，榔头便告诉他：这叫通腿儿。

这个故事究竟告诉人们什么？答案应该是：通腿睡觉"温暖人"！封建迷信"害死人"！互相理解"解脱人"！生理欲望"考验人"！世事变迁"改变人"！这是小说的深刻主题，也应该是赵德发创作的初衷。一部短篇小说，表达如此深刻的主题，这在当代文坛实属罕见，也实在难得。

2.《缱绻与决绝》：究天人之变

"土生万物由来远，地载群伦自古尊。"——这是赵德发写在《缱绻与决绝》卷首的一副对联。这句话既是国人对土地与人类关系的朴素认识，也昭示了这部小说的文心基点和创作向度。赵德发正是基于对中国农民生存状态和命运的关注，基于对人类与土地关系的考察与理解，基于对近百年来中国农村政治经济生活的了解和体察，创作出了这部沉甸甸的力作。

《缱绻与决绝》的创作，应该看作是赵德发文学创作道路上的一块里程碑，一个大的转折点。这不仅仅是因为《缱绻与决绝》是他的第一部长篇小说，作品本身又充分显示出他驾驭长篇小说的功力，且预示着他的文学创作进入长篇期，更主要的是这标志着，赵德发已由一般意义上的乡土小说作家向"人类学家心灵和头脑"的哲理乡土作家转变；他心灵和笔触的焦点已由关注乡村个别人物、典型事件向关注乡村人类群体、必然事件过度。当然，这一转变有一渐变过程，是他多年思考和创作积累的结果。一个不是哲人思想家的作家，一个单纯以形象思维的方式观察和反映生活的作家，终其一生可能只成为一般的写家、艺术工匠，难以成为大家、大师或巨匠。尽管词语崇拜者马拉美坚持"作家不是用思想来创作的，而是用词语"。词语对文学创作固然重要。但毕竟是楼房的建筑材料。要知道，思想，只有思想——设计图纸才能使建筑材料成为楼房，思想能使词语的石头成金。赵德发的成功之处在于他在灵活使用乡土文学语言丝毫不损害文学作品艺术形象的同时，把作为人类学家的思想自然而然地灌注作品之中，使其具有一个富有沧桑感的灵魂，从而增加了作品的厚度和含金量。

《缱绻与决绝》是载道的。它是哲理化的乡土小说，因此它的道是成系统的。仅仅认为他只是形象地阐释了人与地的关系，是不太全面的。事实上，赵德发所阐释的是天、地、人之间的完整关系。可以肯定地说，天牛、天牛庙在小说中以背景物和生活舞台出现，肯定是有所象征的。那寓意就是天，这个天并不仅是自然的天，而是社会的天，用毛泽东的话说叫"目前的局势"。小说实际上反映的是典型形势环境（天）下，典型人物与土地的关系。当然，土地也是典型人物赖以生存的环境之一。由于土地直接决定着人的生活状况。因此，地便格外突出，与天和人构成三角关系，从而形成一个比较完整的乡村社会区域。在这个社区里，天是一个充满变数的令人吃惊的天：西方入侵、晚清新政、辛亥革命、农民运动等。这些从天而降的"天牛"虽由外界而来，但与土地相撞击，在当地产生着广泛而深刻的影响。人们为"天牛"立庙，足见外界形势对本地的影响和侵蚀。"天牛庙"在该社区的作用，实不亚于北京的天坛。这些天外来客，严重地冲击和左右着小农经济的发展。同时，这时的土地，也已经不是以前的土地，人口的增长，城镇化的推进，土地数量的相对减少，土地神改变本质偷偷调戏妇女。这为靠天吃饭以土地为生的农民的生存提出了严峻挑战。中华传统文化自古就有"天时地利人和"之说，无论干任何事情，要上得天时，下得地利，中有人和。然而，进入近代社会，长期以来中国农民是既不得天时地利，又难得人和，因此也就不可避免地如庞岸先生在《如何缱绻怎么决绝》中分析得那样："中国农村及广大小农在社会运动、政策整合、经济发展、时代变迁的巨大变革面前，一方面仍然执着地温习着对土地占有的梦想，这种缱绻缠绵之情已成为中国小农集体情结，并形成巨大的惯性对于乡村的发展起着重要的规定性；另一方面，中国的小农又在巨大的社会发展过程中无法把握自身的命运，被迫而又无奈地走向乡村土地的祭场。"这便是"缱绻与决绝"所展示的道及其巨大的悲剧力量。

《缱绻与决绝》之所以获得广泛好评，获得那么多奖项，并被写入当代文学史教材，主要原因大致有三个方面：

第一，它在文学史上的历史承继性——这体现了作者的贡献和作为。进入新时期以来，当代文坛出现了以《古船》和《白鹿原》为代表的优秀现实主义作品，但这种作品并不多见，而且一度出现后继乏人的局面。《缱绻与决绝》的出现，一举打破了这一局面。它沿着张炜、陈忠实开创的当代农村题材新现实主义道路，继承了他们的优良传统，形成了当代农村题材优秀长篇小说创作的链条。著名作家白烨在《缱绻与决绝》研讨会上指出："在当代小说中，《缱绻与决绝》是继《古船》《白鹿原》之后最重要的一部作品。"

第二，它反映内容的史诗性——这体现了作者的责任和担当。作品所写内容，不是一个时段，不是一个局部，它涉猎上下长达百年，是中国农村社会的一个缩影，是近百年来中国土地的变迁史，是中国农民命运的发展史。蔡葵在《缱绻与决绝》研讨会上称赞说："它具有史诗和百科全书一样的风格。"它的内容非常厚重，正如《缱绻与决绝》研讨会发言纪要所概括的那样，它是"一部像土地一样浑厚凝重的力作"。该书在人民文学出版社出版时的责任编辑胡玉萍认为，它是"农村变迁史的一幅长卷"。

第三，它塑造人物的鲜活性——这体现了作者的功力和水平。《缱绻与决绝》塑造了一大批生活于这片土地的人物，他们个性鲜明，有血有肉，给人留下了深刻印象，让人过目难忘，极大地丰富了当代中国文学农民人物群像。特别是一大脚一小脚的形象、绣绣的形象、费文典的形象，可以说是他的人物标签和代表。评论家翁寒松曾指出："作为写农村题材的作品，小说堪称最优秀的经典作品之一，它对中国农村人物的刻画是生动、成功的，也是成熟、准确的，就像陈年的酒经得住细品，就像略带潮湿的大树可以长久的燃烧、再燃烧。以这部小说的问世为标志，中国文学界获得了文学艺术的光荣，也获得了社会哲理的光荣。"评论家陈志强也曾在《文学报》发表文章，认为《缱绻与决绝》"为中国农民立此存照"。我们看到，这"存照"写照着中国农民的精神风貌、岁月刻痕和百年沧桑。

3.《君子梦》：究伦理之变

赵德发始终以农民守望者的姿态，卓立于当代文坛上。在《缱绻与决绝》里，他守望农民赖以生存的土地；在《君子梦》里，他试图守护给人慰藉的心灵。

中国作为一个农业大国，农村是一个非常重要的社区，而农村社会的伦理道德问题，也始终是困扰人们的一大课题。千百年来中国农村遵循的是儒家文化的孔孟之道。孔孟之道作为传统社会伦理道德的代表，长期被"治人"者奉为法典。它们作为一种天生的深恶肮脏的、丑恶的东西的感情，作为对仁、义、礼的追求，对加强人性修养，维护社会正常秩序，特别是乡村治理秩序，确实起到过积极的进步作用。但是它们作为调节和约束人们行为的"律条"，有时像极端苛刻的法律一样，严重限制着人的发展，制约着人对自由和尊严的追求。孔孟伦理道德就是这样把人们置于"悖谬"的境地。人们既想遵从它合理的成分，又试图砸烂它的桎梏。

《君子梦》正是从新中国成立前农村宗法社会盛极而衰的时代开始，通过对鲁东南沭东县律条村近百年发展变迁，特别是人们伦理道德演变的描述，揭示了人们的这种"悖谬"状态，并以形象和事实宣告了"道德理想国"的破灭。作品主人公许正芝是位传统伦理道德的代表，是传统利益的维护者和实施者，他借鉴先人"半部《论语》治天下"的经验，试图用一部《呻吟语》感化众生，把律条村建成他心中的"道德理想国"。然而，此时，作为孔孟伦理道德所赖以存在的社会经济基础逐步瓦解，而且恶作为善不可缺少的对立面的长期存在，最终决定了他的努力成为一种徒劳，呈现出一种悲剧性结局。因为，近代社会不再需要孔孟之道这件"中华民族幼年时期的漂亮衣服"，而是呼唤新的伦理道德，呼唤新的《论语》和《呻吟语》。完全寄希望于君子，完全寄希望于儒家伦理道德，只能是梦想，远离中国农村的现实。这就是《君子梦》的巨大思想内涵。这一内涵不仅对文学家有启示，对社会学家也有重要的参考价值。

但是，这绝不意味着，在道德追求上，作者持虚无主义态度。他的潜在寓意是，优秀传统伦理道德，需要完善，需要继承；新的时代，也要建立新的道德伦理规范；在强化伦理道德建设的同时，千万不要忘记法制建设和法律的规范。

《君子梦》1999 年 12 月由人民文学出版社出版后，立即在文坛引起强烈反响。2002 年 7 月 20 日，由山东省作家协会、人民文学出版社联合举办的赵德发长篇小说《君子梦》研讨会在济南举行。与会人员对其给予充分肯定和高度评价。《君子梦》为何会获得如此好评？根本上取决于他的思想内涵和艺术特色。如果说，《缱绻与决绝》是扎根于沂蒙大地上的一棵高大挺拔的白杨的话，那么，《君子梦》可以看作是生长在这块土地上散着幽香的君子兰或夜来香。品高、深邃和神秘，是它最突出的三大艺术特色。

所谓"品高"，是指其站位立意高远。通俗上理解，长篇小说的基本要义在于，"大处着眼，小处下笔，往深里说说"。《君之梦》通过来自沂蒙山区律条村的故事，成功地展示了农民与道德这一既是历史性，又具现实性的大问题，并试图给这个异常复杂、又充满悖论的问题一个形象的答案。在《君子梦》研讨会上，文化学者牛运清指出："道德是一个永恒的主题，是一个老话题，《君子梦》在触及这个问题的时候，有着自己独到的思考和追求。"应该看到，赵德发对这个问题的反映和揭示，不是局限于一时一地，而是站在几千年历史高度，站在整个中国农村的纬度上来思考，来分析，来反映。这也就决定了它思想的高度和品质。

所谓"深邃"，是指其思想内容深刻。从大的主题上来看，它不是反映和研究问题的浅层和表面，而是从深层次、根本性、关键性上看问题。该书责任编辑胡玉萍在《完善道德人格的君子梦》一文中对此曾作出深刻分析："《君子梦》是一部从历史渊源和深层的文化心理积淀上探讨道德与人的关系、道德自身困境的作品，在这一层面的探索上它达到了独特深邃和独树一帜的境界。"从具体写作手法上来看，它不是仅仅满足于对人物言行的刻画，而是更注重心理活动的描写。对于伦理道德问题，直面对心灵的拷问，直抵人物内心的矛盾和纠结，从而既强化了作品的思想内涵，又极大地增强了作品的艺术感染力。

所谓"神秘"，是指其艺术色彩悬幻。它艺术上最大的成功之处在于魔幻现实主义手法的利用，无论是对雹子树的描述，还是对"蚂蚱"死去活来的展示，都承接了《缱绻与决绝》中类似对天牛的描写手法，具有强烈的魔幻色彩。重要的是这种魔幻符合推理的真实，譬如对只有遇冰雹侵袭过雹子树才会焕发生机的描写，完全符合园林里必须养狼鹿才能强壮的理论。而且这种魔幻色彩放在传说众多、对鬼神半信半疑的中国农村大背景里，显得十分真实，没有任何外来色彩和嫁接痕迹，是地地道道的中国故事，也是地地道道的"中国货"。

4.《青烟或白雾》：究时政之变

《青烟或白雾》是赵德发的第三部长篇小说，也是他"农民三部曲"的压轴之作。《青烟或白雾》的出版，标志着赵德发完成了"土地三吟"的庄严使命。"农民三部曲"从不同侧面真切关注中国农民的生存状态和命运走势。按照作者的介绍和评论界较为一致的观点，《缱绻与决绝》反映的是农民与土地的关系问题，《天理暨人欲》反映的是农民与道德的关系问题，《青烟或白雾》反映的是农民与政治的关系问题。如果说，《缱绻与决绝》旨在把脉天人之变，《天理暨人欲》旨在把脉人伦之变，《青烟或白雾》则把考究的重点放在经济的集中体现政治上，旨在把脉时政之变，揭示了特殊政治在生命中的不可承受之重，也形象地反映了其在历史发展中的过眼烟云之轻。

《青烟或白雾》帮助读者形象地追忆了那段特殊的历史，客观上引导人们对当年一系列政治运动进行深刻反思和自省。作品通过对鲁南平州地区山邑县支吕官庄农民妇女吕中贞在无从把握的政治大潮中，痛失真爱，甘心受辱，自觉不自觉地追逐权力，一步步攀上权力的高峰，最后又被权力无情抛弃的人生经历的艺术再现，深刻地触及了这个沉重话题，令人掩卷长思。可以说，历史的青烟虽已散去，思索的白雾长绕心头。

作品触目惊心地再现了过去五十年不同时期的特殊政治，引导人们对那段特殊历史进行追忆和反思。有人说，我们这个民族是一个比较健忘的民族。眼下，那场关乎十亿人尊严与生命、关乎整个民族前途与命运的浩劫正渐渐地被人们遗忘。《青烟或白雾》的出现，再次勾起人们对那段历史的回忆。它以现实主义的笔法，把对"四清"扩大化和"文革"的反思推向了极致。山邑县的"四清""文革"是全国的一个缩影，也是它们的真实面目的再现。作品中灌注了大量触目惊心的真实。在这里，我们真正认识了什么是"四清"，什么是"文革"。读后，让曾经经历过的人们有了更深刻、更彻底的认识；让没有经历过的人们有了最初步、最真实的了解，它几乎让所有的人对那段历史进行回忆和思考。应该真诚地感谢作者。因为，对伤痛的回忆，是为了帮助我们不再被伤害；对罪过和罪恶的回忆，是为了对它们进行更好地清算和避免。在回忆中，曾经体验过的痛苦和欢欣会得到强化，曾经闪现过的思想和希望会得到升华。

《青烟或白雾》真实生动地塑造了一个个权力追逐者的悲剧人物形象，客观上引导人们对人生价值观念进行深入思考。中国有句俗话："做官一时，强似为民一世。"这一说法，长久以来被人们奉为普遍价值法则。在"官本位"的社会里，做官情结，一直萦绕在一代代农民心里，哪个家族都希望自己的祖坟上能冒出"青烟"，出几个光宗耀祖的大官。支吕官庄的人们也不例外，因为祖辈曾出过一个大官，这里的做官情结也更为突出、更为严重，几乎人人都想搭一下做官的独木船。然而，对权力的虚枉追逐，并没有给他们带来真正意义上的幸福，相反，一个个被推向了痛苦的深渊。作品主人公吕中贞是这方面的典型代表。她原本是一个纯真美丽的农村姑娘，对生活和爱情有着自己美好的向往，然而，当政治大潮汹涌而起时，她被自觉不自觉地推向了政治的旋涡，踏上了追逐权力的不归之路。为此，她失去了真爱——因说话不注意出卖了支明禄；失去了做人的最基本良知——诬陷工作组成员江妍和巴一鸣；失去了做人的真诚——为了出名不惜在发言时夸大其词；失去了做人的方向——糊里糊涂地上了穆逸志造反的贼船；失去了贞操——为了职位不惜忍受冯谷南的奸污。付出巨额代价后，虽然一度达到了做官的目的，但是最终还是从权力的巅峰上被狠狠地摔了下来。可以说，她的一生几乎没有任何幸福可言。作品中的其他很多人物，也是权力追逐的牺牲品。江妍对官位有一种献身情结，一心想找个大官，结果"宏愿未了身先死"；穆逸志呕心沥血追逐权力，到头来落了个"茫茫大地真干净"；冯谷南为了权力出生入死，最后开枪自尽。人们追逐权力，本意是为了权力能够给自己带来幸福，为什么最终都成了失败者。反思这一人生话题，我们看到，除了特殊时期虚假政治的不可预测性和不可把握性外，很重要的一条，就在于这些人追逐的是治人之权。记得高尔基曾说过"世上再没有比治人之权更卑鄙的毒素了"。对治人之权的追逐，必然以牺牲别人的幸福为代价，自然自己也就绝对不可能从中得到真正意义上的幸福。对仕途上的人来说，应该追求为他人谋福之权；对大多数人来说，不应该追求治人之权，而是应该追求做人的权利。这是我们深入思考得出的结论。

《青烟或白雾》满怀热情地描写了新一代人的理想和追求，客观上引导人们对政治文明建设进行深入思考。"沉沉百年权力之梦，一着觉醒，石破天惊。"《青烟或白雾》的下卷，描写的是新时期以来的农村生活，它虽然没有上卷厚重，但是它代表了全书的创作向度，是赵德发对社会、对政治、对农民未来命运深入思考的结晶。在这里，作者以吕中贞的儿子白吕为主要人物，展现了他作为新一代人的人生理念和不懈追求。作品以支吕官庄村民委员会换届选举大会隆重举行，饱受屈辱和苦难的吕中贞满面春风为大结局，寄托了作者的民主政治理想。的确，虚假政治的完结、为官情结的被唾弃，仅靠农民个体思想道德的自觉、人生观念的转变是远远不够的，还必须从法制和民主两个方面寻找治本之策。唯有加强政治文明建设，才能使百年噩梦石破天惊，这是历史的必然选择。这是赵德发给出的答案。

5.《双手合十》：考察世道人心

2004年，赵德发继"农民三部曲"（《缱绻与决绝》《天理暨人欲》《青烟或白雾》）和《震惊》之后，又推出了一部长篇力作——《双手合十》。这部作品以当代汉传佛教为题材，重在考察世道人心，关注当代人心灵的痛苦与救赎。与作者以前的作品相比，它是一部全新的著作，从农民到宗教，从土地到文化，代表着他的创作开创了新的境界，达到了新的高度。

这是一部直面时代，关注心灵，用入世精神写就的"左手"与"右手"相统一的作品。《双手合十》从僧侣生活的角度深刻揭示当今时代生活，体现了作者不回避、不逃避、不规避的"入世"精神。在他这里，"出世"和"入世"，像人之"左手"和"右手"，只有有机地合在一起，才组成完美的人生和世界。

《双手合十》所塑造的佛家弟子惠昱，是一个当代青年，生活在市场经济大潮汹涌澎湃的时代，他离我们很近很近，近到我们可以感受到萨斯、911的气息，近到仿佛他就是邻家那个大男孩。这无疑增强了作品的时代感和新鲜感。尤其可贵的是，作者通过惠昱出家、修行、求成的人生经历，以及僧侣世界与世俗世界发生的种种联系和纠葛，从一个极其特殊的视角，深刻地揭示了这个时代的真实面貌和本质特征。无论是作者对"佛教本来就处末法时代，再赶上当今的经济大潮，什么样的怪事儿都出来"的批判，对政府官员腐败行为的揭露，还是对社会商人投机行为的深入展示，都使人们对当代生活的分析、观察和认识，有了一种新的参照，有了一种振聋发聩的真实的感受。从这个意义上讲，《双手合十》做了一项填补空白的工作。

《双手合十》全面展示了主人公惠昱思想修炼、成长、成熟的过程，显示了作者由关注人与外在联系向关注人的内心世界的转变，在人生终极意义的思考和探索中开辟了一个新的途径。惠昱从一个历经挫折的青年，到佛学院高才生，最后成为飞云寺主持的过程，是他抵御社会歧视、铜臭污染和情爱诱惑的过程，也是他的心灵真切感受世界、精神不断坚持、灵魂不断完善的过程。在这个过程中，惠昱的内心世界不断向人们呈现开来。在这里，有犹豫，有彷徨，也有自责和追问。追问的是"佛"，追问的是"念佛者是谁"，追问的是"拖死尸者是谁"，换言之，也就是"我是谁？""我从哪里来？""我到哪里去？"的人生终极意义的思考。从惠昱发明的"寻常禅"里，可以发现似乎作者找到了一些答案。有时想，作者赵德发从《缱绻与决绝》一路走来，一直走到《双手合十》，这位社会问题和心灵问题的求索者，走得是多么艰辛！《缱绻与决绝》里，面对无从把握的、动荡不安的社会演变，周而复始的互相残杀，他试图从文明建设中寻找出路，结果得到的是"乌托邦"；《天理暨人欲》中，面对残酷的社会现实和异常扭曲的人性，他试图从传统伦理道德中找到依据和办法，结果无疾而终；《青烟或白雾》中，面对非正常的政治运动和一系列人格畸形，他试图从法制框架内找到杠杆，最终成效也不大。如今，他把目光投向大山，投向宗教，投向人的内心世界，这是否意味着他要执意做一位人生意义的终极求索者？

《双手合十》以丰厚的知识储备反映当代僧俗生活，品格高雅清新，显示了作者由民间写作向知识分子写作的转变。赵德发以前的小说，以故事性和趣味性见长，作品中散发着浓厚的乡土气息和民间色彩。由于佛学的博大精深和社会大众对佛教的相对陌生，要求赵德发写作《双手合十》必须有足够的知识储备。这一点，他做到了。遍访四大名山，坐读经书百卷，使他成了这方面的专家，也使他的语言风格和小说构成发生了很大变化，知识性、思想性、文学性特征更加显著，自然也就增强了作品的质感和分量。这个转变应该是文学创作过从"自由"向"自觉"的转变，也应该是一位文学大家创造之路新的起点。

《双手合十》中有言：右手圣洁，左手不净，"双手合十"构成世界本相。依据这个原理观察和分析世界，佛门之地有精神求索者，也有自甘堕落者；同理，世俗社会里，有自甘堕落者，也有精神守望者。这些人，虽然生活在红尘滚滚的社会里，但是总以自己独特的方式，坚守自己的领地，从他们的身上也会放射出难得的人性光辉。譬如《双手合十》的作者本人，就是这样一个人。如果作品中对这类人有所塑造，也许会使作品内容更丰富，更全面，也更富启迪价值和意义。

理性思考，形象展示，这是一部用智慧大脑写就的"形上"与"形下"相结合的作品。首先，它试图揭示内在规律。赵德发说："这几年，我走近佛门，走近僧人，一边参访一边思考着这个问题。佛教进入中国两千年来，事实上已经成为中国人的精神支柱之一，成为中国文化的主角之一。进入当代，汉传佛教在中西文化的冲突融汇中兴衰，在社会的急剧变革中嬗变，其形态与内涵更加丰富多彩。因此，我试图通过这部小说将寺院的宗教生活和僧人的内心世界加以展示，将当今社会变革在佛教内部引起的种种律动予以传达，将人生终极意义放在僧俗两界共同面临的处境中作出追问。"

其次，它注重强化信仰的力量。评论家贺绍俊在《跟着德发喝茶去》中指出："小说通过寺庙内外的活动，让我们看到因信仰而生的敬畏之心，终究会抑制人们无限膨胀的私欲恶行。其实无论我们是否皈依佛祖，都不应该泯灭心中那盏信仰之灯。一个缺乏信仰的民族是没有希望的民族，一个没有信仰的人只能度过行尸走肉的一生。小说中的觉通就是一个没有信仰的人，他何止没有信仰，甚至在亵渎信仰，他的死当然不全是一种'报应'，应该是一种咎由自取。"说到底，这部小说不仅仅谈的是佛教，也是关于人生的智慧和人生的境界，像惠昱沏出的茶沁人心脾，这就是一种人生境界。

第三，它深度体现人性的悖论和矛盾。著名评论家孟繁华指出："在我看来，这是一部兼具形上与形下，关乎世俗欲望与终极关怀，俗僧两界同在的作品，是一部探索红尘与彼岸、浅近与高远、节操与情怀的作品，是一部真实表达两个世界复杂性的作品。它并不是要讲述佛魔两界的故事，也不止是呈现神秘世界的奇观。小说要表达的是，在当下的语境中，虽然人心无皈依心灵无寄托，但信仰是一件多么艰难的事情。尘世间有世俗欢乐，但欲望无边就是苦难；信仰让人超然度外心灵安宁，但又可望不可及。这是悖论也是矛盾。"

6.《乾道坤道》：追问生命意义

《乾道坤道》是赵德发的第七部长篇小说，这部33万字的作品，因反映社会转型期当代中国道教问题，且系作者历时长达5年积累和创作才完成，而使其凸显真实、深邃和高雅。

《乾道坤道》主要讲述了道家传人、旅居美国的生命基因科学家石高静，受大师兄应高虚之托回国接替她担任琼顶山简寥观主持，因师兄卢美人用不正当手段窃取这一位置，其本人在极其困难的情况下，坚持留在国内，通过长期"性命双修"和不懈努力，最终重建仙逸宫，同时突破家族病史局限，延展生命长度的故事。应该说，这个故事是独特的，为绝大多数世人所未闻和未知，特别是江道长对未来的预知，应高虚、石高静屏息功的修炼和表演，石高静与露西乾道坤道双修的奇特感受等等，不仅是独特的，更是充满传奇色彩，甚至带有一定的魔幻主义色彩，不仅让人有耳目一新的感觉，更是让人不时拍案称奇。但是，就现实性和逻辑性来看，是真实的、可信的。就细节来看，也是逼真的、感人的。

这是一部关注命运，书写情怀的"高境界"小说。《乾道坤道》成功塑造了信奉科学、忠于道教、情操高洁、积极向上，集科学家和道士于一身，既充满理性又属性情中人，既可敬又可亲的石高静主人公形象。同时，还塑造了一生虔诚向教，但不能适应社会发展，导致道教名观日趋衰落式微的大师兄坤道应高虚；背叛道教，与官场勾结，利欲熏心，最终害人害己的师兄卢美人；混入商界，虽在商海获得成功，但身心得不到安宁，灵魂找不到归宿，最终因玩惊险刺激的滑翔游戏死去的师弟祁高笃；虽系洋人，热爱道教，起初心性不定，但在修炼道路上终有所成的美国女孩露西；命运多舛，天真无邪，被师傅欺骗的阿暖；以及被世俗所害，最终皈依道教的女大学生燕红等人物形象。他们与石高静互为联系，互为补充，构成一组个性鲜明、栩栩如生的当代道士群像，表现了道教在当今时代的际遇和嬗变。

该书不仅写出了独特而传奇的故事，塑造了个性鲜明的人物群星，更重要的是描写了主人公的人生追求和情怀。石高静因家族有高血脂遗传病史，年轻时便陷入对人生和生命的深入思考。他拜道家高人为师，成为一个地地道道的乾道，从此开始修身养性，试图改变看似不可改变的家族男人"短命"噩运。他的"入道"，不是消极逃遁，不是贪生怕死，更不是像俗人一样对金钱、地位和荣誉的追求，也不是对健康的简单追求，而是对生命的追求，是一种终极修炼和追求，是一种大的情怀。因为这一切的一切，都源于他对世间最可宝贵的生命的热爱。按照文学评价的标准，低等小说写故事，中等小说写人物，最优秀最上等的小说写情怀。《乾道坤道》将故事、人物和情怀有机地融为一体，不能不佩服作者创作的功力和水平。

石高静对生命的热爱与追求，对家族生命魔咒的突破和改变，不是通过单一途径来实现，而是坚持"两条腿"走路。也就是说，他并不因为自己的无奈命运而变得偏执和单一，只是去信奉道教。一方面，他通过"入道"修炼来改变自己的命运；另一方面，他通过选修生物学，到美国参与基因研究，试图通过科学研究发现和根治导致家族"短命"的罪魁祸首。这说明他是一个高度理性的人，具有较为完善的知识结构和完备人格。如果仅仅写一个道士，这很简单；如果仅仅写一个科学家，也并不复杂。将一个宗教徒和一个科学家集于一身来描写，则属于一种全新的尝试和探索。石高静的可敬与可爱，就体现在这里。赵德发高明和睿智，也体现在这里。

这是一部深度挖掘，直面"国教"的"根柢性"小说。道教是唯一由国人创造并不断发展完善的宗教。鲁迅先生说过："中国的根柢全部在道教。"英国皇家博士李约瑟也说过："中国如果没有道家与道教，就像大树没有根一样。"道教对国人的影响，既源远流长，又广泛而深远。从某种角度来看，道教完全可以称为我们的"国教"，也是我们极其重要的"非物质文化遗产"。同其他优秀传统文化和非物质文化遗产一样，道教的生存和发展在当代中国面临着极其严峻的挑战。在这样一个历史时期，道教能否继续生存发展下去，不仅关系道教本身，更关系人的心灵和身体的健康。《乾道坤道》写道教，实际上是在写一个根柢性问题，一个方向性问题。写作要写在根本上，其意义就在这里。它通过"海龟"道士石高静回国重建仙逸宫的经历，真实地再现了道教生存和发展在当代所面临的窘境和困难，提出了如何发扬光大道教文化，用道教文化滋养人现代人的心灵，以及如何发挥道教文化在新世纪人类文明中重要作用的重大课题，不仅令人深思，也值得有关部门和社会学专家深入研究。

《中国文化报》曾刊载鲁文恭的《文学梦·中国梦·齐鲁情——山东作家的当代回答》，其中对赵德发的访谈中说："作家一定要具备宗教文化中那种特有的悲悯情怀，要充分认识人世间的苦难，思考人类的问题与出路，让作品释放出善意和良知，让读者感受到心灵的抚慰。农村题材和宗教题材，这两个领域看似不相关，但还是有内在一致性的。这个一致性，就是对人的关注。写人生、写人心，是作家的首要任务。"这里的写人生、写人心，实际上也是"根柢"上的写作。

《乾道坤道》是描写和反映道教的小说，但它又是一部反映社会现实的现实主义小说。这本长达三十多万字的著作，不仅反映了市场经济新形势下社会的进步与发展，同时也反映了在某些地方宗教活动的商业化和异化。它不仅反映了道教问题，还反映了生育问题，甚至环境问题。其中最突出的是反映了官场的内幕和潜规则。卢美人与市政府周秘书长之间的关系和交易，便是当代官场现实状况的一个缩影。周秘书长利用卢美人为自己设牌位祈祷，为自己找"干女儿"供自己享用，甚至不惜把自己的女儿奉献出来；卢美人则利用周秘书长手中的权力和影响，获得简寥观主持的权力和地位，从中获取不法利益。在这里，政客和宗教人物相互勾结，互为利用，令人瞠目。人们知道，如今在个别地方官场比较黑暗，没想到在被多数人视为清净之地的宗教殿堂，居然也如此肮脏。

文学作品首先具有审美功能，但优秀的文学作品还要具有一定的教育功能。《乾道坤道》在给人以审美愉悦的同时，较好地承担了教育和教化功能。

它既是一部小说，又是一部非常形象的教科书。该书通过故事的发展，人物之间的对话，非常巧妙地让人们了解到道教的起源、流变和发展，以及颇具神秘色彩的道士们的日常起居、修炼的内容和程序，更重要的是让人了解到乾道坤道男女双修等一些鲜为人知的秘密。此书读罢，即便此前对道教没有多少了解的人，也会对这一"国教"的基本情况有一个较为全面的了解，并产生浓厚的兴趣。作品所展示的道教的有关知识，无论广度和深度，都达到了一定程度。如果说，张承志的《心灵史》是回族人的心灵史；那么，《乾道坤道》可以说是中国道教的一部百科全书。

道教是一门非常高深，也不易读懂的学问。但《乾道坤道》写得却非常简明和透明，深入浅出，让人一看就懂。与作者此前的长篇小说相比较，《乾道坤道》故事情节更加纯粹，语言更加清澈，特别是对男女性爱的描写更加干净，更加注重灵魂感受，丝毫没有不洁之感。静下心来读这本书，既是一种难得的享受，也是一次令人心地澄明的旅行。赵德发自己曾说，写作是一种修行。从这个意义上讲，《乾道坤道》是他的又一个修行成果。赵德发之所以能写出如此境界，大概是他怀揣一颗宁静致远之心，真正"入道"，以潜心修行的心境投身写作的缘故吧。这是一种水准，更是创作优秀作品所需要的心态。

7.《人类世》：寄情深远的忧思

"文化三部曲"完成之后，赵德发再次调整创作方向，先后创作出两部全新的作品——《人类世》和《经山海》。可以看出，赵德发的创作正在实现"两大转变"：一是从作品辐射地域来看，正从大山走向大海。此前他的创作主要面对的是山峦起伏、河流纵横的沂蒙山区，而今已经来到了波涛汹涌、一望无际的黄海之滨。二是从创作内容来看，正从反映文化转向直面精神。由于精神在思想、文化、意识和灵魂中，属于最高的"质"，是最高贵的"文心"。因此说，他的创作实际上是在向更新的领域拓展，向更高的层次迈进，向更深的根柢探寻。

《人类世》对"准地质时代"的一些重大问题作出新的揭示，体现了作者先"人类"之忧而忧的"忧思"精神。"人类一旦任性、放纵，必将为此吞下恶果。"《人类世》封面上的这句话，具有开宗明义的效果。作品所展现和表达的事实令人惊悚：某些人的人性在退化，动物性本能在扩张。在"人类世"这样一个"准地质时代"，人类通过劳动创造并丰富人性本身的同时，存在着通过自身的创造又毁灭自己的巨大可能。

它深刻揭示出现代人价值观扭曲是人类生存发展最大的危机和风险。评论家程小源在《寄情深远的人类忧思》中指出："孙参是作家着墨最多的人物，宗教与世俗、虚伪与诚实、勇敢与怯懦、吃苦与享乐、乱性与守持……，多元二重性格组合出这一人物的基面和复杂性。剖开孙参从乡村土蛋到都市土豪的生长肌理，深入其情感世界，不难发现其精神原罪。"应当看到，孙参在为社会创造了骄人的 GDP 的同时，也见证了其自己制造出的罪恶，可以说 GDP 罪恶，既是孙参们创业的过程，又是其创业的结果。雾霭，污染源，过敏源，毒食品，洋垃圾的入侵等问题，无时不在、无孔不入地影响着人们的生活，所有这些，都是孙参们打拼的结果。作品中孙参、郭晓莲、王鸿等一批在市场经济前沿打拼的群像所具有的代表性和普遍性，至少提供五种启示：

首先，成功神学并不能引导人实现真正的成功。成功神学存在一个十分荒谬的逻辑：目的的合理性等于手段的合理性。正如刘再复在其《双典批判》中所讲的梁山好汉滥杀无辜之所以被赞赏，是因为替天行道合理性存在一样。孙参们对自然的疯狂破坏，是因为追求 GDP 的所谓合理性所使然。其次，基于贫困复仇心理的人生励志绝不可取。《人类世》基于残酷的现实所摹写的一众富豪人物，均有一个共同的人生轨迹：赤贫苦难——隐忍打拼——巧取豪夺——"功成名就"。他们在初始化积贫人生的比较中生长，自小就在心里埋下了仇富的种子，"仇视他人富，只恨我不富"，这样一种畸形心理所生出、固化的人生励志是极其可怕的，它必然导向整个社会丛林法则的形成。再次，对富贵的追求绝不能扭曲人生价值。土豪之所以称之为土豪，正是因为他们对财富不择手段的疯狂掠夺的同时所表现出的享用财富的无德，诸如挥金如土、视性如饭的糜烂。丝毫看不出"贵"的品质，看到的只是道德的全面沦丧和崩溃。第四，对自然的改造必须尊重自然规律。《人类世》

通过"故事"的形象展示和一系列经济活动的理性分析，再次警醒人们，改造自然，必须尊重自然规律，否则，就会受到自然的惩罚。第五，《人类世》注重对现实和文化的重建，体现了作者永葆梦想和希望的精神力量。赵德发小说的"载道"在《人类世》里有了一种新的哲学升华。作家通过喧嚣浮躁的人类生活画卷的铺叙，叩问了一个人类生存的命题并给予了解答，这个解答就是《人类世》文本所具有的警世意义；同时，作品通过焦石、关亚静等人物的塑造，表达出人类的梦想和希望所在，因为自由美好毕竟是指向未来的。从这一角度讲，这部作品在展示悲剧的同时，亦给了人们希冀化的启迪！

它展示了人类发展中滋生的各类病症及为疗救这些病症所做的艰辛探索。《人类世》站位于超越种族，超越国别，超越意识形态的终极性、整体性、未来性人类救赎意识高度上，以当代人类社会与自然的关系为切面，以人类历史优秀文化烛照或精神映射为剖面，建构起一个宏大的坐标系，以全息视角呈现人类社会的某些病态，分析病因，并施以良方。

它再现了厚重感强、多维而非单度的社会生活画卷，展示了精神的困顿和矛盾。上至社会精英、政府官员，下至街头小贩，从本土到非洲、欧洲到太空，从地质时代"全新世"直到"人类世"，从温室效应、海平面上升到开发非洲导致大量野生动植物死亡等等，原始文明与现代文明的碰撞交融、排斥背反等等，作品对人类生活作了全息式扫描，呈现出人类社会的各种病态症候。现实主义创作笔法凸显出人与人、人与自然、人与自己的诸多对抗性矛盾和难解的悖论。人类不断向自然界索取、改造和斗争，成为对抗自然的主要力量。正是这种对抗，带来了更多、更大的破坏、敌意和报复。生态危机、信仰危机、诚信危机、情感危机，甚至种族繁衍危机，各种危机在不断交集，如病毒变异，又衍生出新的危机。孙参的儿子要做火星的第一批居民，并立志开发火星，把地球破坏完了，再去破坏火星？更为可怕的是，人类几千年培养积淀起来的优秀人性因子在消解退化，"人类必将饱尝作孽所造成的严重后果。人类自从科技诞生以来，无限度地放纵自己的欲望所面临的种种问题。人类不仅仅是向自然生态环境无穷掠夺，还践踏和无视人类文明几千年积淀下来的高尚、道德、善良和真诚等等这些品性。"凡此种种，为人类存亡敲响了惊心动魄的警钟。

它表现了人们为拯救人类展开的艰辛探索。坚守知识分子本性的大学教授焦石从带学生考察老姆山，阻止炸山填海，到被迫停课，奔走于崇山峻岭，研究岱崮地貌，极力宣传环保，守持传统文化的乡贤田明德以及他的女儿田思萱，从岛国来的纯洁虔诚的真真，富有朝气的青年学子代表关亚静等人，他们面对人类的各种疑难杂症和灾难，忍受着被嘲笑甚至被欺压，以舍我其谁的精神，矢志不渝，艰辛探索，为救治人类开出一个个药方，提出一个个方案，呈现出前所未有的正能量，代表了期待未来的美好，必须做当下不懈努力的基本逻辑。

作品呈现当代人信仰虚无缺失的同时，呈现了依然守望优秀文化品格者的光芒。韩民青先生在其《文化的历程》中将人类的文化历程分为宗教文化（鬼神文化）、科技文化、艺术文化三个时期，而科学文化时期，他指出，因科技文化所具有的对人的天然的桎梏性，将导致人类信仰的虚无与缺失。作品中西方的基督、东方的儒释道等宗教氛围的刻意渲染，折射出当代某些人人格的虚伪性、分裂性、欺骗性。"参孙"在圣经里指上帝赐给的力量。孙参的企业叫参孙集团，参孙的企业精神"永远成功，参孙无敌"，要求每个员工上班期间都要佩戴十字架。集团也被称为"十字军"，给外界展示信仰上帝的形象。但孙参在去教堂做礼拜时说："我爱上帝，是有条件的，你给我成功，我就爱他。"一语道破了他信仰上帝的玄机。这一典型是具有普遍意义的。教堂里，唱诗歌者们的庄严肃穆，佛门圣地香烟缭绕，跪拜者不绝，又有几人是为了求真向善？只不过了为了求富贵求长生而已。三教寺里三个人为教主位置的明争暗斗，何尝不是一种人类欲念的变相膨胀？

它昭示了传统文化优秀元素必须坚守的意义。儒家思想、老庄哲学乃至佛教中的人与自然要和谐相处、人贵物轻、无为而治、为民请命、真诚、善良、忏悔等优秀文化元素，在焦石、柳秀婷等人物身上显现了曙光。三教寺的居士柳秀婷要在老姆山上分别刻佛教的《金刚经》、道教的《太上感应篇》和儒家的《论语》。地质学教授焦石在老姆山上发现新的地质年代分层剖面，要钉一颗"金钉子"等情节虽带有悲剧色彩，但分明代表了人类向美好未来挺进的力量，尽管这力量弱如豆光，看起来似乎并不那么强大。但星星之火，可以燎原。微弱的星光，照样可以把天空变成蜜如花瓣的银河。

8.《经山海》：乡村精神的重建

《经山海》是赵德发的第九部长篇小说，也是他奉献给新时代文坛的一本既具有"历史感"，又富有"当代性"的全新力作。这部作品充满"历史感"和"当代性"，是"历史感"与"当代性"的有机统一。其"历史感"主要体现在作品所展示的乡村精神的回归上，其"当代性"则主要体现在所展示的乡村精神的重建上。其统一性主要体现在，作品所塑造的人物一方面善于从历史文化中寻找值得当代恢复和继承的优秀因子，另一方面又善于通过当代生动的社会实践创造新的历史。一如小说中历史学家方教授所言：我们是历史的研究者，你们是历史的创造者。

作者将故事发生的所在地设置在安澜市隅城区楷坡镇，是颇费一番心思的。因为，这里是海陆相接之地，是山海相映之地，也是历史文化和当代文化相交之地。这里曾是龙山文化的发祥地之一，有著名的丹墟遗址。这里有著名的文化遗产，"香山遗美"摩崖石刻；还有一些"非物质文化遗产"，譬如民间打击乐"斤求两"等。这里还有一个独特的小岛，名叫鳃岛，岛上有许多美丽神奇的传说。这里还有一座地标式山岗，名叫"挂心橛"。"'青藏高原'莽莽苍苍，有'香山遗美'石刻的山崖依稀可见，楷坡的建筑黑压压一片，镇后'挂心橛'醒目矗立。海边，长长的金色沙滩像一只大鸟，西施滩、月亮湾像两只长长的翅膀，钱湾渔港像庞大的身体，伸向海中的码头则像鸟喙。唯有那道由礁石组成的'霸王鞭'以凛冽之势，以不和谐的样子突兀生出，笔直地戳向大海。"

更重要的是这里还有一个楷坡镇。这个镇上曾种植大量楷树，是当地的一大风景和特色。"不晓何人植／悠悠矗古今／孔林瞻圣树／尘海化人心／屡感风霜重／常观天地阴／书生楷下坐／睹叶泪沾巾。"这些楷树，因为一块石碑的碑文，与孔林、与孔子、与子贡紧密联系在一起，强化了其历史的渊源，增强了其文化的厚重感。

正是在这里，在这个特殊的时代，一切都在发生了深刻的变化。楷坡镇的楷树早被砍伐一空，丹墟遗址也没有得到有效开发和保护，民间打击乐"斤求两"面临失传，沿海美丽的海岸线和鳃岛正面临商业开发的蚕食。由于城镇化建设的推进，村民把牛养在了楼上，就连乡村里的羊也变成了等待宰割的"值班羊"——社会在发展，乡村失精神！乡村精神回归和重建的故事，放在这样的典型环境里，因此也就有了更为紧迫的现实意义。

主人公吴小蒿是乡村精神重建的集中体现和艺术化身。首先，吴小蒿人生关口的重大选择充分体现了回归乡村的精神。吴小蒿原本生在乡村、长在乡村，乡村是她的根，是她精神的所在。后来，她考上了大学，到了省城山东大学读书，读的是历史专业。再后来，她参加工作，进了机关，在区政协专门编辑《隅城文史》，一年编辑一本，起初感觉还有些意思。但后来由于文史办换了主任，一年下来一本也不编了。吴小蒿心灰意冷，感觉是在浪费生命、浪费青春，于是她决意离开。当区委组织部公开招聘时，她主动报考远离市区的楷坡镇，到这里当副镇长。她为何放着机关不待，放着城市生活不过，执意到农村乡镇工作？对此，不同人有不同理解，但在她那里其实是听从了内心的某种召唤，那就是乡村生活、乡村文化和乡村精神的召唤，是她心灵的回乡与归位。

其次，吴小蒿的人生追求充分体现昂扬向上的乡村精神。受"重男轻女"封建思想的影响，吴小蒿的父亲给她起了这样一个名字，意味着"蒿草""草芥"的意思。但是，对此吴小蒿并不认同，也不甘心。长成一棵大树，是她的一个执念。在大学里，她曾经对同学刘经济说："我不想做一辈子小蒿，想长成一棵大树。你要经邦济世，那是国家栋梁。我长成大树，只是想有点作为儿，不虚度今生。"读《跃升》一书时，她想，这就是历史，我们这代人经过的历史！再过二十年，中国会怎样？我作为一个成年人，能不能参与历史的创造？她不仅是这样说的，这样想的，而且是这样做的。尤其是她到乡镇工作那段时光，就是一个心怀执念的女性积极实践长成一棵大树的过程。应当看到，这种执念，这种精神，实质上就是乡村精神在她人生价值上的一种具体体现。

第三，吴小蒿的行为操守充分体现了公正淳朴的乡村精神。在乡镇工作，吴小蒿面临很多诱惑。对此她始终保持清醒的头脑，严格遵守做人的底线，不越雷池半步，严格遵守党员领导干部的纪律和规矩，公道做事，一心为民，清正廉洁。这也是乡村精神的应有之义。对公公的"为官之道"和"哼哼"教导，她不屑一顾。面对镇长贺成收的"诱惑"，她始终保持一份理性。春节将至，手下安监办主任给她送鞭炮和购物卡，丈夫已经偷偷接收，她又要过来，当面退回，并严厉批评。节日期间，面对来上访的困难户，也是所谓的"难缠户"，她主动将自己的水饺送给他吃，并且由此推动全镇实行"阳光低保政策"，让真正的困难户享受低保，赢得了群众的信任，极大地缓解了干群关系。当丈夫坑骗自己的侄子时，她严厉批评，并拿出自己的钱赔偿侄子的损失。当郭默为了表示对她的感谢，要送她"玉璇玑"，而且发现是文物时，她不仅坚决拒收，而且要她赶紧上缴国家。这一系列行为，既是党员干部的基本要求，也是公正淳朴乡村精神的体现。

第四，吴小蒿工作上的所有努力几乎都是为了乡村精神的回归和重建。她撰写文章，积极运作，将当地"斤求两"纳入市级"非物质文化遗产"加以保护。她不辞劳苦，将渔民踩高跷捉鱼虾的劳动搬上艺术舞台。为了保护丹墟遗址，她主动向上级打报告要求进行保护性发掘。为了让楷坡镇名副其实，她亲自到曲阜孔林，求来楷树的种子，大面积种植楷树，并建起楷树广场。为了保护渔业文物，她在镇上建起了渔业博物馆。

第五，吴小蒿排解各种压力和困难的种种努力体现了忍辱负重的乡村精神。乡镇干部是辛苦的，也是非常不易的，尤其是对于一个有暴力倾向丈夫的女干部来说，更为艰辛，压力也更大。吴小蒿的压力，主要来自三个方面。一是家庭的不解和压力。对她到乡镇工作，丈夫和女儿给她扣上"官迷心窍"的帽子，让她倍感压力。二是来自班子不团结的压力，最初的时候，镇党委书记和镇长面和心不和，也让她倍感压力。三是来自工作上的压力，无论是分管安全，还是招商引资，无论是环境卫生建设，还是高铁征地拆迁，都遇到很多难以想象的困难和挑战，特别是与丈夫的关系，一直成为她最大的心结，然而，面对这些问题，它没有气馁，也没有退缩，更没有因此影响工作。

这是什么精神？这是忍辱负重的精神，是自强不息的精神，也是新时代敢于担当的精神，同时也是需要回归和重建的乡村精神。

乡村精神的重建是选择性和批判性的重建。吴小蒿到楷坡镇分管文化工作，把很大精力用在了文化资源开发和重建上。但是，她的重建并不是一味的、简单的重建，而是带有选择性和批判性。首先，在批判"重男轻女"封建文化中重建。吴小蒿家中的老父亲，是"重男轻女"的典型代表。村里几个有文化的老人续修吴氏家谱，吴小蒿父亲为了让自己的后代"谱上有名"，不成为"绝户"，非让大女婿陈为忠改成吴为忠不可。陈为忠不干，跑回老家，眼看要过年了也没回来，并且表示如果非要改姓，就再也不回来了。对此，吴小蒿并没有袖手旁观。"这个时代，方方面面都在改革，修谱规则也得变变了。人家别的地方，都让女的上谱。"于是，她找到负责修家谱的吴家轩，陈述了自己的理由，最终吴家轩同意进行改革，也让女的上家谱。这可不是一般的改变，而是重大改变。因为，修家谱只上男不上女的规矩已经坚持了几千年。

其次，在批判"小鲜肉"庸俗文化中重建。海上高跷，是一种劳动艺术，起源于渔民在海边捕捉鱼虾的现实劳动。在吴小蒿将其充分挖掘，准备搬上艺术舞台的过程中，文化站代理站长孙伟找来清一色的"小鲜肉"排练表演，试图以此"秒杀百分之百的女观众"。对此，吴小蒿果断制止："海上高跷，不能搞成舞台艺术，不能脱离民间。"最终，他们请来渔民参加表演，把海上高跷打造成"原汁原味"的民间艺术。

第三，在批判"逆来顺受"文化中重建。对于吴小蒿当初婚姻的错误选择，婚后与丈夫尤浩亮关系的处理，特别是面对尤浩亮一次次暴力行为时吴小蒿的反应，作者是带着"哀其不幸，恨其不争"的心态进行叙述和描写的，体现了一种批判精神。小说最后，作者让吴小蒿勇敢地"走出来"，放弃一切顾虑，采用法律手段和尤浩亮离婚。这也体现了对其前期顾虑太多、"逆来顺受"行为的一种否定。

第四，在批判错误"政绩观"中重建。受 GDP 思维影响，在很多乡镇招商引资过程中，一些干部为了所谓政绩，存在过度开发、破坏性开发问题。

吴小蒿在这方面始终保持了清醒的头脑。当北京来的顾总要租八百亩海滩租七十年，开办房车营地，要求租金全免，而且表示"征地拆迁是你们地方政府的事。我只管接收地皮，拆除得干干净净的地皮"时，吴小蒿被激怒了，心底的火苗腾腾往上冒："您知道，土地是农民的命根子吗？那些祖祖辈辈传承下来的土地，被人无偿拿走，父老乡亲会是什么样的心情？他们的生活会受到什么样的影响？海边也一样，那些土地，那些海滩，牵涉到家家户户的生计，你考虑过这些吗？"当北京来的梁总，打着老领导的旗号，要开发"香山遗美"，搞毫无根据的"山顶洞文化"时，吴小蒿却表示，我决不能让群众利益遭受损失，不能让"香山遗美"变成"香山遗臭"。

第五，在批判不正常官场文化中重建。拉拉扯扯、明争暗斗、互相拆台、党政不合，这种不正常的官场文化，在基层领导班子中司空见惯。作品通过吴小蒿们的做法，对这一现象进行了客观批判，致力于公道正派、风清气明、团结和睦的良好生态建设。"有的镇长当了书记，多年的媳妇熬成婆，自己也要起了威风。我决不那么办，我要跟镇长理顺关系，给他充分尊重。"这是房宗岳书记的一种觉悟，也是对官场不正常文化的批判。

这是一部思想性和艺术性很强的文学作品。或许是因为《经山海》是一部命题之作，或许是因为它涉及了乡村振兴的主题，这本书引起一些人的误读。有人认为它是一部政治性作品，也有人认为它是功利性作品。但是，只要不是先入为主，只要不带任何偏见，只要认真地读过此书，就会发现：这是一本思想性和艺术性很强的文学作品。它的创作，与政治无关，与功力无关，是历史的呼唤，也是时代的感召。

《经山海》的艺术性，首先体现在它非同一般的时空感上。小说每一章的开头，都创造性地引记"历史上的今天"。内容包括三个方面，国内国外历史上的今天；吴小蒿历史上的今天；女儿点点历史上的今天。这一手法，起到两大效果：增强了作品的立体感，由平面小说变成了3D小说；拓展了人物的视野，这是一种胸怀天下、放眼世界的眼界和视野。

《经山海》的艺术性，其次体现在它独特的意象使用上。作品利用了多种意象形象，深化作品的主题和美感。楷树是一种意象。楷者，楷模之意也。

在这里，楷树不仅是一种单纯意义上的树，而是"楷模"的象征。"挂心橛"是一种意象，代表着家人对家人的牵挂。"鳃"是一种意象，镇长贺成收脖子上有一块"鳃疤"，能在水下长时间潜游，还能在水里换气，暗指其既能在官场当官，又私下里和不法商人勾结。蒺藜也是一种意象，为了治疗胸部疼痛，吴小蒿到蒺藜岭摘蒺藜，后来，她将微信头像由一棵蒿草换成了蒺藜。有人问她为什么用蒺藜作头像？她回答说：警醒自己。

《经山海》的艺术性，第三体现在它展示的独特的人生情怀上。吴小蒿是一个有情怀的人。她之所以去当镇长，不是为了自己的利益，也不是为了证明自己，而是为了有所作为。它最初的情怀，是长成一棵大树。她最可敬的情怀，是演绎"鲸落"的壮美。吴小蒿是从闺蜜甄月月那里听说鲸落的。鲸鱼在海洋中死去，它的尸体会缓慢地深入海底。"它那庞大的躯体，悠悠沉落，喂养着许许多多的海洋生物。沉到海底之后，会将所有的养分奉献给芸芸众生，甚至包括一些可以分解鲸骨的细菌，形成一个生态系统。二十世纪末，夏威夷大学的科学家发现，在北太平洋深海中，至少有四十三个种类的一万两千四百九十个生物体依靠鲸落生存，直到所有的营养消耗干净。这个过程，可能长达百年。当有机物质被耗尽，鲸鱼骨头的矿物遗骸，会作为一处礁岩，成为生物们的聚居地……"吴小蒿听了，惊诧不已，激动莫名。她心中蹦出了一个词儿：造福一方。她在心里向自己发问：你的生命，能否像鲸落那样造福一方？这就是她的人生情怀，也是世间最美的情怀。

▌ 三、文心论：生存·文化·精神

《文心雕龙》作者刘勰说，夫文心者，言为文之用心也。赵德发潜心创作几十年，创作作品多达七百余万字，其用心究竟在哪里呢？其作品究竟反映了怎样的思想内容呢？

1. 独具匠心写农民，写出了中国农民生存之命运

当代文坛，写农民或农村题材的作品很多，可以用浩如烟海来形容。赵德发独辟蹊径，匠心独运，从自己的视角写农民，从而写出了新意，写出了

深度，也写出了成就。

第一，以宏大视角写农民。中国是一个传统的农业大国，当新的世纪和新的千年来临，当工业化和城市化强势推进，当第三产业大力发展，中国农民面临前所未有的挑战和考验。站在世纪之交的门槛，赵德发面对脚下的沂蒙大地，陷入深深地思考。他思考中国农民从哪里来？又到哪里去？他思考，面对世纪之交的重大社会变革，中国农民将何去何从？他思考中国农民是否真的到了"终结期"？中国农民是否还有光明的未来？长久的思考，让他有了自己的答案。作为一个作家、一个小说家，他自觉地用艺术的形式表现出来。于是，也就有了他的"农民三部曲"和后来的《经山海》。如果说，"农民三部曲"重在反映中国农民百年沧桑之命运的话，那么，《经山海》则重在反映乡村振兴大趋势下中国农民充满希望之未来。

第二，系统化立体化写农民。很多作家写农民，只是从一段历史、一个方面或只从一个角度写农民，而赵德发却是全面系统、多维度、立体化地反映农民的生存和发展。他早期的中短篇小说，不仅写农民的生产生活问题，也写农民的文化需求问题，不仅写农民的物质生活问题，也写农民的爱情生活和精神生活问题，不仅写过去年代的生活问题，也写当今时代的生活问题。在当代最有成就的长篇小说中，张炜的《古船》，从政治经济的角度反映农民问题；陈忠实的《白鹿原》从家族的角度反映农民问题，而赵德发的"农民三部曲"，则从农民与天地、与道德、与政治的角度反映农民问题，从而形成多视角、全方位的艺术折射体系。

第三，充满深情写农民。由于赵德发出生于沂蒙山区，生长于沂蒙山区，本身就是农民的儿子、大地的儿子。每当看到他的父老乡亲在大地上耕作，他的眼里总是充满深情，有时满含泪水。他笔下的人物形象来源于家乡的父老乡亲，甚至有自己亲人的影子。因此，他总是投入极大的热情，满怀热忱地写照他们。在几乎每一个人物身上，都流淌着他的心血和汗水，倾注着他的思想和情感。他想尽千方百计，写出他们的苦难与不幸，痛苦与欢乐，奋斗与追求。长篇小说《缱绻与决绝》就是这方面的典型代表。对于这个书名，不少评论家认为太文雅，也绕口，甚至有人认为起这样一个名字"很吃亏"，他们哪里知道，这里面融入了赵德发对农民的那份独特而又深厚的感情。这个名字本身，就是农民与土地那种既缠绵又决绝矛盾纠结心理的真实写照。

第四，充满希望写农民。总体上来看，"农民三部曲"虽然不是悲剧，但具有一定悲壮色彩。尤其是三部小说的结尾，似乎让人看不到中国农民的前途和未来。《缠绵与决绝》因土地的大量减少和被污染，让人为农民的命运深感担忧。《天理暨人欲》因道德伦理追求陷入矛盾和"悖论"，让人看不到真正的出路。《青烟或白雾》因政治形势的难以把握，也让人深感无从把握农民命运的发展规律。但是，在《经山海》里，这些问题都得到了回答和解决。它通过乡村振兴显著成效的真实反馈和新一代农民形象的塑造告诉世人：乡村振兴，人心所向，大有希望；中国农民，心中有阳光，脚下有力量，未来将会有崭新的产业、崭新的生活和崭新的形象。

2. 独具匠心写文化，写出了中国传统文化之精髓

20世纪八九十年代，社会上曾兴起一波又一波文化热。文化讲座、文艺沙龙大行其道，文艺大争鸣、人文精神大讨论此起彼伏，甚至各种文化衫也粉墨登场，招摇过市。在此期间，涌现出许多以文化为题材的文学作品，尤其以文化散文和文化随笔最为兴盛，长短不一的小说也不乏其数。由于文化是个抽象概念，属于社会意识范畴，导致究竟什么是文化，怎样写文化，众说纷纭，莫衷一是。王小波曾在《我看文化热》一文中指出："文化是创造性劳动的成果。中国文化的最大成就，乃是孔孟开创的伦理学、道德哲学。"因此，离开对文化成果的深刻理解，离开对中国文化最大成就的准确把握，就不可能真正写好文化作品。所幸，赵德发以自己的考察和思考，在这方面做出了崭新的探索，形成了当代文坛独具特色的"文化三部曲"。

第一，直抵信仰写文化。文化是一种成果，必须通过一定载体来呈现。赵德发创作"文化三部曲"，选择以儒释道三大宗教为载体。他为何作如此选择？主要有两个方面的考虑，一是时代的需要，二是心灵的需要。众所周知，我国国民一向是以富有信仰和追求著称的，然而，经过十年"文化大革命"的浩劫，特别是进入改革开放之后，随着商品经济和市场经济的发展，人们普遍遭遇信仰危机，精神堕落、信仰缺失和价值观移位成为最大的社会问题，心灵迷茫、心灵空虚和心灵焦虑成为较为普遍的社会心理现象。赵德发选择从宗教入手写文化，写信仰的重铸，写灵魂的完善，因此更富有针对性和实效性，也更具社会和心灵上的现实意义。

第二，直面现实写文化。很多宗教文学作品，多数是远离社会现实或规避社会现实写修行。赵德发写宗教，写修行，并不是单纯地写佛门圣地的宗教和修行，并不是远离社会、远离生活、远离世俗的单纯宗教和修行。其目的也绝不是为写宗教而宗教，为写修行而修行，而是展示通过宗教的特殊教化功能，努力实现现实社会人际关系的调整，人之信仰的强化，人之心灵的解脱，甚至人之生命的延长。因为，儒教具有调整人与人关系的功能，道教具有调整人与自然关系的功能，佛教具有调整今生和来世关系的功能。他的《天理暨人欲》几乎完全脱离专业的宗教修行，在一个完全意义上的"世俗"的乡村世界来展开，通过主人公许正芝试图将律条村建成心目中的"道德理想国"努力，展示了儒教对现实生活的影响，也展示了具有一定担当意识的村民的求索和"修行"。《双手合十》则全面展示了主人公惠昱从一个历经挫折的社会青年，到佛学院高才生，最后成为飞云寺主持的过程，其间包含他心灵真切感受世界、精神不断坚持、灵魂不断完善的过程。《乾道坤道》则主要讲述道家传人、旅居美国的生命基因科学家石高静，受大师兄应高虚之托回国接替她担任琼顶山简寥观主持，追求"性命双修"的故事，具有强烈的社会现实意义。特别是作品对当代社会风气的批判，对宗教圣地"异化"和宗教修行"变异"的揭露和批判，都体现了直面现实的精神和勇气。

第三，直面矛盾写文化。众所周知，宗教是关于心灵和信仰的学问。但是世界上不同宗教之间，甚至同一宗教的不同派别之间，关于心灵和信仰的学说各不相同，甚至互相矛盾，也有的水火不容。赵德发"文化三部曲"所涉猎的儒释道三大宗教之间，《魔戒之旅》不同信仰的人之间，由于考虑问题的角度不同，所调节的关系不同，因此其学说和观点也都各有差异，既存在一定的内在联系，也存在一定的矛盾和冲突。对于这些问题，赵德发坚持批判地吸取，最大限度包容的基本原则，对此进行深入的理性分析，既不单一地推崇某一宗教或学说，也不以一方排斥另一方，从而形成互相包容的相对完整的宗教文化体系，也由此将宗教文化的写作推进到一个全新的境界和全新的高度。尤其值得肯定的是，赵德发虽然长期研究佛教和道教，也曾长期深入佛门道观体验生活，甚至打坐念经，但他始终是一个坚定的无神论者，一个坚定的非宗教徒，由此可以看出其高度的理性和高度的包容性。

3. 独具匠心写精神，写出了中华民族精神之内涵

俄罗斯思想家别尔嘉耶夫说，"精神是灵魂的真理，是灵魂的永恒的价值。精神性是人身上最高的质，最高的价值，最高的成就。"衡量文学作品的价值和成就，也有一个精神性标准可以参照。赵德发文学作品的思想性，其最宝贵的"文心"，恰恰在于其强烈的精神性。这种精神性主要体现在其作品始终燃烧着民族精神的火焰上。他的作品，无论是小说还是散文随笔，都从不同侧面写照和辉映了源远流长、丰富博大、不断发展的民族精神图景。

第一，写照和辉映中华民族不断守望的精神。这种守望，主要体现在四个方面。一是守望家园。在赵德发这里，就是守望沂蒙大地。无论是他到了哪里，无论是他写哪种题材，都离不开生他养他的那方水土，那片大地。因为，他的根在这里。他的《缱绻与决绝》是对大地的守望，他的《南山长刺》是对故乡的守望。二是守望文化。文化之根，是最根本的根。赵德发的诸多篇章，都体现了对中国传统文化深情的守望。《白纸黑字》《初识女书》《学堂》是对文字文明的守望，"传统文化三部曲"是对宗教文化的守望，《农者之舞》是对农业文明的守望，《槿域墨香》是在异国他乡对汉字文明的守望。三是守望精神。与其他守望相比，他更看重精神的守望。难能可贵的是，赵德发在这里守望的精神，恰恰不是来自历史，而是来自身边人。《精神在绝顶闪耀》里，他守望和仰望身残志坚，写出长篇小说《绝顶》的张海迪那份永远进取的精神。在《抬起手腕，每一粒佛珠都在》里，他赞赏张艳梅充满诗思和佛性的精神状态。四是守望灵魂。这是更深层次的守望。在《倾听沥青落地的声音》和《杨花似雪，忧思如霾》中，他对"速生时代"和"速成时代"提出质疑，呼吁一心只顾只争朝夕的人们，放慢一下飞奔的脚步，等一等自己的灵魂。在《抛却肉体》《我与周涛的"肉体之争"》中，阐明和坚持了

灵魂第一的原则。在"传统文化三部曲"中，更是将写作的指向直抵灵魂深处。在《北川城的生与死》中，他守望北川的灵魂。

第二，写照和辉映中华民族自强不息的精神。"天行健君子以自强不息，地势坤君子以厚德载物"，这是中华民族精神的集中体现。赵德发的作品从不同角度对这一民族精神作了艺术性写照，主要反映了当代国人对坚忍不拔、百折不挠、自强不息精神的坚持和发扬。这种精神，首先体现在作者本人身上，他的《1970年代：我在乡村当老师》自述，深刻体现了艰难困苦岁月，他个人对自强不息的精神坚持。如果没有这种精神，一个初中没有上过几天的十五岁少年，就不可能当上民办教师，就不可能后来考上公办教师，也不可能考上电视大学，更不可能到公社和县里当机关干部。这种精神，更多地体现在他作品的主人公身上。无论是《缱绻与决绝》里吃苦耐劳的绣绣，还是《天理暨人欲》里的许正芝，还是《乾道坤道》里的石高静，都是这种自强不息精神的典型人物。这其中，《经山海》中的吴小蒿，是最典型最突出的代表。她对家庭与事业关系的处理，她对乡村文化和精神的重建，她对工作的极端负责，无不体现忍辱负重、负重前行、自强不息、顽强坚守的意志和精神。

第三，写照和辉映中华民族勇于反思的精神。善于反思是人类最可宝贵的品质之一，也是中华民族的传统美德。没有反思，就没有真正的觉醒。没有反思，就不知道自己的思想、道路、行为是正确还是错误，是正在向好的方向发展，还是走向错误、走向堕落，甚至走向深渊。对于文学作品来说，没有反思精神，就没有思想的深度，也就没有感染的力度。赵德发的作品始终充满反思精神，反思是其作品的一大特色。主要体现在：一是主动反思自我。他的《1970年代：我在乡村当老师》自述，对自己的思想、行为进行深度反思，对自己做过的错事、糗事，甚至见不得人的事，既不遮掩，也不回避。他的关于生活方面的散文随笔，也体现着这种自我反思精神。这其中包括《让我做个伪君子》《惧怕大海》《呼唤肌肉》《我的羊性》等。二是全面反思时代。面对全新的时代，赵德发善于站在更高的层面，洞察时代风云，既看到时代的发展和进步，也看到时代的问题和不足。在《城堡上空的蒲公英》等文章中，他反思当今时代的"城市病"。在《倾听沥青滴落的声音》等文章中，他反思时代的"速成病"。在他的"农民三部曲"中，他反思工业化时代对土地、对环境的污染。在他的"传统文化三部曲"中，他反思商品时代、金钱观念对人的心灵的扭曲。他的《突如其来"人类世"》是反思时代的典型代表，对当今时代的所谓大开发、大发展进行了全面反思。反思填海造陆，反思人类大搬运，反思商业大开发，反思人工大养殖，反思地膜之灾，反思浒苔之害，反思削山平地，反思人造山洞，反思大桥跨海。通过深刻反思，指出了这些行为对人类生存环境造成的潜在的而巨大的危害。三是深刻反思人性。人性是影响和决定思想行为的根本。他在讴歌和赞美美好人性的同时，对人性中的负面清单也进行了呈示、剖析和反思。在"农民三部曲"和中短篇小说中，主要反思了乡村农民和机关人员在个人利益方面的私心和贪欲，以及在色欲方面的不耻和放纵。在"文化三部曲"中，主要反思了僧俗两界人在物欲、名利等方面的贪心。在《人类世》中，主要反思了人在发展中的野心和贪欲。

四、雕龙论：战略性·突破性·意象性

每个作家都有自身的艺术特色，赵德发的艺术特色呈现多样性，但其最大艺术特色在于其谋篇布局的高远、叙述方式的创新和情感表达的真挚上。这体现了其与众不同的"大匠之心"和精雕细刻的"工匠精神"。正是因为这一特色，使其在中国当代文坛占有一席之地。如果文艺界也评选"大国工匠"，赵德发理应名列其中。概括来将，其艺术特色主要包括四个方面的内容：

1. 内容选择的战略性

战略性是赵德发文学创作最大的艺术特色，这与他创作的高度自觉性和使命感是分不开的。一般作家创作的内容，多数呈现片断性、零散性、局部性特征，而赵德发的创作呈现鲜明的史诗性、系统性和完整性。这一切共同构成其文学创作的战略性特征。回顾总结其全部文学创作，可以分为三大战

略。其一是"沂蒙乡村"战略。这主要是其前期的中短篇小说创作。这期间，他利用中短篇小说的形式，全面系统地反映了他所熟知的乡村生活、教师生活和机关生活，从经济到文化到政治，几乎囊括了各个层面，从而形成一个完整的"沂蒙乡村"体系。其二是"农民三部曲"战略。他自己称之为"我有一个野心"。在此期间主要创作完成《缱绻与决绝》《天理暨人欲》和《青烟或白雾》三部长篇小说，每一步都是一部史诗性作品，三者相互补充，相互辉映，形成一个反映百年农民命运的完整体系。其三是"文化三部曲"战略。属于战略领域的拓展和创作内容上的更新。其间主要完成宗教文化小说《双手合十》《乾道坤道》的创作。它们与《天理暨人欲》一起，共同构成反映儒释道三大宗教文化的完整体系。同时，他还创作完成了长篇小说《魔戒之旅》，反映另一种宗教——偶像崇拜，作为三大宗教文化的重要补充。对创作如此规划和考量，在中国当代文坛实属罕见。

2. 乡土文学的突破性

赵德发的很多作品属于"乡土文学"范畴，但是他笔下的"乡土"有别于其他作家笔下的"乡土"。著名作家张炜在《赵德发文集》总序中曾经指出，"对乡土小说的自觉突破，是德发创作的一大特点。随着文学的世界化和现代化，乡土文学必将得到突破，而德发一直在做这样的努力。从'农民三部曲'即可看出，他在探求新的叙述形式，从结构到其他，保持与世界文学对话的能力。齐鲁大地是乡土文学的老巢，在这里出现一个勇于探索、自我挑战的作家，就显出了特别的意义。"综合分析赵德发对乡土文学的突破，主要体现在：首先是内容的厚重。他善于将厚重的历史和沉重的时代课题有机结合在一起，增强了作品的"厚度"，也有效避免了乡土小说的肤浅之病。其次是理念的先进。虽然是写农村题材，但绝不被"小农意识"所影响，也不被"小农思想"所束缚，更不被简单落后的"农耕经济"所局限，而是站在时代的制高点上，将新的思维和新的思想注入作品之中，从而增强作品的生命力。第三是语言的独特性。赵德发既吸取了当地农村原汁原味的方言话语，又有机融合了当今时代的崭新语言，形成有自身特色的话语体系。这种话语体系，既有别于纯乡土文学语言，又不同于知识分子语言，而是介于两者之间，既葆有乡村语言的生机活力，又不失现代语言的理性光泽。评论家刘宏志曾经指出："他的'乡土三部曲'——《缱绻与决绝》《天理暨人欲》和《青烟或白雾》。这几部小说有众多鲜活生动的农民群体人物形象和大跨度的史诗气魄，是近年来中国乡土书写的一个重大成果。"

3. 思想蕴含的意象性

大象无形却有意。赵德发长篇小说有一个非常突出的特点，就是善于选择一个贯穿全篇的意象物，既作为一种背景，又作为一个特殊的事物，来形象化和深化主题。这方面最典型的代表是《缱绻与决绝》里的"天牛"、《君子梦》里的"雹子树"、《人类世》中的"金钉子"和《经山海》中的"楷树"等"四大意象"。它们以独特的形象生长在文本之中，具有深刻的思想内涵。一是《缱绻与决绝》中"天牛"，是一个揭示客观形势的天外来客。绝大多数读者都认为，包括作者本人也承认，《缱绻与决绝》反映的是农民与土地的关系问题。但是，当仔细阅读全书，并对"天牛"这一神奇之物进行认真研究后就会发现，仅仅以为小说家形象地阐释了人与地的关系，是不太全面的。事实上，赵德发所阐释的是天、地、人之间的完整关系。可以肯定地说，天牛、天牛庙在小说中以背景物和生活舞台出现，赵德发肯定是有所寓意的。那寓意就是天，这个天并不仅是自然的天，而是社会的天，就是当时面临的社会形势。二是《君子梦》里的"雹子树"，是善恶对立统一的承载者。赵德发所描写的这棵雹子树与一般树不同，不仅罕见，而且十分奇特。它的奇特之处就在于，该树不见雹子不发芽。每年春天，如果没有下雹子，它的枝叶就像枯死一样，而一旦遇到冰雹袭来，一夜之间就会焕发生机，迅速长出叶子。它的叶子呈雹子形状，初始发青，秋天慢慢变黄，而后转红，即便在万木凋零的冬天，也不轻易落下。据说，它还有滋阴壮阳的作用。赵德发正是通过对雹子树的描述，形象地揭示了"善与恶"对立统一的深刻哲理。从自然形态来看，雹子树遇到风雨便格外"摇摆"，并发出"哈哈"之声，遇到雹子侵袭才焕发生机。正是这种奇特关系的生动写照。在这里，雹子树是弱者，是善的代表，而风雨和冰雹是暴力，是恶的代表。三是《人类世》中的"金钉子"，是生命向度与生命力量的隐喻。赵德发将地质学"金钉子"

这一物像概念引入其创作的长篇小说《人类世》作为承载故事的元素做出"别样表达",无疑具有了诗性的意象。"金钉子"这一意象本身在强化作品主题"警世"功能的同时,有着极其复杂的社会学容量。它触及了人类生殖繁衍、科技发展、人性道德演进的诸多内容。作品中的"金钉子"是随着孙参破坏性掠夺的发迹史和焦石对地质学艰辛探索历程两条主线展开,并在诸多人物语言和叙事话语中不断聚合或裂变出"金钉子"逻辑命意的。四是《经山海》中的"楷树",是乡村正大精神的象征。长篇小说《经山海》书写的是乡村振兴的故事,意在乡村精神的回归与重建。作品中所书写的"楷树",看似是一种树,其实代表的是一种精神,一种文化,是一种源自古代的传统的正大乡村精神。社会在发展,乡村失精神!乡村精神回归和重建的故事,放在这样的典型环境里,以"楷树"为象征,因此也就有了更为紧迫的现实意义和深远的历史意义。

铁流论：但倾长情著春秋

李恒昌

铁流小传

　　铁流，1967年10出生于山东省莒县庄疃公社泥沟子村，汉族，中共党员。种过地，学过木工。1984年10月参军入伍，1998年7月毕业于解放军艺术学院文学系。现任中国作家协会第十届报告文学委员会副主任、山东省作家协会副主席、青岛市文联副主席、青岛市作家协会主席、山东省政协委员、青岛市人大代表，享受国务院特殊津贴专家、山东省"齐鲁文化名家"。著有长篇纪实文学《靠山》、中篇小说《槐香》、散文《豆腐的回忆》等多篇部。获国家级、省级奖项多次。

　　1999年加入中国作家协会。主要作品如下：1999年6月出版纪实文学《槌下硝烟——中国拍卖全景写真》；2002年2月，出版纪实文学《中国驱逐舰备忘录》。2007年11月，发表报告文学《支书与他的村庄：中国城中村失地农民生存报告》，获得了中国鄂尔多斯文学奖优秀作品奖、山东省泰山文艺奖（文学作品奖）2014年1月，出版报告文学《国家记忆：一本〈共产党宣言〉的中国传奇》，获得山东省精品工程奖、中宣部五个一工程奖；8月，凭借报告文学《中国民办教育调查》获第六届鲁迅文学奖报告文学奖、山东省泰山文艺奖（文学作品奖）。2015年10月，发表报告文学《一个村庄的抗战血书》。2016年6月，出版报告文学《见证：中国乡村红色群落传奇》。2019年9月11日，发表报告文学《"莱西经验"诞生记》。2021年5月，发表、出版纪实文学《靠山》，曾获得《当代》文学拉力赛年度总冠军、中国年度好书、中宣部五个一工程奖；10月，出版长篇纪实文学《烈火芳菲》。

铁流多篇作品被《新华文摘》《小说月报》和各种年度选本转载，根据《国家记忆：一本〈共产党宣言〉的中国传奇》《一个村庄的抗战血书》改编的电影《大火种》《渊子崖保卫战》已经在院线和中央电视台放映、播出。

铁流是鲁迅文学奖得主，当代报告文学重量级作家，担任新一届中国作家协会报告文学专业委员会副主任。其创作的长篇报告文学《靠山》《烈火芳菲》《国家记忆——一本共产党宣言的中国传奇》《支书与他的村庄——城中村失地农民生存报告》《中国驱逐舰备忘录》《一个村庄的抗战血书》等作品，既具有鲜明的时代性，又具有深刻的历史性，是当代文坛不可多得的佳作和宝贵精神财富。对其创作理念、思想内涵和艺术特色进行深度研究，对推动当代文学发展，尤其是推动报告文学发展，具有较强的指导意义和启示价值。

一、创作理念：文学必须充满生机和烟火

铁流在接受《解放军文艺》杂志记者采访时，曾谈到自己的创作感言。

他说："文学创作需要用心去触摸，需要用双脚去丈量。足不出户闭门造车，也许你写得很精致，但往往缺少了生机和烟火气。纸花再绚丽，毕竟是没有生命的。"这可以看作他最核心的创作理念，也是他的创作操守。这段短短的文字，内涵却是异常丰富的。其中，折射和蕴含了他所理解和坚持的作家与文学的辩证关系，作家与生活的辩证关系，作品与生活的辩证关系，同时，也折射和蕴含了作家创作与所处时代的辩证关系。

1. 作家与文学的关系——"用心说"——文学是真情事业

文学是人学，也是情感之学，必须用心、用情、用力去热爱，去创作。如果没有真正的热爱，没有一颗虔诚之心，搞不了文学，也没有必要从事文学。很多作家创作的作品，之所以质量不高，显得肤浅和粗鄙，得不到社会和读者的认可，最根本的原因就在于缺乏一颗对文学的热爱之心，也缺乏真正的"用心"。

《人民文学》杂志主编、中国作家协会书记处书记、著名文学评论家施战军先生2019年曾发表文章《新世纪的危机：消极的文学教育》明确指出：有一部分专业文学研究者其实并不爱文学。他紧密结合现实形势分析道，按理说，体现文学的学院标准和权威的大学中文系，该是相对纯净的文学领地，养护的应该是民族文学甚至是整个社会优雅的心脏，它所输送的纯洁血液，应当足能养成与混乱的文学生态和病态的文学肌体相抗衡的力量。但是，我们的心力面临衰竭，起码现在，我们还感觉不出这样的心跳所显现的足够的权威性力量。其实，不独文学研究领域，在文学创作领域，也不乏并不热爱文学的人。他们很多不过是想借助文学的平台，去达到一些文学之外的目的而已。这方面的问题，铁流是根本不存在的，不仅不存在，而是表现为完全相反的向度和力度。他不仅热爱文学，而是深深地爱着文学，他的创作是"用心"的，也是"用情"的，更是"用力"的，某种程度上可以用"为伊消得人憔悴"来形容。

铁流用了近四十年的笔名，蕴含了他对文学非一般的激情和热爱。铁流原不姓铁，而是姓李，叫李发成。之所以采用"铁流"的笔名，有着深刻的含义。这里面，给人的影响是与苏联著名作家亚历山大·绥拉菲靡维奇所著的长篇小说《铁流》有一定关系。只要一想到铁流的笔名，总让人感觉它与此书有某种联系。据铁流自己介绍，这个笔名最初的时候其实与《铁流》并没有什么关联，当时有一个很简单很朴素的想法，觉得钢铁熔化了后，能锻造各种各样的有用之材，同时也很喜欢红彤彤的钢水带着炽热和热烈的感觉。后来读了《铁流》这部长篇小说之后，又觉得给这个笔名注入了新的含义，自己也就格外喜欢这个名字了。铁流在这里所阐述的"铁流"的这种"炽热和热烈"的感觉，其实彰显的便是他为人的向往，也是对文学的一种热爱。他之所以用这个笔名其实是在渴望文学要表现"铁的人物和血的战斗"，他也向往"铁流"那种"炽热和热烈"。这是对文学深爱的一种深层体现。

铁流的创作始于读书，一旦爱上就一发不可收拾。早在乡下时，铁流悄悄地开始了读书生活。随着年龄的增长，文学作品看多了，心里就有一股子冲动，也想拿起笔写点什么。在这种创作欲望引导下，他年纪轻轻便模仿着写了个长篇小说，叫《山里红根》，反映战争年代少年英雄的，写完后同学们都拿去传看。中学毕业后，铁流就回家务农了，但文学梦一直没有丢，每天晚上都掌着煤油灯读书到鸡叫，父亲梦中醒来总是会嘟哝几句，你连个学都上不好，还想着去写书？快睡吧！农村没有闲人。为了生计，铁流到了村里的林业队，每年开春，都能看到满树的桃花梨花，果子快熟的时候，满园子红彤彤的。为了防备人偷，他们几人一帮守夜，月光皎洁，虫声切切，一缕缕薄雾盘在树上，灵感一下子来了，铁流就钻进棚子里打着手电筒写日记，写小说，久而久之，让队长发现了。队长不但不支持，反而召集大家开他的批斗会，说龙生龙，凤生凤，老鼠生来打地洞，你一个农民，就得一门心思地好好钻研种地，养好咱们的果树，要不就别干了！铁流一气之下离开了林业队，跟着他的姨夫学木工，每天拉着沉重的大锯，脑子里还想着小说中的人物。当兵一直是他的理想和目标，1984年10月，他手里捏着母亲塞给的几元钱，踏上了军旅之路。新兵连结束后，他先当了炊事员，不久又干了仓库保管员。那个时候，部队都非常重视小秀才，铁流如鱼得水，在创作上进步不小。当初，他和战友就住在一个类似地下室的房子里，工作之外他就看书写作。有一年春节，他都不知道外面是晴天还是阴天。听着外面阵阵鞭炮声，他的笔尖在纸上沙沙响着。从这一过程可以看出，铁流对文学是多么热爱。羸弱的身体，没有改变他读书的爱好；父亲的讥讽，没有改变他的主张；生产队长的批斗，反而使他更加坚强；军旅生活条件的改善，也没有让他放弃自己的梦想。这期间，无论哪个关口，哪个节点，只要他有一点放弃和松动，结果将完全不是现在的模样。

铁流对报告文学的偏爱，也体现了他心灵的真切感受。铁流刚开始创作的那些年，一直写诗歌、散文、小说。后来偶然读了徐迟的《哥德巴赫猜想》后，一下子爱上了报告文学。随着时间的推移，他越来越坚信，虚构的东西永远没有现实生活精彩。在接受《齐鲁晚报》记者采访时曾明确指出："只有报告文学才能抒发我对社会的热情，能触动我的心灵深处。"他还说："报告文学是一项自我牺牲的事业，报告文学作家有可能会面临生命的危险。"即使如此，他依然钟爱着报告文学，义无反顾，无怨无悔。多年来，他之所以没有停下脚步，全因为他的"内心怀了一份痴迷，胸中揣一份良知，肩上扛了一份责任"。他之所以长年专注于红色题材创作，也与他的心灵和血液有着密不可分的关系。因为他是烈士的后代，他的爷爷就是一位革命烈士，自己也有近30年军旅生涯，具有红色血统和军人作风，用他自己的话讲就是"血液里流淌着红色基因"。

文学创作是铁流唯一的爱好，贯穿了他的既有人生道路。曾有记者问他，除了创作，你还有什么爱好？这些爱好，对你创作有何影响？铁流回答说，除了创作，再就是读一些杂书。还有一个重要的爱好就是逛菜市场，菜市场就是一个人生场，大世界，从形形色色的人中，会听到各种各样的信息，会体验到浓浓的烟火气。在穿梭中，他喜欢和小商小贩聊天开玩笑，在快乐中体验生活和感受生活，很多创作的素材就源源不断地汇集到他的脑海里。其实，这里的看些杂书，以及逛菜市场，与小商贩聊天的所谓"爱好"，其实都是文学爱好的一部分，是文学爱好的"附属爱好"，是为文学创作打基础，积累素材而已。可以说，铁流除了文学，并无其他爱好。不过，有这一爱好也就足够了。

2. 作家与生活的关系——"丈量说"——深扎、广扎生活

对于作家与生活的关系，特别是对于是否应该深入生活，实际上在文坛和评论界是有一定争议的。在铁流这里，有着更为深刻而清醒的认识。他认为，作家必须要深入生活，不仅要"深扎"生活，而且要"广扎"生活；作家创作，不仅深入采访，而且要用脚去丈量大地，广泛深入地进行采访。唯有此，才能创作出真正的佳作。他的这一观点，与著名作家张炜的观点有相似之处。在文学创作上，张炜自称是一位"地质工作者"，为了完成《你在高原》的创作，他像一个真诚的地质工作者一样，足迹踏遍胶东半岛，栉风沐雨，星夜兼程，从春天到冬天，丈量脚下的土地，敲打叩问山河，仰望天空的星辰，吸天地之灵气，沐日月之光华，从民间、从时代、从大地汲取营养和力量。铁流也拥有这般信念和力量，也有着这样的追求和经历。

铁流曾经的苦难生活，化为驱动他深入生活的巨大精神养分。铁流小时候吃过不少苦，这对于一个作家来说，既是难忘的，也是难得的。可贵的是，他自觉地将其化为一笔宝贵的精神资源，引导自己树立了一个非常正确的生活态度——热爱生活，深入生活。铁流出生在沂蒙山，生活在沂蒙山，当年，沂蒙山是革命的代名词，也是贫穷的代名词。小时候，饥饿给他的印象最深刻，因为挨饿的滋味是最刻骨铭心的。他曾写过一篇散文，叫《豆腐的回忆》，豆腐现在是家常便饭，可过去只能在过年的时候才吃上一点。那时候，他总是看到母亲只是尝一尝，问她为什么不吃，母亲笑笑，说不喜欢吃豆腐。后来生活好了，母亲也吃得很多，再问起她，母亲笑着说，还不是为了让你们多吃些呀。父亲希望儿子能走出贫瘠的乡村，彻底摆脱贫穷，就经常鼓励铁流说，儿子，你一定要好好读书，你不是喜欢吃馒头吗？等你长大了考上大学不仅能吃上白面馒头，还能找一个城里媳妇呢。那时，他最渴望的是吃饱饭，能吃上一点好东西都是奢望，当然，他更渴望的是读书。铁流几个月大小的时候，在风口里被呛了一口，从此每到冬天就咳嗽，重的时候大都是坐着睡觉，一到冬天就不能上学了。母亲很忧愁，觉得孩子这一辈可能没有什么出息了，他自己也隐隐约约地感到失落，是读书填补了他的内心世界，开始是看连环画，后来是读长篇小说。铁流参军后当过炊事员、无线电员、汽车驾驶员、仓库保管员、分队长。1987年，他考上了海军蚌埠士官学校。可是，由于他理科不好，再加上沉湎于写作，第一学期就有几门课考砸了，按说得退学，学校知道他是个小作家后，又给了他一次机会，可第二个学期又有一门课没能过关，很快就接到退学的通知。退学的当年，就面临着复员，部队领导也不舍得放走他，又给了他一次次机会。面对这些挫折，这些不堪，铁流并没有抱怨，也没有灰心，而是真诚地感恩生活，感恩文学。他说，说实话，文学给了我一次次挫折，但文学又一次次成就了我，我感谢文学。这些都有助于他形成和树立正确的生活观念和文学观念。

　　他以自己的实际行动，去兑现他"丈量"大地、"深扎"生活的诺言。对于很多作家来说，所谓"创作"其实便是躲在楼阁之内的"冥想"或"虚构"。特别是对于有些报告文学作家来说，所谓的"创作"，就是利用搜集的"二手材料"进行"二手写作"。在铁流这里，"创作"与这些人有着不同的含义，更有着不同的行动。他说，报告文学创作是用脚走出来的，作为报告文学作家，必须腿勤、手勤、眼勤、嘴勤。有人说"没见过比他更能'跑'的作家了。"他真正的创作，并不是闭关在阁楼里，而是在采访路途中。他的生活，可以说，"不在采访，就在采访的路上"。很多时间都是在农村、在田间地头，在翻山越岭，沙里淘金。为此他不知磨穿了多少鞋子。几十年下来，他始终坚持走进生活，亲自采访，为此足迹踏遍大江南北，长城内外。这考验了他"丈量"大地的"脚力"，也考验他"深扎"生活的深度和广度。他认为，报告文学一直广受读者的欢迎，众多大型刊物以及出版社都格外的重视，特别是当今时代，很多小说家也都加入这个行列里来了，可报告文学创作既有艰辛又有风险，就像蜜蜂一样，不去花丛中辛勤的耕耘，是得不到甜蜜的。深入生活、扎根人民就像打一口井，井打得有多深，水就有多甜。对一部作品而言，细节是靠双脚丈量出来的。生活是作家创作的养分，这些年，他一直以著名作家柳青为榜样。当年柳青为了创作长篇巨著《创业史》，举家从北京搬到了陕西长安县皇甫村，一待就是14年。对此，他不仅由衷地敬佩，而且真心学习借鉴。这些年，他一直在生活的深处，去的行业很多，但最喜欢跑的还是农村。在一些革命老区的广大农村，他接触到了很多战争年代的支前模范，男的女的都有。打眼一看，他们就是一些普通的农民，几乎都是八九十岁的耄耋老人，腰也佝偻了，说着一口地地道道的当地话，满脸沧桑。在与他们深谈和从别人嘴里了解到，他们在战争年代，竟然都是支前模范，有的是民兵连长，有的是妇救会长，有的是儿童团长。那个时候，他们是充满青春气息的年轻人。随着时间的推移，很多老人都已经离开了人世，他发誓一定好好写写他们，用文字为这群普通人立下一座丰碑。在江西采访时，他了解到，当年的于都老百姓为了让踏上长征之路的红军顺利过河，把家中的门板和床板都用来架桥了，还有一位老人把自己的棺材板都献了出来。在莱阳深入生活时，他听到了这样一个故事，一个叫唐和恩的支前模范，带着支前小分队支援了济南战役后，又踏上了支援淮海战役之路，这个支前模范当时随手带着一根小竹棍，在支前路上几个月的时间里，他在小竹棍上刻下了80多个城镇和村庄。正是他们，把一车车粮食运到了前线。到了1949年元旦，唐和恩又带着小分队和众多支前队伍一起，把一车车猪肉送到了前线。现在，小竹棍作为一级革命文物，被中国人民革命军事博物馆收藏。如果铁流没有"丈量"和"深扎"精神，是掌握不到这些材料，也不可能写出真实感人优秀作品的。

他以自己的实际行动，走进历史深处，走进人民心中。为了创作《靠山》，他从2007年开始搜集资料，足迹遍及山东、河北、江苏、安徽、湖南、江西、陕北等地，积累资料数亿字，采访笔记达上千万字，走访战争年代的亲历者、见证者和他们的后人上千人。他在沂蒙山采访到这样一位老人，当时她已经九十多岁高龄，很多事都记不清了，甚至连自己的儿孙都分辨不出，可见了跟着他做速记的女孩后，一把握住她的手，流着泪说，闺女，你咋就这么长时间不来看俺了？俺想死你了。见老人情绪一时难以平静，铁流就先告别了，过了几天他们再去时，老人还是牢牢握着这个女孩的手，仍然说着同样的话。原来，这个女孩留着刘海，当年的女八路就是这样，刘海一下子打开了老人记忆的闸门。那一年，她家里来了一对八路军，是夫妻俩。那年，这位老人才19岁，刚生了孩子。这对八路军夫妇是特地来送自己刚出生不久的孩子的。老人的婆婆说，同志，你们八路军为俺们穷人打天下，俺们给你们养个孩子算啥？有俺孩子一口吃的，俺就不能饿着你们的孩子！至今，老人为八路军抚养的孩子还健在，每年都来看望她。从这位老人口里，他得到了当年的许多真实故事。只因为，他走进了老人的心里，得到了老人的信任。

3. 作品与生活的关系——"烟火说"——真实再现现实生活

铁流的"烟火说"，指的是作品要有生活的气息，要有生机和活力。这一切，与作品的艺术性有关，更与作品的真实性有关。特别是对于非虚构性文学作品，真实的"烟火气"，其实就是作品的生命。所幸，铁流从事文学创作几十年，一直追求这种"烟火气"，而且是"不一样的烟火"。

他依靠广泛深入地采访获得第一手资料。铁流认为，虚构的东西，远远没有现实生活精彩，也比不上那些已经发生和正在发生的真实事件更震撼人心。为了获得那些真实的第一手资料，他把功夫下在了创作前的采访上。他采访的那些烽火年代的亲历者，大都已经不在人世了。有些老人，采访完不久再去看他（她）时，已经化作田野上的一座坟冢。采访和搜集资料是艰难的，采访的对象在广大农村，南腔北调的，听起来很困难，有的老人说话不着边沿，需要反复问反复启发，有时候整整一天也采访不到想要的故事，铁流便先放到一边，过些日子再来深挖。他和赵方新采写《东方母亲》《烈火芳菲》的时候，就听乳娘讲到了一个这样的故事，当年她们抱着八路军的孩子在雪山里躲鬼子，孩子冻得不行，她们就把孩子放到裤裆里，那个年代的人基本上都是穿着大裤裆的棉裤。这些故事再高明的虚构高手也是凭空想象不出来的。他在创作民办教育题材的时候，为了得到一些野鸡大学的真相，曾深入到校园里暗访，被保安追得无处躲藏。采访城中村故事的时候，有些地痞流氓刀子相加。正是因为此，很多作家对这个题材望而生畏，中途就退却了，但他却临危不惧，义无反顾。这体现的是他勇于求真的精神。

他努力追求现场感和真实感。军艺毕业后，铁流一度将目光投到了火热的军营生活。海军初创时期，发展极为艰难，首任海军司令员肖劲光到刘公岛视察的时候，坐的竟是一条小舢板。那个时候，海军没有大型水面舰艇，在海上几乎没有什么震慑力和威慑力。50 年代初期，从苏联购买了 4 艘退役的驱逐舰，很快，海军就组建了第一支驱逐舰部队。海军手里的这些二手货在人家那里是破烂，可在我们这里成了爱不释手的宝贝。这些参加过二战的舰艇，抗摇摆能力比较差，遇上大风浪，有的水兵晕得到了痛不欲生的地步，跳海的念头都有了，战友们只好用背包带把他绑在床板上，老鼠和水兵都趴在那里面对面的呕吐。为了让海军拥有自己的战舰，一代又一代的科研工作者呕心沥血研制着。这里面有着一个个鲜为人知、催人泪下的故事，为了展现这真实的、不一样的烟火，他一头扎进了驱逐舰部队，与他们同吃同住同巡航，有时甚至不能抵挡住涌浪，胆汁都吐了出来。就是这样，他创作出了《中国驱逐舰备忘录》，以及《第一艇长》《一个士兵的模拟战场》和中篇小说《槐香》等一系列军事题材的作品，给文坛带来一股新风。为了增强作品的现场感和真实性，铁流本着"好看接地气"的原则进行创作，避免"高大上"和"空洞的说教"，努力从人性、人物内心世界着手，着眼于细节，力争用文学的语言来叙述真实的故事，其中还写到了很多风土人情。《靠山》便是这方面的典型。

他正确处理虚构与非虚构的关系。真实是报告文学的生命，报告文学最讲究真实，但是，这里的真实，并不是机械的、刻板的、物理的真实，而是艺术的形象的逻辑的真实。如何处理好创作中的虚构与非虚构关系，特别是细节方面，在许多没有见证人的情况人，如何还原历史真相和艺术的想象之间的关系是个非常重要的问题。对此，铁流有自己的真实性原则和艺术性原则。这个原则便是"大事不虚，小事不拘"的原则。"大事不虚"，能够确保历史和事实的真实性；"小事不拘"，则是为了确保有艺术创作的空间。在铁流看来，为了把握好不虚，就得在深入生活上下功夫，占有的资料越实越好，采访的人越多越好，同时还要做到没看到的不写，没去到的不写，没听到的不写。在细节上，推理要有根据，想象要合情合理。近些年，他创作的历史题材的作品，曾经的亲历者都觉得写出了当年的样子，他们的后人看了说，写的就是他们的亲人，没有感到不真实的成分。这就足以说明，他所坚持原则的正确性和可行性。由此可以得出一个基本结论，"大事不虚，小事不拘"的原则，可以作为报告文学创作的一个"普适性"原则。

4. 作家与时代的关系——"担当说"——无愧时代和人民

众所周知，我们正处在一个伟大的时代，建设中国特色社会主义和实现中华民族伟大复兴的伟大事业前无古人，社会主义现代化建设和改革开放事业波澜壮阔。伟大的时代，呼唤伟大的作家和伟大的作品。作为有责任、有担当的作家，必须自觉地坚持以人民为中心，紧跟时代，贴近时代，反映时代，进而引领时代。铁流毫无疑问是这样一位有使命感的作家。他旗帜鲜明地为自己的文学创作定位——"用报告文学书写使命担当"。显然，这是一种时代的担当，也是一种高度自觉的担当，更是一种值得提倡的担当。

近年来突然发现，在当代中国文坛有"两铁"。一个是铁凝，一个是铁流。凝者，静也。流者，动也。铁凝以其系列作品，构筑起当今社会之静美图景；而铁流则以其系列作品，展现历史和时代发展变迁的洪流。他们一个是山，一个是河，无形中构成当代文坛的"一册山河"。从铁流的历史和时代"洪流"里，我们窥见了时代的"风流"，也窥见了一个当代作家所应有的责任感和使命感。

铁流直面现实的作品，很好地承担了"报告时代精神"的责任。铁流的很多作品，是直面现实的作品，这些作品一个最大特点是反映时代精神。这其中包括火热的军营生活和军人精神。他的《中国驱逐舰备忘录》从一个侧面展现了我国海军"后来居上"的追赶和创新精神。90年代初，我们有了自己的新型导弹驱逐舰，面对新装备，我们很多官兵一时有些茫然失措。为了尽快掌握新装备，他们从零学起，很快就从传统意义上的兵蜕变成了科技兵。在这群官兵中，铁流认识了一个叫朱桂全的普通战士，他学历低，可爱钻研，在与外国专家打交道中靠"察言观色"偷了不少技艺，很快就成为一个优秀的机电兵，据此他及时报告，创作完成了《一个普通士兵和他的模拟战场》。他的《中国民办教育调查》，怀着对民办教育工作者的崇高敬意，肩负着对中国当代教育的使命，深入到民办教育的腹地，记录走访，调查采集，全景式展现了改革开放迄今鲜为人知的中国民办教育的发展历程。在高歌赞叹教育家乐天宇、杨文、丁祖诒、胡太白等优秀民办教育创办者筚路蓝缕办学的功绩同时，也揭露鞭打了民办教育中的害群之马和短视小人。全书将风生水起、方兴未艾的中国民办教育给予了填补空白的论证解疑，对民办教育的志士们给予了经简而直传、崭新而奇雄的礼赞。

铁流书写历史题材的作品，很好地承担"呼唤时代精神"的责任。铁流在创作现实作品的同时，在不断地深入生活中发现，发生在 20 世纪的中国革命，很多画面虽然已经远离了我们，甚至已经湮没在岁月的尘埃中，可有很多东西还值得去挖掘，有很多英雄乃至烈士值得去书写。受这种使命的召唤，他陆续创作了《国家记忆——一本共产党宣言的中国传奇》（与徐锦庚合作）、《见证——中国乡村红色群落传奇》（与纪红建合作）、《抗战血书》等历史题材的作品。由于一个偶然的机会，铁流发现，在山东东营博物馆珍藏着一本奇书，名为《共产党宣言》，它历经战火的洗礼，最后被农民兄弟冒着生命危险一路保护了下来。山东鲁北平原上的农民兄弟是通过学习《共产党宣言》起来革命的。刘集村的党支部书记刘良才先是磕磕绊绊地读了这本书，为了把书中的道理告诉农民兄弟，他让老婆挨家挨户通知全村人，都到他家里来吃白面馒头，村里人去了后，根本就没有什么馒头，炕头的桌子上只放着一本薄薄的小册子。刘良才指着封面上那个人说：这是马大胡子，他告诉咱们，只有砸碎了旧世界，咱们才能过上好日子。大伙想一想，好日子来了，咱们还能吃不上白面馒头吗？根据这段具有传奇色彩的故事，铁流和徐锦庚先生共同创作了《国家记忆——一本共产党宣言的中国传奇》这本著作。这本书，与其说是对当年历史的追忆，不如说是对"不忘初心，继续前进"时代精神的辉映和呼唤。

铁流红色题材的作品，很好地承担"弘扬主旋律"的责任。曾几何时，红色作品和主旋律作品遭到社会上某些人的抵触和讥讽。更有一些居心险恶、动机不纯的人，诋毁、抹杀、消解红色精神和英雄人物。一个缺乏正能量的民族是可悲的，一个不去弘扬正能量的民族更是可悲的。罗曼·罗兰在《英雄三传》序言中曾经写道："打开窗子吧，让我们呼吸一下英雄的气息。"铁流的一系列红色题材作品，便为我们打开了一个个呼吸正能量气息的窗口。近年来，铁流整个身心几乎都倾注在了红色题材的创作上，创作出一系列不同凡响的力作，包括《国家记忆——一本共产党宣言的中国传奇》《东方母亲》《烈火芳菲》《靠山》等等。这些作品内容大气厚重，角度新颖别致，属于弘扬正能量的经典力作。特别是由人民文学出版社出版的长篇报告文学《靠山》，记述了战争年代尤其是抗日战争、解放战争时期人民群众踊跃支前的动人场面。全书展开了上百个详细叙事，涉及了上千人的真实故事，浓缩了 1921 年至 1949 年间完整的百姓支前史。不但有故事，还有当地的风土人情，故事感人，可读性强，具有震撼人心的力量。铁流自己曾说，文学有着浸润人心和催人奋进的力量。以人民为中心，为人民而书写，是一个作家的职责。这正是他创作《靠山》的根本所在。

铁流说，报告文学作家与时代的脉搏一起跳动，与火热的生活一起沸腾，在无数个采访的日夜，看到了很多小人物的不幸，也倾听到了他们无力的呐喊。在卑微中发现了高尚，在平凡中知道了什么是高尚，在社会大潮的涌动中，也发现了很多需要时代改革和校正的矛盾，由此，自己感到了一个报告文学作家的责任，还有坚守在心里的那份良知。这应该是他为何坚持用报告文学担当时代责任的最根本原因。

▎二、《靠山》：艺术论证人民与江山的重大关系

由人民文学出版社重点推出的长篇报告文学《靠山》，是一部反映人民群众革命战争年代踊跃支前的倾情厚重之作，也是铁流的代表作之一。这部长达 48 万字的著作，深刻揭示了战争的伟力之最深厚的根源存在于民众之中的哲理。品读这部名叫《靠山》的著作，犹如欣赏一座巍峨耸立的"大山"，给人最深刻的印象是高大、坚实和厚重，具有非同一般的质感和分量，令人高山仰止。

1. 铁流创作《靠山》这样一部书稿，是一个非常了不起的大工程

这部作品从准备到完稿，历时 14 年，可以说是十年磨一剑。仅搜集的资料就达数亿计，采访记录上千万字。为了写好这本书，从 2007 年就开始有目的积累材料。前前后后去过江西、河南、江苏、安徽、河北、山东、陕北等各地，采访了众多的革命年代的亲历者和见证者以及他们的后人们。据

介绍，几乎在完成这部书稿的同时，作者还与赵方新先生合作，共同创作完成了长达 38 万字的长篇报告文学《烈火芳菲》。在一个年度内，同时向读者奉献两部重量级作品，彰显的是作者高度的责任意识和非凡的"脚力、眼力和笔力"。之所以说这是一个了不起的工程，还在于作者呕心沥血地构筑了一部人民战争的伟大史诗。本书出版时的推介语是"用一本书，讲一个时代"。其实，本书讲述的岂止是一个时代？而是一个民族伟大而漫长的历史和一个国家伟大而坚强的人民。从 1934 年红军自苏区于都出发开始伟大的长征，到血沃中华大地；从"白雪"飘飘的渤海之滨，到鏖战中的晋察冀边区；从如火如荼的沂蒙山区，到人民群众全力支援决定中国人民前途和命运的淮海战役，既跌宕起伏，气势恢宏，又波澜壮阔，慷慨悲壮，从而形成了一部人民战争的史诗性全景式壮丽恢宏画卷。作品中的很多史料、情节和场面，都是鲜为人知的，也是第一次向世人披露。应该感谢作者所做的巨大努力，因为他做了一件非常及时的人民战争史料和难得精神财富的抢救工作。这些工作如果没人去做，将会给人留下终生的遗憾。

2.《靠山》的最大意义，在于全面深刻系统地回答了"谁是谁的靠山"问题

铁流运用大量历史事实回答了究竟谁是党和人民军队靠山的问题。那就是，人民群众是党和人民军队最有力的靠山。一方面，无论是抗日战争，还是解放战争，战争的兵员和主力部队都来自人民群众。作者介绍过这样一组数据，红军长征之前，在于都补充兵员，红一军团补充 2600 人，红三军团补充 2600 人，红八军团补充 1900 人，红九军团补充 1300 人，红五军团补充 1300 人，这些兵源都来自当地的人民群众。下肖区农民杨显荣，响应"扩红"号召，让八个儿子全都参加红军，在第五次反"围剿"中全部牺牲。仅长征途中，沿途老百姓加入革命队伍便达三十万之众。革命者的力量来自哪里？作品深刻形象地告诉读者，当然是来自人民群众。作者引用毛泽东《湘江评论》创刊宣言中的话说："世界上什么问题最大？吃饭问题最大。什么力量最强？民众联合的力量最强。"毛泽东曾问，我有三头六臂吗？会腾云驾雾吗？当然没有也不会。老百姓之所以认为毛泽东"不是凡人"，最根本的原因，在于他吸取了人民群众的智慧和力量。

另一方面，几乎所有战争的胜利，无不来自人民群众的无私支援。此前，人们普遍知道，沂蒙人民对淮海战役所做的巨大贡献。这部著作，让我们对人民群众支前有了更全面、更深刻、更细致的认识。它形象地告诉我们，战争年代不仅沂蒙人民无私支援革命、支援前线，几乎全国各地的人民群众都对革命的胜利做出了无私奉献。据此，我们不仅知道了陈毅元帅有一个关于沂蒙人民与淮海战役的著名论断，同时知道了周恩来总理此前也有一个关于于都人民和长征的著名论断——"于都人民真好，苏区人民真亲"。如果说，"淮海战役是沂蒙人民用小车推出来的"，可以推断，"红军长征，是于都人民用船只送上征程的"。此前，人们更多地知道，"沂蒙红嫂"和"沂蒙六姐妹"的故事，通过这部书，人们还深入了解到"胶东十二姐妹"的故事、"胶东乳娘"的故事；沂蒙王换于、陈若克、辛锐的故事；刘大娘和马大爷的故事、千里寻娘的故事、透明乳汁的故事、哑巴娘的故事；谁说女子不如男的故事等等。她们不仅用乳汁喂养伤病员，还抚养八路军和解放军的后代；她们不仅为战士们纳鞋底、编草鞋，还帮助解放军战士找"另一半"，更有英勇智慧的女同志帮助组织姑嫂一起去"锄奸"，甚至还帮助大众日报社保护印刷机器。他们不是一个人，而是一个又一个庞大的群体，像天上的星星一样数不清；他们为了革命，为了人民，不是做了一件事或一方面的事，而是做了很多很多的事，像天上的星星一样数不清。可以说，没有他们的支持和贡献，就没有战争的胜利，更没有革命的成功。

作品虽然意在书写人民群众是党和人民军队的靠山这一主题，但客观上同时深刻揭示了问题的另一面——谁是人民群众靠山的问题。那就是，党和人民军队是人民群众最大最坚强的靠山。因为，党领导人民闹革命的根本目的，是帮助人民群众推翻压在其身上的"三座大山"，为其主持公道，让其过上好日子。党的初心和宗旨，就是一切为了人民，一切服务人民。毛泽东在于都曾对王耀南说："你们可要记住，牵扯到老百姓的利益好处，就应该算细账的，绝对不能让老百姓吃亏，以后一定要照实际损失补给老百姓。""一个篱笆三个桩，一个好汉三个帮，我们有了老百姓这根桩，革命才能取得胜利，群众的利益你们一定要放在心上。""我们这支队伍，就是为咱穷人寻找幸福之路的。"这问题的另一面，也正是人民群众甘愿当党和人民军队的靠山，勇于牺牲，甘于奉献之最根本、最深层的原因。

作品中"半条被子"的故事，是最典型、最具说服力的故事。长征路上，红军妹子"张红军"将结婚时母亲缝制的一床被子，硬生生地剪成两半，一半留给房东朱徐氏和两个孩子，一半带着上路，而这被朱徐氏视若珍宝的"半条被子"，后来却被一个国民党军官给烧了。红军只有一条被子，也要给老百姓留下半条，而国民党军队却把"半条被子"给烧了。谁是亲人，谁是敌人？谁是靠山，谁是祸害？仅凭"半条被子"就见了分晓。正如当事人朱徐氏所言："一床被子也要剪一半给穷人的人，能不是好人吗？"

3.《靠山》还于无意中客观上艺术形象地印证了习总书记"人民就是江山，江山就是人民"的著名论断

作者用大量事实告诉我们，党、军队和人民，本身就是一体的，是一家人。兴国县农村妇女刘长秀曾对毛泽东说："红军社老百姓本来就是一家人，不说两家话，干革命是自己家的事。"谢宝昌也告诉大家："为了让咱们吃饱肚子，跑那么远路去买米，共产党真好，什么都替咱们想到了。"

对于打下江山来，谁来当官，谁来坐江山的问题，作者通过大量史料给予了证明。当刘长秀不敢相信穷人也能当官时，毛泽东明确告诉她："将来天下是穷人的，穷人怎么不能当官？"这里的"天下"，其实就是"江山"；"当官"，其实就是"坐江山"。兴国县的王次淳泥腿子当县长，临沂小脚女人王换于当上了副乡长。自古以来没有的事情，共产党人却真的做到了。作品中洲子涯村用豆子选举的故事，也是关于人民与江山关系的很好例证。党和军队依靠人民打下天下，通过选举让人民当主人，人民自然也就更加支持党和人民军队。正可谓书中歌谣所言："金豆豆呀，银豆豆，共产党为了咱穷人，咱要多打粮食支援八路军。"

作品中有这样一个故事，于都的17位华氏兄弟，参加革命前每人在山坡上栽下一棵松树，每棵松树代表着他们每个人。后来，他们都牺牲在战场上，再也没有回来。作者写道："全国解放了，坡上的那17棵松树已有碗口粗壮，与其他树一起，汇成了一片林海。"在这里，松树和林海，其实是一种象征，"松树"象征着"人民"，而"林海"象征的则是"江山"。江山就是人民，人民就是江山。这是一种形象化的寓意。

一个个带着温度的故事，深深地感动着作者，更感动着读者。"江山就是人民，人民就是江山"，无论什么时代，人民都是最有力的靠山。这是我们读《靠山》得出的一个最终结论和最大启示。

三、《烈火芳菲》：抒写历史、人性和审美的壮歌

"铁流砥柱中流，方新催绽芳菲。"由铁流和赵方新先生共同创作完成的长篇报告文学《烈火芳菲》，是建党百年之际献给广大读者的"一曲气势恢宏的军民壮歌"和"一群感天动地的乳娘群像"。著名文学评论家丁帆先生曾说："历史、人性和审美，是文学史的不二选择。"其实，不独文学史，对于绝大多数优秀文学作品来说，历史、人性和审美也是其必须具备的应有品质。仔细阅读《烈火芳菲》便会发现，这部长达三十八万字的著作，也具有这种优秀品质，完全可以称之为一部关于胶东革命的历史、人性和审美壮歌。只是其所蕴含的历史、人性和审美品质，有着属于自己的独特内涵，而且放射着属于时代和人民的生命光泽。

1."历史"——《烈火芳菲》真实还原、形象再现了战争年代胶东半岛革命的恢宏历史，引导读者更好地窥见历史的真实，把脉历史的发展规律。

"这是一段隐秘的家国往事，也是一段不应该遗忘的家国记忆。"作者通过长期深入的采访，以真挚的笔触还原再现了这一历史。可以看出，这是一种极其宏大的历史。其中包括极为悲壮的"一一·四"暴动、史上有名的天福山起义、至今被传颂的"马石山十勇士"，从胶东党组织的成立，到胶东抗日武装的建立，到迎接新中国的成立，有胜利，有挫折，有经验，有教训，可谓气势恢宏，波澜壮阔。从中可以窥见革命的艰巨性、复杂性，引导人们更加珍惜今天的美好生活。

这是一种为胶东地区所特有的历史。作品书写的故事，是纯粹的胶东大

地的故事，是这片盛产海蛎子味方言、火药桶式脾气、野性奔放大秧歌的土地上的故事，是胶东半岛齐鲁儿女的故事，是大地海洋之子的故事。因此带有浓郁的地方色彩，更具鲜红的色彩。尤其是作者将民间流传的三百多位乳娘为八路军、解放军抚养一千多个革命后代的故事深度挖掘出来，为她们塑立了不朽的艺术雕像，相信从此之后，"胶东十二姐妹""胶东乳娘"，将会和"沂蒙红嫂""沂蒙六姐妹"一样成为专用名词，广为传颂在共和国的大地上。

这是具有某种神秘性质，并深具发展规律的历史。作者善于从历史的某些细节中，窥见历史的隐秘，洞见历史发展的内在逻辑。作品曾写道："这封把胶东共产党人直接引向1935年白银季的血雨腥风的指示信，就像一朵斑斓而吊诡的云朵飘过历史深邃的苍穹，又像历史幽深的小巷里走过的神秘过客。"这意在揭示党组织来信的独特作用。"三个人都是水里来火里去的革命者，在风云诡谲的时代里，每个人都以带有自我个性气质的行动为时代做着注脚。"这里意在揭示个人在时代变革中的地位和作用。"如果有心人，把这封信与1934年8月山东省团工委《关于游击战争问题给胶东特委的指示信》，做一个相映成趣的比对，自然感慨丛生：历史邮递员左手一封信，右手一封信，假设他一不留神，投错了时间和地址，那将会呈现出一种怎样的情形呢？""这封信层层传达到胶东各级党组织，澄清了过往的错误认识，凝聚了曾经涣散的人心，标举了前进的方向，很快扭转了'一一·四'暴动失败造成的被动局面，胶东革命的形势如春潮磅礴的大海奏鸣起新的'命运交响曲'。"这是对历史发展进行深度分析，彰显的是历史的必然与偶然之间的关系。作者如此书写和分析，规避了对历史再现的简单逻辑，使那段独特的历史显得更加神秘和深邃，也更具启示价值。

2. "人性"——《烈火芳菲》坚持了以人民性为根本的人性原则，彰显了革命者身上的人性光辉，折射出感天动地、征服人心的强大力量。

这是体现人民根本立场的人性，可以说，人民性是这部作品最显著的特征。革命者刘经三曾经自导自演绑架自己父亲的"好戏"。"各位大人，膝下敬禀者乃不肖男经三，为革命事，借贷无门，只得用不恭之举智借大洋三百元，他日事业有成，加倍偿还。不肖之子刘经三敬上。"他为什么这样做？一切只为了革命，为了人民。胶东地区革命领导人理琪，要将两个熟鸡蛋送给神经受了刺激的烈属"疯子"三叔那里，弄子坚决不同意这么做，理由是："三叔疯疯癫癫，见了你，说不定到处去喊'俺见到共产党啦！'那不坏菜了！"但是理琪却说："我一定要见见这位烈属，可以不让他看到我，可我非见见他不可。"说完，从衣袋里掏出两个熟鸡蛋，交到弄子手里，说："弄子同志，这两个鸡蛋，你要亲自交给老人，看着他吃下去！"理琪为什么执意这么做？最根本的原因是他所坚持的人民性立场，是党对烈属的关爱。

这是体现党性原则的人性。作品不仅深刻地体现了人民性原则，而且还体现了严格的党性原则。党员张静源因为革命工作，要撇下妻子和刚出生的孩子，妻子不理解，他说："我可以丢开你们母子，但不能丢开党呐！我的生命是属于党的。"在总结"一一·四"暴动失败时，柏希有说："对！我们这次斗争失败，一个很重要的原因就是失去了上级党组织的正确领导，孤军奋战，瞎子摸象，哪有取胜的道理？"当革命遇到困难，迷失方向时，张修竹说："我们赶紧跟省委写信联系吧，请求省委派人来拉咱们一把！""咱现在就写！明天让老刘头装作看病去济南一趟，看看能不能找到省委。"当理琪和吕其恩面对究竟谁应该担任胶东地区党的负责人问题时，理琪非常诚恳地说："我这个胶东特委书记是特殊条件下自封的，不算数，还请你来主持工作大局。"吕其恩坦诚地说："你为胶东党的恢复做了大量有成效的工作，对胶东全面情况比我熟悉，比我更适合担任。"两人相互推让，谁也不肯接棒。当于作海一度被冤枉，感到委屈时，嘟囔着说："俺、俺一颗忠心被冤枉……"于烺问他："我们干革命是为了谁？"于作海回答说："当然是为了党和老百姓了。""既然是为了党和老百姓，在胶东谁代表党？""党就像党员的娘，如果你娘错打了你一下，你也要打回去吗？"这一切的一切，都体现了他们高度自觉的党性原则，即"心中有党，心中有戒"。

这是体现非凡母爱和母性的人性。作品塑造了"胶东十二姐妹"和"胶东乳娘"的系列形象，体现了她们所特有的更为广阔的母性。在极端残酷的战争中，年轻的革命者前赴后继，走向硝烟弥漫的战场；在战场的后方，乳娘们接过组织的重任，以非常秘密的方式，用自己柔弱的双肩和甘醇的乳汁，滋养一千多个革命的孩子。她们在如花似玉的年龄里走进硝烟战火，用圣洁的超越血缘的母性哺育革命乳儿。她们的乳汁哺乳着被战争创伤的生命，她们的慈爱驯化着凶残的炮火。她们中的有些人，为了照顾革命者的后代，不惜牺牲自己的孩子。当我们看到姜明真为了保护革命者的后代福星，无奈牺牲自己的亲生儿子时，怎会不被她这种超越一己之爱的人间大爱所折服和感动？

这还是有着强烈对照的人性。柏开路是真材实料的共产党员。他1933年入党，是胶东特委地下交通员和联络员，一生八次被捕，最后一次在1941年10月，他被国民党地方部队郑维屏部"用铡刀铡成三截"。从中我们看到的是敌人的极端残忍和完全丧失的人性。

3. "审美"——《烈火芳菲》一改报告文学的传统写法，蕴含了独特优美的审美品质，展现了极强的艺术感染力。

这是一种诗性之美。因为作者采用了诗一般的语言。作品虽然属于报告文学，但参照了小说的写作方法，整部作品像小说一样精彩，诗歌一样优美。最令人赞叹的书名，体现的是烈火般的质地，芳菲般的诗意。这"烈火"，是革命的烈火，也是真理的烈火；这"芳菲"，是女性的芳菲，也是母乳的芳菲。纵观全书，虽然写的是异常惨烈的战争，但极具诗情画意。从"白银季"蕴含的革命的"暴风雪"，到"山海魂"蕴含的党的精神、人民的力量，再到"芬芳纪"蕴含的女性之美，无不具有诗性的美。"1935年的胶东大地似乎准备好了一切，山海之间蕴藏着风雷，昼夜之间埋藏着闪电，人心之间传递着火焰，空气里弥漫着海腥气，有经验的人都清楚：一场掀天倒海的风暴潮即将不可免地登陆这片古老的土地……""段佩兰就在门外纳鞋底放哨，那时高天流云，神清气爽，她光彩照人，连自己都感到了自己的神采。"这样的诗性语言，贯通全书，俯拾皆是。

这是一种崇高之美。因为作者歌吟了崇高的家国情怀。张静源曾对同志们这样剖白过心迹：我要为党的事业奋斗到底，如果我死了，我别无他求，能在我坟上立块二尺半高的小碑，写上"社会主义者张静源"，表达我对党的忠诚我就心满意足了。于作海曾说："革命家庭要饭吃，也是光荣的。"宋竹庭曾问张连珠："假如有一天革命成功了，你最想干什么工作？"张连珠眼里闪着光说："我跟佩兰一起当小学教员去，每天听着鸟声醒来，听着钟声走向教室，把黑板当成一块田地，撒播上知识的种子，带领孩子们一起采撷鲜花和果实——那你呢？"宋竹庭自己说："现在一年到头在外干革命，不仅没法孝敬老人，还叫他们提心吊胆，等天下太平了，我回老家陪他们种地，热热乎乎地过日子，一想到这些，我心里就痒痒得慌啊。"就连矫凤珍也说："孩子他爹妈都在前线打鬼子，咱给他们抚养孩子也是抗日哩。""保证孩子的安全是第一位的，这是革命的后代，必须确保万无一失，以后咱们还得指望他们建设国家呢。"这些无不体现了他们一心想着国家、一切为了他人的家国情怀。

这是一种女性之美。因为绽放了女性的独特芳菲。在作者笔下，那些革命女性是那么美丽："她怀里抱着刚满月的婴儿，浑身散发着乳香味的母性气息，一脸浓得化不开的甜蜜。""沉重的城门吱呦打开，两位十七八岁的姑娘挎着包袱风一样刮出来，踏着晨曦向西而行。她们犹如两只出笼的山雀子闹喳喳地一阵疯跑，身子轻盈得好像要飞起来……前方那个陌生的地方充满了神秘的磁力，她们的心啊，像小小的铁屑被牢牢吸引了。"即便是被人称为"王四泼"的极为泼辣的女人，作者也赋予其新女性的形象："新的女性，是生产的女性；新的女性，是社会的劳工；新的女性，是建设新社会的前锋……"在作者笔下，"胶东十二姐妹"最美丽的地方，是她们身上散发的独有光芒，简直是女神一般的形象："胶东王氏十二姐妹如同一束强光，照亮了大水泊的夜空，从来都是男人出将入相的舞台，突然被十二个女子瓜分了戏份，她们的加入，使胶东抗战这部大剧变得更加绚丽多彩，更加摇曳多姿，也将一段浪漫的玫瑰色的记忆永远留在了那个血火奔涌的年代里。"这是最靓丽的风景，也是最审美的所在。

这还是一种正气之美。因为作品发出的是正义的声音。作品自始至终贯穿着一种天地正气、革命的正气和英雄的正气。作品向读者展示了这样一个鲜为人知的历史细节：张连珠被捕后，敌人给他最后一次机会，责令他写"交代书"。他略一思忖，挥笔而就，然后掷笔于地，朗声诵道："天地有正气，冽凛万古存。当其贯日月，生死安足论！"无独有偶，狱中的理琪，借着敌人让他写自白书的机会，也剖白自我的精神世界，写下了一首铿锵有力的诗歌："铁躯铁棍披铁索，铁棍铁索奈我何？铁骨铮铮铁索断，铁鹰展翅铁窗破。铁人铁肩担道义，铁臂挥刀斩恶魔。铁流汇成铁长城，铁血装点锦山河。革命气节高云天！"这一切，彰显了气薄云天的力量和凛然天地的审美。因此，更具打动人心的力量。

四、《国家记忆》：历史的真实再现和初心的深情呼唤

铁流与徐锦庚共同创作完成的长篇报告文学《国家记忆——一本共产党宣言的中国的传奇》，是他们极具代表性的纪实文学作品，也是当代文坛报告文学题材极为重要的作品。因其选题的极端重要性，及其品质的卓越和优异，这部作品获得社会的广泛关注和赞誉，并且实至名归地获得中宣部精神文明建设"五个一"工程奖。该书用大量历史事实和艺术笔法，真实地追忆了一本《共产党宣言》在中国大地上引发的中国式传奇故事，构成一部沉甸甸的"国家记忆"。纵观全书，主要有两大价值和意义，也可以说是"两大关键词"，一个是"再现"，一个是"呼唤"。"再现"是对那段传奇历史的真实书写；"呼唤"是对初心和使命的时代回应。

1. 《国家记忆》视野宽阔，复盘历史，很好地担负起"再现"历史真实的神圣职责

《国家记忆》的故事线索，看起来似乎非常简单，但是作者并没有简单地书写，而是以更宽阔的视野、更宏大的视角、更高标的站位和更细致入微的精神，艺术"再现"了一本书，一粒火种，像星星之火一样，在中华大地上燎原的革命火焰的故事。深度分析其"再现"艺术，主要有三大特点。

史诗性真实"再现"。作者并不是单就《共产党宣言》这一本书而追忆，而是围绕这本书，展开了更广阔的视野。首先，作者站在解决一位伟大政

治家"一块心病"的角度来切入。为什么一定要寻找到这本书，只因为这本书对我们党和国家来说，实在是太重要了，党和国家领导人也实在是太牵挂了。透过作者的书写，我们知道，周恩来总理重病期间，一直对这本书念念不忘，曾紧握着陈望道的手说：这是马列老祖宗在我们中国的第一本经典著作，也是中国共产党的指路明灯。找不到它，始终是我的一块心病啊。其次，作者放在国际共产主义运动的宏大视角下来展开。透过极具历史感的文字，读者可以形象地看到，经典诞生在历史的黑夜之中。马克思和恩格斯《共产党宣言》的发表，人类由此开辟了一个新的时代，它改变了人类历史，也改变了数亿人的生活方式。这是世界历史上最恢宏壮观的宏大史诗。第三，作者放眼祖国神州大地和中国人求翻身求解放的命运之中来展开。作品不仅"再现"了翻译、印刷《共产党宣言》的真实历史，而且"再现"了一大批共产党人薪火传承的历史，一个红色幽灵在中国乡村"游荡"的历史，更深层面上"再现"了人们逐步懂得《共产党宣言》价值和意义，懂得《共产党宣言》就是咱泥腿子的号角，《共产党宣言》就是本兵法，比那《孙子兵法》还好用，"枪杆子里面出政权""好日子是靠枪杆子打出来的"真理的历史。

细节性真实"再现"。《国家记忆》之所以写得好，除了其宏大的史诗性，更在于其大量弥足珍贵的细节挖掘和展现。这部并不太长的著作，书写了大量真实感人的细节，其中很多细节属于首次公开，也属于鲜为人知。这些给人印象最深刻的细节主要有三个，每一个都非常说明问题。一个是蒋介石收藏《共产党宣言》的细节。蒋介石的总统府被攻占后，邓小平和陈毅发现蒋介石的藏书里居然有《共产党宣言》。当时，《共产党宣言》被蒋介石列为禁书，到处搜查，他自己却私下里偷藏偷读。这无疑是一个巨大的讽刺。一如邓小平所说的那样：他肯定是很想知道，共产党为什么凭着小米加步枪，就能把他武装到牙齿的八百万军队打得落花流水。他呀，是想从这本书里找答案呢。第二个是首次印刷错印为《共党产宣言》的细节。《国家记忆》向读者"再现"了这样一个细节：经过大家的艰苦卓绝的努力，《共产党宣言》翻译和印刷马上大功告成，但是眼尖的陈望道惊叫一声：哎呀，糟糕，印错了！怎么印成"共党产宣言"了？陈独秀仔细一看，可不是嘛，封面上果然印着"共党产宣言"！快停下，快停下！陈望道连忙朝印刷工人喊。可是已经晚了，几百册都已经装好。怎么办？毁掉重印？几个印刷工人慌了。陈独秀摇摇头：不行！我们本来就缺经费，毁掉重印太浪费了。李汉俊安慰道：好在扉页和封底的书名没印错，没关系，内容比形式更重要。这一细节从一个侧面展现了当时人们渴望《共产党宣言》在中国大地尽快面世的急切心情，同时也昭示虽然书名印错了一个字，丝毫不损耗马克思主义真理的伟大光辉。第三个是王尽美、邓恩铭等人在山东传播《共产党宣言》的历史细节。在党的第一次全国代表大会期间，王尽美说，大会结束后，我们要把《共产党宣言》带回山东，让它在山东广为传播。邓恩铭说，李大钊同志在北大搞了一个马克思学说研究会，我们也应该考虑建立一个马克思学说研究会。就这样，《共产党宣言》被王尽美、邓恩铭带到山东后，遇土生芽，临风开花，一传十，十传百，在齐鲁大地热血青年中日渐传播开来。愈来愈多的人知道了《共产党宣言》，知道了马克思主义。这些真实生动的细节，在作者笔下熠熠生辉，令人反复回味，具有韵味无穷的魅力。

还原性真实"再现"。《国家记忆》在"再现"历史的过程中，坚持马克思主义历史唯物主义观点，自觉承担起还原历史真相，客观反映历史真实的责任。这其中，最有说服力的是对陈望道等人沉浮人生及其历史作用的客观评价。一方面，作者对陈望道翻译《共产党宣言》所付出的艰辛努力，及其历史功绩，给予充分肯定；另一方面，对于其"红头火柴"性格，对于其喜欢安静，专注研究，不服从党组织安排等问题也进行了客观"还原"，更重要的是全面展现了毛主席等党和国家领导人对他的帮助和教育，从而让历史回归历史，让真相回归真相。作者还深度还原了"谁是第一"的历史真相，让尘封的历史、属于保密的历史大白天下。当年的历史距今已经有八十多年。从广饶县第一个女共产党员把那本《共产党宣言》带到刘集村开始，那位外国人，那位大胡子马克思的手，和农民兄弟拿锄头把子的手，就紧紧握在了一起。这本影响了共产党人、知识分子、工人阶级的《共产党宣言》，也影响了日出而耕日落而息的农民兄弟。

2.《国家记忆》立足当下，着眼未来，很好地担负起"呼唤"初心使命的时代责任

忘记历史，就意味着背叛。初心和使命，需要新的追忆和召唤。《国家记忆》的价值，不仅在于对既有历史进行了真实"再现"，更在于在庆祝建党百年这样一个伟大的历史节点上，对共产党人的初心进行自觉追记和抒写，客观上担负起"呼唤"初心，强化使命担当的时代责任。

突出主题，对"初心"展开深度追忆。这是本书的主题之一。回首中国革命那血雨腥风的峥嵘岁月，众多仁人志士和英雄豪杰，坦然面对死神，慷慨赴死，以身殉道。他们以伟大精神和浩然气度共同谱写了一曲曲感天动地的时代悲歌。他们为什么这么做？作者以大量事实告诉我们，最根本的是他们有一颗美好的"初心"。正如作者所阐述的那样：马克思、恩格斯在《共产党宣言》中写道：共产党是为整个无产阶级谋利益的政党，除此之外，再没有任何别的特殊利益。共产党人的理想，那就是消灭私有制，并最终实现共产主义。正是抱着这个信仰，鲁北平原上农民兄弟在战火中不畏生死，矢志不渝。作品讲述了一个非常感人的故事。当年，商村有个姑娘叫小凤，在参军动员会上，她登上台子高声喊道：谁第一个报名参军，俺就嫁给谁！小凤送出的郎不久就牺牲了。这以后，小凤又连续送出了四个后生，都为国捐躯。老人都说她命硬，要不怎么克死了那么多男人？村里的后生再没有人敢要她。小凤三十多岁的时候，才嫁到了遥远的外村。小凤姑娘为什么这么做，她傻吗？当然不是，恐怕更多的是由于"初心"使然。

明辨义利，对"价值"展开积极引导。书中介绍，革命先驱李大钊等人，为了能有一本中文版的《共产党宣言》，曾四处物色可靠翻译，几经周折搜寻，最后终于确定由陈望道担当此任。陈望道在家乡茅屋，冒着危险夜以继日，靠着微弱的暖意和一杯接一杯的绿茶，还有劣质香烟，字斟句酌，每一个词，每一句话，都反复推敲，力求翻译得既准确又通俗。伴着那盏不熄的油灯，陈望道熬过了一个个不眠的长夜，终于将翻译《共产党宣言》的重任圆满完成了。他们为什么这么做？而且冒着生命的危险？难道他们不怕死么？作者给了我们最准确的答案。只因为在他们心目中，《共产党宣言》实在太重要了。她是旗帜，是方向，是长夜漫漫中的中国人的指路明灯。作者通过充满诗性的抒写，强化了《共产党宣言》的旗帜作用，肯定并赞扬了李大钊、陈望道等人的"价值判断"。作者充满深情地写道，这是注定载入中国史册的一幕，卡尔·马克思去世三十七年后，在遥远的东方国度，《共产党宣言》被译成中文。这本中国最早的中文版《共产党宣言》，在以后的日子里，影响了包括毛泽东、刘少奇、朱德、周恩来等在内的一大批开国元勋和众多的革命志士。陈氏译本，犹如一把熊熊燃烧的火炬，一下子点亮了黑暗的旧中国。中国不仅成立了共产党发起小组，而且正式出版了中文版的《共产党宣言》。中国革命的春天已经到来了。

越过历史的烟云，我们看到，在宣传、实践和保护《共产党宣言》的过程中，无数革命者，通过这本书迈进革命的门槛，更有无数人为了共产主义信仰，付出了宝贵的生命。据史料记载，从 1937 年至 1953 年这十六年间，仅有几百人的刘集村，就有一百九十人参军，有二十多位农民兄弟成为革命烈士。他们为什么信仰这本书，这本被国民党反动派定义为"歪理邪说"的书？最根本的在于他们与敌人截然不同的"价值判断"。在他们的价值天平上，这本《共产党宣言》"比自己的生命还重"。保护这本书，就是保护自己的旗帜，就是保护自己的生命。当时，蒋介石在武力围剿中国共产党的同时，也在思想和文化上展开猛烈围剿。蒋介石说，共产党最会蛊惑人心，要把他们手中的笔，手中的书，手中一切与文字有关的东西，统统付之一炬，片纸不留！在他的授意下，国民党政府把数百种书刊列为"禁书"，蒋介石更是把《共产党宣言》列为禁书之首。他还说，共产党是一帮什么样的人？是一帮子出卖自己祖宗的流氓分子！他们把自己的祖宗抛弃了，又拜了国外的马克思当祖宗，把一本《共产党宣言》捧上了天。这本书，发现一本烧一本，还要追究持书者的责任，不能让这本妖言之书坏了我中华之风，教坏了广大民众。从书中有幸看到，在蒋介石白色恐怖下，革命者并没有被吓倒，也没有丝毫屈服。广饶县国民党政府为了找到这本《共产党宣言》，派出数百人到刘集挨家挨户搜索，连一张纸片都不放过。县长下令：所有带字的东西都没收了，全部就地烧掉。为配合搜查任务，壮大声势，韩复榘还专门给搜索队配上了喷火枪。共产党员耿贞元临死前大声喊道："我这张嘴，生来就是宣传《共产党宣言》的；我这条命，生来就是共产党的！"当他被强行游街时居然高唱："说宣言，道宣言，宣言是咱穷人的主心骨；穷腿子们，你起来，我起来，手拉手，抱成团，把这个吃人的旧社会砸个稀巴烂！"这是一个共产党人对一本书的宣言，也是他"价值判断"的宣言。这一事实的"再现"，实际上是一种历久弥新的"呼唤"。

立足当下，对"使命"展开应有召唤。有名家说过，所有历史都是当代史。透过《国家记忆》我们看到，历史并没有远去。因为，革命者的精神，正在当下不断得以延续、传承和光大。作者在对历史进行追忆的同时，特别注重对当下的启迪和引导，一方面展现革命精神的传承，另一方面呼唤新的使命和担当。

"初心"在当下升华为"使命"。1973年5月，老革命延春城平静地走了。家人发现时，他手里竟还拿着那本《共产党宣言》。老伴哭着说："老头子，你还带着这本书走呀？松松手吧……"老伴想给他拿出来，可试了几次，都没能扳动他的手指，书和人，犹如一个整体，只得作罢。作者深情地写道，延春城享年八十岁，是带着《共产党宣言》走的。老人家为什么至死将《共产党宣言》当作至高无上的"宝贝"，始终不肯撒手？这里面有着深刻的内在原因。如果说，当年他信奉这本书是"初心"的话，那么，到了晚年，到了当今时代，他已经将守护这本已经"破旧"了的书当成了一种"责任"，一种"使命"。

"初心"在当下凝结为"感恩"。大王镇延集村人延伯真是一位坚定的革命者，也是该村人的骄傲。他的妻子刘雨辉是刘集人的骄傲，同样也是延集人的骄傲。延集村在建设山东省第一个党支部纪念馆的时候，延伯真、刘雨辉的生平是这座纪念馆的主要内容。提起《共产党宣言》，刘雨辉充满深情地说，是这本书让我走到今天。这句看似平常的话，其实包含着极为丰富的思想内涵。它既明确了这本书的指路明灯作用，同时也包含着刘雨辉对这本书的感激之情和感恩之心。应当看到，这种感恩之心，也是新的时代精神的应有内容。这种感恩之心，还在于革命者当革命成功后，从不居功自傲，从不给组织添麻烦上。参加革命受伤的刘茂椿，后来干不动重活了，主动学了门补鞋的手艺，眼看日子过得凄惶艰难，老母亲抹着眼泪对刘茂椿说："儿呀，说啥你也为公家扛了几年枪，你找找组织要口饭吃吧！"可是刘茂椿却跳着一条瘸腿道："当年谁家没为国家扛过枪？都去求公家照顾，那公家该多难？"这展现的是另一种形式的"感恩"。

"初心"在当下展现为"情怀"。书中介绍，1975年的一天，一位叫刘世厚的老人，把他用生命守护了近半个世纪的《共产党宣言》献给了国家。战争年代，这本书有时被刘世厚藏在屋檐下"雀眼"里，有时藏在粮囤透气孔里。日本鬼子进村扫荡，为保护它，刘世厚冒着生命危险又跑回村里，将它转移到安全地方。这本薄薄的小册子，已被国家定为一级文物，现珍藏在山东省东营市历史博物馆的一个保险柜里，三个特定的工作人员同时在场，才能打开保险柜的门。刘世厚老人为什么会将这样一本极为罕见的"宝贝"无偿地献给国家？只因为他内心有一份极为纯粹的家国情怀。只因为，他虽然是一个普通农民，但他深深地懂得，这是属于国家的"宝贝"，承载着"国家的记忆"，不能总放在自己手里。

作者最后深情地写道，当年，大王的农民因它起来闹革命，20世纪80年代，又因它从农耕经济走上了商品经济的道路。《共产党宣言》的魅力，历久弥新。我们坚信：这段《共产党宣言》的中国传奇以及鲁北平原上农民兄弟在其引领下闹革命的诸多故事所汇聚成的国家记忆，无论再过去多少岁月，都将依然鲜活，依然璀璨，直至永远，直至永恒。这是作者对未来的热切期盼，更是他们在新的时代对"初心"和"使命"的深情呼唤。

▍五、思想内涵："铁的人物和血的战斗"的基本特质

"铁的人物和血的战斗"，是鲁迅先生对苏联长篇小说《铁流》一书给予的高度评价。纵观铁流的报告文学作品，从思想内涵和人物形象上，也体现了这一基本特质，甚至可以说是突出特点。无论是直面现实的《中国驱逐舰备忘录》《支书与他的村庄——城中村失地农民生存报告》，还是再现历

史的《靠山》《烈火芳菲》《国家记忆——一本共产党宣言的中国传奇》《一个村庄的抗战血书》，都以不同形式塑造了"铁的人物"形象，展现了"血的战斗"的精神。

1. 宏大展现了"血的战斗"的史诗性壮丽画卷

铁流的作品，大都具有史诗性质，而这史诗中又充满血性，或者说战斗性。他的成名作《中国驱逐舰备忘录》是关于中国发展驱逐舰历史的珍贵文学档案，细致梳理了中国驱逐舰艰难而沉重的发展历程，全景式地披露了驱逐舰部队建设的"内幕"和全过程，书中既有为了海军武器装备发展呕心沥血的国家领导人，也有普通士兵为驱逐舰试验遭遇惊心动魄九死一生的场面，再现了人民海军峥嵘辉煌的历史。《靠山》从红军长征开始写起，一直到淮海战役收笔，时间跨度很长，空间变化很大，形象展现了人类战争史上的伟大奇迹，再现了波澜壮阔的人民战争画卷。其间，仅仅淮海战役，就有543万的民工为解放军织起了一条条强大的补给线，所书写的战斗故事扣人心弦，动人心魄。《国家记忆》从一本早期的《共产党宣言》写起，讲述的这段革命历史似乎很简单，但引发的却是鲁北平原上的农民兄弟掀起的轰轰烈烈的革命与抗争，鲜活记录了中华民族一个时代、一个地区、一段历史的政治革命的风云际会，塑造了一批为了农民解放、国家新生而流血牺牲的共产党人形象，是对我党建党初期一段历史的可贵叙述与复原。作者还努力还原《共产党宣言》诞生以来所走过的"生命历程"：它是如何由马克思主义经典作家马克思与恩格斯合作完成的，又如何一步步地传播遍全世界，在亿万人心中激起共鸣与反响，从而书写了《共产党宣言》的流传史、传播史，构成《共产党宣言》的历史传奇。因此，《国家记忆》实质上是关于山东共产主义传播历程和农民革命的一种历史书写。在《中国民办教育调查》的授奖词中，有这样一段描述："作者满怀忧愁，探究全民高度关注的教育问题。通过广泛采访和细致描写，全面深入地表现中国民办教育的发展现状和前景，为民办教育正名呼吁，为国家永续发展摇旗呐喊。作品点面结合，正反相衬，对调查性报告文学的创新做出了可贵的探索。"这也无形中彰显了其构筑的中国民办教育的史诗性、艰难性画卷。

2. 精心塑造了一大批"铁的人物"形象

铁流作品塑造的人物形象，尤其是革命者的形象，具有群像性质。其最大特点是"铁血"和"正大"。其代表作《靠山》形象生动地刻画了一批鲜明的共产党人形象。尤其是像杰出农民领袖的刘良才的形象，更是生动而传神。他与叛徒孔庆林斗智斗勇并最终将孔"坐实"成土匪而被国民党军法主任厉文礼枪毙的经过让人叫绝；而他最终竟被敌人钉死在城墙上示众，又是如此的悲壮与惨烈。

《国家记忆》通过对一本《共产党宣言》的追忆，塑造了党的优秀干部刘良才形象，他发动农民长工与地主抗争，斗争地主，开展"吃坡""掐谷穗"、收谷子、"砸木行"等最原始的斗争，将红枪会等改造过来，取得了一定程度的胜利。以后又陆续成立了党的各级组织，展开了更为壮阔的抗争。这其中，一个个人物因为被赋予了思想，赋予了信仰、精神和灵魂，而鲜活生动起来，栩栩如生地站到了读者的面前。

铁流不仅塑造了献身革命的共产党员形象、农村致富带头人形象，更是大量关注军队中的杰出士兵和军官。如《一个水兵的传奇》对专心钻研技术献身国防事业的典型朱桂全事迹的描写。《第一艇长》对英勇牺牲的潜水艇艇长蔡一清的精心塑造，都展现了他们身上的"铁的人物"的特质。作为新型潜艇315艇艇长，蔡一清严格考核，对部下和自己都要求甚高。他或许不是一个称职的丈夫、父亲和儿子，虽然爱自己的家庭却没能有足够的时间陪伴亲人，但是他绝对是一位称职的优秀的艇长。即便是在因为肠梗阻住院期间，他仍旧惦记着他的潜艇和他的工作。他带领自己的团队一面严格训练，一面不断进行技术探索和创新。他关心爱护自己的同事，能够很好地凝聚全艇官兵的战斗力。这个形象，既是"铁的"，也是"柔的"，立体的。

铁流还塑造了革命烈士和红嫂的丰满形象。他的中篇小说《槐香》描写的就是一位热心拥军的红嫂槐花。当年她是解放军亲人用米粥救活的小女孩。成家后，解放军到村子里来拉练，她对军人无比热情，以至于引发了误解。而为了不让张排长受到她同他有暧昧关系这些谣言的伤害，槐花一次次上访要求还证自己更是还给张排长一个清白。直到当年批斗她的当事人村支书都死了，她还在上访。最终，在安信访的帮助下，槐花找到了当年的张排长，弄清了事情的结局：张排长是因为紧急军务而撤离村子并非受到所谓他与槐花绯闻的影响。当张排长前往看望她之后，终于安心的槐花便永远地闭上了眼睛。这个形象，其正直、倔强性格，给人留下难以忘怀的印象。

铁流的《一个中国士兵与他的模拟战场》《蓝色畅想》《第一艇长》等一系列作品以海军英模人物或者烈士为主角，以海军训练战斗生活为创作对象。在回顾自己塑造的人物形象时，铁流曾说："20多年的从军路，20多年的文学之路，我之所以取得了一定的成绩，是笔下的人物震撼了我，是笔下的人物一次次打动了我，我热爱这片热土，更热爱着我笔下的每一个人物，我有责任为这片热土的人和事歌之、鼓之、呼之！这是我的价值所在、生命所系……"正是因为他对自己的同事军人们怀着深彻骨髓的感情，因为这种骨子里的军人情怀，在他笔下立起了众多生动的军人形象，描绘了许多感人至深的"铁血"故事。其中的很多人物形象，与作为"铁血"军人的铁流也有很多相似之处。从某种意义上讲，他是按照革命军人的形象塑造和完善了自己，又反过来完善和塑造作品中的主人公形象。

3. 深刻展现了"血的战斗"的精神火焰

铁流文学作品最可宝贵的是充盈其间的精神性。这种精神性主要是指其蕴含民族精神的革命的战斗性。她们像激情澎湃的火焰，燃烧在历史的深处和时代的制高点上，给人昂扬向上的力量。

在纪实文学《靠山》中有这样一个片段：新中国成立后，指挥这次行刑的张大春被公安人员抓获，他交代了一些细节。1931年4月4日深夜，严格说已是凌晨三点钟左右，刑车把邓恩铭、刘谦初他们拉到侯家大院后，军警又把他们一个个赶下车来，四处一片漆黑、寂静，刑车上的一对灯大开着，两束刺眼的光束射在邓恩铭、刘谦初他们身上。这时，女共产党员郭隆真突然喊开了口号："打倒国民党，打倒蒋介石！"声音尖利，喊得很响亮。邓恩铭、刘谦初等人，白天受过酷刑，嘴都肿胀得厉害，再也发不出声来。张大春见郭隆真这样，火了，对旁边的人大声喊道："先把这娘们拉回刑车上去！"接着他一挥手，一阵枪声响过后，邓恩铭他们都陆续倒在了冰凉的地上。张大春跟着验尸官一一查看了尸体，只有中共山东省委秘书长刘晓浦还有一口气，他爬到离自己几步远的刘一梦身边，艰难地伸出手，给刘一梦整了整衣服，又摸着他的脸说道："增容呀，是叔叔把你带出来革命的，相信你不会怪叔叔的，因为你也是一个坚强的革命者，咱们叔侄二人就到那边再见面了。"验尸官看看张大春，张大春没有说话，对着刘晓浦脑袋就开了一枪。这一片段说明了什么，除了说明敌人的残忍，更说明了革命者"血的战斗"精神——临危不惧、不怕牺牲、乐观向上的革命精神。

电影《车轮滚滚》是根据铁流作品中的唐和恩等人为原型改编的，电影中的一位女支前模范原型是江苏的朱永兰，铁流是在江苏采访和搜集资料时知道这个人物的。朱永兰当时也就十七八岁年纪，接到向前线送粮的任务后，她带着独轮车队冒着大风大雪，穿过几条泥河，还有数不清的树林子，昼夜行军到了前线，她的棉裤腿都给挂掉了，鞋子也没了，双腿失去知觉。一个女兵赶忙脱下自己的大衣给她穿上，抱着她哭了。据铁流讲，当年为解放军搭桥的年轻妇女，因为站在冰冷的河里太久，有些人落下了腰病和腿病，其中一个十几岁的女孩，终生都未能生育。这是什么精神？当然是为了革命不惜牺牲自己一切的"血的战斗"精神，更可贵的是这种精神体现在广大农村妇女身上。

《第一艇长》中的艇长蔡一清在大风大浪中航行，为了检查艇身划痕和消声呐设备的状况，勇敢地前行，不慎落水，壮烈牺牲。这是和平年代的英雄精神。铁流通过讲述他平凡而不寻常的事迹，凸显了军人的这种责任在肩、英雄豪气在心的威武和担当精神。这同样属于"血的战斗"的精神。

六、艺术特色：红色题材创新性写作的成功实践

中国报告文学学会副会长丁晓原先生在《由〈"莱西经验"诞生记〉说开去》一文中说："报告文学的写作，作者怎样将有价值的现实生活转化为非虚构的艺术存在。这是当前报告文学文体发展需要回答的一些话题。近期研读铁流刊发在《人民日报》'大地'副刊的《'莱西经验'诞生记》，我

以为这篇报告'经验'的作品，或可为报告文学的精品化提供一些有益的经验。"这段话，充分体现了铁流报告文学在艺术化和精品化上的努力。阅读铁流报告文学，尤其是其红色题材作品，给人印象最深刻的艺术特色是其创新性写作手法的探索和运用，将革命性与历史性、革命性与人性、革命性与艺术性有机地结合在一起，极大地增强了作品的思想性、艺术性和可读性，提升了作品的震撼力、感召力和感染力，有效解决了红色题材纪实文学创作面临的诸多困惑，一定程度上起到了为新时代红色题材创作立标打样的积极作用。

1. 坚持将革命性和历史性有机结合，很好地解决了如何艺术形象地再现战争年代历史的问题

坚持"用最能代表一般的典型例子，来说明本质的东西"。这是作者《"莱西经验"诞生记》的经验之谈。"莱西经验"诞生的现实故事中，关联的人物和事件很多，作者根据经验诞生的基本逻辑，以"改革先锋"周明金为核心人物，以"三配套"以基本构架，搭建起"莱西经验"的基本内涵，揭示了"必须把村集体经济当依托""脱贫致富，一步也离不开党支部""要想富，村民应自治"的基本经验和现实遵循。这样做给人的印象是最清楚明白的，效果也是最明显的。

坚持"广收精用，大胆割舍，用最精彩的素材去创作"。《靠山》反映的是过往历史，历史跨度长，涉及面大，人物众多，怎么才能把浩繁的人民群众支前故事浓缩在有限的篇幅里面？铁流坚持去粗存精，精心布局。在结构上，坚持两条线推进，一条反映中国共产党艰苦卓著革命斗争历程，另一条线写人民群众对中国革命的无私支援，收到了很好的效果。铁流说："在历史的长卷中，有无数的画面都值得今天乃至明天的人们去不断追忆和抚摸。"他把抗日战争、解放战争时期人民群众踊跃支前的动人故事揉碎进历史叙事，将"靠山"的主题以党群的双向支撑作为诠释。中国共产党人和人民群众生死与共，水乳交融，这是他把这部作品名字定为《靠山》的真正意图。

坚持"小中见大、点面结合、局部见全局的创作方法"。《国家记忆》

一书，将发生于大王镇刘集村、延集村的革命历史放到了《共产党宣言》的传播影响史的大背景上来进行考察与书写，所做梳理、总结、思索，形象展现了一本书与一个村庄、一群人之间所演绎出来的历史传奇，也是一部星火燎原的中国演义。成为一个具有中国特色、中国风格和中国气派的中国经典故事。

2. 坚持将革命性和人性有机结合，很好地解决了如何使人物形象更好地打动人心的问题

铁流的作品，虽然多数属于革命性的红色作品，但却处处充满人生，闪耀人性的光辉。这里的人性，不是指很多人所理解的资产阶级的或小资产阶级的人性，而是属于无产阶级的人民大众的具有人民性的人性，是人民性与人性相统一的人性。作为革命者，他们有爱，有物质利益上的需求，也有求生的欲望。但是他们的爱，他们的需求，他们求生的欲望，是与人民大众的爱、需求和求解放紧密结合在一起的。当自身的人性与大众的利益发生矛盾时，他们会义无反顾地放弃自己的需求。这一点，在关于《烈火芳菲》的分析中已经做过深入分析。

在铁流笔下，革命不是简单的，直线的，而是曲折的，甚至是反复的。人性也不是单纯的，表面的，而是复杂的，甚至是多变的。这更符合革命的逻辑，也更符合人性的实际。事实上，老百姓并不是一开始就很革命的，是逐渐认识了共产党和八路军的，并最终紧紧地跟随他们，支援他们。作品把这些情节客观真实地呈现出来，用事实说话，因此更有说服力。铁流的作品还善于从某些人的两面性中展现复杂的人性。在《靠山》中，有这样一个细节：1931 年 8 月的一天，李毅抱着幼子来济南监狱探监，隔着铁门格子，她伸手摸了摸丈夫消瘦的面庞，泪水无法止住。徐子兴抬起头道："不管外面的人说我什么，我是对得起自己良心的。我生是党的人，死了是党的鬼！"徐子兴看着孩子，摸了又摸，抬起头时，泪水落在地上，他沉默一会说道："将来你要告诉孩子，他们的爸爸没有为祖宗丢脸！还有，你再找个人家。"李毅摇摇头说："孩子他爹呀，你明明就投靠了国民党，现在还说这话有什么用呀。"李毅一时无语，最后她放下孩子，突然跪在了地上，她给徐子兴磕了三个头，一岁多的孩子见了，也学着妈妈的样子跪在那里磕了个头。狱警吼着说到时间了，李毅抱起孩子没走了几步，又一下子回过头来，大声喊道："徐子兴，我生是你老徐家人，死是你老徐家的鬼！等你上路那天，我和孩子来送你！"从这一细节的描写中，我们看到了徐子兴人性的复杂，也看到了李毅人性的光辉。

铁流作品的人性，还体现在他对民生问题的深度关切上。《支书与他的村庄》是他在关注现实方面创作的一部具有转变意义的作品。他虽然继续关注社会热点和大题材，但是他开始转向更多地关注社会热点话题下人的生存处境，也就是关注人，关注人的命运和生存。正如作者自称："在今天这个色彩斑斓的社会里，作为每一个有社会责任感的作家，都应该更多地去关注社会底层，关注小人物，关注我们的农民兄弟。"这部作品的主旨是反映中国在大力推进城中村改造进程中出现了失地农民群体。土地是民生之本，农民失去土地就失去了生存的依凭。而现代化建设、城市化进程又必然或必须由一群农民付出失地的代价。在这样的背景下，这群农民的生存与发展困境便成了全社会理应关注的焦点。铁流将其展现出来，这也同样是关注人性的体现。

3. 坚持将革命性与艺术性有机结合，很好地解决了如何使作品更具审美品质和感染力的问题

报告文学的第一属性是文学性，说到底是文学而不是新闻报道或调查报告。但是，当代很多报告文学作品，一定程度上忽视了其文学的规定性，很多人只顾及了其时效性，甚至是市场性，使报告文学的质量下降比较严重，也一定程度上造成了报告文学的影响力有所下降。所幸，近年来，报告文学的艺术性品质逐步得到关注和强调。铁流作为一位从事文学创作三十年的作家，有着很好的创作训练和积累，在作品的艺术性上下了很大功夫，也取得了良好的效果。这方面，他最重要的特色是将革命性与艺术性有机结合，取得了相得益彰的效果。一方面，革命题材本身就具有震撼力和感染力，能促进艺术品质的提升和影响力的扩大。另一方面，通过强化艺术性，使革命的故事、革命人物、革命精神更具有感动人心的力量，也更具有审美气质。

铁流善于用生动感人的情节和细节去表现人物命运，彰显其革命性。《国家记忆》一书，陈望道在翻译《共产党宣言》时，母亲给他煮了粽子，准备了红糖，他竟然蘸着墨汁吃了，还连声回答母亲"够甜够甜"。《槐香》的主人公——热心拥军的红嫂槐花，倾其一生只为证明他人的清白，直至安然辞世。这样的悲剧故事，这样的人生，无疑是动人的。而主角槐花也就在这些看似简单却触动人心的经历中矗立起来，一个性格正直、淳朴、感恩图报的农家女子的形象跃然纸上，让人想起张艺谋的电影《秋菊打官司》里的秋菊形象。

铁流善于将平凡的人物赋予传奇色彩，彰显其能动性。《国家记忆》中延伯真与刘雨辉在特殊的历史境遇中所形成的志同道合的结合，这段爱情传奇故事令人称道。《中国民办教育调查》很容易写成调查报告，但在他的笔下，从事民办教育的每一位主角都富于传奇色彩，经历充满了故事性，棱角展露，个性鲜明。英才学院的夏季亭和杨文的聪慧、顽强、执着给人留下了深刻印象。学院的许多教师形象也很鲜明，如瘸着腿掌管学校基建的张建琪，坚决开除掉那位不知道猝死学生家里电话还不去送葬的辅导员李崇银，等等，都是具有高度责任心的教师代表。黄河科技大学创办者胡大白坎坷的人生经历则反映出其坚强、自信、自立和勇于作为的性格。而任靖玺作为一位"败将"的无奈——经历精彩辉煌人生之后跌落谷底之后的怅惘与反思，也代表了民办教育一代先行者的命运及反思。被缉捕的帅建伦的精明取巧，聪明反被聪明误，也通过他掌控南洋集团的最后两年导致其最终崩盘而得以鲜明地呈现。任靖玺成功的"金蝉脱壳"全身而退与帅建伦的刚愎自用身陷囹圄，双方的心计、角力栩栩如生，具有浓郁的传奇色彩，让人不忍释手。

铁流善于强化作品的内在品质，彰显其深刻性。一方面，他特别注意处理作品传递正能量、传播主流价值观与可读性、感染力与之间的关系，不空乏讲大道理，而是寓教于情，寓教于乐，寓教于美。即便是书写革命历史的《国家记忆》这样的作品，也能具有较好的文学性和感染力。另一方面，他特别注意正大精神的塑铸，真善美优秀品质的弘扬。积极向读者传导向真、向善和向上的思想观念，人的精神、思想、信念，是他挖掘描写的着力点，从而极大地提升了作品的品质，形成极为难得的精神食粮。

"为有担当多壮志，但倾长情著春秋。"铁流通过几十年的不懈努力，用自己的笔触，抒写了属于"铁流"的"风流"，抒写了属于人民和时代的春秋。放眼未来，铁流艺术青春依然年轻，我们坚信他一定会继续用心、用情、用力，迈开自己的双腿去丈量祖国大地，更好地用报告文学担当时代责任，奉献出更多抒写历史之美、人民之美和时代之美的精品力作。

李应该论：立根乡土逐星空

王成一

李应该小传

李应该，生于1950年，山东日照人，著名剧作家，中国戏剧文学学会第四届常务副会长、第五届会长，《中国剧本》杂志主编、"全国戏剧文化奖"评委会主任、国家一级编剧，享受国务院特殊津贴艺术家。创作有文学、评论、文学研究等作品几十部篇，另有大量书法、绘画、雕塑等艺术作品。其中，"文人雕塑"的理论研究与创作实践，填补了中国"文人雕塑"的历史空白。

李应该的主要代表作品有戏剧《石龙湾》《借头》《貂蝉遗恨》《状元与师傅》，长篇小说《公字寨》，论文《"三性统一"的尴尬》《质疑"观赏性"》等。其中大型现代吕剧《石龙湾》1993年获得第三届"文华奖剧作奖"、全国"五个一"工程奖，并入选中国戏曲经典剧目，被文化部列为向全国推荐的优秀剧目之一；1995年，京剧《石龙湾》获中国首届京剧艺术节"程长庚"奖铜奖；新编历史故事剧《状元师傅》，在山东省第七届舞台剧本评奖中获剧本创作一等奖，2001 年在山东省第七届文化艺术节演出中获编剧一等奖，同年获得山东省委宣传部颁发的精品工程奖；新编历史剧《借头》获得第七届中国戏剧文学奖金奖。2013 年获得日照文艺奖特别贡献奖。

李应该先生于 2022 年 6 月 9 日在山东聊城因病去世，享年 73 岁。

李应该，从一位饭店服务员，成为全国著名剧作家、文学家，并在书画、雕塑、文学史研究、文艺理论研究、艺术收藏等领域大幅度跨界拓展，构筑自己独特而奇妙的艺术世界。短短几十年实现完美蜕变，取得耀眼的成就，难怪有人说李应该是个奇才，他的理念奇，为人奇，创作也奇。

李应该生活在独立的灵魂世界，他的这个世界立根于乡土瞩望、追逐无限星空，因而奇异美妙丰富多彩，故又有人说李应该是一个"谜"。他的谜底在他坚定痴迷的艺术追求，在他独特、丰厚的艺术灵魂，在他用灵魂建构的艺术大厦！

一、李应该的艺术时间

李应该（1950—2022），字当然，号三家债主、海右骑槛人，1950 年出生于日照市岚山区巨峰镇一个偏僻、贫穷、落后的小山村——李家大村。

（一）梦想初萌（1950—1982）

从出生到在服务行业工作，三十二年间，是李应该艰苦生活中磨砺意志、培养梦想的阶段。

艰苦的童年和少年阶段留下很多沉重的记忆，这是他人生的重要积淀。祖辈务农，家境困苦，又赶上灾难岁月，因此，肉体饥饿是他最深刻的童年记忆；中学阶段赶上"停课闹革命"，无课可上，无书可读，大脑"缺氧"是最深刻的少年记忆。

18 岁时老师的几句鼓励成为他生命转折的精神基点。1968 年李应该 18 岁。初秋的一个上午，李应该独自一人坐在教室看小说，有好的语句赶紧抄录在笔记本里。语文老师戴继超先生来上课，看了看空空荡荡的教室，无奈地走到李应该身旁，一边翻看他的笔记本，一边低声叮嘱说："文学是可以靠个人奋斗走出来的，好好努力。"老师一句激励话，使李应该热血沸腾。他望着老师的背影，默默立下了奋斗志向——当作家！这是他奠定文学梦想的记忆，也是人生当中具有里程碑意义的记忆。

1971 年 1 月，他于日照三中高中毕业。当年 3 月，在日照县国营第一饭店做服务工作。所在饭店与日照县图书馆斜对面，李应该成了图书馆的长客，读书学习，如饥似渴。服务行业工作直到 1982 年调入日照县文化馆。期间工作、生活为他的创作积累了更多生活素材，学习、阅读促进他的认识水平提高。

1978 年 8 月，李应该创作小吕戏《半个小时》，由日照县饮食服务公司团支部业余宣传队上演。但当时遇到一个难题，吕剧主弦是坠琴，小小的公司业余宣传队没有而且请不到主弦。从来没有摸过坠琴但从不服输的李应该竟然在短短的半月时间学会拉坠琴，亲自担任乐队队长。9 月参加日照县文艺汇演，轰动了海滨小城。从此他正式走向艺术创造之路。

1979 年 3 月，日照县文化馆组团重排《半个小时》，参加临沂地区文艺汇演再获好评。至此，李应该牛刀小试的处女作《半个小时》，获得成功，从此他迷上了戏曲创作，而且正式走向戏曲创作之路。

1979 年 9 月创作小戏曲《宝山罚妻》，1979 年 9 月由日照县商业局宣传队演出，参加日照县文艺汇演并在全县巡回演出。作品发表于 1983 年《群众艺术》第三期。

1980 年创作《罚站记》，1984 年《群众艺术》第十一期发表。

三十几年的生活、思想、艺术积淀，之后小试牛刀一举成功，不仅打开了李应该走向文学创作道路的大门，而且在本地读者、观众群引起反响，也引起地方文化部门高度重视，为创作的进一步发展奠定了基础。

（二）初露尖角（1982—1990）

1982 年 5 月，李应该调入日照县文化馆文艺创作组从事专业创作。

1986 年七场新编历史故事剧《孝廉内传》（合作执笔），发表于 1986 年《戏剧丛刊》总第三十七期。

1986 年 6 月大型无场次渔歌剧《浦湾潮汐》1987 年 12 月《戏剧丛刊》第六期发表，1988 年 5 月在山东省戏剧家协会主办的"第三届优秀舞台剧本评选"中获优秀剧本奖。

1986 年小戏曲《学车》《临沂大众》报 1987 年 1 月 10 号 4 版发表。

1987 年六场现代戏曲《泼辣旦新传》1987 年《齐鲁剧作》发表

1988 年电视剧小品《红领巾的风波》1988 年在山东省戏剧家协会、山东电视台等单位举办的"山东省首届电视小品大赛"中获剧本奖。

1988 年小戏曲《农贸市场会亲家》1988 年《沂蒙文艺》第一期发表。

1989 年 1 月八场现代戏《蟹子湾》1989 年 6 月由临沂市柳琴剧团上演。

1990 年话剧小品《父子班长》1990 年参加山东省文联、山东省文化厅、山东省总工会等单位举办的"戏剧小品大赛"获剧本创作三等奖。

1990 年话剧小品《赶火车》1990 年参加山东省文联、山东省文化厅、山东省总工会等单位举办的"群众艺术汇演"获剧本创作三等奖。小戏曲《诗传情》1991 年 1 月 16 日《日照日报》四版发表。

此一阶段的八九年间，他在戏曲创作领域逐渐崭露锋芒，艺术逐渐精湛，而且走出日照，走向山东，可谓"小荷初露尖尖角"，引起山东文坛重视。

（三）梦想绽放（1991—2001）

1991 年 6 月，李应该创作大型吕剧《石龙湾》，1992 年《戏剧丛刊》第一期发表。1991 年 6 月日照市吕剧团首演，参加山东省第三届艺术节汇报演出轰动省城。1991 年 9 月山东省吕剧院复排。1992 年 3 月 26 日，山东省吕剧院《石龙湾》剧组由副省长宋法棠带队应文化部邀请晋京演出，誉满京华。迟浩田等中央领导与戏剧专家观看了演出。1992 年 4 月 4 日文化部与中国戏剧家协会召开了座谈会，马少波、郭汉城、张庚、章怡和等三十余位专家参加了讨论会，对《石龙湾》给予了充分肯定。马少波评价《石龙湾》是吕剧现代戏创作的"又一个里程碑，达到了很高的艺术境界"。1992年4月15日马少波在《人民日报》发表《吕剧艺术的新发展》的评论文章，认为《石龙湾》作者"深得编剧三昧""独辟蹊径，别出心裁""一波三折，引人入胜，不落窠臼，别出机杼。""《石龙湾》的成功演出，标志着吕剧艺术的新发展。"1992年9月中旬至10月中旬，山东省隆重推出现代吕剧《石龙湾》，参加了京、津、沪、苏、鲁舞台艺术优秀剧目巡回展演，誉满大江南北。1993年4月16日，吕剧《石龙湾》获得第三届"文华奖剧作奖"等多项奖，创下山东省直剧院团首次获得"文华奖"的新纪录。1995年山东省京剧院复排《石龙湾》，入选中国首届京剧艺术节，获铜奖。1995年《石龙湾》入编文化部编纂的《文华丛书》。1999年《石龙湾》入编由马少波任主编，北京艺术研究所、上海艺术研究所组织编著的《中国京剧史》，评价《石龙湾》"是现代戏中可喜的收获。其故事具有传奇色彩，情节曲折、悬念迭出，引人入胜，出色地塑造了女主人公彩螺这一将柔弱与刚强、平凡与崇高有机地集于一身的艺术形象。为了保全烈士遗孤，这位年轻的渔村寡妇在日伪汉奸的高压和族规家法的'严惩'面前，不顾蒙辱受屈、坠石沉海的后果，毅然做出牺牲自己的抉择，真是大义凛然、震撼人心。比《红嫂》更严酷，比《赵氏孤儿》更艰辛，代表了京剧现代戏的新水平"。1997年，甘肃陇剧院移植《石龙湾》参加甘肃省艺术节演出获得10项大奖。2000年，由中央电视台、山东电视剧制作中心联合拍摄的电视戏曲艺术片，获得2000年度"飞天奖"。2001年，山东文化音像出版社出版发行"世纪经典"吕剧《石龙湾》WCD影碟。2002年12月，《石龙湾》入编由郭汉城任总主编，陈培仲、吴乾浩、谭志湘任主编的《中国戏曲精品》《中国戏曲经典》，北京娱乐信报报载："精选了从《张协状元》到1995年底为止的古今戏曲作品约百部，涵盖了从宋元南戏、元明杂剧、明清传奇及清代地方戏的佳作，展示出戏曲文学的发展轨迹和杰出成就，系统地介绍了历朝历代的优秀之作，堪称戏曲出版史上的大手笔。所选标准为具有较高的思想性、艺术性，经过长期舞台考验，在全国或本地区、本民族中有很大影响的剧目。包括汉、满、藏、蒙、壮、白、维吾尔、布依、彝、侗族等民族地区流行的近四十个剧种。"2006

年 4 月 13 日，山东省人民政府以鲁政字（2006）106 号印发《关于给予山东省吕剧院通令嘉奖的通报》，对《石龙湾》进行了表彰。

1995 年，《〈造假求真〉——〈石龙湾〉创作谈》《文华丛书》青岛出版社出版，1996 年获第二届山东省艺术科学优秀成果奖。

1996 年，国务院授予李应该享受政府特殊津贴专家称号。

1997 年 11 月七场现代戏曲《九道湾》，1998 年 1 月日照《金海岸》刊登，1998 年 8 月日照市吕剧团首演。2001 年入选山东省第六届艺术节展演获剧本奖，同年获得山东省精品工程奖。

1997 年七场古装戏曲《状元师傅》1997 年《新剧本》第 6 期刊登，1998 年在山东省戏剧家协会举办的"第七届舞台剧本评奖"中获剧本一等奖。2001 年日照市吕剧团首演，获山东省精品工程奖。

1999 年 12 月话剧小品《游戏，游戏》，1999 年 12 月参加山东省文学艺术界联合会、山东省文化厅等单位主办的"第五届儿童戏剧大赛"获剧本奖。同年，李应该被审批为中国一级编剧。

2000 年无场次大型古装戏曲《兰陵笑笑生》，原名《拉拉的金瓶梅》，2001 年《剧本》第二期刊登。

本阶段十年间，李应该戏曲创作达到高峰，其他艺术创作也臻于成熟，并依靠《石龙湾》等剧本奠定在全国戏剧舞台与文学舞台的崇高地位。

（四）开拓创新（2002—2022）

在戏剧创作领域，获取较高地位之后，李应该不安于已有成就而且不安于仅在戏剧创作领域里徜徉，而是以超群的胆魄开始大胆开拓，不仅将文学创作的领域扩展到小说创作，还沉下心来在文艺观念、艺术史、文化史等方面深入探索、研究，而且都取得了不凡的成就。他出版长篇小说《公字寨》上下部，发表大量文学、艺术等方面的研究论文、随笔，并勇敢进入《金瓶梅》研究领域，进行沉厚、扎实的研究，取得惊人成果，为《金瓶梅》研究领域开辟新天地。

2002 年论文《体味生活》发表在 2002 年《剧本》第七期。

2002 年 2 月根据张炜《古船》改编的大型话剧《逐夜》，2005 年 12 月

《戏剧丛刊》刊出。2006 年 5 月获第二十届"田汉戏剧奖二等奖"（一等奖空缺）。

2003 年 10 月七场古装戏曲《双换魂》，《艺海》2017 年第二期刊出，根据传统剧目吹腔《换魂记》改编。2003 年 9 月获第三届中国戏剧文学奖剧本奖。

2003 年论文《关于戏剧命运之外的命运》《中国戏剧》2003 年第十一期发表。

2004 年 1 月《公字寨》第一部，2009 年 3 月，经国家出版总署审批之后由《中国戏剧出版社》出版。2015 年入编《中国文学年鉴》。

2004 年 4 月长篇小说《公字寨》第二部 2015 年 10 月新华出版社出版。

2004 年 6 月，论文《时代催生了都市戏剧》《中国戏剧》2004 年第十期。

2005 年 10 月，论文《慎造口号》《剧本》2006 第一期发表。

2006 年 1 月，论文《质疑"观赏性"》《剧本》2006 第四期刊出。

2006 年 5 月，论文《从"八股文"到"三突出"》《剧本》2006 第八期发表。

2006 年 9 月七场新编历史剧《王祥卧鱼》（合作执笔），2007 年临沂市柳琴剧团首演。2007 年 9 月 5 日，在"中国第五届书圣节"演出，好评如潮。

2007 年 10 月，由文化部社文司、中国文化报社、山东省文化厅、枣庄市政府主办的"中国柳琴戏艺术周"，《王祥卧鱼》参加演出获得剧本创作一等奖。2008 年 6 月入选北京奥运重大文化活动戏剧展演。2008 年 10 月，参加山东省第八届艺术节演出获剧本创作奖。2009 年 5 月，受宁夏回族自治区党委宣传部邀请，《王祥卧鱼》在宁夏进行巡回演出轰动大西北，各界盛评如潮。

2007 年大型现代戏京剧《铁道游击队》（第一作者、合作）2008 年山东省京剧院首演。2008 年 10 月，入选第五届中国京剧艺术节演出获金奖。

2008 年 12 月七场历史故事剧《借头》，《中国剧本》2009 年第一期，2009 年获中国戏剧文学奖金奖。

2008 年 12 月创作谈《还我头来》《中国剧本》2009 年第一期发表。

2008 年论文《"三性统一"的尴尬》《中国剧本》2009 年第一期发表。2009 年获中国戏剧文学奖论文奖银奖。

2008 年七场新编历史故事剧《貂蝉遗恨》2012 年《日照市原创剧本精品集》选编。

2009 年 7 月根据关汉卿《窦娥冤》整理改编大型戏曲《六月雪》2012年《日照市原创剧本精品集》选编。2010 年 3 月，经中国戏剧文学学会四届二次理事会决定，文化部社团办报备批准，调李应该任中国戏剧文学学会常务副会长、全国戏剧文化奖评委会副主任（该奖是经中共中央、国务院批准的国家级奖项，文化部八大奖项之一）。同年，完成新编历史剧《貂蝉遗恨》。

2010 年 1 月论文《四大名旦，十年生成》2010 年《中国剧本》第一期发表。

2010 年 6 月剧评"《锁麟囊》与维纳斯"2011 年《中国剧本》第一期发表。

2010 年 11 月书评《不简单的简单——张传旭书法解读》《生活日报》刊发。

2011 年 3 月随笔《亲见蜀日》《剧作家》2013 年 3 月刊发。

2013 年剧评《自由，是戏剧的生命》2014 年《中国剧本》第一期发表。

2013 年 12 月论文《文人雕塑缺席的历史遗憾》《关东学刊》2017 年第三期发表。

2014 年 6 月剧评《东西方文化的歧义与碰撞》《中国剧本》2015 第一期发表。2014 年，在中国戏剧文学学会第五届全国会员代表大会上当选会长，并担任全国戏剧文化奖评委会主任、《中国剧本》杂志主编。

2015 年 10 月《公字寨》第二部由新华出版社出版。

2015 年开始，李应该除继续戏曲、书画、雕塑等创作外，倾注大量心血进行《金瓶梅》研究，截至目前已完成《〈金瓶梅〉作者丁惟宁考论》初稿三十六万字，《〈金瓶梅〉与日照方言对读》初稿二十五万字，初定 2023

年出版。可以想见，他的文学史、文学与方言研究亦将在文坛掀起巨澜。

四十几年的努力奋斗、勇敢探索，李应该的创作荣膺文华奖剧作奖、全国"五个一"工程奖、中国京剧艺术节金奖、中国戏剧文学奖金奖、中国电视戏曲艺术片飞天奖、田汉戏剧奖等多项大奖，可谓成果丰硕，成就辉煌，影响骄人。

2022年6月9日李应该先生不幸病逝于山东聊城，对一个艺术家来说，可谓英年早逝，为我们留下了永恒的记忆，也留下了极大伤痛与遗憾。

二、李应该的艺术空间

李应该是个奇才，奇就奇在他出众的创造勇气与艺术敏感，奇在他在艺术领域的跨界之大、辐射之宽，将自己的艺术创造辐射到戏剧创作、文学创作、雕塑艺术、书画艺术、"金学"研究、方言研究、文艺理论研究、收藏鉴赏等多个领域，艺术空间极为博大宏阔，而且他在每个领域都有着独特的创意与超凡的成果。《关东学刊》主编、谢小萌博士评价李应该说："李应该先生是大才，是通才，是艺术圈的'武林高手'，在剧本和小说创作、雕塑、书画、诗作、文艺理论研究、'金学'研究等领域都有着丰厚的收获。"

（一）剧作家

戏曲创作是李应该文学艺术创作的主打方向也是主要成就所在，几十年来创作几十部长短剧本，其中优秀剧本十几部，在这个出成果特别困难的领域可以说是令人震撼。

众所周知，在诸多艺术样式中，戏剧艺术的生产是最为复杂的系统工程，"十年磨一戏"较为客观地概括了戏剧生产的长期性与艰难性。由于戏剧创作难度大，周期长，特别是"旧瓶装新酒"的戏曲创作，往往容易产生"陈腐守旧"之感，因此戏剧创作很难走在"文化潮流"的潮头。但李应该却不但把握住戏曲的精髓，又能对历史文化和现实生活进行准确而深刻的思考提炼，实现了将"传统戏曲"现代化的目标，不管是表现抗战时期人民牺牲精神与真挚爱情的《石龙湾》，还是《借头》《状元与师傅》《逐夜》《王祥卧鱼》《〈金瓶梅〉与笑笑生》《貂蝉遗恨》等历史传奇，还是古戏《窦娥冤》的新编《雪飞六月天》，还是荒诞戏《换魂传奇》，都能在旧戏曲中表达新生活、新观念、新思想，并借鉴、融入现代表现手法与现代语言表达，真正做到了旧戏曲的现代翻新。

（二）小说家

艺术的互通、思想的共振，让李应该将戏曲家与小说家勾连。

2004年1月，李应该着手写作长篇小说《公字寨》，当年10月，第一部和第二部完稿。2009年3月，经国家出版总署审批之后由中国戏剧出版社出版了《公字寨》第一部。2015年10月《公字寨》第二部由新华出版社出版。《公字寨》一经出版发行即得到阅读者的广泛赞誉与评论家的高度赞扬。

国家出版总署《公字寨》审批小组专家对《公字寨》给予高度评价："《公字寨》写了'文革'中一个偏僻山寨在学大寨活动中所发生的一系列看似荒诞不经实则真实可信的人和事，较之多为写实的'文革'题材有别开生面之趣，且有其相当的深度和典型意义。"

2015年，《公字寨》入编《中国文学年鉴》，编者认为《公字寨》："小说真实再现了那个时代的特别状态：一方面是物质生活的极度贫困，一方面是精神状态的极度亢奋。揭示了文明被破坏、人性被扭曲的种种惨状，并且浓缩了那个时代的主要生活场景，集中了那个时代政治文化的大部分符码。所以，'公字寨'是一个象征，极大地概括了那个时代中国人的生存状态和精神状态。这部小说有一种朴素的力量，一旦走近，即被吸引，往返其中，欲罢不能。李应该所展示的，是时代与文明的关系。"

大唐诗人张若虚靠一首《春江花月夜》"孤篇横绝，竟为大家"，那么李应该一部《公字寨》充分奠定了李应该在当代小说、当代文坛甚至文学史上的地位。

（三）书画家

李应该是不安分的，已经在戏剧创作取得骄人成就的他，不安于已有成就。

李应该在"舞文弄墨"上大下功夫；纸上"舞文字"延续他的书法创作；

笔下"弄墨色",开始他的绘画研习。

特别是 20 世纪 80 年代中后期,美术界"85 新潮"吸引了李应该的目光,他关注"新文人画"现象,从中窥视文化潮流发展动向,以期获取灵感,进一步完善戏剧艺术。通过对中国美术史的系统研读,他更加喜欢上书画艺术。

1990 年,不惑之年的李应该备好了纸笔,开始他的绘画之路,甫一上手,很快就进入了中国画的笔墨语境,而且不学徒、不临摹、不拜师,闯自己的路。他说:"一入师门便成习气,师一家不如师百家。一部美术史就是老师,大自然就是老师,自觉就是老师。"不从临摹入手,而是自创"两道杠"速成法,挺着手腕子练习画杠杠。他说一道杠练的是"不哆嗦",两道杠连起来练的是"气脉通"。一生二,二生三,三生万物。凭着他戏称的"两道杠速成法",李应该迅速掌握了用笔技巧,并且迅速进入了创作状态,多次参加山东省新人新作展及全国展览并获奖。

中国社科院李建军博士称赞李应该的画作"泼墨生趣,落笔成诗"。南开大学李新宇教授称赞李应该的画作"朴素简约,别有意趣,深得文人画之三昧"。观李应该的书法如钢筋铁骨,遒劲刚硬;观李应该的绘画则淡墨生趣,落笔成诗。

(四)雕塑家

李应该胆魄超群。2008 年,李应该 58 岁,他做出一个大胆决定,要用雕塑艺术为自己的著作《公字寨》做插图。这源于 1981 年,雕塑大师仇志海先生为发掘消失了四千年的黑陶艺术来到日照,李应该与仇先生结下了不解之缘,也与泥塑结下不解之缘。

2008 年 7 月 25 日,李应该开车去临沂罗庄拉回瓷泥。他激情难耐,不顾疲劳,当天晚上就完成了大桂桂的形象塑造。半月时间,李应该窝在地下室里完成了《公字寨》第一部的 18 件雕塑插图。短短几年,李应该完成了《公字寨》雕塑插图、《阿 Q 正传》雕塑插图、"拳头系列""思想者系列"以及"金和尚造像""妹妹坐船头""推媳妇"等 80 多件作品。

2008 年,李应该翻阅了中国美术史、中国雕塑史、中国陶瓷史以及大量的中国史学、中国美学等著述，发现中国历史上有"文人画"，却没有"文人雕塑"，传统文人集体忽略雕塑艺术。这种文化现象在世界艺术史上非常罕见，这自然引起善于分析思考的李应该的重视与深思。李应该在雕塑理论界提出了一个此前没有的重要概念"文人雕塑"，2009年冬，写下了《失魂落魄的中国雕塑》的万言论述，几经修改，2013年5月3日在"中国雕塑网"发表。2011年又写了《文人雕塑缺席的历史遗憾》一文，《关东学刊》2017年第三期刊发。

针对李应该的雕塑实践与理论，不少学者、专家做出了中肯的评价。

雕塑家李学斌评价说："他对雕塑创作实践以及雕塑理论研究有着独到的见地，以他自己的思想和艺术立场构建自己的雕塑话语系统。以比较学研究视角直指中国传统雕塑积弊，探讨文人雕塑缺席的历史原因，高屋建瓴，振聋发聩。""李应该的雕塑作品直指内心，有一种震撼人心的力量。种种顺手拿捏的趣味，充满了浓郁的生活气息。"

毋庸置疑，李应该的雕塑实践以及"文人雕塑"理论，对我国雕塑艺术的发展有着重要的历史意义。

（五）《金瓶梅》研究专家。

李应该闯劲十足。2015年来，鉴于李应该对当代《金瓶梅》研究界有些观点持有异议，又带着一股"狂飙突进"的闯劲进入了《金瓶梅》研究领域。他的主要研究方向就是他持有异议的两个方面，一是作者考辨，二是方言对读。目前已基本完成《〈金瓶梅〉作者丁惟宁考论》大约36万字与《〈金瓶梅〉与日照方言对读》大约25万字，计划2023年出版。

他大胆且自信地把金瓶梅研究放在他全部艺术创作、艺术研究中检验，他说，我可以没有《公字寨》，可以没有《石龙湾》，但是不可以没有《〈金瓶梅〉作者丁惟宁考论》与《〈金瓶梅〉与日照方言对读》，这将是终结兰陵笑笑生悬疑之书；也是从语言学角度对文本剥皮剔骨的透彻剖析。他还毫不忌讳地说，这是一场激烈的学术大战，一杆铁枪，直击某些学界大咖！

三、李应该的艺术思想

李应该之所以在每一领域几乎都能达到精妙程度，能取得丰硕成果，完全源于他有着强烈的艺术追求、独立的艺术思想、明确的艺术主张、独特的艺术灵魂，他的艺术思想主要涉及以下几个方面。

1.语言中心观：李应该把语言定位为文学艺术创作的核心话题，而且从其地位、意义、锤炼方法、表达要求等进行了多方面、多层次、全方位思考，进行了科学定位。

李应该特别强调语言的地位与力量，他认为语言就是文学创作的核心。他说："语言是有灵性的，语言是活生生的存在。我们总认为'文字'是死的，你用它，它才会动起来。其实不然，文字本身就具有灵性，具有神性。'昔者仓颉作书，而天雨粟，鬼夜哭。'文字的出现，使人类迈进了文明的门槛，天地惊，鬼神泣。文字一旦被创造，就是一种强大的存在。古人认为自从有了文字，使得'造化不能藏其秘'，民智日开，民德日离，欺伪狡诈、争夺杀戮会由此而生，天下从此无太平日子，连鬼都不得安宁，所以鬼都哭了。这种认识是片面的。低级动物的伪装欺诈绝不亚于人类，'欺伪狡诈'不能按在文字的头上。人类被称为高级动物，高级在哪里？根本在于创造了文字。作家之所以被称为作家，根本在于写作为生。作为作家，怎么敢怠慢语言呢？"

针对语言的本质，李应该说："语言就是生活，语言就是世界，语言就是你自己。语言具有时间性，每个时代都有属于自己的语言印记，从语言中最能感受社会的脉动和人性状态，最能反映时代面目。"又说："海德格尔是存在主义哲学的代表人物，越来越受到全世界以及我国学界的关注。他的关于'语言是存在的家'的论断，受到某些人的曲解，认为他本质上还是把语言当作工具。其实，海德格尔极力反对的正是语言的工具观，反对把人和语言的关系二元论化。我的理解，如果论述人的本质，可以说，人就是语言，语言就是人。离开语言，还是人类吗？"

针对文学语言的标准或要求，李应该认为："对于作家来说，准确、生动这是最低的标准要求。更高的要求，还需要个性化、辨识度、节律美以及色彩感和温度感。许多作家缺少对语言的尊重，用语随随便便，只顾忙着写他的故事，却不重视语言的力量，把文字当作呼之即来挥之即去的外卖小哥。无论写什么题材，无论写什么故事和什么人物，无论是写农村生活还是写城市生活，语言都是一个味，根本不考虑规定情境。人物形象是平面的，是二维的，很难立体呈现出来。有的作家总在炫耀发表了多少多少字，好像发表的文字越多越了不起。把文字当作货物一般一坨坨码起来，文字就失去了生根发芽的机会，就枯萎了。所以，有人称此举为码字。大凡谝览字数的人，原因在于缺少自信。设若有一部像样的东西能够进入艺术殿堂，进入史册，还需要谝览字数吗？艺术殿堂只承认艺术质量，不认字数。好饭不怕晚，好书不在多。"

　　针对小说和戏曲语言的不同表现、不同特征，李应该说："小说和戏剧，从形式到语言，都存在很大的不同。在诸多的艺术样态中，戏剧创作最难把握。英国戏剧理论家阿契尔把小说与戏剧相比较，认为小说是'渐变'的艺术，而戏剧是'激变'的艺术，戏剧所处理的是人的命运和环境的一次激变，这就是戏剧本质的所在。我对阿契尔'激变'主张并不赞同，因为许多小说同样存在戏剧性描写，存在'激变'描写，所以，不能把'激变'视为戏剧的本质所在。我认为，戏剧与小说的根本区别并不在于'渐变'与'激变'，而在于形式。小说是语言的艺术，作家通过语言叙述故事、刻画人物。读者在阅读过程中感受作家描述的情境，感受作家塑造的人物和故事，以此获得语言的阅读快感和艺术享受。而戏剧则不然，她是通过演员的表演获得艺术享受。编剧在创作剧本的时候，首先考虑的是适合舞台表演，为演员留出表演空间。再者，观众观看戏剧演出的注意力在演员的表演，这就要求编剧写的剧本要通俗易懂，一听就明白。编剧写唱词要强调诗性，强调诗意但是不能太诗意。要有诗意，还要浅显易懂，是不是忒刁难作家了？这是剧作家必须练就的一套本领。成熟的作家，必须具备多方面能力，能够写小说，也能够写戏剧，诗歌、散文、理论等都要研究，刀枪剑戟样样精通。若不然就会显得单薄，很难在不同的艺术样态中做到语言的自由转换。作家的语言能力要强大，怎么叫强大呢？既能'文绉绉'，也能'土巴巴'，写什么人要有什么'味'。例如剧本《雪飞六月天》描写梅大姑的一段唱：'四两棉花你纺（访）一纺（访），老娘骂人压四乡。骂上三天三黑夜，不吃不喝不断腔。骂得老驴闭了气，骂得老牛撞南墙。骂得黑狗绕道走，骂得母鸡钻水缸。骂得东邻搬了家，骂得西邻逃了荒……'一个打东邻骂西舍横蛮无理的泼妇形象立即在观众的面前活了起来。《〈金瓶梅〉与笑笑生》描写的《金瓶梅》作者丁惟宁是一代大儒，他的言谈举止就要符合他的文人身份。例如描写丁惟宁受诬罢归，情绪低落，沉醉壶天的一段唱：'一轮明月爬上山，又忽见，峰峦飘飘上九天。为什么，月儿压在青山下？为什么，青山明月乱倒颠？身在山？身在天？身在崎岖山道间。天倒悬，无力转，远铃銮，近勾栏。东园听曲儿，西园饮酒，难解心头千般烦。七八个星星眨泪眼，两三声野狼嗥叫月色寒。明朝生死哪得管？且开怀，且随份，且悠闲。天飘飘然，地飘飘然，人飘飘然，上八仙，下八仙，有我丁某成九仙。'丁惟宁是明代嘉靖年间的进士，他的谈吐就不能太过浅显流俗。戏剧的语言不仅要求生动鲜活、朗朗上口，还要有节律美，对每一个字的声韵都要掌握，开口音还是锁口音，都要讲究，若不然，演员就张不开口，没法说，也没法唱。"

针对当下有些作者不注重语言锤炼的浮躁状态以及如何锤炼语言，李应该批评说："卖弄字数的码字意识，容易培养作家的虚荣心，容易产生急躁情绪，由此而丧失精品意识与经典意识，丧失享受孤独的快乐，这是非常害人的一把刀子，希望引起志存高远的青年作家的注意。作家不是表演明星，不需要站在聚光灯下亮倩影。作家需要坐冷板凳，需要慎独，需要冷静思考。历史将会证明，只有那些尊重了语言，尊重了文学，甘于沉下来享受孤独的人，才会越走越远。享受孤独不仅是一种心态，也是一种境界。人们都喜欢热闹，但是对于作家来说，酒场、热闹场是一朵罂粟花。热闹过后你会发现，清净是多么美丽的一方世界。如今，面对花花绿绿的世界，许多作家、艺术家普遍表现出浮躁心态，缺少坐冷板凳享受孤独的心态。当代艺术，无论小说还是戏剧，大气象作品少之又少。许多作家概念写作，图解口号，人物失魂，花草无根，使用了一堆震天响的大词，看上去很唬人，但是不经细读，味同嚼蜡，这些都与浮躁心态有直接关系，我称这一类写作为'躁气写作'。"

2. 人性关怀论：人性关怀主题是有良知作家应有的情怀。李应该不仅观念上特别重视人性关怀，而且在实践上始终坚持这一原则，他的艺术创作不管何种素材、何种主题、何种形式都会自然融入"人性关怀"这一创作主旨。

翻新关汉卿《窦娥冤》之《雪飞六月天》将"窦娥之冤"在原有的不白冤屈以及"正义迟到"基础上融入现代的人性之光，用现代情怀评判古人之事。《借头》否定、鞭挞曹操为达个人政治目的而草菅人命的行为，鞭笞了自古至今某些政客不惜牺牲他人权益甚至生命来谋取个人利益的邪恶行为，显然是以人性关怀来评判历史政治、历史人物进而烛照当代现实生活。

《公字寨》更是倾尽心血、旗帜鲜明地表达着这一主题。

"《公字寨》在哲学的高度对人生人性展开思考，高屋建瓴地揭开了以'公'字冠名的历史本质，对中国社会的公有制发展进行了细致而深入的考察与反思，使得整部作品成为一部现实描绘与文化反思并重的大气之作。"（于昊雁：河南大学文学博士、理学院教授）"人性的异化，达到了荒谬绝伦、无以复加的地步，读来忍俊不禁，欲哭无泪，欲笑无声，具有相当的深度和典型意义。"（国家新闻出版总署《公字寨》审批小组组长潘光武）。

3. 见素抱朴观："见素抱朴"现代汉语称为"朴素"，来自老子《道德经》，"素"指没有染色的蚕丝，"朴"指未经雕琢的木材。"素""朴"都有不加雕饰、保持本源状态之意。李应该始终坚持老子所主张的"见素抱朴"观，故不管他的戏曲创作、小说创作还是书画、雕塑，都努力做到尊自然之朴，展性情之素，不矫揉造作，不逞弄技巧，不刻意雕琢，透视出"朴素"的质感和力量。

《公字寨》不管描写环境、塑造人物、铺写故事、叙述语言、人物对话、野趣民歌，都有着来自山野却又来自灵魂的朴素。"《公字寨》有一种朴素的力量，让你一旦走近，即被吸引，读完之后，流连忘返，反复思索，欲罢

不能。小说的重要贡献，正在于集中表现了中国人失掉头颅的时代悲剧。"（李新宇：南开大学教授、著名学者）

而他的戏曲创作也是如此。不管是对白还是唱词以及环境点染、布景设计都有种"清水出芙蓉，天然去雕饰"的质感。

4. 热爱痴迷观：李应该认为一切成功的基础是热爱。

他说："我认为，爱好才是成就事业最重要的原因。试想，如果不爱好，那种勤奋也就成了无奈的勤奋，仅仅为了吃饭生存而已。爱好就不同了，因为爱好，一切辛劳一切付出都是快乐的。再苦再累，愿意，而且快乐着。"他还说："爱好是个魔，只要中了魔，不想当画家，老天爷都不答应。"可见，李应该对艺术的热爱程度直达痴迷、疯魔状态。

因为热爱，他能把跨界研究作为休息身心、调节生活的方式，他说："我喜欢跨界研究，平日的生活方式基本上围着三个台子转，写字台、绘画台、雕塑台，自嘲为'三台大人'。换换劳动方式，也就成了休息。马克思写作《资本论》，累了就演算高等数学题。论说，累了睒瞪一霎该多好？马克思换一种劳动方式，反而成了休息。不知道你有没有这种体会，读书读累了或者写作写累了，摸起毛笔抹上几笔画，就会浑身轻松。"

而事实上，李应该之所以能"打通"不同艺术门类之间的壁垒而醋畅悠游，并且都有所创造和建树，根本原因是"热爱"，热爱艺术，热爱思考，热爱自然，热爱生活，他所热爱的一切，归根结底就是热爱生命。有的人将喝大茶不干活的闲适人生看作人生幸事，李应该却为此等人感到悲哀，鲜活的生命在"喝大茶"中耗尽了，多可惜！李应该说："爱生活就是爱劳动、爱创造。"

5. 融合创新论：艺术的生命在于融合、创新，李应该更是强调融合创新。

李应该认为："时间艺术与空间艺术是完全不同的两种表现形式，但是从审美意义上说，又存在相通，或者说相同的内在联系。文字会说话，雕塑能传情。声音是听得见的色彩，色彩是看得见的声音。两种看似截然不同的艺术形式，却能够达到完全趋同的艺术感受。文学创作中的思维方式以及结构、描写、刻画、节奏、韵律等方法，与雕塑艺术创作的思维方式以及表现手段完全契合。隔山不隔理，更何况时间艺术与空间艺术并不隔山。""创造力来自爱好，来自热情。"

事实上，纵观李应该的艺术创作，不管是现代文体写作还是旧瓶装新酒的戏曲创作，还是其他艺术门类打通进而实现突破，都坚定地致力于融合、创新，都体现着李应该超群的融合贯通意识与创新能力。

▌ 四、李应该的文学大厦

李应该艺术创造的时间、空间以及艺术创造的灵魂构筑了李应该的绮丽多姿而又具独特风骨的艺术世界。从文学层面，其主要通过"戏曲创作"与"小说创作"两方面建构了他的坚实大厦。

（一）古典戏曲在现代情怀渗透下的涅槃重生——李应该戏曲创作论

戏曲创作是李应该倾注心血最多、成果最为丰富的本色行当。从 1978 年创作第一部吕剧《半个小时》始，四十余年，李应该创作了《石龙湾》（1991）、《状元与师傅》（1996）、《〈金瓶梅〉与笑笑生》（2000）等三十余部剧作。其不少剧作不仅屡获大奖，而且多次晋京演出、参加全国巡演，获得了不少肯定和赞誉。

李应该拿来传统戏曲这个适应大众审美情调和口味的艺术形式，但显然并不是传统戏曲的一般性传承，而是遵循鲁迅所倡导的"拿来主义"，既坚定继承其精华，又勇敢剔除其糟粕，可谓"改造旧瓶装纯新之酒"。因为传统戏曲的特点非常鲜明，虽然有适合大众传播的优势，但也有着明显的短板：那就是模式化、平面化。内容无非状元宰相、才子佳人、鬼神妖魔，很少触及平民百姓、凡俗人生。表演无非唱念做打；演员无非生旦净丑；结构无非起承转合。李应该的创作吸收了传统戏曲的精华，也剔除了其糟粕。整合创造出自己的新鲜的戏曲艺术作品。从内容（新酒）来看，以现代情怀代替传统主题，将关注的焦点放大到社会生活、大众人生、中国历史、人类精神的各个方面；从艺术（旧瓶）来看，坚定继承传统戏曲适应中国审美情趣、能够渗透人心的技巧、手法，同时，融入现代艺术原则、表现方法，创新出独属李应该的新戏曲艺术。可以说，在李应该的艺术空间里，不仅酒是新的，而且那旧瓶子也并没有直接使用，虽说从表象上看用的是"旧瓶"，但实际上只用了瓶子的"瓶胆"，瓶子的色彩调配、图案雕刻等都是李应该的，这也使传统戏曲在李应该新鲜血液的加持下获得涅槃重生。

1. 新思想、新文化、新精神。

李应该的戏曲创作从本质上打破传统戏曲的素材选择与主题表达，实现了以"新思想、新文化、新精神"代替"旧思想、旧文化、旧精神"的彻底蜕变。这"新思想、新文化、新精神"，其本质是"人性关怀、人道情怀、法制观念、正义力量、平等意识"。

《石龙湾》叙写抗战时期海滨渔村一个青年寡妇彩螺掩护八路军烈士遗孤的故事。彩螺保护八路军遗孤和彩螺的爱情两条线索交织发展，通过情节与形象着力写情，写人民的爱国之情，写为了维护正义事业的自我牺牲精神和亲人间的患难与共情怀，还写真挚的男女爱情。作者巧妙地在抗战主题中将人性、正义与爱情等现代主题融入。

《借头》曹操征讨袁术，粮米不足。王垕押送着从江东借来的万石粮米，为躲避袁术的阻截，不遵曹操会师安丰的命令，暗度陈仓，将粮米成功送达。在送粮途中，随饥民逃荒的王垕老母和妻子梅姑饥饿欲死，拦车求救。但王垕严遵军法，未以一粒军粮施救。寿春久攻不下，曹操心急如焚，王垕献出了收割芦苇、火烧寿春的计策。但军中粮米难支，曹操命王垕督粮，克扣兵卒的食粮。兵卒饥饿难耐，纷纷叛逃，杀不胜杀。为稳定军心，曹操让王垕承担克扣军粮的罪名。又假意让王垕出逃，在密林中将其抓获，借王垕的头颅，安定了军心。为了维护自己的尊严，曹操出尔反尔，没有兑现胜利后为王垕平反的承诺，又假意优待王母、梅姑，为自己博得了宽厚仁慈之美名。作品借曹操为了稳住军心栽赃陷害王垕的故事，抨击、谴责曹操为代表的政客们的丑恶嘴脸，他们打着为国、为民旗号，不仅无视、践踏人权、尊严，更轻视、剥夺他人生命，让人愤慨、仇恨。在严肃的揭露、批判中，人道、法治理念清晰呈现。

《状元与师傅》塑造刚正不阿、为民请命的师傅和只追求功名利禄不管百姓死活的状元徒弟两个鲜明形象，通过师徒二人的差异对照，揭示几千年来读书人的基本趋向：师傅胸怀读书明志的理想，敢于不顾个人安危而为民请命，与恶势力作斗争；徒弟却因"宦海游，怎容得，角尖棱锋？……为官道，须圆滑，熟谙中庸"等现实原因，为了个人名利，放弃了读书人的志节理想、为官的责任担当。这个对照其实也是传统读书人追求功名利禄、出人头地与现代读书人追求公平、正义、平等、人道等情怀自然而然的碰撞。师傅李道理与状元赵鹏程形象的塑造，还蕴含着李应该对当下知识分子、当下官员的观察、思考、审视和批判。

《换魂传奇》叙写土地爷为树立个人权威、尊严，故意指使黑白无常错拘打翻给他上供贡品的少女魂魄的故事，塑造一个小有权势、欺压乡里的贪官形象，批判了基层官员倚仗权势、欺压乡民的社会现象，表达通过"苍蝇老虎一起打"的反腐败行为，建设平等、法治社会的愿望。

《貂蝉遗恨》中，那个作为政治斗争工具，在"美人计"中牺牲的貂蝉，勇敢摆脱"特殊"位置，还原个体本身，争取普通"人"的地位。她不仅厌倦战争，而且向往美好的爱情和男耕女织的日常生活。独立人格的觉醒，让她无法忍受继续做"棋子"的命运，最终以自杀来反抗命运，换得"一腔血，化朱蛾，自由飞翔"，以生命博取"自由"，终于在死的瞬间获取"自由人"身份。字里行间，不仅显现自由、人道主题，还为千古以来女性承担男人承担不了的责任却始终处于被践踏地位的现象进行鞭挞，彰显性别平等主题。

《〈金瓶梅〉与笑笑生》叙写嘉靖年间进士丁惟宁被罢官后，隐居九仙山，著作《金瓶梅》，刺贪刺邪，批判社会。其子丁耀亢，继承父志，著作《续金瓶梅》，触犯了清廷文字狱，被捕入狱。剧作借父子两代读书人与以"西门庆""太师"为象征的恶霸、贪官之间的冲突斗争，又以丁惟宁被罢官，丁耀亢被捕入狱，暗示在皇权制度下，坚持思想独立的艰难，表达了社会批判与思想独立、著作自由主题。

其他作品不管是表现传统文化精华还是批判皇权之下的黑暗腐朽，也都一样彻底摆脱旧思想、旧主题，而坚定地传播新思想、新文化、新精神。

2. 旧形式、新格局、新语言

李应该的戏曲创作，在总体艺术思路上是用旧的曲艺形式，但不拘泥固有的套路，而是用新的格局、新的语言来改造旧戏曲，使之更适应时代审美需求，适应现代读者、观众阅读品味。其具体体现在以下几个方面：

（1）借鉴欧亨利式开放型结构，打破传统戏曲的起承转合模式。

杰出的小说家欧亨利在长期创作中形成了自己的风格：常在文章情节结尾时突然让人物的心理情境发生出人意料的变化，或使主人公命运陡然逆转，出现意想不到的结果，结尾既在意料之外，又在情理之中。

李应该的戏曲创作借鉴了欧亨利式的结构艺术。采取现代开放型结构，不再遵从传统戏曲结构的起承转合，特别是根据情节发展自然规律既允许大团圆结尾，也常以悲剧收官，但不管什么结尾方式，都"出人意料"。

首先，戏剧冲突的开展、激化、延伸和化解过程打破"起承转合"的推进模式，而以矛盾的自然进程或斗争智慧开放式的推进情节发展，不落窠臼，别出机杼。例如《石龙湾》第一场大脚嫂在枪声中抱婴儿仓促过场，伪军队长就上场宣布搜孤，点题直截了当，开门见山。第三场彩螺和大脚嫂约好海滨接头，转移婴儿，汉奸马猴德严加盘查，婴儿险些暴露，亏得大脚嫂急中生智，划船引开，婴儿才幸免于难，似是传奇，其实源于真实，情节发展既出意料之外，又在情理之中。而在主线基本轮廓理清的基础上，按照生活的自然规律，在主线之外，围绕彩螺设计了牛大壮与马愣子对彩螺的感情两条支线，让人物之间的情感纠葛自然露出水面，由此生发出个人情感的矛盾以及情感矛盾在面临民族大义时的不同选择。牛大壮与彩螺是幼时好友，特殊因由未能成为配偶，但美好的记忆和感情依然存在。但因牛大壮与彩螺丈夫不属同宗，按地方惯例，续婚无望。牛大壮从大义上理解彩螺，对彩螺保护遗孤尽力支持。而马愣子作为老光棍，对彩螺一向深爱，保护体贴出自真心，又与彩螺丈夫同宗，存在接续婚姻的现实可能，但彩螺对他毫不动心，严格把握分寸，遵守传统规矩。牛大壮与马愣子目标一致，根底与过程又差异很大，彩螺没有逾越一般亲朋的感情波澜，但牛大壮与马愣子却是有着强烈的冲突，并在冲突中展现了他们的风格。特别是剧本接近尾声时，马愣子在彩螺家碰上牛大壮，内心产生一种不能忍受的怒火，向宗族尊长马五爷告状，要用族规宗法来处置失节者。此时，牛大壮虽道义上支持彩螺，可面对众叛亲离，面对可能遭受坠石沉海的处罚，不肯承担奸夫名声。而当马愣子得知彩螺所作所为是为了救罗司令之子时，为救孤儿，一百八十度大转弯，把脏水泼到自己身上。两人的不同表现既出乎彩螺意料，也出乎观众意料。但细细思考，又非常合乎自然情理：在民族大义面前，个人的情感、得失、争斗自然隐退、避让。彩螺及观众所感受到的意外，融在自然情理之中。

开放式结构还体现在李应该善于将新近出现的结构手段巧妙化用。《〈金瓶梅〉与笑笑生》采用近些年来出现的"穿越"结构，将明朝的丁惟宁父子与宋朝的西门庆、太师等置于一个斗争场景，看似荒诞无稽，却有极大思想渗透力量——千年走来，皇权制度下黑暗政治始终如一，人类正义与邪恶之争本质未变，始终如此。

其次，结尾更是走欧亨利式的"意外"。

《状元与师傅》中状元在原来所依附的奸臣倒台之后，剧中的师傅和读者观众都以为状元必死无疑，师傅李道理河岸祭爱徒。不曾想赵鹏程在魏阉覆灭之后，又做了别人的孙子，不仅保全了性命，而且再获高升。李道理一怒之下，烧掉了象征师徒之情的折扇，与赵鹏程断绝了师徒关系。这个结尾的设计乍看实在太荒诞不经，但仔细琢磨，却是完全符合皇权政治的自然逻辑。这个结尾必然具有极强杀伤力与震撼力。

《貂蝉遗恨》打破或者颠覆常规剧情和读者、观众审美期待，剧中貂蝉作为战争棋子，为推翻董卓立下汗马功劳，在她的爱人吕布死后，她嫁给自己崇拜的大英雄关羽。本来从貂蝉个人和读者观众预判，这必将是貂蝉的美好归宿，因为"美人爱英雄，英雄爱美人"，但没想到的是，关羽竟然通过"三更衣"来侮辱她，一怒之下，貂蝉清醒，将对关羽的敬、爱转化为蔑视，然后为自尊、自由而拔剑自杀。这个结尾将几千年来人们心中的所谓英雄豪杰、帝王将相的遮羞布完全扯掉并踏在脚下，真诚、自然却如利刃撕扯着观众的内心。

《雪飞六月天》颠覆了《窦娥冤》原剧"父亲科举高中，做了大官，为女儿平反昭雪"这个结尾，而是采取完全悲剧结局，让历史惨痛、皇权黑暗在"六月雪"中曝光。其悲剧力量也得到了强化。

《石龙湾》的结尾虽然看起来走了传统的大"团圆"路子，但其实这个结局却出乎大众预料和情节发展的一般轨迹，因为按常规、常理，人们认定悲剧必然发生，按照宗族规矩石龙湾族长马五爷要对彩螺处以极刑。这是常规思路。但李应该这次偏偏不让悲剧发生。族长在把伪军队长支走之后，却把极刑施到内奸马猴德身上，让马愣子护送彩螺怀抱遗孤乘船去找八路军。这出人意料的一幕，不仅让剧中的彩螺愣了，也让观众愣了，一时之间不知做何反应。但仔细一想，这个出人意料，其实也在情理之中：宗族礼教、权威规矩比之民族危难时的骨气，比之善良真挚的人性，就必然退居。得道多助，对于不愿做奴隶的人来说，群策群力，用智用计，都是合乎逻辑、合乎情理的。结尾的妙处就在看似意外的变故让人猛然清醒。

（2）"主体化"、平等化，改变传统观念与传统戏曲中女性地位。

李应该的戏曲中女性形象占据非常重要的地位。不仅从主题层面开拓了新精神中的女性独立、性别平等，更从艺术层面，增强了戏曲的整体表达效果。

《貂蝉遗恨》中一己之力剪除乱党，又为自由、尊严而死表达女性柔韧背后刚强的貂蝉；《雪飞六月天》中面对冤屈勇敢以三桩誓言抗争、诅咒的窦娥；《石龙湾》中为保护八路军领导之子不惜牺牲个人名誉甚至生命的彩螺。

这些女性形象一方面改写了人们意念中中国女性几千年来的附属、顺从地位、性格，赋予她们反抗、不屈，甚至有勇有谋的精神、气度；另一方面彻底打破女性形象在作品中作为辅助、配合形象的格局，彻底解构了传统戏曲形象塑造的模式，当然有人会说很多戏曲中女性都是主角，这个说法从表相看起来不错，但这些女性主角始终摆脱不了衬托最后出现的救苦救难、英明高大的男性"配角"的地位，而李应该塑造的女性形象却是真正独立、有主见、有精神的个体。

（3）本色化、生活化的表现改变传统戏曲的脸谱化。

李应该每一曲"戏"中的生活故事、人物形象，都本色自然、洗尽铅华，如耕夫置身在他亲近的土地，或渔父徜徉在他熟悉的河流，或猎手游动在他钟爱的山林。无论怎样表现，全都驾轻就熟、游刃有余，因为他吃透了要反映的人物和事件，吃透了人物与事件中包含的精神情怀，也吃透了观众的审美需求。

窦娥在临刑前许下三桩誓愿，符合人物在惊天冤屈面前的心理状态；最终没有像原作那样让窦娥平反昭雪，合乎时代政治规律，合乎生活本身。《换魂传奇》写百里瞳的土地神倚仗着小小权力，逼迫乡民上供，稍有冒犯，便惩治乡民。十六岁的秋菊，与哥哥王大宝到土地庙上供。秋菊天真活泼，在与哥哥抢枣时，不慎将供品洒落一地，触怒了土地爷。恰逢秋菊嫂嫂春兰阳寿将尽，黑白无常前来勾魂，土地爷便施计让其错拿秋菊的魂魄。这个故事看似荒诞却十分生活化，将专制时代各级权贵的黑暗，特别是小官大贪现象呈现到读者、观众面前。

《石龙湾》中的彩螺、大脚嫂，善良聪慧，而且生活中保持着本性，因此在危机时刻总能得到大家的支持、帮助，化解困境，获得成功。前因是人物的本性之善，其之所以存在，是来自女性与母性的善良和为孩子勇于自我牺牲的精神；后果是化解困境，其之所以产生是人性中潜在的对正义、善良的敬佩、支持。这完全来自生活逻辑。《貂蝉遗恨》中的貂蝉在尊严、人格被侮辱的时候产生的以死换取尊严与自由，是合乎生命定律、生活本色的终极表现，亦暗合现代精神："生命诚可贵，爱情价更高。若为自由故，二者皆可抛。"《换魂传奇》剧中塑造的天真活泼的少女形象本色自然十分可爱，而土地爷的贪腐形象与丑恶嘴脸也正是专制政治下基层官员形象的写照。可见李应该的人物形象绝非理念固化的人物角色。

本色化的戏曲语言也打破传统戏曲语言模式。他的语言体系中既有根据生活和人物需要采取的才子佳人式的古典诗词化用，简洁利索、典雅精致。例如《〈金瓶梅〉与笑笑生》不仅将《金瓶梅词话》的引首词《行香子》化作田玉娘的唱词，而且其"官奴覆青绫，破屋任飞霜"一语也化用自陈师道的《秋怀》诗。丁惟宁醉酒后的唱词"东园听曲儿，西园饮酒"化自戴复古《初夏游张园》中的"东园载酒西园醉"。"七八个星星眨泪眼，两三声野狼嗥叫月色寒"，则是对辛弃疾《西江月·夜行黄沙道中》"七八个星天外，两三点雨山前"的改写……此类巧用、化用、改写古典诗词的语言，在李应该的剧作中俯拾皆是，不仅展现他广博丰厚的古典文学修养，而且表现他对剧中人物风格的精到把握。又有来自民间生活、接地气、土掉渣的方言、口语、谚语、歇后语，不仅新鲜活泼、褒贬鲜明而且在形象塑造上收到点睛之效。例如《换魂传奇》中运用"土地爷闻了个蚂蚁屁——鬼鼻子真尖""土地老爷的胡子——老鬼毛""土地老爷坐轿——鬼抬着鬼""长虫吃蛤蟆——独吞"等大量民间歇后语的形式，嘲弄欺压乡民的土地爷。《雪飞六月天》中梅大姑给窦娥婆媳说媒的唱词："张家小哥儿心肠好，人物头长得也不差。张大爷虽说年岁有点儿老，配你这老丑正对茬。光棍儿俩得配寡妇俩，凑巴凑巴合一家。芝麻掉进针鼻儿里，巧她爹碰上了巧她妈。"干脆爽利、生动鲜活，又富有民间趣味。《貂蝉遗恨》中春柳刚问起张飞，他便闯了进来。张飞的回答是："这就叫，实落亲戚不用请，自己上炕吃烙饼。"既粗野风趣，又符合张飞粗野莽撞的性格。

两种风格语言都是源于本色，在剧中互相映衬互相助力。滑稽幽默时令人捧腹，典雅激昂时让人动容。

（4）场景的现代化巧妙设计创造戏曲表现的新格局。

李应该改造传统戏曲、创造新艺术的另一点表现，在于他推进剧情、刻画人物时用现代理念构建他的戏曲场景，渲染戏剧氛围、调控剧情节奏，创造独特的艺术空间。

李应该善于通过现代"切换"技术进行场景调度，又善于用唱词节奏与场景配合来渲染氛围。例如《石龙湾》第四场，马愣子误会孩子是彩螺与牛大壮的私生子，要向马五爷告发。彩螺追逐马愣子，又被汉奸八带销尾随。"托孤"的事即将暴露，剧情到达高潮。为了营造紧张的气氛，作者在两方面进行了巧妙处理。一方面场景切换为，风云突变，"闪电雷鸣"，"雨夜"。另一方面，人物的唱词越来越急促，将紧张的剧情渲染到了极点。从而上演了一场急促、紧张的"雨夜奔逐"。这种场景调度与切换最终实现了传统戏曲的现代化。

总之，李应该的戏曲创作本质上是一种"拿来主义"的借鉴运用。以现代精神和眼光，将传统的艺术形式"拿来"，进行分析、甄别、提取、剔除、改造、革新，最终实现从内容到形式的全面"升级换代"、涅槃重生，形成了李应该独有的戏曲艺术世界。这应该说是李应该对现代戏曲的卓越贡献。

（二）人道主义精神架构历史反思——李应该小说创作论

李应该的小说创作数量不大，只有《公字寨》上、下两部，大约六十万字，却能在小说史、文学史上留下厚重的一笔，其根本原因就在于：（1）"只为苍生说真话，不为帝王唱赞歌"的担当精神决定他扎根乡土、扎根民间、关注草根生活、关注底层命运的创作出发点，进而以人道主义情怀架构起他创作中历史反思的基调、思路与格局。（2）以成功塑造了一系列消解了二元对立模式的复杂鲜活的乡土人物群像，以质朴、渗透人心的乡土口语，建构了一个特殊的乡土生存场域。

1. 直面历史惨痛，凸显人性关怀——《公字寨》的思想境界。

《公字寨》第一部于 2004 年杀青，十几家出版社虽然给与了高度评价却因"太敏感"而婉拒出版。最后报呈国家出版总署审批，出版总署的专家不但签署了"建议作者对书稿作些修改后可发稿"的意见，而且对书稿给予了"……人性的异化，达到了荒谬绝伦、无以复加的地步，读来忍俊不禁，欲哭无泪，欲笑无声，具有相当的深度和典型意义"的评价。2009 年，由中国戏剧出版社出版发行。

作为反思"极左思潮"的沉甸甸的力作，作者打破主要描写那个残酷斗争阶段各派势力混斗和少数坏人斗争多数好人这个常规，以真实且具感染力的乡土素材，记录来自思想清洗之后底层人们的茫然无知却又高度自觉的特殊状态，毫无遮掩地追述了那个时代的荒谬与质朴，并站在文化与哲学的高度对人生、人性展开思考，超越了极"左"结束几十年来反思那个特殊年代这类题材的思想、精神高度，为我们重铸民族精神大厦提供了一个警世参照。

20 世纪，人类文明发展史上发生了不少大事件，不仅有一战、二战，更有"公有制"社会制度的出现。不过，在世界急速发展的时代，在特殊环境下，有些这种制度引领的国家却以"穷"为自豪，在农耕文明的狭小天地中，沉浸在乌托邦想象的迷雾里自我麻醉、自我虐杀。而在这种情况下，形成了或者说创造了一种奇特的社会历史文化：放弃自我、放弃人性，一切以所谓"公"为核心。

"公字寨"就是这种制度的缩影、象征，凝聚了那一个时代的主流意识形态、大众理想与向往，而小说《公字寨》则以"非虚构写作"为我们记录下这个影像，为这种文明留下深刻的历史记忆。因此今天来看，"公字寨"是解开那个时代生存形态、生存特质的密码与符号。

作品的意义不仅在于以民间立场、乡土情怀对历史进行反思，认识这个民族在 20 世纪走过的苦难之路，揭示错误意识形态违背人类发展规律的实质及其毒害之深、破坏之强，而且勇敢地提醒人们提防被某些骗局再次引向迷途。还在于勇敢打破了当代文学缺乏担当的惯性："作家没有了精神追求，作品缺少了灵魂。道德、理想、希望、文化使命、社会责任等等都放逐了，留下的就只是一个'文本'，借以炫耀一下自己的技巧。文学成了'器'，作家是匠人，关心的只是如何把'文学'这个'工具'收拾得更光鲜，更能吸引人，以争取更多的读者，换来更多的'版税'、稿酬而已。"（杨光祖《文学的技巧与灵魂》，《人民日报》2010 年 5 月 18 日 24 版）《公字寨》则打破这种陋习，而是勇敢的"只为苍生说人话，不为帝王唱赞歌"。这种胸襟通过以下三方面展示。

首先，真实展示人性被摧残和扭曲的惨状，表现人生之惨淡，同时展示这种扭曲与惨淡的根源。

《公字寨》以一个山村作为象征性场域，其实代表着特殊时代的中国——一个封闭的大山村的社会形态，代表着那个时代中国人的生存与精神状态：坚定顽固地坚持已有传统——遵从、服从权力的约束，即使这个传统清楚地显示是罪恶的、最起码是无意义的，也很少人想要反对它、破坏它、铲除它，而且要坚定地维护并延伸。本来，人类的伟大之处，在于每一个个体都有自己的思考和选择，正因为这样，人类文明才能不断发展和进步。但在这个山村，人的个体意识已经被剥离、消解，人的思想已经被同化、固化，甚至人的生命本身也已经等同于草木甚至更加低下。

当然这来源于某些当权者的目标：造就一个绝对服从的社会形态。以及为达到这个目标而采取的难以想象的手段：一、清除个人独立的条件；二、消弭自由思想的能力。这两方面的工作，最终又落实在两个相互关联的工程：一是控制人的饭碗；二是禁锢人的头脑。对于前者，就是收缴社会的一切饭碗，最有效的办法就是剥夺人们的私有财产和自由择业机会，然后视不同个体的出身和驯服程度分配，出身不好、不驯服者不得食。对于后者，一方面以宣传和教育的力量对人的大脑进行清洗，去除个人的主体性，去除独立精神；另一方面通过大规模的运动剥夺个人的思考时间和权力。某些当权者操纵的这一切，在《公字寨》中得到了真切的表现。

在李应该的笔下，公字寨在不正常的"公"字大旗之下，"政治挂帅""破私立公"，个体从物质上被剥夺自我养成机会，肉体上被剥夺自我驾驭权力，精神上被剥夺自我思考权利。人欲、人情、人性都被剥夺，尊严、权利、价值都被践踏，个体人生被某种意识形态和权力结构彻底改造，完全失掉了自己的意志，已经失去了本身的意义与属性。作品中不仅那些出身不好或者不驯服的家庭、个人，像主人公之一"根原"那样遭到非人虐待、残酷镇压，即使比较风光的人物：本村的绝对权威——村书记老簸箕、副县长——大桂桂，也不过是没有真正个体人生的公共产品，是惨淡人生的活化石而已。惨淡到处于极端苦难却不自知的程度，就像皮影戏操纵者操纵的皮影成为被绝对控制的躯壳。这是小说做出的可贵探索，填补了当代大陆文学的刚性空白与勇气缺失。

其次，正视历史的惨痛，挖掘历史的沉重。

当时作家的家乡出现了一个公有制"模范"村庄，它叫"公字沟"（作品中的"公字寨"），被誉为"共产主义第一村"，成为全国的学习榜样。然而，李应该却清醒地认识到那虚假的辉煌背后父老乡亲的血泪——人们不仅被剥夺了个人的情感、思想、人格，甚至连肉体也不再属于自己。人们在赞歌声中屈辱、无知、麻木、艰难、无谓地生存着。

但李应该在表现这种苦难时却超越了当代文本，既没有浅层地专注苦难，也没有以二元对立模式展示伦理对抗。张厚刚说："如果我们把《公字寨》跟《古船》和《芙蓉镇》做一下比较的话，就能很清楚地看到一点：《公字寨》全篇没有一个坏人，找不到谁是施害者。不像《古船》中有一个流氓无产者形象赵多多以及他的幕后指挥者赵炳；也不像《芙蓉镇》中有一个恶的集大成者王秋赦，在《公字寨》中找不到这样一个恶的化身可以承载道义的责任"。（张厚刚《还原"公"字旗帜下的生存世态》，《前沿》2010年第四期，第29页。）

《古船》《牧马人》《芙蓉镇》等早期同题材反思小说及与《公字寨》基本同时完成的《好人好事》(又名《桑树坪纪事》，写作、出版发行略早于《公字寨》)等表现历史反思的作品往往侧重善恶之分，《公字寨》却勇敢地避开了具体的人物对立，没有谁是清楚的施暴者，人人生活在无边苦难当中却又精神极度亢奋地互相伤害，《公字寨》后序说："就是这么一群好人，他们其中的每一位又都是受害者。"

这就彻底摆脱了其他类似题材小说的认识局限：个体善恶与伦理对立等因素造成的具体悲剧。而是通过天天上演的近乎"无事的悲剧"，揭示一种触目惊心的悲哀：人们生存在非正常的世界，生活在被控制的茫然与麻木状态。由此进行更可贵、更大胆的探索：极端意识、斗争理念及相应的国家机器对个人的掠夺与对人性的控制。

《公字寨》就是这样真诚又悲愤地对惨痛生活、畸形历史进行了追问，显示了文学家应有的良知与担当。当下国内很多作家都以轻松写作、名利写作为荣，不动感情、不管世事、'零度介入'、放弃思考，目的是不担是非，避开危险，这种写作态度已然成为常态。李应该却敢于正视历史的惨痛与现实的残酷，并勇敢地揭示这种残酷背后违反人性与人类发展规律的本质。

也就是说作者不仅勇敢正视历史的惨痛，更端出历史背后的沉重，并大胆地给世人敲响警钟。

其三，从文化哲学层面思考残酷历史与人类精神、社会发展的背离。

小说通过"根原"这个象征性人物的遭遇展示了那个时代的荒唐：既串联着被镇压的各种历史，也汇聚着被镇压的社会根源。这个有个性、有才气的人物的成长历史给我们留下了深刻印记：特殊年代他因为家庭出身不好又加上难以接受那种完全被同化的命运，屡次被批斗，一次小小的报复被自己所喜欢也喜欢自己的女孩子——非常"革命"的大桂桂举报，被逮捕判刑，出狱后受到各种欺凌；改革开放，他勇于利用有利条件发展经济，很快成为当地"暴发户"，而且还对贫困家庭进行捐助。但即使如此，他仍然不被接受，仍然受到斗争为主题的畸形意识熏陶起来的人们的轻视和打击。那种强烈的排斥意识使他举步维艰，回老家都感到危机，连自己在家盖的新房也被破坏。这个人物的生活经历、人生起伏以及内心悲哀明显辐射出那一场运动导致人们精神异化的程度。

　　这种异化的本质是什么？作品通过人们的惨痛生活做了揭示：人们之所以失掉自我，是因为当时的错误意识违背了人类发展的基本规律、违反了哲学社会科学的基本常识。

　　首先，从马克思主义哲学来看，马克思唯物主义的核心是：物质第一性，意识第二性。这意味着人必须依靠物质才能生存，然后才有思想意识，也就意味着，如果公有制持有者是真正的马克思主义者，必须首先尊重人们的物质需求，然后尊重人们的意识并促进其发展。当然，物质第一性，意识第二性也有另一种理解：意识高于物质。那就更应当尊重人们生存基础上的思想意识。这样来看，不管从哪个角度，马克思主义理论不仅尊重人们的生存权利，也尊重人们的思想权利。如果没有这一点，马克思主义即使产生也不可能得到传播、信仰。但"公字寨"所揭露的却剥夺人们的物质生活权利，然后同化或者剥夺个人意识。由此可见，那个特殊时代推行的所谓畸形"公有制"不仅违背历史规律，而且是中国封建遗毒贴上马克思主义标签的假马克思主义。

　　其次，从人类的基本属性来看：达尔文认为，人是从动物进化的。这就是说人类首先具备一般动物属性，也就要求必须尊重人天赋的动物性，满足人们的衣食住行等本能需求；其次，人类是进化而来的，因此应当尊重体现

"进化的"人类应当且必须有的超出普通动物的精神生活：自由、个性、独立、思考。而公字寨代表的特殊意识形态却剥夺人类生存应有的物质生活，消灭人类的思想、精神，而代之以由权力机构"赋予"生活与信仰并强制执行。由此可见，这是一种违反人性的行为。

再次，从文化发展的层次来看，文化学界比较认同的文化四层次是：物态文化、制度文化、行为文化、精神文化，就是说人类发展从物质文化开始，然后有制度文化，再有制度制约、平衡下的更高层次的行为文化，然后有更高层次的人类精神（心理、艺术、思想、哲学）文化。这就意味着作为制度文化组成部分的政治形态与执行这种政治形态的国家机器仅仅是处在文化层次的基础位置，它的任务是维护物质分配及社会安全与平衡，为人们良好的行为和精神提供保障，不能对国家和人民正常状态下的行为和意识进行管控，特别是不能剥夺人们的独立思想。但作为特殊时代中国缩影的"公字寨"却奉行政治挂帅，约束一切、管控一切。《公字寨》第二部还写到，特殊时代结束后，改革开放大潮下，本来社会逐渐走向良性状态，但某些环境和某些人物不仅继续坚持"政治挂帅"，又追求"物质至上"，权力欲望、财富追逐到了毫无底线、无所不用其极的程度。这显然颠倒了人类进化与文化发展的正常趋向，是一种由文明走向野蛮的历史倒退。

作者正是看到这些悖谬之处，才将由阶级论、成分论、出身论组成的新等级论及斗争意识形态一直延伸至改革开放的状况展示给大家，揭示这种等级观念与权力至上、物欲膨胀融为一体并变相发酵，造成社会道德沦丧、人性变异的状况，揭示其违反人性与人类发展规律的本质。

列夫·托尔斯泰说过："任何一部文学作品中，对读者来说最为重要、最为珍贵、最有说服力的东西，便是作者自己对生活所取的态度，以及作品中所有写这一态度的地方。"（转引自杨光祖《文学的技巧与灵魂》《人民日报》2010年5月18日24版）

《公字寨》不仅态度十分鲜明，而且显露出沉重而强烈的痛感与勇气。他在《公字寨》跋语中告诉人们："我满面泪痕与《公字寨》的亲人们回忆着旧事，满面泪痕写完了这部书稿。"读者很容易发现，他创作时是极不平静的。面对亲历的苦难岁月，置身于"活得不像人"的人群，一个真正的作家怎能不动声色？

2. 乡土记忆与情怀——《公字寨》的艺术风格

《公字寨》不被"市场"所左右，以其独立精神、草根品格、乡土情怀，展现这段历史中的人们，表达对在这段历史中痛苦生活的人们深深的爱和深深的痛。作者在《公字寨》跋语中说，《公字寨》出版时经过大量删改，为了能够出版，他曾做过一遍又一遍的删改，"删一节，删一节……好像割了我的肉"。而最终呈现出来的即使已经割了肉流了血的删改本，也让读者内心的情感被作品的热火燃烧、熔化。

作者为什么感觉是在割肉？就因为他心中装着那方被摧残却又让人眷念的热土；读者为什么会感觉被燃烧，因为乡土中有血的奔涌和肉的颤抖。不管是那个真诚到迷信、信仰到恐怖的原始形态、乡土场景，还是那一群群泥塑式的乡亲人物，还是活化石一般的乡间俚语、方言土语，都将读者带入那个时代的荒谬与野蛮，又带入那燃烧的乡土记忆与情怀中，让读者随着作者像回乡老人那样"近乡情怯""满含泪水"。

当然在《公字寨》中，作家的情感虽然爆裂到要炸开，但作家并没有直接表达自己的汹涌情感，而是在这个乡土场景中通过环境铺写、故事铺陈、人物行动、心理刻画、风俗土语等来渗透这种情感。

（1）沙盘式的乡土场景。

置身这片多灾多难又热血滚烫的土地，置身这片原始荒蛮又人情浓烈的土地，作家李应该也一样对脚下的土地充满深情，对浸染血液的乡情难以忘怀，对曾经的历史充满感奋。作家呈现给大家的山村环境就像一个动态沙盘，让人深入其境，并产生一种近乡情怯的感觉。那山那水，那乡村俚俗，那充满烟火气的原版乡村野趣，无不带你沉入其中。

小说截取了时代生活的纵切面，选取并浓缩到一个特别的切入点，自己最为熟悉甚至置身其中的故乡热土——偏僻、封闭的小小山村"公字寨"："山上寨是舜城公社最偏僻的一个小山村，总共才有二十几户人家。一个个半地下室一般的土打地屋子，就像一个个窝窝瘪瘪的燕子窝，散散落落挂搭在半山腰上。说嘛，是个村，山外人从来没把山上寨当个囫囵村子看，有的称呼山上的、有的称呼看山的、有的称呼看庙的，还有的故意糟践山上寨人，称呼山上寨为山上集，是兔子赶的大集。舜城一带流传着几句谚语，'山上集，兔子赶，兔子不赶没人赶。'"

这段文字就是通过"沙盘式"的原状呈现，提前展现出当初那个原始朴质、发展缓慢的乡村，然后展开表现一系列的乡村故事，特别是特殊时期的"革命""生产"情景：学大寨、忠字舞、赛诗会、批判会、忆苦思甜、割资本主义尾巴、无人商店……但小说本意显然不仅在于复原历史场景、历史情节，展现乡里乡亲生活的形态以及他们的本来面目，更在于通过这个浓缩的场景辐射那个荒谬的时代，展现各式各样人们在其间各种丧失生命本质的表演及其结果，并渗透作者的深沉情感——极热的爱与极深的痛。

而作家呈送给大家的每个故事更是都让人痛不欲生，作者每端给大家一幅场景总是让人揪心揪肺的疼痛。其中"囤子出嫁"一段真的是让人心哀恸悲戚而又愤慨难平。

"囤子出嫁了，没有人送，也没有人迎，她是一个人挽着个红花包袱出家门的。没有笑容，也没有眼泪。男方那边传过话来，老婆刚上了百日坟，不能来大车推新人。囤子这么个黄花闺女，就按二婚头儿规矩，自己送上门去。囤子娘想找两个陪客送一送，别让孩子一路孤单，可找来找去也没找着个陪客。老中农加反革命，谁敢给当陪客？阶级路线不清的罪名哪个承担得起？囤子的爹和娘泪眼蒙蒙地将闺女送出门，囤子跟爹娘说：'哭啥？快回家吧，以后注意着点儿，多保重身子。'说完，头也没回一下就走了。她不敢回头，她不愿把一脸的泪水洒到爹娘面前。"

这段场景描写就像一个动态沙盘，让人揪心到没法喘气的程度。阶级斗争的魔爪不仅把一个勤劳家庭的正常生活逼到了悬崖；又逼迫一个纯洁勤劳富有爱心的女孩为了家庭牺牲爱情，以一种丧失人格、尊严的方式嫁给一个残暴的所谓革命英雄；不仅如此，还以一种极为残忍的方式摧毁了正常的人情，村里竟然找不出敢于光明正大当送客的女孩子。

其实作品中每一个与人有关的场景几乎都令人涕泪交加，泣血难眠。

作品写到不仅那些出身不好或者性格有棱角的人们被镇压被欺凌让人心痛，即使那些红得透彻、红得风光的人们也不过是惨痛人生的另一种标识，也一样让人们悲愤难抑。囤子为了挽救家庭，牺牲自己的爱情，嫁给丧失人性的"革命英雄"——酒鬼陈愣子，不堪虐待杀掉丈夫自杀，二桂桂为了自己的爱情，在结婚当晚对自己的下体捅了一刀然后出走；老簸箕为了捍卫"文革"剖腹自殉，大桂桂夜间如厕掉入粪坑。

难怪在写作过程中，李应该常常泪流满面，甚至悲痛欲绝。其实，换句话说，《公字寨》呈现给大家的不仅仅是一个个生活场景组成的"公字寨"这个小小山村，这个动态沙盘，而且是作者近乡情怯的感愤泪水与其对历史巨痛的反思等诸多情感在乡土情怀中的凝聚。

（2）泥塑式的乡土人物

作家李应该不仅是杰出作家，也是著名的雕塑家，是以黄泥塑造人物的专家，而且他善于将艺术的感觉打通并互相支持，在文学作品中善于用雕塑手法塑造人物，可以说他是以语言文字雕塑文学人物的大师。他笔下所有人物形象几乎都是泥塑式的，无论是主角还是配角，他都不过分具体细致的描写，而用写意法三笔两笔勾出一副活生生的嘴脸儿，形神毕备，生动鲜活，令人过目不忘。

每个人物的外在形态、行为方式都生动鲜活。其中以"吹吹"打老婆以及老婆和乡邻的表现作为活化石，既表现其形象的真实可爱又显示荒谬与可笑："大碾台平白无故并不嚎叫，吹吹打她才嚎叫。吹吹偏偏喜好打老婆，三天两头儿打，两天不打三天早早的。打老婆也不是真往死里打，打得是个滋味。不喜鼻子不喜眼，就喜欢听那一口儿杀猪般的干叫唤。吹吹打老婆不在屋里打，喜欢在院子里打，杨树条子撑起的篱笆帐子挡不了人们围观的视线。吹吹一打老婆，篱笆帐子上就挂起一串串好事的眼睛。人们嬉笑着，高喊着，齐声为吹吹助阵。"这段打老婆的描写，显然不仅表现打人者"吹吹"的乡间"大男子"气度，同时表现被打者"大碾台"作为乡间女人悲哀又"懂事"（懂得男人尊严、诉求）的风格，也辐射了传统乡村人情的简单又复杂、纯朴又粗鄙：看热闹，看人情，其实更重要的是通过这个热闹展现劣根性。

而老簸箕、大锅、根原、大桂桂、梭猴子、孟瞎子、卜立言、囤子、大茶壶、大碾台、筐头子、孟瞎子等一系列人物，朴质到原始状态，在政治形态完全二元对立时代，以其简单粗朴几乎消解了二元对立模式的形态，并借此展示了一个活脱脱的人为制造的"人间地狱"，一个个本来鲜活的人物就像皮影戏中的皮影人物一样被一只看不见的巨手所操控和摆弄，在贫困和愚昧的泥淖中挣扎，而且结局都是同样的可悲，最终只剩下了泥塑一样的外在形态。李应该通过这些泥塑人物，通过这些异化的面孔、荒诞的意识、迷狂的行动、带有黑色幽默特征的独特话语，用人性钥匙，乡土情怀为读者开启了这扇狂热、恐怖的"地狱之门"，在浓烈的乡情与回忆中为丑恶的魔鬼揭去魅惑的画皮，揭示这些运动对人性的摧残和扭曲，对那只罪恶的控制之手进行了庄严的追问和控诉。

不得不说的是，作品中每一个人物的内心刻画都让人内心滴血。其中写到这样一个心理场景，在二桂桂和三桂桂偷偷送囤子到男方住的东山附近然后下山回家之后，"囤子用泪眼泪身子，望着二桂桂和三桂桂下了山。等二桂桂和三桂桂渐渐消失在泪眼里，囤子号啕大哭起来。在这空旷的山野里，在不被人知晓的空间里，囤子把憋了多年的渗进肉里的泪水哗啦倒了出来。娘啊！爹啊！你们活个什么劲啊，哪如咱们一起死了罢呀！"这段泥塑式的心理型场景描写，在塑造人物和表现人物内心方面达到极致。结婚本来是人生最美的时刻，场景却是如此凄凉、悲惨，心里却是如此伤痛、绝望，而且是发生在一个善良、朴质的家庭，一个清纯、自尊的女孩身上，这段描写勾画的何止是个体形象，搅动的何止是个人悲哀？这不是一个人的伤痛而是乡村女性群体的伤痛、乡村历史记忆的伤痛。这是以个人形象代表全体，以个体心理辐射群体，女性在中国、传统文明中的象征意义是土地，几千年来一直是过度开发又备受折磨的对象，是真正的"暴风雨所打击着的土地"。

李应该正是通过这些泥塑式的乡村人物、人物群体及其行为塑像将历史存在定格，然后为作家乡土情感定位。

（3）化石般的"草根"语言

活化石一般清晰的原生态草根语言总是毫无顾忌地刺激人们的情感。李应该的语言来源于乡野、来源于草根，是典型的乡土语言，其叙述语言、描写语言、人物对话，全都沾着泥土。本地方言、土语、歇后语、民谣地大量使用使他的文字本身就具有意义，成为清澈的历史声像铜镜，不仅接地气，而且聚人气。

首先，人的称谓除了"根原"因另有象征意义才用本名之外，其他所有乡亲基本不用本名，而是以外号称谓，而外号又大多是来源于农民常见常用的事物或人物特征：老簸箕、筐头子、大锅、囤子、桂桂、大茶壶、孟瞎子等。这种称谓方式当然粗俗不庄，但尊重历史、尊重草根习惯，既自然亲切，又让人体会那个简单到众人连名字都丢失的时代及其悲哀。

其次，叙述、描写及对话语言民间化、口语化，使作品极具亲情气息。

"没过几天，全村人都知道吹吹的方方了，他的大名没有人叫了，从此就被新名吹吹取代了。吹吹知道上了当，火刺刺地找讼梭猴子，不料想，没打着屁狐却惹了一身臊，梭猴子的火气比他还大。梭猴子说，'你这人忒孬种，我好心好意教你个方方，一没喝你口水，二没吃你顿饭，你不但不感谢我还找讼我。实话告诉你，我那儿子就是吹出来的，我这是祖传秘方！'"

这里的"方方""火刺刺""屁狐""忒""大名""找讼"是典型的本地方言语汇，其书面语意分别为"方法""迅速""狐狸""太""学名""讨伐"。

"公社里散会时分，黄枯枯的太阳已经土埋半截了。老簸箕把行李往背上一拽搭，脚不沾地往家赶。等他从十里长的黑咕隆咚的大山沟里冒出汗津津的瘦头来，已经过了晚上饭时了……""山上寨过年有个独特的传统，家家户户不贴对子，而是在门上挂辣椒子。一串一串的红辣椒，把个草门子挂得满满当当，一直过了正月十五才摘下来，也不知从哪一辈老爷爷行下的行仪。"

黄枯枯、土埋半截、拽搭、脚不沾地、黑咕隆咚、贴对子、辣椒子、草门子、满满当当、行仪等词语虽然并不生僻，但都透着日照地区的语汇以及语言风格、习惯。

"王文革以前多么王文革？如今也说分田到户好，在大会上公开号召分田到户。东山村是全公社第一个宣布共产主义的村庄，而今又是第一个带头实行分田到户。修正了，修正了，都修正了。革命革了三十年，一夜退到解放前。他娘的，什么社会。"这段心理描写也正是当地另一语言习惯的典范，在语法上打破了书面语的语法习惯，完全尊重口语的结构特征，活灵活现地表现了乡村语言的语法自由灵活。

"山上寨人说的'麻不麻'里包含着非常复杂的成分。譬如刚吃了饭，有人问你'麻不麻'，这个麻不麻里带有问候吃过饭的意思；庄稼长得好不好也问麻不麻，这个麻不麻里又有好不好的意思；小孩子放个大屁，也会高声问小伙伴们麻不麻，这个麻不麻又成了响不响的意思。'麻不麻'用得太普遍，不仅仅指示好不好坏不坏，时间空间所有能够提出的问号，都被'麻不麻'包含着。小伙子们和刚结婚的新郎开玩笑，也会问，'今晚上麻不麻？麻了几回？'"这段文字有意识地对本地一个具有活化石品格的方言现象进行了阐释，表明作者本人对本地方言的全面、清晰地把握，也让人们感受到小说语言与作家本人的乡土情结。

其三，简单、粗朴的民歌、童谣的引用，不仅使文字接地气也让我们体验那个时代的精神缺失。"有菜剜，没菜剜，铲子把，朝了天。""插一插二插正西，正西来了个剜菜的，光着腚，露着×，这才知道是个剜菜的。"没有文化的时代，人们就通过这些粗鄙、朴质的儿歌童谣来弥补生活的乏味甚至空白，进而获取生活的乐趣，反射人们生活的辛酸、乡间的苦痛，这也正是《公字寨》乡土感觉的核心所在。透过这些李应该以一个村庄的生活和命运，反映大时代的状况。

总之，《公字寨》基于人道主义精神，站在农民立场，以乡土情怀勇敢担起了记住并反思特殊历史的大义，勇敢地剖写历史的惨痛、刻写人物的苦难，进而警醒人们拒绝遗忘方能避免历史重演。作者以乡土情怀从乡间俚俗入手更能见出情感的热度、思考的深度，使人们自然融入作家的艺术世界。

在《公字寨》跋文《走着瞧》中，李应该写道："我不敢有半点儿看客的轻蔑嘲笑之心描写我的亲人，他们是多么善良多么勤劳多么可爱，他们所受的苦难太多了，他们的勤劳善良不该再受到不公的蔑视与嘲笑，我只想老老实实地描写他们的生存状态生命状态，他们就是这样在通红通红的红太阳的灼烤之下活过来的。"

李应该的艺术时间放在自己的生命中很漫长，放在自然的历史中很短暂，但放在艺术长河中则永恒无际；李应该的艺术空间放在自己的生存空间很宏大，放在自然空间很渺小，但放在艺术辐射的空间中则无限延伸；李应该的艺术灵魂放在自己生命中是支柱，放在宇宙中看不见摸不着，但放在艺术世界中却是大放异彩。这一切皆源于灵魂与思想的力量。奇才李应该何奇之有？奇在思想的辐射，奇在灵魂的强大。

张丽军论：谔谔之声吐真言

任相梅

张丽军小传

张丽军（1972—），山东莒县龙山镇褚家庄人。现任暨南大学文学院教授、博士生导师。曾任山东师范大学文学院副院长、新闻与传媒学院院长。中国现代文学馆第二届客座研究员，山东省第四批齐鲁文化英才，山东省首批、第二批签约文艺评论家；茅盾文学奖评委。

主持国家社科基金重大招标项目"百年中国乡土文学与农村建设运动关系研究"1项；国家社科基金一般项目"乡土中国文化重建与农民形象审美嬗变研究""新世纪中国长篇小说的'新现实主义'审美书写研究"2项、中国博士后基金等省部级以上项目8项。获得山东省社科优秀成果奖、泰山文艺奖、刘勰文艺评论奖等省部级奖励10余项。

长期从事20世纪乡土中国文学的研究工作，从2006年博士毕业算起，以一个"地之子"的悲悯、善良与坚韧，十年来专心于对乡土中国三农问题、百年中国农村社会变迁、文化转型、审美嬗变、农民形象的文本分析和乡土伦理文化的研究。从第一本学术专著《想象农民》出发，张丽军对乡土文学进行持续研究，迄今已出版《"样板戏"在乡土中国的接受美学研究》（人民出版社）、《"当下现实主义"的文学研究》（北京大学出版社）等著作10部；在《文学评论》《文艺研究》等报刊发表论文300余篇；在20世纪乡土文学研究等领域，有着较大影响。

张丽军热爱教育，高度重视立德树人，积极从事公益性文学经典阅读推广工作，目前已招收培养博士7名；硕士50余名。国家精品课程"中国现代文学"主讲教师；广东省第三届高校教师教学创新大赛二等奖；院长教学奖一等奖、研究生优秀教学奖、优秀硕士学位论文指导教师、第二届研究生"学术十杰"指导教师、第二届"我心目中的好导师"、研究生教学名师、"五导"教学团队主导师等荣誉称号。

文学批评不仅是对文学思潮、文学作品、文学家的评析梳理，更是一种创造性的创作与书写，它需要批评家全力投入个人情感、价值立场、思想评判及审美态度。因此，好的文学批评既不是生搬硬套西方理论，也不是堆砌集聚学术术语，而是一种有情感、有生命、有体温、有关怀的写作，是一种灵性的、充盈的、饱满的、令人启迪的关照。而衡量一个文学批评家是否优秀通常看两方面的能力，一是理论创新能力；二是对文学作品的领悟、阐释能力。学者张丽军从个体的审美思考和生命深层体验出发，数十年如一日地耕耘于文学批评领域，研究范围宏大，研究视野开阔，研究方法独到，不仅研究现代文学的鲁迅、老舍、沈从文、赵树理等文学大师，也研究当代文学的莫言、贾平凹、张炜、余华、赵德发等著名作家；不仅将对作家及其文本的细读式批评置于20世纪文学史的历史维度进行思考评价，而且力图从个案的解读中，用一种整体性的审美视野来思考全局性问题，在乡土文学、生态文学、地域文学、代际文学、底层文学、文学制度、文学思潮、文学经典等诸多研究领域，可以说张丽军在理论创新和文本解读两方面都取得了不俗的成就。正如吴义勤先生所评价，张丽军的文学批评与文学思考，其可贵之处不仅在于一种犀利尖锐的批评风格，而且在批评锋芒背后展现的是一种文学批评的理论自觉，同时，以敢于对话和争鸣的批评勇气，把自己生命体验和现实人文关怀紧密结合在一起的批评姿态，与发自内心深处、力求明白晓畅的批评话语正是这个时代所需要的，也是独特的。[1]

一、乡土中国文学现代性研究

20世纪90年代以来，随着中国市场经济的迅速发展和城市化进程的加快，曾经繁荣一时的乡土文学创作与研究陷入低潮，而作为一位从乡土中国农村长大的研究者，张丽军却一直把乡土文学作为文学批评关注的中心。早在撰写博士论文时，张丽军就自觉把中国现代文学数量最大的农民形象群体作为自己的研究对象，把"农民叙事问题"作为研究重点。之所以做出这般选择，就情感而言，张丽军认为这得益于自己的童年记忆和农家经验，从研究生学习开始便渐渐回归乡土，以乡土为研究的方法、视点，乃至是价值尺度和情感皈依之地；就学术而言，他认为，"农民形象是现代文学与乡土中国现代化的纽带与桥梁，是中国知识分子对现代化主体的理想性建构和革命性改造，体现了中国知识分子对乡土中国现代化道路的认识、理解与选择"。[2]工作后，张丽军继续在乡土文学领域精耕细作，越发认识到，最庞大的农民形象群体是乡土中国文学现代性的表征，也是乡土中国现代化审美叙事的中心内容，是中国现代文学迥异于西方的、独具现代性的特色之一。

---

〔1〕吴义勤《众声喧哗中的"这一个"——序张丽军的新著〈谔谔之声〉》，《谔谔之声：关于新世纪文学的理性思考》，中国社会科学出版社，2011年10月。

〔2〕张丽军《导言》，《乡土中国现代性的文学想象——现代作家的农民观与农民形象嬗变研究》上海三联书店2009年9月。

而且乡土中国现代化与中国农民、乡土中国文学与农民形象，彼此之间具有一种互文性关联，是一种互相映现的同构关系。基于此，张丽军撰写了专著《乡土中国现代性的文学想象——现代作家的农民观与农民形象嬗变研究》（以下简称《乡土中国现代性的文学想象》），以现代性视域为观照，在仔细分析现代作家农民观的同时，勾勒现代文学农民形象精神嬗变的心灵图景，力图探寻乡土中国文学的现代性内涵，以寻绎一条乡土中国农民走向全面解放的现代道路。

（一）"乡土中国"研究方法的确立

作为"小说中国"形态存在的中国现代文学，以审美的方式对农民这一中国革命历史主体进行了想象性叙述，塑造了类型众多、形态各异的农民形象，直接参与了中国现代化的建立与发展，即以审美的方式来想象与建构了一个由众多"农民形象"组成的"乡土中国"。农民形象不仅是乡土中国现代化探索道路上的艺术结晶，也是现代作家农民观审美理念的感性形式。现代文学农民形象展示了中国现代文学的"乡土中国现代性"，是乡土中国在世界现代文化语境中独异的文学想象。《乡土中国现代性的文学想象》正是选择农民形象作为研究乡土中国现代化与现代文学关系的切入点和基本单位，即以"乡土中国"作为视角与方法，围绕着乡土中国现代化与中国农民的关系这一中心问题，透过现代作家审美想象与建构的农民形象，探讨了中国知识分子在多元历史文化思潮中对乡土中国及农民的思想认知、对乡土中国现代化道路的探索，分析了中国农民在乡土中国现代化历史进程中的形象变迁和思想意识的觉醒。

之所以确立"以乡土中国作为方法"的文学研究，是因为张丽军认识到以西方现代化模式与内涵为参照来比照中国现代化这一"刺激—反应"思维模式的弊端与局限。这种研究视角下的"中国现代化"成为印证西方现代性的他者，是西方现代性的普世性对中国独特现代性的遮蔽，而遮蔽的恰恰是中国现代性所独具的特质。期间，费孝通《乡土中国》一书中详细阐述地乡土中国与西方国家在伦理、秩序、社会结构之间的巨大差异，以及乡土中国独特的"差序格局"生存思维，给张丽军以很大的启发，他认为费孝通对

"乡土中国"的阐释，依然是当下解读中国的一把有效钥匙。此外，在美国学者王德威的《想想中国的方法》和日本学者沟口雄三的《作为方法的中国》的理论、方法的启示下，张丽军认为，"对于中国历史，只有置于中国历史和文化自身的语境中才能得以理解，中国本身就是一种视角，就是一种方法。即应该用中国本身历史和事实来研究中国，从中国内部的历史事实出发，探究中国现代化的内部原因、内在动力。"[1]正是从这个意义上而言，乡土中国本身就是一种方法，一种研究中国现代文学的整体性思维理念，这种思维真正凸显了乡土中国的文学现代性特质。

在"乡土中国文学"的研究理念下，张丽军对现代文学思潮、作家农民观以及作品中的农民形象进行了批判性审视和思考，提出了一系列被以往启蒙、革命、大众、集体等巨大词汇所遮蔽的新问题与新观点。启蒙思潮与鲁迅、文化人类学与沈从文、早期马克思主义与20年代后期农民运动思潮（如《中国农民》杂志的出现）、阶级现代性与革命文学、断裂的现代性（抗日救亡运动）与东北作家群、延安农民革命与"工农兵方向"的新意识形态、大众化运动与赵树理的农民文学、农民革命的成功与农民英雄传奇的文学书写等等，构成张丽军研究乡土中国文学的重要文化景观。

《乡土中国现代性的文学想象》一书从晚清改良文化思潮开始探源，在分析严复"鼓民力、开民智、新民德"的"三民"学说和梁启超的"新民说"内涵基础上，仔细考察史料文献，提出白话文运动的农民大众"接受指向"的新观点：随着人们对小说的"新民"、救国功用的认同，扩展小说受众群体的需要越来越迫切，要求语言变革、与农民大众进行对接的呼声也越来越大。乡土中国的现代性变革赋予语言形式的变革，而且它成了传播新文化的载体，使文学走向了大众，缩短了大众与各种人文社会和自然科学知识的距离，为提高普通大众综合素质、推进农民素质的现代化、乡土中国的现代性变革，提供了一道便捷舒畅的桥梁。总之，"用农民大众的语言来言说农民

---

[1] 张丽军《导言》，《乡土中国现代性的文学想象——现代作家的农民观与农民形象嬗变研究》上海三联书店 2009 年 9 月，第 3 页。

大众，为现代文学与以农民为主体的受众群体建立了一条精神沟通的语言渠道，使梁启超的以小说来'新民'的文学启蒙道路得以通畅，大大便利了现代意识进入农民大众群体，打通了一条知识分子与农民、现代文学与乡土中国通往现代化的道路。"[1]

在"五四"文化思潮中，"国民性"、白话文运动、无政府主义思潮、劳工神圣运动、歌谣运动等与现代文学中的农民想象有着重要的影响作用，成为现代作家对农民进行审美想象的思想资源和精神背景。刘半农这一时期创作的具有强烈平民倾向的"新悯农诗"代表了这一时期现代作家的乡土中国情怀。五四新文化运动影响是极为深远的，现代文学都可以见到"五四"各种文化思潮的影子。

五四运动之后，知识分子对中国农民的认识主要有三种类型：一是继续批判农民的落后愚昧的鲁迅式的启蒙主义者，以台静农、蹇先艾、许杰等"乡土文学"作家为主；二是希图通过"新村运动"、乡村建设运动等改变农民自私愚昧、迷信麻木的精神面貌的社会改良派，如胡适、周作人、梁漱溟、黄培元等人；三是受到马克思主义阶级斗争学说影响，认可阶级论的早期马克思主义者，如李大钊、瞿秋白、毛泽东等人。张丽军在"二十年代文化政治力量对中国农民的多维认知与审美思考"一章中，重点分析了早期马克思主义与20年代后期农民运动思潮，他认为李大钊是最早以阶级斗争观点认识中国农民、召唤"革命文学"的先驱者；瞿秋白进一步突破李大钊前期基于人道主义的"革命文学"思想，真正树立起了以阶级意识为思想核心的革命文学观；毛泽东则在深刻观察、调研和思考农民运动，深入分析乡土中国社会阶级结构后得出了农民在中国革命中具有全局性、根本性作用的结论，至此，"中国农民和中国革命中的农民运动才得到真正应有的地位、价值，为革命文学中的农民形象与建构提供了阶级性的现代思想视野。"[2]

---

〔1〕张丽军《乡土中国现代性的文学想象——现代作家的农民观与农民形象嬗变研究》上海三联书店 2009 年 9 月，第 8 页。

〔2〕张丽军《乡土中国现代性的文学想象——现代作家的农民观与农民形象嬗变研究》上海三联书店 2009 年 9 月，第 104 页。

张丽军指出，毛泽东在大革命运动中发现了"中国农民"这一事件具有极为深远的意义，对乡土中国现代化所独具的社会特性的深刻把握，标志着中国现代化政治视野对农民的真正发现。

张丽军在分析乡土中国现代化思潮对作家农民观及其农民形象影响时，没有拘泥于已有的文学史料，而是深入时代历史语境，走进文学现场，对当时一些影响较大的刊物如《新青年》《中国农民》等，进行史料梳理挖掘，在还原历史的基础上，通过详实的事例和数据再现了乡土中国独特的现代性语境，为文本分析奠定了坚实史料基础。

诸如，他立足《中国农民》杂志分析发现，早期共产党、国民党左派人士、其他文化社会力量均对乡土中国农民问题展开思考，都认识到农民群体的重要价值和作用，并认同中国革命的本质是一场农民革命，农民将在其中发挥根本性作用；同时，他们还对当时农民生存现状与文化心理等作了具体细致的社会调查，为中国革命提供翔实的数据资料。在这一认知共识下，茅盾、耿济之、郭沫若、冯乃超等人纷纷响应乡土中国对作家的现代性审美召唤，提出了对中国乡土社会、对中国农民的阶级性想象的新美学原则，并诉诸创作实践，试图塑造具有阶级意识的农民新形象。其中，茅盾的"农民三部曲"塑造了在愚昧与觉醒之间挣扎的农民形象，既写出了新时代农民的革命性变化，又深刻表现了乡村深层结构的顽固和多数农民思想深层的愚昧保守，这种复杂多民的农民形象无疑体现了农民从愚昧走向觉醒的艰难历程。接着，洪深的"农民三部曲"塑造了一个与地主阶级进行坚定斗争的农民李全生形象，这一过渡型农民形象，已经具有新型革命农民的某些思想品质，却又在内在思想上缺乏真正阶级性革命意识，是不彻底革命性的农民形象。叶紫的《丰收》则借着一对"父与子"的对比，刻画了逐渐走向觉醒与反抗的"新式农民"立秋、阿多等人。最终，蒋光慈在《咆哮了的土地》中较为成功地建构了一个立体农村革命图景，既有农民革命的领导者张进德，又有参加革命的普通农民刘二麻子、李木匠等，还有思想所有变动的旧式农民形象王荣发等，这是左翼作家第一次建构了真正觉醒的、革命者的农民形象，扩展了农民形象的类型。

在分析解放区文学中农民翻身解放形象时，张丽军在指出解放区农民翻身解放形象具有重大历史意义，可以为当代农民问题的解决提供了宝贵的政治资源、历史经验和审美镜像；但强调要区分农民翻身的性质、追问究竟是主动式翻身还是被动式翻身，并指出被动式翻身的主体精神缺陷，以及重新陷入精神病态与物质贫困的可能性。主动式翻身的代表作，如马加的《夫妻识字》不仅反映了农民在政治、经济翻身后对精神文化的需求，还展现了农民个体主体性的萌芽与成长；孔厥的《受苦人》通过塑造农民形象"贵女"坚定持续地对不合理命运与旧的思想制度的反抗与不服从，表现了解放区农民一种顽强的自我主体意识的觉醒与成长。被动式翻身的代表作，如《王德锁减租》中翻身农民斗争的胜利，并不是个体农民本身的思想意识觉醒而取得的胜利，而是一种集体形式的、群体性力量的胜利，是政府法令和民兵力量威严下的胜利。这种被动式翻身的实质是"赏赐式翻身"，很有可能被"取走"而重新陷入困境。

此外，张丽军还特别关注农村女性如何觉醒、反抗、翻身乃至成为英雄的问题，在"从被侮辱被损害者到革命英雄：女性农民形象的审美嬗变"一章中予以有力阐释。叶紫的小说《星》突破了以往被动的、受害者的女性形象叙事，以审美想象的方式塑造了梅春姐这一农村女性革命者形象。曾经饱受封建思想毒害和各种黑暗势力压迫的梅春姐，在接受革命思想启蒙后脱胎换骨蜕变为一个勇敢而坚定的热情革命者。梅春姐形象的可贵之处在于其社会阶级革命与人性自由解放是同步的，然而她的"夭折"也寓意着以人性自由、婚姻恋爱自由为追求的女性解放的艰难与不易。萧红《生死场》中塑造的金枝这一女性形象突破了冰心、庐隐等五四女作家笔下女性人物的狭小空间，展现了更广阔的女性生存场域。爱情婚姻破灭后，在日本人的逼迫下，金枝被迫从乡村走向城市，并在城市里由生存的救赎迅速滑入把肉体物化为商品的境地，在被城市凌侮的身体羞辱中，金枝的女性主体意识逐渐觉醒。觉醒了的金枝决意重回乡村完成自我救赎，然而"生死场"种种无耻感、无悲哀的思想痼疾令这场救赎遥遥无期，不得已她最终皈依了宗教，试图在宗教中求得归宿和自由。小说《新儿女英雄传》中杨小梅这一解放区农民觉醒、抗战、求解放革命过程中既具有普通群众特征又高于常人革命自觉意识的英雄形象的塑造，则具有农民群体解放和个体人性自由解放的双重解放特征。张丽军以解读典型女性农民形象的方式，对复杂语境下女性农民解放的问题进行了多维度分析，显现了强烈的现实关怀意识。

（二）现代文学农民形象阐释

《乡土中国现代性的文学想象》具有强烈的批判性审视与思考，书中不仅对现代文学作家的农民观及其塑造的农民形象进行个体分析，而且还通过各个时期典型的农民形象分析，整体性展现了农民从麻木、觉醒、挣扎于抗争逐渐走向寻求解放，成为农民英雄的精神嬗变过程，以及这一过程中所付出的精神代价与迷失。

鲁迅的农民观及其农民想象。在分析鲁迅的农民观及其农民想象的时候，张丽军一方面揭示出鲁迅农民观的深刻内涵，即鲁迅以"立人"思想为核心来揭示病症，推进国民性改造和"人的现代化"；另一方面也不讳言鲁迅想象农民的盲点所在，即以启蒙的思想视野来审视中国农民，通过塑造愚昧麻木的"中国病人"来揭示"病中国"的思想症候，显示了一种"深刻的偏见"，并造就了中国现代文学中的农民形象愚昧病态的文学审美想象模式和思想偏见。鲁迅笔下的阿 Q 等农民形象作为"国民性"的代表不仅具有医学症候，而且具有特定社会环境沾染下而形成的"社会病症候"，这种"病苦"既是人物个体的，也是所代表的群体性"中国病人"的；既是生理性的，更是精神、思想的。张丽军认为，作为一个思想医生，鲁迅成功揭示出病根，为疗救"病中国"里的"中国病人"提供了良好的病理标本；不过由于亟亟于思想启蒙，鲁迅所强调的国民性的痼疾也不无偏颇之处，农民阿 Q 等承载了愚昧、麻木、精神痛苦、心灵扭曲等过多的传统历史文化重负，有着过多的负面形象特征，借此形成了一个描写中国农民负面想象的文学创作模式。事实上，这并非农民品性的全部，但在鲁迅创作的影响下现当代思想文化史上形成了一个对农民污名化审美的思维模式，这既是鲁迅以小说为思想维新的"立人"审美理想的制约，也造成了对中国农民认知与评价的不公正。

此外，通过对《社戏》《故乡》等进行文本细读，张丽军分析了鲁迅想象中国农民的另一种思维模式，即"田园乐土"式的纯朴农民形象，指出其开创的乡土抒情小说模式。不同于思想启蒙视域下农村、农民的病态和萧瑟，《社戏》等小说的写作来自鲁迅童年时代对农村、农民的生活记忆和生命体验。这种体验是轻松的、舒展的、欢愉的，迥异于"立人"思维模式下的沉重、压抑和悲愤，由此鲁迅笔下的农民也不再是"中国病人"，而是在一种明快、温馨、和谐的农业文明"桃花源"氛围中自由生存和善意存在。这种对中国农村、农民形象的正面刻画，既丰富了鲁迅文学世界的农民形象，为现当代文学农民形象的正面塑造提供了原型，也开创了现代文学抒情小说的先河。

沈从文的农民观及其农民想象。张丽军从文化人类学角度分析了沈从文笔下的农民形象，指出沈从文以"乡下人"视角通过"三部曲"的形式即由《边城》中对农民优美善良的自然天性的描绘，到《长河》中表现农民这种自然天性被侵蚀的心理忧虑，再到最后《贵生》中农民自然天性的裂变与销蚀，完成了对湘西农民形象的想象。苗族的少数民族血统、古老楚文化的熏染、童年与湘西大自然相通的心灵、少年时期复杂的人生经历和独特的知识结构，成为沈从文一生可资依赖的湘西文化资源。青年后前往北京求知、生活的沈从文，受周作人、废名等京派文人的影响，在文学创作中逐渐确立了"乡下人"的思想视角和写作模式，并以"乡下人"的视角想象和建构了特有的农民形象创作模式。这一模式既是对鲁迅所开创的乡土记忆回溯的写作方法的借鉴以及对废名的农村题材小说的学习，也是湘西的独特自然地理与湘西农民的自然热性般的生活在沈从文心灵记忆中的重构。在创作中，沈从文对湘西宽广悠久的民族、历史、文化、民俗、人情进行不断"回想"、不断"发现"，终于想象和构建出了一个具有独特气质的湘西大地，塑造了具有优美自然人性与原始生命强力、具有深刻内在矛盾冲突的农民形象，成为中国现代文学史上独具特色的"乡土抒情诗"叙事风格。

沈从文在前期小说中描写了龙朱、豹子、媚金、七个野人等湘西苗族农民，把这些自由、刚强、勇武、富有激情和极具原始生命强力的农民形象，想象成为改造奴性愚昧国民性的精神资源。这种精神资源的挖掘和建构，在

《边城》中达到极致。《边城》塑造的翠翠及其祖父、顺顺、大老、二老等形象在安宁、和谐、诗意、纯朴的青山绿水化育滋养下，无不闪烁着自然淳朴的人性之美，这种人性美在工业文明不断异化扭曲人性的现代化进程中，具有极大的思想价值和伦理意义。然而《边城》并非只有桃花源般的人间美境，主人公翠翠的想象内涵也具有双重性，一方面翠翠善良纯朴、健康美丽、正直诚实；另一方面她的命运遭际却深含着莫名的哀愁。翠翠形象"背后隐伏的悲痛"，正是由于沈从文不仅以"乡下人"的眼睛看世界，而且以一种"现代文明"的思想视野审视着湘西大地和湘西农民，这使得沈从文的文学作品呈现出一种复杂的、混合的审美理念。

在中后期的小说创作中，沈从文不仅书写了湘西富有神性的大地之美，礼赞了农民淳朴自然的人性之美，而且隐蔽地批判了农民自然存在的蒙昧生命意识，写出了大地之子的悲剧性毁灭。在《一个女人》《萧萧》《长河》等作品中，除了展现"被人疏忽遗忘的世界"以外，沈从文还充分描绘了在时代历史的变动与冲突中古老湘西农民的灵魂挣扎蜕变，以及他们自然优美人性的失落。伴随着社会的剧烈变动和资本主义工业的不断侵蚀，以及原始落后迷信思想的吞噬下，湘西农民所葆有的自然人性终被瓦解、销蚀，《贵生》中那个曾经诚实憨厚、性情温和的小伙子贵生在现实生活的重压之下，日渐活得卑屈而痛苦，终于在一把烈火中烧掉了往昔的自然天性。因此，沈从文农民形象想象和建构的价值在于不仅批判了现代工业文明对人的情感与性灵的遮蔽，以及对人的美好善良品质的腐蚀，而且批判了原始农业文明对人的自我独立意识的蒙蔽，以及对人的生命意识的蒙昧。

东北作家群的农民观及其农民想象。1931 年"九·一八"事变后，日本发动侵华战争，值此抗日救亡之际以萧军、萧红、端木蕻良等为主的东北作家群诞生了。东北作家群对农民形象的想象与建构具有民族解放主题与反封建思想解放主题的双重叙事特征，一方面描写了东北农民民族意识觉醒、奋起抗争所蕴含的巨大能量及不可征服的力量；另一方面揭示了东北农民因封建思想毒害所造成的愚昧麻木的奴性思想与精神戕害。李辉英的作品具有鲜明突出的抗日民族叙事特征，《丰年》中的孙三们在残酷战争的刺激下，终于斩断灵魂深处的奴隶思想与顺民意识，产生了追求自由与解放的可贵抗争意识。萧红《生死场》独到之处在于她以一种平等的、深入人物灵魂的视角，塑造了在僻远、粗犷、荒蛮境地中年复一年过着混沌蒙昧如猪狗一般的日子的东北农民群体形象。其中，二里半、赵三、李青山等人在亡国毁家的危机中，终于从因循、宿命的"生死场"中觉醒过来，走向了新的抗日"敢死场"。萧军在《八月的乡村》中想象与建构了一个立体东北农民形象群，这个群体中既有抗日革命战争的领导者，也有依然带有农民生活特征和审美趣味的普通战士；既有革命意志不够坚定的、情感战胜革命纪律的有缺点的农民战士，也有希望做安善良民、做安稳奴隶的旧式农民。所有这些农民在血与火的抗日战争中都主动或被迫脱离了旧有的生活方式，在阶级压迫与外族侵略下不断觉醒，在民族新生中也获得新的生命。端木蕻良在《科尔沁旗草原》中塑造的大山这一"未展开的力"的农民形象，这一形象在其后的《大地的海》中实现了突破，其深入农民生命深处想象和构建了赫老爹、艾老头、艾来头、杏子等众多"展开的力"农民形象。小说以一种展现"大地的海"的史诗叙写了艾老头、艾来头等人经历了血与火的重重洗礼后，终于超越了狭隘的迷信思想和保守的个体主义，回到了革命道路，揭示了农民在民族抗争进程中自我主体意识觉醒的艰难与曲折，呈现了农民抗日的"力之美"。

赵树理的农民观及其农民想象。分析赵树理农民文学，张丽军指出其作品所阐述的新中国乡村政治生态的精神内涵和启迪新世纪文学的艺术生命力。毛泽东1942年在延安文艺座谈会上的讲话为赵树理的农民文艺写作提供了强有力的理论支撑，自此，他坚定地树立了以农民喜闻乐见的形式，为农民服务、为农民写作的农民文学观。与其他作家的不同之处在于，赵树理不仅表现了农民翻身的喜悦、烦恼，还对翻身之后农民新身份的蜕化、农村新压迫力量的出现进行了描述与展现，显现了一个农民作家的高度敏锐与崇高使命感。《小二黑结婚》表现了封建思想与乡村新压迫力量对贫困的、觉醒的农民的毒化和迫害，小说明快、喜悦、大团圆的乡村斗争结局得益于革命区政府对事件及当事人的明察秋毫。这种喜剧性审美想象虽然在极大程度上满足了解放区农民的审美愿望，但在一定意义上削弱了赵树理对农民问题更进一步思考。而在《李有才板话》中，赵树理生动地写出了解放初期复杂的农村政治生态，尤其是对旧地主的代言人与新革命干部的蜕化变质进行了犀利、深刻地剖析，使得其对农村和农民的理解达到了新的高峰。小说成功地刻画了剥削之心不死的旧地主阎恒远、新的革命政权的代表者老杨同志、蜕化变质的乡村新干部小元、因循守旧的封建农民老秦以及年轻气盛的青年农民小明等不同类型的人物，并通过复杂的政治斗争，揭示了农村政权建设和农民主体意识觉醒的任重道远。

张丽军认为，赵树理为农民写作成功的关键在于他意识到文学启蒙必须关注农民，必须选择农民理解的语言和叙事模式，即传统中国化的审美模式，并熔铸现代农民语言，从而创作出一种现代中国叙事风格的农民文学——融合中国民间文艺传统叙事方式、新文学思想内容和大众化农民语言风格的农民文学。[1]为此，赵树理深入农村生活，了解农村正在发生的变化，一方面，对翻身解放后农村出现的新问题能及时发现、敏锐思考；另一方面，熟稔各种农民的心理状态、思维模式和行为特征，他从衣着、神态、言谈举止到思想情感都与农民一致。可以说，赵树理既有五四新文学的启蒙思想和问题意识，又与农民血脉相通，这使得他创作的农民文学既受到农民的热烈欢迎，又具有超越性与批判性的一面。

综上所述，张丽军的乡土文学研究打破了以往仅仅从阶段性或地域性的"乡土文学"研究格局和研究方式，紧紧抓住"乡土中国"和"现代性变迁"这一时间和空间的独特结合体——现代化视域下的乡土中国，来研究这一独特时空结合体下的农民形象群，以此真正凸现了乡土中国的文学现代性特质。正如吴义勤先生所称赞，张丽军"对乡土中国现代性的独特理解、对中国农民命运的深切关注和对现代文学农民形象精神嬗变的探索，是非常可贵和富有学术价值的"，"这一领域具有开创性的学术成果，其独特的学术眼光和学术追求令人称道"，而以乡土中国作为方法的文学研究，"真正凸

---

〔1〕张丽军《谔谔之声：关于新世纪文学的理性思考》，中国社会科学出版社，2011年10月，第70页。

现了乡土中国的文学现代性特质"。[1]此外，张丽军的文学批评和文学研究源于乡土，起于个体，却不止于乡村经验和个体体验，而是以自己的学养和识见，"借助'农村'这个中国社会的历史原型，把他的文学批评和文学研究的触角，伸向与之有关的错综复杂的社会文化领域，他的文学批评和文学研究因而就获得了一个自由展开的论域和空间"[2]。

二、"当下现实主义"批评实践

（一）文学制度改革思考

进入新世纪，张丽军的文学思考依旧遵循和秉承源自内心真实体验的理性声音。仅以《兄弟》评价为例即可窥一斑。在 2007 年的上海余华小说《兄弟》讨论会上，参会的一众上海学者对《兄弟》所持的正面肯定态度及论点，与张丽军对《兄弟》的阅读体验有着极大的反差，为此他特地撰文就上海学者批评文本的批评理念与纹理予以梳理省察。他从力挺余华《兄弟》的先声、逻辑前提和叙事风格着手，就余华是否在重复中深化自己对这个世界的领受、《兄弟》可否比拟《巨人传》而被放置于"民间文化"和"怪诞现实主义"的文学批评逻辑中，以及《兄弟》对读者阅读经验、审美观念的"冒犯"是否具有文学发展史中的"开放性力量"等问题——进行分析辩驳，从而指出《兄弟》作为余华的恢复性或尝试性之作，明显存在种种"诡异"与"混乱"特征，其"粗鄙叙事"带有明显的转型、不成熟、未定性的语言叙事特征。文章末尾，从对《兄弟》评价的两极对立现象分析，拓展到对国内文学批评界不良现状的批评，并归纳出当代文学批评的三种不良症候：一是非捧即骂的意气性、二元对立思维批评症候；二是创作引导批评、批评家跟着作家跑的"顺势思维"批评症候；三是去除批判理性精神、为市场论的批评症

〔1〕吴义勤《序言：以乡土中国作为方法的文学研究》，《乡土中国现代性的文学想象——现代作家的农民观与农民形象嬗变研究》上海三联书店 2009 年 9 月。
〔2〕於可训《主持人说》，《芳草杂志》2023 年第 2 期。

候。并进一步探索这三种不良文化根源所在，以求由表及里、追根溯源，推进新世纪文学创作与批评生产机制的良性建设。

无独有偶，张丽军对文学制度的理性思考与探析，不仅限于文学批评，还包括文学评奖。文学评奖作为一种导向与引领，对作家的文学创作及当代文化繁荣发挥着不可替代的重要作用，因此评奖的公正性、客观性、准确性和影响力至关重要。2008 年，针对第七届茅盾文学奖公布后评委盛誉、专业学者质疑与民间不屑否定构成的众声喧哗，张丽军撰写了《"茅奖"，你何时不再矛盾？》一文，就茅奖及其引发的相关批评进行了认真考辨和深层剖析。文章首先指出，茅盾遗嘱中"最优秀"的评奖标准本身是一种真诚同时也是暧昧的策略，由此引发了茅奖"无边的质疑"。通过官方发言、评委解读、批评家缄默、网友激烈否定等不同角度和层面，较为详细呈现出第七届茅奖作品"是思想性与艺术性相统一的长篇小说佳作"背后的争议和喧嚣后，一针见血地指出引发"茅奖"巨大争议的根源不在于茅奖评委的艺术感受力和评判力，而在于茅奖评选历史过程中形成的无法言明、无法抗拒的"潜规则"和"集体无意识"。简言之，茅奖评选既存在着青睐现实题材、革命历史题材、民族题材、主旋律题材这一不惜牺牲艺术品质的显性"潜规则"，也存在着关于什么才是"优秀文学作品"的隐性内在美学理念分歧。而导致这种评奖"潜规则""集体无意识"的根本原因则是自古传承至今的"工具论""反映论"的美学理念。尽管当代文学创作已发生了极大裂变，但文学评价准则与评价机制却仍持守上述标准，这种偏狭的审美理念导致了评选结果的偏狭。因此，张丽军认为只有彻底打破评奖机制中的"潜规则"和"集体无意识"，茅盾文学奖才能评选出经受时间考验的"最优秀长篇小说"。

（二）文学理论创新探索

20 世纪 90 年代以来，中国文学批评渐渐从"向内转"开始变为"向外突"，文学批评在文化批评的潮流中再次开始寻求文学与社会、政治、历史、文化的多重精神关联。在这样一种背景下，张丽军对张平、高晓声、迟子建等作家的创作都提出了新的思考。

文学人民性。在新世纪文学的出路是"大众化"还是"小众化"的文学论争中，张丽军提出在市场经济多元价值观与多元文化需求下，文学注定了要走向一种多元格局。单一的、精英的"小众化"文学观念必然会扼杀文学的生机，不仅不是"尊荣"的，而且会遭到大众唾弃。在当代小说面临困境，尤其是当代中国底层大众再次呼唤文学的时代语境下，发扬中国知识分子的"忧国忧民"文学传统，赓续现代文学作家与底层大众相融合的精神血脉，建构一种代表底层弱势群体利益的当代大众文学，已经是文化精英所需回应的时代课题和应承担的基本道义。这也是维系文学的生命力、避免文学消亡的根本途径之一。[1]基于此，张丽军再次溯源与重申"文学人民性"理论。张丽军简要梳理了"文学人民性"这一源自俄罗斯的艺术概念在中国的历史发展变迁，重点考察国内在吸收、转换过程中的历史经验与教训，指出新世纪文学人民性的重建必须回归人民性的真正本义，体现鲜明的当代中国特征。而当今中国社会转型时期，人民的含义及其内在结构发生着巨大变化，这为当代作家的文学人民性创作提供了宽广深厚的历史机缘和宏大丰富的写作资源。因此，张丽军强调"文学该为谁写作、文学怎样体现人民性，这个问题在当代显得尤为迫切与紧要，在拷问着每个作家的灵魂，考量着每一部作品的价值。"[2]张丽军结合自己的阅读与思考，从赵树理广受农民欢迎的"农民文学"到老舍与城市底层心心相通的"城市底层叙述"，论述了新世纪文学重建与百姓大众的深厚精神联系的必要性及其可能途径。

新政治写作。不少人把山西作家张平创作的小说称为"反腐文学"，张丽军却从一百多年前梁启超提出的"政治写作"概念生发出来，认为张平的文学创作为"新政治写作"，从而切中了张平小说创作的时代意义和价值。张丽军认为，张平的新政治写作中的"政治"不同于20世纪左翼文学和解放区文学执持的"文学为政治服务"的观念，而是从具象化、个体性的鲜活生活出发，化为一个个具体细微的审美形象，以具体的、激流汹涌的现实生

---

〔1〕《谔谔之声：关于新世纪文学的理性思考》，中国社会科学出版社，2011年10月，第47页。

〔2〕《谔谔之声：关于新世纪文学的理性思考》，中国社会科学出版社，2011年10月，第47页。

活来展现当代中国社会现实的真实图景，对新世纪中国社会主义现实问题进行深刻思考。张平从家庭悲情叙事转向介入现实的政治写作，既根源于作家个人的底层生命体验，还根源于山西深厚的文学传统和审美理想。前者使得作家的审美意识、审美取向和审美理想突破了当代市场经济所编织的无形的意识形态之网，得以在底层生活的现代性裂隙中对老百姓的真实生活进行审美观照，从而实现了从个体的、家庭的审美叙事向群体性、社会性的现实呈现的转变；后者则得益于山西这块饱蕴"人民性"思想土壤的滋养，山西既诞生了现代赵树理、马峰等"山药蛋派"，又出现了当代李锐等乡土叙事经典作家，文章从梳理赵树理的"不要丝绸要织布"的"为农民写作"，到张平的"不要人参要萝卜"的"生生世世为老百姓写作"的山西作家文学人民性传统，展现了张平为百姓写作的地域渊源。通过《抉择》《国家干部》等文本细读，张丽军指出，维护最广大底层群众利益、实现社会公平正义的"社会主义理念"是张平政治小说的终极指向和思想内核。张平新政治写作的最大意义在于还原了被20世纪中国文学一直误读的"政治"语义的本原，重新建构了政治与文学关系，为新世纪中国的社会主义实践提供了一种充满政治激情、智慧、使命、胆识的思考，显示了当代知识分子的深刻批判意识和对民族国家命运的责任担当。[1] 此外，张丽军还分析了毕孝立的《海选》、姜翕芬的《留存查看》等具有深厚乡村生活经验作家的"新政治写作"，呈现了新世纪民间知识分子对"海选"等"乡村民主进程"的审美思考。

底层文学。张丽军从文学史的维度出发，总结了五四文学、左翼文学、纯文学的审美经验。他分析了郁达夫从关注性之苦闷的"颓废作家"到注重生之苦闷的城市底层书写者，再到聚焦乡土中国现代型转型和文化重建问题的农民及大众文艺倡导者的转变；认为影响老舍底层叙述的多元精神维度主要有：末世旗人的异化文化生态、老北京的传统中国文化风俗、"苦汁子"的穷人生命体验、"五四"新文化影响和异域文化的"底层叙述"等；通过

---

〔1〕张丽军《谔谔之声：关于新世纪文学的理性思考》，中国社会科学出版社，2011年10月，第145页。

对比鲁迅的"鲁镇底层叙述"和老舍的"老北京底层叙述",指出前者是疗治"中国病人"的启蒙现代性"目视",后者则是生活现代性的生命体验和审美"平视",二者不同的思想渊源、文化视野、审美趣味、价值追求,构成了乡土中国"底层叙述"丰富多彩的文学景观。在此基础上,张丽军认为新世纪底层文学的"文学性"既表现为对既有文学审美观念的更新,也表现为对以往逻辑秩序的"突破",对被遮蔽世界的发现。底层文学的"文学性"和思想性不是对立、割裂的。他提出了新世纪底层文学审美原则的三个向度:以底层替代阶级,而不失革命性;以底层文学取代纯文学,而不失文学性;代言,而不失批评性。

生态文学。张丽军对生态文学的国外发展历程和国内文本演进,进行深入的理论探讨和文本细读。他撰文《梭罗:生态文学的开创者》考察了生态文学的源头《瓦尔登湖》;从发生学的角度对生态文学的发展历程进行梳理和阐释,撰写了《生态文学诞生根源探析》《生态文学发生学研究》《生态文学无名状态的结束——从英国省略派文学到前苏联自然哲学小说》《生态文学:存在困境的艺术显现,精神革命的审美预演》等系列论文;针对沈从文、迟子建等作家作品进行生态文学角度的阐释,如解读迟子建的《额尔古纳河右岸》时,张丽军别出心裁地从东方文化的特质这一角度剖析小说的叙事,揭示小说中的东方生态智慧,并指出小说对生态智慧的描述为我们解决现代性焦虑提供了可能,是人类将来社会中得以安顿自我灵魂的"第三自然"。

(三)文学批评实践典型

批评实践中,张丽军除却对乡土中国文学现代性、现代文学农民形象阐释、当代文学制度改革、文学理论探索等逐一给予鞭辟入里又纵横开阔的批评剖析,还对山东作家、先锋作家、70 后作家群等当代作家的文学创作,给予了很大的关注和详实阐述——他不仅热情推荐山东青年作家作品,对 80 年代文学鲁军给予热切关注,而且尖锐指出阻滞新世纪山东文学"难美"飞翔的各种因素,为新世纪鲁军崛起进行了新的理论探索;他不仅为 70 后作家这群"晚熟的人"发声,强调他们的成长语境是一种文化转型、社会转型、媒介转型的语境，这一语境某种程度上造成了他们的被遮蔽、被忽视，而且积极认可他们作品的生长性、内在的韧性及精神的深度性，指出其作品蕴含的"那种野性的力量"，正是乡土中国和现代中国相交融的力量；他不仅认可先锋文学是中国当代文学特别是新时期文学的一个高峰性存在，而且主张并实践对他们文学探索所提供的经验、价值和意义进行总结、反思和吸纳。

"70后"作家研究。代际研究具有不可替代的价值，可以呈现出社会学、心理学、文化学、创作学等丰富内涵。张丽军非常重视对同代作家的研究，他不仅做70后作家群的文本研究，而且与他们面对面访谈交流，注重挖掘他们内在精神的深层影响。早在2009年，张丽军就在《绥化学院学报》开设"70后作家研究专栏"，对刘玉栋、常芳、东紫、金仁顺等70后作家做了为期一年的作家作品研讨，开启了对70后作家群的同代人研究。2012年，继续在《芳草》杂志开设访谈专栏，持续性做了徐则臣、李骏虎、付秀莹、梁鸿、宗利华、周瑄璞、朱山坡、李浩等十多位70后作家的访谈。2019年，编辑出版了《中国"70后"文学研究》一书，该书着眼于中国"70后"作家群体的代际境遇、时代精神体验及文学生产机制等问题，精选了一众活跃于现当代文学研究领域专家学者的相关文章，旨在通过对"70后"文学创作现状的梳理及对其存在问题的剖析，推动中国现当代文学研究和21世纪中国文学的进一步繁荣与发展。此外，张丽军对刘玉栋、常芳、梁鸿、徐则臣、艾玛等作家作品写过多篇专论，并从当代中国文坛创作生态维度思考70后文学创作价值及其存在的问题与局限，推进了对中国70后作家这一被遮蔽的创作群体的关注和思考。

张丽军认为，作为拥有完整乡村生命体验和乡村中国故事的最后一代人，在经历了20世纪90年代以来的探索性写作之后，中国"70后"作家在长篇小说创作领域构建了一个当代中国故事的立体多元的文学景观，主要表现在以下方面：第一，从乡村到城市，再到世界上去，是百年中国新文学所不断演进的空间叙事学，而"到世界去"，则是"70后"作家"当代中国故事"的内在空间叙事逻辑，并呈现出某种新质意义的"21世纪中国"特征的叙事主题、叙事元素、叙述气场和叙事景观。第二，"70后"作家的城市工厂叙事迥异于老一代作家的工业化题材写作，具有某种与时代同成长的共鸣性的精神结构、时代氛围和文化症候，书写出了"到世界去"的中国人在"世界工厂"里的心灵嬗变，构建了一种基于后工业化语境下的叙事美学、精神内核与情感逻辑。第三，对个体与民族国家精神血脉的探寻与书写，以及对照亮历史的人性之光的探寻，是"70后"作家寻找自我历史根脉、确立自我审美历史根基、书写"当代中国故事"所蕴含的美学精神的重要体现，更显示出这一代作家审美既具地域化特征又走向历史化、民族化的文化自觉意识。第四，"70后"作家以他们对乡土中国的独特的经历、观察、体验和深刻思考，书写出了21世纪大地深处的"后乡土中国故事"，以此来回应时代，在裂变与新生、传承与发展中建构后乡土中国世界及其可能性。在给当代文坛提供具有标志性意义的长篇小说创作方面，"70后"作家的审美主体建构呈现如下特征：第一，"70后"作家长篇小说创作数量已有较大幅度的增长，逐渐成为当下文坛长篇小说创作的新主力军。第二，"70后"作家长篇小说创作题材在青春叙事、城市叙事、成长叙事、历史叙事和乡土叙事等多个维度展开，以"到世界上去""后工业化"、族群史、后乡土中国等新叙事主题，构建了一个"当代中国故事"的立体多元的文学景观。第三，"70后"作家的长篇小说创作呈现出一种对世界大格局和对发生剧变的中国时代中心经验的审美感受力、掌控力和持续不断的思考力。第四，"70后"作家寻觅到了属于自己的、时代的乃至是民族国家的精神源头和文化根脉，完成了自我审美主体的建构，呈现出具有个体独特性的审美风格，成为新世纪"当代中国故事"的书写者和乡土中国文化根脉的传承者、发扬者。

在文学经典化的进程中，中国"70后"作家的创作依然在路上，依然需要探索与裂变，需要在审美断裂之后的新传承与创造。而传承乡土中国的精神血脉、书写21世纪当代中国故事，就是中国"70后"作家这一代人独特的、承前启后的文学使命之所在。

当代山东文学研究。对山东当代文学的研究，既是张丽军文学批评的重要组成部分，也是推动他积极参与当代文学批评的主要动力之一。张丽军认为，对同代人的研究，是以时间维度为支撑点与发力点，来探寻自己和这个时代的关系。而从足下的土地开始，关注当代乃至当下山东文学的文学现场，就是以当代山东文学为立足的基点和文学空间视域来感受、认知和思考当代中国文学，是基于空间维度的人与大地关系的新建构。他直言，"（对山东当代文学研究）不仅获得一种与足下土地、城市、文化圈的交融，而且更重要的是我进入了当代文学创作与批评的现场，直接与当代作家进行面对面的交流与接触，获得第一手的、鲜活的文学印象、氛围和精神气场。"〔1〕正是对二十世纪八十年代以来的文学鲁军以及二十一世纪以来的文学鲁军新势力有了从感性到理性的深刻理解，张丽军撰写了大量关于张炜、莫言、刘玉堂、赵德发、苗长水、刘玉栋等作家的研究文章。

张丽军再次阅读和审视张炜的《古船》，认为《古船》是一部关于乡土中国精神密码和文化基因的经典力作，在文化的博大、思想的深邃、情感的震撼和结构的精妙等方面均取得巨大成功，传达了张炜对乡土中国文化传统和百年乡土中国历史的新思考、新批判。隋抱朴的"神性"是基于几千年乡土中国文化传统和百年来乡土中国社会转型、文化变迁的精神背景下的独特而深邃的生命体验与思想认知。《艾约堡秘史》是一部以当代中国社会"财富书写"为主题的文学力作，小说以淳于宝册、蛹儿和欧驼兰等人为叙事焦点，着力塑造出一个在苦难、欲望、财富、爱情与救赎之间苦苦探索的淳于宝册形象，在深刻揭示新世纪中国"富起来"巨大社会变化现实的同时，也生动描绘了主人公曾遭遇的心灵困境，启示我们必须寻找具有社会主义精神特征的财富新路、建构新的社会主义伦理文化。新作《河湾》对比张炜以往的小说呈现出以下新特征：一是将历史—现实的对话关系由父子辈挪到了祖孙辈；二是罕见地以女性为主角；三是价值载体从家族精神血缘的一脉相承转变到个体对历史之恶的忏悔和救赎；四是思想领域的当下性、对话性与开放性。张丽军关注到获诺贝尔文学奖后莫言系列新作展现出莫言创作意识的常与变。"民间"作为莫言文学世界中的审美观照对象，仍然是其作品的核心所在，显示出他对民间情怀的坚守。不过，在《天下太平》《故乡人事》

---

〔1〕张丽军《从乡土出发的生命体验与学术研究》，《芳草杂志》2023年第2期。

等作品中，莫言虽然保持着与前期创作一脉相承的文学理念，但在表现民间精神和情感抒发等方面却呈现出明显地转变倾向，侧重于以平缓而沉着的叙述语言抒发隐现于文本之下的情感关怀，对民间苦难命运的情感抒发上表现出理性的克制，笔下的民间大地逐渐回归到沉重包容的普遍性维度。此外，在文本形式上，莫言加强了对现代诗歌和传统戏剧的关注，组诗《七星曜我》《雨中漫步的猛虎》《高速公路上的外星人》以及戏剧文本《锦衣》《高粱酒》的创作，不仅促使莫言的文体形式更加多样，并且一定程度上推动了当代文学各种文体间的互动和发展。张丽军敏锐地捕捉到了赵德发小说创作中深邃的伦理道德精神，阐释了《君子梦》小说文本中三代中国农民近百年对"谦谦君子"的伦理梦想追求，把这三代农民的个体自我追求与新中国六十年代"狠斗私字一闪念""公字庄"的集体乌托邦梦想联系在一起，呈现了从宋明理学到当代道德乌托邦建构的内在精神脉络，为20世纪中国道德伦理文化危机及新世纪伦理文化重建提供了来自历史的多维度审美思考。

▍ 三、文学经典化阐释构建

（一）当代文学经典化

当代文学经典化问题一直是众多文学批评家关注与争议的焦点。在分析经典化、反经典化与去经典化之间内在关系的基础上，张丽军指出新世纪文学去经典化，本身就包含着原有的文学经典浴火重生和新文学经典横空出世的多种新生机。他认为，新世纪经典化论证的误区就在于以文学经典的意识形态取代了其普世性、审美性、民族文化性，陷入虚无主义相对论陷阱之中，某种程度上历史虚无主义阻碍了我们对当代文学经典的认同、欣赏和阐释。事实上，文学经典不仅是一个时间孕育的过程，也是一个文化阐释和心理认同的过程。基于当前文学经典发现与鉴别存在的把经典"神圣化与神秘化"、认为经典会自动呈现、把经典命名权视为特殊权力等思想误区，张丽军提出了为当代文学经典化正名的十大理由，即当代文学发展的时间跨度长；创作数量呈现爆炸式增长；大数据时代提供了前所未有的加速度的传播与接受环境；当代语言积累的丰富和语言磨炼的日渐纯熟提供了重要支持；当代文学作家数十年的持续创作提供了足够的生产动力和成熟的叙事技术；当代作家具有文学经典情结和大师情怀；当代文学大师们的文学创作实践，得到读者和研究者的公认；当代文学出现众多思潮与流派；当代文学作家的创作意识和创作理念日趋成熟和多元化；当代文学关注当下，且与历史、社会、文化的深层精神关联，富有历史意义和现实情怀。[1]因此，当代文学经典化是一个历史化的过程，更是一个当代化的过程，是两者互相结合的发展过程。

当代文学经典要接受当代人的阅读、接受与检验。张丽军强调，当代文学经典化并非当代文学经典，而是对当代文学作品进行分析、甄别、批评与阐释的淘金过程，是把当代文学作家与作品进行历史化、学科化的过程，而非简单地把文学作品视为经典。当代文学经典的建构需要来自批评家、作家、读者和意识形态权力机构多方面的努力，需要来自期刊、新闻媒体、网络微博、手机报等多传播介质参与，需要反经典化、去经典化、经典化的经典张力场各元素的多元博弈。

（二）文学经典教育

大学文学教育某种程度上就是经典教育，通过经典学习培养大学生一种典雅高贵的审美趣味、审美品格和审美感知力。一部文学作品和一种文学现象的产生背后都有各种各样的原因和背景，文学解读就是进一步探索、还原鲜为人知的文学现场。为此，张丽军与本科生、研究生一起共读文学经典，在共同阅读、分析、讨论和辨析中，提升学生的阅读兴趣和研究能力。学术讨论中，张丽军一直倡导一种从个体独特生命体验出发，以文本细读为基础的感性阅读和理想思考相结合的对话方式，鼓励同学们各抒己见，畅所欲言，确立一种求真求实的学术意识和批判意识。此外，张丽军认为，大学的文学学习，提升学术能力是一方面，更重要的是培养一颗"文人之心"。因此，张丽军在引导学生理解文本的同时，更侧重激发和培养学生对世界万物、

---

〔1〕张丽军《为中国当代文学经典化正名的十大理由》，《小说评论》2017年第5期。

社会人生、日常生活的诗意的美的理解、发现和欣赏。《对话的文学经典教育——中国现当代文学本科生、硕士生课程论坛》就是张丽军与大学生一起就文学经典进行阅读、欣赏、阐释和评价的结晶，也是从文学经典入手进行文学教育与启蒙的展现。书中，他们师生一起探讨了茅盾、老舍、赵树理等现代作家作品的经典性及其当代启示，也深入解析了格非、刘玉栋、阎真、苏童等当代作家的作品，作为文学经典的探索者和对话者，他们在交流、碰撞中激发出真知灼见和奇思妙想无不呈现着每次对话的丰富性、有效性和个体性。

当代文学方面，对格非《人面桃花》的讨论主要集中在其小说对中国传统文化的借鉴与继承方面，分析了《人面桃花》悬疑解疑的结构方式、错位的爱情叙述和乌托邦理念，阐述了格非对人类内在精神的可贵追寻，以及追寻所具有的精神高度、困惑与局限。对刘玉栋《年日如草》的讨论，着重从百年中国文学史的角度来看农民与城市的关系，尤其是农民如何融入城市、进入城市这一现代化、城市化的中心问题。小说塑造的曹大屯这一适应城市生活的二代农民形象，是一个带有某种疚黯而不失善良本性的、以法律取代人情意识的农民形象，在文学史上具有突破意义，但小说在内部结构营造、情节推动力方面尚有一定局限性。对柳青《创业史》中梁生宝这一人物形象的关注成为讨论的重点，他的创业史是穷人群体的创业史，创立的是社会主义集体富裕的大业；而他一直寻找精神上的父亲，最终在党这里找到了人生归宿和价值。讨论中，大家普遍注意到《创业史》具有新鲜的生活感、生命感和鲜明的政治叙事意味，其所呈现的对社会主义新道路的探索具有很强的理想性和务实性，对新世纪的中国现实、中国文学仍具有很大启发性。阎真的《活着之上》是一部聚焦当代知识分子生存状态的作品，显示了作家独特的关注视角和思考方式。讨论中，师生围绕着作品所呈现的知识分子当下的精神困境问题进行了热切交流，尤其是对知识分子"在寻找中迷失，在迷失中还要继续艰苦地寻找"的生存寓言的展示，以及它所呈现出的特殊的关于审美距离的思考，均成为当下知识分子如何坚守底线，如何在蜕变中成为当代社会的守夜人所必需的要面对的问题。苏童的《黄雀记》通过保润、柳生、白小姐这三个关键性人物构建起了一个窥探人生的万花筒，并从中呈现出社会时代的变迁。其中"黄雀"既是对生活中每个人每种身份的暗喻，也是这个社会潜在的生存法则，而苏童笔触所及的每个少年内心的晦涩甚至幽暗的疼痛，更是展现了不同阶段的人在选择、欲望、利益面前的种种纠葛，勾勒出人生蜕变历程中的个体的所承受的生命之重。小说的局限在于过多的关注生存的物质、欲望层面，对人的精神维度探寻不够。

现代文学方面，在肯定茅盾作为一个批评家的独特眼力和作为以作家对长篇小说的贡献基础上，集中探讨了茅盾作品中新女性形象书写问题，特别是身体叙述与革命叙述的复杂关系，无论是《蚀》三部曲还是后来的《虹》等作品中，女性如何经由肉身安放自我心灵，选择肉身成道抑或道成肉身，都具有时代意味和革命特征。对老舍的讨论集中在老舍的城市底层叙述——其笔下那个时代人的生命，人的情感，以及日常生活中存在的困境，并探讨了传统文化对老舍的影响，老舍作品内在现代性与传统性的冲突，以及其小说主题沉重与文字幽默间的张力等问题。对赵树理的探讨中，师生梳理了赵树理民间化艺术的选择、扁平化人物形象的塑造、口语化的语言探索等赵树理小说的艺术独特性和局限性，并探讨了新中国成立后其文学理念的困境，并认为用中国的艺术呈现中国的故事，是赵树理不可替代的存在。

（三）现实主义新经典

张丽军认为，现实主义是中国文学经典的审美基因和创作范式，不仅是中国现代文学经典的首要选择和精神底色，也是新时代中国文学经典的必然选择和审美需求，因此"今天的中国，对当代作家提出了一个重大的现实性需求，即书写中国故事、中国经验的历史需求和美学命题。我们要写出新时代、新变革、新现实、新城市、新乡村。这必然要求现实主义审美品格的深化、细化与经典化"。[1]新时代文学需要作家关注时代的热点、焦点和痛点，写出具有时代精神、时代经验、时代气息的现实主义审美品格新经典。《现

---

〔1〕张丽军《铸就新时代中国现实主义文学经典》，《长篇小说选刊》2019 年第 6 期。

实主义与当代文学前沿》一书围绕着"现实主义"这一主题，张丽军与博士生进行文学对话交流，全书通过多个文学研究专题和文学经典分析，探索了新世纪长篇小说的现实主义特征。

专题解析部分，师生就知识分子写作、历史主义写作、现实主义写作、科幻文学写作、网络写作等主题展开讨论，每一主题都涉及众多文本，通过文本解析来阐释对相关主题各方面的理解。如针对"21世纪以来知识分子写作"这一主题，他们认为知识分子写作具有两种不同的视野，一种是知识分子启蒙民众、改造民众的启蒙意识；另一种是知识分子自我批判、自我反思的揭示意识。讨论中，帅生围绕着李洱的《应物兄》、阎真的《活着之上》、红柯的《太阳深处的火焰》等小说，对当下知识分子的命运尤其是面临的种种精神困境，以及如何承担起知识分子的责任与价值，予以积极思考和探讨。再如针对"21世纪现实题材的网络写作"这一主题，他们就现实题材成为网络文学新的生长点、网络文学何以吸引众多读者、网络文学与传统文学的交融，以及网络文学阅读与国民素质和国民气质建构的关系等诸多话题进行交流对话，认为网络文学既需要加以引导，增加其人文关怀情怀；纯文学作家也要学习网络作家情节设置、叙述节奏等吸引读者的优长。

文本细读部分，师生共同评析和鉴赏了赵德发的《经山海》、陈彦的《装台》、关仁山的《金谷银山》、王方晨的《老实街》等作品。《经山海》通过塑造吴小蒿这一基层干部形象，书写了新时代基层改革者的心灵史。师生就吴小蒿这一人物形象与家庭婚姻的博弈，与地方势力的博弈，与自我欲望的博弈中，始终以历史专业教育、文化楷模和生命良知力量为引导，像小草一样不屈不挠追求正义，展开了激烈讨论，并认为吴小蒿的个人成长史也是乡镇的变革史，二者互相交融，融为一体。再如《老实街》是一部着力描写城市改造及城市文化变迁的小说，师生就小说中书写的城市文化、风俗人情、道德思考，以及人在时代下的命运等主题所呈现的丰富、复杂的蕴涵，进行了交流探讨。

四、当代乡土文学"中国经验"探寻

社会主义新农民形象的审美书写，是当代文学创作的中心主题。在不同历史时期，社会主义新农民形象呈现了不同的审美流变，建构出了众多色彩纷呈的新农民形象群体，形成了极为重要的时代主流话语和思想辐射力。张丽军延续其对乡土中国现代文学中农民形象的思考，继续对当代文学社会主义新农民形象进行分析和研究，探寻其内在审美理念、叙述主题意蕴和形象谱系演变，对总结当代乡土文学创作经验和推进新世纪新时代文学发展都有着极为重要的审美镜鉴作用和精神启示价值。

张丽军致力于从"十七年"时期社会主义新农民形象建构、新时期社会主义新农民形象的主体性觉醒与新道路探索和新世纪中国农民形象的现实主义审美书写和多维精神建构三个阶段，分析和阐释了中国当代文学对农民形象的审美建构。他认为，李准《不能走那条路》中的宋老定、李准《李双双小传》中的李双双、柳青《创业史》中的梁生宝等新中国初期的社会主义新农民形象，呈现出了社会主义初期乡土中国农村的纯朴、乐观、理想、向上的时代精神风貌。新时期农民形象的书写从物质的层面逐渐转向精神层面，从对物的追求转向对知识、文化、理想、主体人格、发展道路的思考，出现了像路遥《平凡的世界》中孙少平这样的闪耀着理想精神光芒、成为一代代乡土中国青年成长精神资源的新农民形象。新世纪文学从民族、性别、文化等不同视域出发，塑造了留守农村、进城务工、返乡创业等类型丰富的社会主义新农民形象，探索适合当代发展的新伦理文化，呈现了一种"当下现实主义"的新时代精神气象，直接呼应了新世纪中国"乡村振兴战略"。

（一）想象社会主义新农民

新世纪文学何以走向农民，不仅仅是一个乡土文学的问题，也是攸关新世纪文学生死存亡的命题，是所有文学爱好者和批评者关注的问题。张丽军结合自己的阅读和思考，以高晓声、赵德发、贾平凹等作家的乡土文学作品为例进行了详细的文本解读。

高晓声的农民观及其农民形象塑造。张丽军撰写了《山深流清泉岭高昂白头——论当代文学史视域下的高晓声》一文，在宏阔的文学史中对高晓声的乡土文学作品展开细读，不但对高晓生新时期创作中的"历史一瞬"与"文学一瞬"做出了精彩阐释，更以"陈焕生如何当上主人公"的思考对话新世纪，提出新时代中国"乡村振兴战略"下新的陈焕生如何经历灵魂之变的深刻命题。张丽军认为，从文学接受史来看，高晓声获得认可的主要原因在于三方面：一是写出了"一部中国农村三十年的兴衰史"；二是高晓声笔下的农民形象能被纳入国民性批判和精神启蒙的话语体系之中，具有长久的生命力与活力；三是高晓声以陈奂生这一新农民形象，实现了对乡土文学传统和国民性话语体系的传承、转化与新生。正是这独特的形象创造让鲁迅、赵树理的国民性批判话语有了新的传承，即从"历史一瞬"定格为当代文学史的"永恒一瞬"。此外，高晓声的时代并未过去，其作品依旧与新世纪有着深刻的对话关系。就20世纪末学界提出的"陈奂生的国家主人翁问题"，高晓声后来的创作证明，由于"陈奂生们"奴性难除，要成为"国家主人翁"还有很长的路要走，这不仅有来自创作主体的因素，更有深刻社会、文化、历史等"复杂性"因素。实际上，高晓声已在作品中呈现了他对陈奂生为什么不是主人翁问题的思考，高晓声通过多种人物类型的塑造揭示了这一问题背后涵盖的文化心理悲剧和乡村现实困境。随着城市化进程加快，陈奂生的主人翁问题已被更重要的"三农问题"取代，在乡村振兴的新时代大背景下，高晓声塑造的"复杂性"农民形象及其"乡村小说的发展道路"的探索，具有别样意义。《陈奂生的吃饭问题》正是紧扣时代主题，对中国改革作出了总体性关照。由此，"陈奂生的吃饭问题"转换到"陈奂生问题"，正是对40年前"陈奂生主人翁问题"的历史呼应。

赵德发的农民观及其农民形象塑造。面对新世纪以来乡村中国的历史巨变，张丽军从赵德发"农民三部曲"（《缱绻与决绝》《君子梦》《青烟或白雾》）的阐释中，体认到赵德发不仅叙写了新时期以来乡土文学中传承的危机意识，而且触及处于现代资本经济冲击下农民的精神动荡和人性变异，具有强烈的现实批判色彩和人道主义情怀。多年的农村生活经验和农民身份，促使赵德发站在农民的立场，以农民的思想意识与情感心理，以具有浓厚传统文化色彩的叙述语言，用充满泥土味和烟火气的日常表达方式，围绕着"土地意识"这一核心意象，高屋建瓴地透视了中国现代化历程中至关重要的土地变迁，以及这一变迁中传统农民的恋土情结和创伤记忆。《缱绻与决绝》描写了视土如命的庄户汉子封大脚一辈子对土地的敬畏和热爱，作家用百年中国农民对土地情感从"缱绻"到"决绝"的变化反映了他们精神心灵的嬗变，以细腻的笔触、饱满的情感致力于土地伦理文化的书写，使小说成为观照历史与现实、农民与土地丰富意蕴的典型文本。《君子梦》中许氏祖孙三代人一直践行君子的道德理念和行为，穷尽全力让律条村成为一个"君子国"，然而在时代与社会的动荡和变迁中，这一理想愿景的达成遥遥无期。《青烟或白雾》以吕中贞、白吕母子两代人的从政之路贯穿始末，表达了作者对农民追求权力和政治的探索与思考，如果说吕中贞身上更多折射出农民的"官本位"意识和对权力追求的盲目性，而白吕选择回归基层为农民谋福利，则是农民实现政治理想的现实之道。可以说"农民三部曲"中呈现出了百年农民心灵史，揭示出了农民与土地、农民与精神、农民与政治关系的复杂心灵结构。

贾平凹的农民观及其农民形象塑造。张丽军从贾平凹的《秦腔》和《高兴》两部长篇小说的解读中，不仅体察到了作家为新世纪中国农民唱一曲挽歌的精神悲剧，而且从中发现了刘高兴为代表的乡土中国进城农民"自觉认同城市"、放弃个体的幸福转而追求群体性解放的新道路新探索的意义和价值。《秦腔》以宽广宏阔的乡村视野，通过清风街夏天智、夏风、白雪等人对秦腔的不同态度，以及秦腔在当下的艰难境遇，显现了新世纪乡土中国的现代性历史裂变、中国农民灵魂挣扎与救赎的审美镜像。在《高兴》中，贾平凹延续了《秦腔》中有关"中国农民命运"的想象和表达，并进一步超越与深化。《高兴》把审美视野投向了进城农民，不同于五富等人对城市无法释怀地忐忑与焦虑，小说主角刘高兴是一个自觉认同城市、积极寻求农民群体解放的新世纪乡土中国农民工形象。刘高兴这一人物形象的可贵的之处在于他创造性地化用了乡村伦理文化富有现代活力的部分，寻觅到了一条中国传统文化与现代城市文化相通的精神通道，"从中国传统文化汲取现代意识恰恰是刘高兴这一农民形象身上所赋有的重要文化内涵。这是新世纪语境下乡土中国文化自我孕育、生长出来的自觉认同城市的现代农民形象，是迥异于以往乡土中国农民形象的'他者'。"[1]无论是《秦腔》中的老一代村官、乡土中国"最后一位农民"夏天义，还是《高兴》中自觉认同城市、拒绝回归乡村的刘高兴，都有一种带领农民群体走向共同富裕的志向和愿望，都以各自不同方式探寻着新世纪乡土中国的现代性道路，展现了新世纪历史文化语境下中国新现代性的"中国经验与中国之心"。

张丽军通过诠释毕孝立的小说《海选》和姜翕芬的《留村察看》展示了新世纪中国农村政治现代化的文学图景。《海选》中作者结合自己独特的农村政治生活体验，紧扣"海选"这一具有重大政治和历史意义的题材，通过车祸事件、暴力事件等多角度、全方位地展现了鲁中南山区张家村"海选"的角角落落，生动描写了村里几股不同利益诉求政治力量的较量与角逐，揭示了新世纪中国农村政治生态的复杂性和矛盾冲突的尖锐性。《留村察看》塑造了三种不同类型的乡村干部形象，一类是情感朴素真挚、与穷苦人心连心的好干部；一类是道德败坏、徇情枉法的坏干部；第三类是介乎善与恶、好与坏之间的乡村干部，并刻画了他们不同的情感心理和精神生态，呈现了新世纪中国农村不同群体错综复杂的利益纠葛和深层的政治结构困境。

（二）新时代"沂蒙山派文学"探究

探究地域文化与文学流派的内在关系，一直是批评家关注的话题。对沂蒙山文学流派的提法，张丽军予以旗帜鲜明地支持，他认为"作为一个文学流派，沂蒙山具有共同的地理文化内涵，有一批具有重要影响力的作家和标志性文本，有着内在统一的精神理念、文化内核，对同时代和后世都产生了广泛的影响。"[2]也就是说，沂蒙山派文学作为一个独立的流派，具有其内在和理性和文化逻辑性，更有其深厚的历史文化底蕴。沂蒙山派文学作家

---

〔1〕吴义勤、张丽军：《"他者"的浮沉：评贾平凹长篇小说新作〈高兴〉》，《西安建筑科技大学学报》（社会科学版）。

〔2〕张丽军《沂蒙山派文学与沂蒙精神》，人民出版社，2020年10月，第8页。

承前启后颂扬和书写的淳朴、厚道、仁义、坚韧等沂蒙精神，是沂蒙山派文学的精魂之所在，其所产生的艺术影响力和延续性，也是该流派的一个重要文学特征。把沂蒙山文学作为一个流派重新进行审视和思考，会带来新的认知和不同的文化风貌。为此，张丽军撰写了《沂蒙山派文学与沂蒙精神》一书，通过对赵德发、苗长水、刘玉堂、厉彦林等作家及其文本的阐释，探讨了如何重建沂蒙文化与历史、现代及未来的关系，怎样讲好当代沂蒙故事等当代沂蒙山派文学创作的核心问题和难点所在。

赵德发的小说带有淳朴的泥土气息、深沉的土地情怀和凝重的文化忧思，集中体现了沂蒙山区的地方文化传统、民间生活习俗和区域文化特征，这得益于作家本人的独特个人经历和浑厚的传统文化积淀。张丽军认为，赵德发一以贯之的创作核心是对道德理想的思考和探索，以及对道德理想国的建构，因此赵德发的文学创作可分为着重历史语境下乡土话语的表达、侧重于时代语境下传统文化的困境与突围、后工业时代人类文明的客观冷静思考三个阶段。早期的《通腿儿》是沂蒙山文化、民俗和伦理的有机融合。"农民三部曲"（《缱绻与决绝》《君子梦》和《青烟或白雾》），描述了20世纪中国农村的百年历史变迁和农民命运的变化与转折，抓住农民与土地、农民与道德、农民与政治三条主线，把农民的苦难、对命运的抗争、对新生活的追求详尽地呈现出来。"传统文化小说三种"中，《君子梦》通过许正芝、许景行、许合心三代人"治心"运动的失败，思考了儒家君子之道的现代结构与重建；《双手合十》通过慧昱在历经种种诱惑和磨难后，潜心修炼终于思悟到用"平常禅"作为突破佛教困境的突破口，表达当下佛家命运的现代思考；《乾道坤道》则经由石高静的循道、悟道和羊道，探索了中国土生土长的道教如何与现代社会接轨、与西方文明对话。《人类世》在醒世、警世、喻世的旗帜下，通过孙参不计后果的疯狂发家史和掠夺史，思索了人类无限度放纵自己的欲望所面临的种种问题，不仅是对自然生态环境的破坏，更是对人类几千年文明积淀美好品质的践踏，是一部站在人类命运共同体视角看世界、看宇宙、看天人之间关系与秩序的长篇小说。在诸多作品中，赵德发既冷静考察已经远去并且尘封了的沂蒙历史，又热切关注当下正在沧海桑田变化着的沂蒙现实；既揭示了不断走向衰落的沂蒙传统文化和逐渐瓦解的沂蒙文化伦理，又不断地发出沉重的人文追思和警示。正是在这样的回望与忧虑、追忆与沉思中，赵德发解剖历史文化，描摹社会生活，自觉探索与担当起重建当代中国文化伦理的使命与责任。

苗长水沂蒙山小说的特质是作家冲破革命文学僵化模式的束缚，深入人物灵魂深处，挖掘了被遮蔽的个体生命的新奇精神底蕴，在对革命历史题材的重新叙写中实现创造性转化。也就是说，不同于以往有关沂蒙山革命与战争题材的书写，苗长水擅长从人性维度回溯沂蒙历史的河道，触摸沂蒙百姓的魂灵，以一种平静舒缓的笔调和浓烈醇厚的人道主义情怀来审视战争，从构建宏大战争场景的外视角转化为在心灵上重塑民族灵魂的内视角，发掘艰难处境下坚韧不屈的个体生命力量，实现了对追求英雄史诗革命历史题材模式的超越。这种超越主要体现在对革命母题的另类解读、还原革命历史本真面貌的策略途径和对道德伦理的哲理化反思等方面。另外，苗长水的沂蒙山小说以诗化叙事风格见长，他主要通过故事情节的淡化、情景交融的意境和雅致俗白的语言来实现，具有一种浓郁、舒缓、自然的沂蒙山小调抒情意味。上述创作特质典型地体现在作品《非凡的大姨》中，小说从前哨联络员刻画"李兰芳"的名字开始，渐渐地突破了以往红色革命英雄叙事的"纪念碑性"模式，在赋予了历史纪念碑以坚硬的历史骨骼的同时，精心描绘出了历史纪念碑内在温热、柔软的心灵。总之，无论是在当代沂蒙文化书写，还是对革命历史记忆的重新阐释，苗长水作为文学视域的个案标本，以其鲜活生动的文本书写触动着时代脉搏，为当代文坛提供了别具一格的审美范氏，留下了深沉的思考和启示。

同样是新时期书写沂蒙文化、反思民间历史被誉为"沂蒙灵手"的刘玉堂，则擅长从琐碎的生活小事件角度切入重大政治历史事件中，捕捉人们在历史罅隙中湮灭的生活形态，以诙谐幽默的必到构建民话语系统，借助民间精英文化的张力功能，消解弱化主流政治话语。作家在宣扬民间智慧的同时，强有力地批判了历史现实的荒诞，从人性角度讽刺了人民对政治运动的盲目激情，富有悲剧意味。如《秋天的错误》较为成功地展示了民间、传统、政治意识形态与生命个体之间的叠合、错位、缠绕、纠结的复杂精神互动，呈现了"秋天"何以成为"错误"，"共产主义"梦幻何以成为刘玉华、王德宝等人漫长人生的历史梦魇之最的内在精神文化脉络。之所以能达到上述审美目标，跟刘玉堂小说语言艺术的独到性息息相关。张丽军分析指出，刘玉堂小说语言的审美表现为戏谑中蕴含丰富情感，且以"土语"坚守通俗化追求；句式特点是"以地域性精简短句为主"，语言结构为"一语双关、善用比喻"；语言节奏为"极富动作性的土语流动"，语言氛围为"鲜明个性化的人物对话"。

厉彦林一直用文学的信仰和坚守阐释着他对故乡的深沉热爱，用散文表达着他作为沂蒙山人应有的温厚、坚韧、洒脱的情怀，对乡村土地的深沉感情、对欢乐自由童年往事的回味、对刻骨铭心亲情的歌颂、对异乡游子乡愁的抒发等方面。厉彦林的文章讲究意境，善于借景抒情，追求情景交融的意境，把对故乡事物、风土人情的深刻眷恋之情通过文章中的景物缓缓地展现出来，用诗性的眼光看待生活，思考人生。

（三）样板戏的民间形态研究

"样板戏"作为一种独特的历史文化形态，是"文革"时期最为突出的文艺现象。然而如何看待和评价样板戏？样板戏何以在乡土中国历经长久传唱不衰？底层民众尤其是乡土农民对样板戏追捧与喜爱的动力何在？正是基于上述问题的思考，张丽军经过深入调查、研究、探析和思考，撰写了《"样板戏"在乡土中国的接受美学研究》一书。书中，张丽军坦言，如同赵树理立志要"为农民写作"，打破新文学与农民接受的文学话语和审美思维局限一样，试图打破知识分子话语一统天下的话语霸权、建构具有中国农民话语体系的本体性、自动呈现中国农民生命体验与审美思维，是他研究样板戏在乡土中国民间的发生、传播、接受的重要的逻辑基点和目的誓愿。[1]该书致力于样板戏在乡土中国的接受美学研究，分析了样板戏在民间发生、传播的运行机制，探寻样板戏与接受群体之间的内在情感关系，以口头讲述、访

---

[1] 张丽军《"样板戏"在乡土中国的接受美学研究》，人民出版社 2013 年版，第 8 页。

谈等田野调查的方式，记录了那个时代样板戏演出者和观看者的思想认知、心理体验和情感记忆，具有极高的原始样板戏史料搜集和整理价值。此外，张丽军对样板戏的理解和认知，超越既往迫害者与被迫害者、政治与艺术、知识分子与农民等二元对立思维，以一种更为客观、科学的态度和立场，采取多样化、多景观的整体化研究，既分析了样板戏的政治意识形态，也分析了样板戏的民间形态；既注重知识分子个体的民间性存在，也梳理了样板戏的民间文化渊源，尤其是那些被知识分子话语所淹没、所遮蔽的乡土中国沉默大多数的失语性存在，这对建立具有新的本体意义的乡土中国民间农民话语体系，以此重构知识分子话语生产场具有重要意义。同时，该书在研究中注重调查当代样板戏改编的接受效果，分析农民的文化需求和文化传播、接受方式，探索新世纪农民的文化心理意识，为繁荣新世纪中国乡村文化提供来自历史和现实的文化参照。

当代文学批评如何接地气、如何介入当下正在发生的文学现实，是亟需解决的问题，也是其重获生命力、实现审美批判功能的关键所在。多年来，张丽军通过对当代中国现实的敏锐观察、真切体验和深入思考，既对中国现代文学史的文学流派和经典作家予以评析和阐释，寻找其与新世纪文学对话沟通的可能途径，以期获得经验与启迪；又对当下正发生的新世纪中国文学和文化进行了"文学现场"的审美研究，及时有效地回应了新世纪"中国故事"及其呈现的"中国问题"。正如李云雷所说，张丽军的文学批评和文学研究，是"将个人独特的生命体验融入其中，以此形成自己的问题域，并在持续关注的过程中不断拓展、深化"。直面现实、承担道义是张丽军文学批评一贯的精神和风格，他的文学批评文章有着明确的问题意识，有强烈的现实感和浓郁的人文情怀。与此同时，张丽军的文学批评又有着鲜明的个人风格和探索的先锋性，他以极富先锋精神的文学批评探索试图在传统的文学批评模式中开辟出新的领域和疆土，从而更好更深地抵达现实与历史的深处。因此，张丽军的文学批评既是以一种"谔谔之声"汇入了众声喧哗的文学批评思潮，又因其鲜明的个性而成为多元对话声音的独特"这一个"。

东紫论：幽微深处探光芒

王成一

东紫小传

  东紫，本名戚慧贞，青岛市文学创作研究院一级作家。2004年始在《人民文学》《中国作家》等报刊发表作品，作品曾被《新华文摘》《小说月报》《北京文学·中篇小说月报》《小说选刊》《作家文摘》《作品与争鸣》《中篇小说选刊》等及多家年度选本选载。出版长篇《好日子就要来了》、儿童长篇《隐形的父亲》，中短篇小说集《天涯近》《被复习的爱情》《白猫》《在楼群中歌唱》《红领巾》《穿堂风》《珍珠树上》等。作品曾多次入选中国小说学会年度排行榜、名家推荐中国原创小说年度排行榜。曾荣获人民文学奖、中国作家奖、泰山文艺奖、《中篇小说月报》奖、山东文学奖、鲁迅文学奖提名、齐鲁文化英才等奖项。

■ 一、东紫的创作倾向

（一）人道主义支撑痛感与温暖。

东紫从以人道主义立场奠定自己的文学基点，以人道主义眼光观察生活、理解生活、关心生活，关注人生、分析人生、体味人生。因此，不管是早期关注人生的"疼痛"，还是近期的发散"温暖"，都以人道主义为支撑点。

1.人道主义立场使东紫深刻透视人间疼痛。从生活中看到痛、触及痛，是作者人道主义精神在闪耀。而在痛中找到温暖更是人道主义光辉在发散。

周哲、何仲明认为："揭示生活中的'疼痛'是东紫创作的一个中心。""疼痛"是生活的重要内容，最普遍的是生存之"疼"。其核心是心灵之"疼"。所谓心灵之"疼"，侧重的是人物内心的感受，它与生存之"疼"有直接关系，虽然不那么外在，却更为深刻，更为普遍。它属于生命个体，却具有更广泛的时代内涵，能唤起一个文化共同体所共有的创伤体验，展现出一个时代的心灵隐痛。

东紫对心灵之"疼"较集中的关注点在城市"新移民"。随着中国现代化和城市扩张，城乡关系发生变化，城市"新移民"是受影响最大的群体。东紫以之为切入点，展现当代人的心理焦虑、困惑和不安全感。《好日子就要来了》，视野投向"打工妹"这一群体。女主人公打拼多年，有了稳定富足的生活，但"打工妹"这个身份是她难以抹去的阶级烙印。无论她在这座城市里多久，她都难以真正在这里安置自己的灵魂，恐慌、焦虑、不安一直伴随着她，侵蚀着她的灵魂，吞噬着她的生活。

其二，"疼痛"表现最独特的，是对"人性恶"中之"疼"的揭示。"人性恶"中之"疼"，是自私、贪婪、野蛮、暴力等罪恶因素所带来的"疼痛"，它既指向受害者，也指向加害者。最典型的是对权力之"恶"的揭示。在权力膨胀之后，人性中的"恶之花"拔蕊怒放，人欲泛滥、腐化堕落触目惊心。东紫以人性为基本点，以人道主义为准则揭示出人被权力之"恶"异化和被扭曲的悲剧。《差点失效的人》一面借小职员牛小顺揭露局长收受贿赂、乱搞女人等腐败行为，表现了官场的恶浊不堪和给社会带来的危害。另一面，当牛小顺拥有权力和地位时，他也如牛局长疯狂占有女人，享受权力所带来的罪恶。作品既揭示了权力之"恶"，也将人性之恶的膨胀，展示出来。此外，《左左右右》《我被大鸟绑架》《赏心乐事谁家院》等作品也表达了类似主题，将权力对人的迫害以及给人带来的多重"疼痛"作了多方位的展示。

金钱之"恶"是东紫揭示的另一角度。《天涯近》就表现了由金钱所引发的种种罪恶给人带来的"疼痛"。人将金钱当作唯一的追求，由欲壑难填的人心所催生出的贪婪皮相令人作呕，人的异化也就不可避免。并且"金钱至上"的价值观念也使人道丧失，人性沦落，信义沦丧，人际关系也发生变异，激发出虚伪、冷漠的本性。

潜藏的暴力之"恶"的"疼痛"是东紫表现的重要内容。例如，《北京来人了》中，身为"老革命"的父亲对儿子遭受权力机构肉体摧残的态度让人惊讶和愤怒。为了名誉，他牺牲儿子的尊严，让儿子在饱受肉体摧残后经受更具毁灭性的精神暴力。小说的思想意蕴并未止步于此，而是通过表现暴力所带来的双重"疼痛"思考作为个体人与国家之间的关系，试图引导人们正视和反思过往的历史。《饥荒年间的肉》《一棵韭菜的战争》等作品，东紫在暴力之"恶"中深入观照人性。《饥荒年间的肉》与《狂人日记》"吃人"主题类似，只不过它是真正的吃人肉、喝人血。作品中的"桃花源"绝非陶渊明笔下"黄发垂髫，并怡然自乐"的世外桃源，而是人道丧失、人性变异、肮脏不堪的人间炼狱，在这里生存下来的人们是靠吃人肉来度过饥荒的，为了心安理得地吃人，他们将人性踩在脚下，沦为魔鬼。为了掩盖邪恶，他们上演善良戏码，充分展示其虚伪和狡诈。作品细致地表现了女主人公饱儿的彻骨之"疼"（母亲被残忍地杀害、吃掉），讽刺毫无人道的假"桃花源"和乌托邦。在《一棵韭菜的战争》中，东紫，将其置于一个无秩序（既无法律制约也无道德参与）的状态之中，通过对暴力的展现来挖掘暴力心理，钩出阴暗残忍人性。比如，在李屠夫给碧玉活体解剖的过程中，随着解剖的深入，李屠夫潜伏的暴力在权力庇护下，在碧玉身上得到了放纵肆虐。不仅如此，暴力还极具传染性，既让仇恨的星星之火顿时燎原，也让原本没有仇恨的人们，掀起阵阵血腥。东紫在向我们展示残酷血腥的暴力场面以及由此给受害者带来"疼痛"的同时，还将暴力给施虐者夹杂着愤怒与恐惧的情绪展现得淋漓尽致，让人在震惊之余，亦有所悟。这是东紫对人性幽微、人道缺失的洞察与体悟。

2. 人道力量发散"温暖"。

如果说"疼痛"意味着痛苦和灾难，那么温暖的烛照则是在痛苦、灾难、黑暗中注入力量、光明，是人性光辉与人道力量的显现。她对疼痛往往是批判揭示或温情抚慰两种方式。特别是近期作品她逐渐降低对"疼痛"的渲染，不只开掘人性的残酷、人道的丧失与社会的黑暗，试图以宽容和仁慈来缝合生命裂隙，让"温暖"的阳光照亮她的文学世界。

首先，作品较普遍地弥漫朴素而美好的人间温情。早期创作阴暗沉重，人情寡淡，让人悲哀绝望，后来她意识到"作品里必须有暖的、真的、善的、美的，让读到它的人感受到希望。暖他的一生，帮他抵御生命里遭遇到的一切暗的、冷的、霉烂、变质"。观念的转变，使她逐渐放弃了对"疼痛"的挖掘，而以宽容和仁慈来温暖生命，让人道阳光渐渐照亮她的文学世界：作品表现人与人之间情感的纯粹与珍贵，爱情、亲情、友情让人感受到一股股暖流。在《芝麻花开》中，尽管个体在历史长河的苍凉让人叹息，但个人生活的琐碎与平凡也会展现其温情，"父母"争吵了一辈子"到底了才发现生命旺盛时的愤怒和厌倦都有着虚张声势的夸张。"前后变化正如她在访谈录中坦言，她早期的作品主要着眼于揭露人道的沦丧导致人性的变异，试图让那些有能力改变社会的人有所触动。后来她的作品开始弥漫朴素而美好的温情。例如，在《隐形的父亲》中，东紫将四个不幸的家庭在主人公李智温润厚重的情感关怀下重获新生的故事写得催人泪下。可以说，李智对生命的尊重与呵护、对他人的善意与耐心、对至亲的宽容和理解、对生活的积极与乐观都让作品饱含着难以言喻的深情。《被复习的爱情》中梁紫月和牛扶唯美的"被复习的爱情"、《左左右右》中岳非与姚遥之间患难与共的高洁友谊、《相互温暖》中老四与落难母子相依为命的脉脉温情、《在楼群中歌唱》中李守志一家风雨同舟、相濡以沫的至爱亲情，可见"温暖和光亮"从未缺失，它只是被人性丑陋和社会阴暗暂时遮蔽了。

其次，她赋予动物以情感，试图借助人与动物关系来阐释另一方面的"温暖"。《白猫》中"我"和《腊月往事》中的秦三婶都是明证。浓厚的悲悯情怀，使她放弃了对"疼痛"的挖掘、剖析，从而将视域转向"温暖"。用动物形象来填补现代人的情感空缺成为东紫传递"温暖"的方式。她的小说中，人与动物首先是陪伴关系，它们带着忠诚、善良、温存、勇敢等美好品质来到主人的身边，给他们孤寂的生活带来温暖和感动。例如，《腊月往事》就将人与鸡相依为命的情景刻画得十分动人。除了陪伴关系人与动物之间还有启示关系。在《白猫》中，人对都市孤寂个体的生存困境颇有感触，但东紫并未让孤独贯穿主人公生命，而是将他与猫的情感渲染得感人至深，让猫的陪伴去软化沉积多年的孤独。这样一来，她笔下的猫也因寄寓着对美好人性、人情而不再是单纯的动物。东紫在它们身上更寄寓了具有喻示和象征意味的'神性'，在传递人道主义'爱''信'的同时，启示人们：生命的意义在于过程美好，而不是刻意追求目的达到与否。让人心在情感温热之后，获得思想启迪，能够迸发生活的激情。而这，便是东紫对"温暖"的诠释。

最后，"温暖"来源于她对人性之美、人道光辉的捕捉。东紫很少将人物逼至绝境，尖锐对立也都被她的妙手仁心化解，从而将"温暖"打捞上来，凸显人性光辉。例如，《显微镜》中的印小青和《正午》中的梁鑫都实现了人性由失落到复归的转变。《显微镜》，印小青是病态社会病态人性的代表，她犹如"显微镜"一般将生活中的一切不洁加以放大，人性暂时失落，但小说的结尾，"有有"的一声令人心碎的呼唤让印小青的情感决堤，至此，压抑被母性光辉一冲而散，让人感动和振奋。《正午》，梁鑫二十年前的弃婴行为与现在的忏悔救赎形成对比，从欠（良心）债到还（良心）债过程中突出人性转变，让人受到强烈冲击，更体验对生命的尊重、对人尊严的捍卫、对漠视生命的谴责。更令人震动的是，她并未将梁鑫放置在极限境遇中拷问：一方面，良心的重负逼迫她收养孤苦无依的"结实"；而出于对"生命之轻"

的向往，她又不愿接受这个沉重的负累。梁鑫在"自我"和"超我"之间挣扎徘徊、焦虑，在人道主义维度之下展开。可见，东紫对人性的观照，是发自内心对人的悲悯与关怀，进而将"温暖"铺满人心。故她在批判人性之恶的同时也不忘张扬人性中的至真、至善、至美，以"疼痛"去触碰人心最柔软的地方，用"温暖"来滋养灵魂的贫瘠与荒芜，让人在希望与绝望之间挣扎，从而真切感受到"温暖"可贵。如《乐乐》，东紫在审视秦城和黄芬芳夫妻二人的婚姻悲剧时，从中看到女性在人道沦落状态下的悲哀，又看到在整个社会中女性的痛，进而思考人道主义拯救女性的意义。《月村的斯芬克斯》发表后，东紫说："《月村的斯芬克斯》很感念朝霞那样爱过，尽管她并不知道'爱情'这两个字怎么写。尽管我们无法像她那样纯粹地爱，但她让我们知道有这种美好存在。"作者和读者都感动于"朝霞"的爱情，其根本是从女性、从人的角度寻找生命本质，寻找人道源泉。人们痛的同时思考怎样活、怎样爱，以什么态度对待身边的人。人道主义贯彻并发挥着极大作用。

人道主义立场是东紫创作最重要也最根本的原则，她所有的创作没有一部脱离这个原则，也正是有了这个原则使得东紫的作品充满了人性、充满了真情，即使是揭示疼痛的作品。更不必说烛照温暖的作品。

（二）生命秘密的呈现与悲悯。

东紫非常喜欢表现她对生命秘密的探究，表现对生命苦痛的悲悯。可以说揭示生命秘密与展现人生悲酸是东紫创作的另一重要倾向，

德国诗人海涅说："每个人都是一个世界，和他一起生长，跟他一起死亡。在每个墓碑下，都埋藏着一整部世界史。"每个生命都是秘密；秘密构成了独特生命的密码。而一个秘密的生长、发展、成熟与消逝就是每一个独特生命被不断编码、织造和构建的精神过程。没有秘密，就没有生命的独特性、神秘性、个性，就会"泯然众人"。《红楼梦》"世事洞明皆学问，人情练达即文章"，就是对人类秘密的理解、洞察与沟通。东紫不仅关注人类生存秘密，而且直接以"秘密"命名，单刀直入，拷问人心，力求寸铁诛心直追秘密。

《秘密》开头提到的"无名心火","开始往上蹿，噌噌的"，"像个无赖，两脚蹬着他的胸膛里子，几下就蹿到了后舌根，顶在那里，胀得喉咙疼"。"无名火"起，本身就蕴含着生命的未知与神秘。这一过程中，秦三叔发现了废纸篓里的手表，这"编织"了小说的核心秘密。这一"秘密"既是小说的基点，又是故事发展的推动力，是秘密之核；还是各个人物"秘密"的一面镜子，可以照见人物的内心情感和行为逻辑，扭结在一起，构成一个隐秘的灵魂镜像。在《秘密》所昭示的灵魂镜像群中，张局长与秦三叔无疑是作者凸显的两个镜像。读者得以窥见生命深处幽深，隐蔽、人各有异的人性之"秘密"。

创建秘密、保藏秘密、探寻秘密，是人性深处的最大秘密。张局长的夫人告诉秦三叔女儿娟儿一个秘密，张局长住院很大原因就是戴手表被传到网上，来陪伴的胖子等有意戴着手表来给张局长"喂毒药"。对于胖子的丢表，张局长有自己的看法：一喊手表"被偷"了，即使捡着的人想给也没法给了。而我们的主人公秦三叔就处于这种困境之中。张局长认为不必大呼小叫，"该丢的就是该丢的""世上的东西在谁手里都是被用。有捡着的，那是东西的造化，没捡的进了垃圾场，那也是它的造化"，可悲的是"人呀，总是被物奴役着，等想开的时候，已经晚了"。张局长看似想开了，但是在叹息中，依然表现对名牌的迷恋。

有意味的是，不仅张局长被物奴役，秦三叔也同样被物奴役。与张局长对名牌的迷恋不同，秦三叔对手表的迷恋是基于生存需要，"渴望有块手表"，把女儿废弃的手表挂在腰带上。最古怪的是经常做的梦：因为没有手表，无法把握时间而经常不是早就是晚到浮来山拉石头的梦。这是《秘密》最耐人寻味、最精彩的部分，秦三叔的梦梦中有梦。与以往不同的是，梦中捡到了一块手表！而且石头塘说话，"奖励你勤恳苦干的"。然而，梦中出现杂音性画面，黑压压的一群人在他的喊声里围上来撕扯他，梦中道德与良心没放过秦三叔。但是秦三叔，没有告诉别人，就如同没有告诉别人捡到手表一样，这是秦三叔的又一个秘密。

手表的到来，秦三叔不仅增多了秘密，而且这一秘密之物，成了他的

"秘密的伴儿"。由此，秦三叔有了新的人生感受。这不仅是因为隐藏"秘密"，更是秦三叔对这一"秘密"有了惊人的发现：人就是被钟表的一钝嘎一钝嘎给钝割老的，给钝嘎病的。那股子干瘦、使不完的精神劲给零刀子钝割没了。等把人钝割死了，它还在一钝嘎一钝嘎地走它的。人本是比手表、石头等"外物"高级、有思想、有感知的灵性精神存在，但是在时间之神那里，人依然是无能为力、任神宰割、无力主宰命运的"凡物"。秦三叔和同乡老万，都已经是拿不动斧头挥不得镰了。犟了一辈子的秦三叔发现人强不过手表时针的"钝嘎"。这就是人的命运，不管是秦三叔、老万、抢救过来的张局长，还是已经"走了"的河北老李，都被手表的"钝嘎"打败。可怕的是，人是会对"外物"迷恋而迷失自我本性的"可怕之物"。而大自然中的物，因为缺少"机心"能够始终保持自己的本心物性，是难能可贵的。这也是作家向大自然致敬学习的原因了。

当然，人因为迷失本心，而坠落成俗物，但人又不甘心本心的迷失和堕落，不断挣扎、犹豫，不断互相关心、这就是东紫笔下烦恼的人间、欲望的人间、有情的人间。也是东紫《秘密》的秘密。

作家雨果依然说："我永远无法停止对生命的热爱，除非我死去。"

东紫的因为探究人性及其秘密，所以非常符合她的一个小说"显微镜"——所谓"显微镜"就是把人放在一个极端的情境中，把人性及生活、行为恰当放大，来考察人性、人生的多元和复杂，揭示人们生存的秘密，就像用显微镜来观察客观生活。比如说《天涯近》，讲一个"富二代"寻找人生快乐和意义的故事；《珍珠树上的安全套》借一个小事件，来洞察整个楼洞里的住户因为安全套所引发的人性变异；《左左右右》讲两个莫名其妙在一起的人在一个被抛弃的小站上，建立友情；《显微镜》更是借一个有洁癖的人来去洞察人性。

洞悉人性的秘密与悲悯人生的悲酸是东紫小说最为独特的一面，她特别擅长去构筑一个典型的人际场景——洞察、捕捉人性的幽微、表现作者的悲悯之情。这显然是东紫文学创作坚持的另一倾向。

东紫的小说可以归为"准侦探小说"。像《珍珠树上的安全套》，追查安全套到底是谁扔的；《左左右右》，破解卫生间的性爱图是谁画的；《显微镜》《春茶》等，也都有一条或隐或显的"探案"线索，所以可定为"准侦探小说"。这种侦探意味，使得东紫的小说迷局重重，扣人心弦吊人胃口，能让你津津有味地读下去。

优秀的作品，整体是迷局，让你最终找不到答案。未必要交待人物好坏，事情对错。高明的作家不会把答案和盘托出，也不像上帝一样掌握唯一的正确答案。东紫就是这样，探究秘密为主，答案在故事之外。

（三）现实与荒诞矛盾统一

东紫的小说用现实本身展示现实的荒诞，又用荒诞故事来展示现实的残酷。表现日常与荒诞矛盾统一，是东紫创作的第三个倾向。

她的小说，发现现代性与荒诞性的矛盾。通过真实、复杂的世态景象，揭示现代生活的荒诞性。现代性的本质是科学、高效、平等、自由，但在中国的新旧转型时期，尚未建立或者说没有完整建立现代精神，却滋生了麻木、自私、虚伪、浮躁，甚至残忍等世态。这无形中培育了现实的荒诞性：表象的光鲜靓丽背后隐藏着极端残酷的故事荒诞无稽的世态，本来简单的人生旅途游走着沉重悲凉的灵魂。

东紫的某些作品，核心人物大都生活化，但具有病态和荒诞性。是日常化与荒诞化结合的产物，她总挖掘日常生活之下的离奇古怪、荒诞悲哀。《饥荒年间的肉》和《我被大鸟绑架》直接以荒诞笔法展示日常生活。尤其《饥荒年间的肉》，完全是反桃花源、反乌托邦的荒诞叙事，《我被大鸟绑架》也是如此，用超现实主义手法揭示现实之荒诞。这种写法体现东紫创作的倾向。

东紫早期创作的人物多有一种极端的反叛、怀疑，对生活有爆炸性的态度。《春茶》和《饥荒年间的肉》《我被大鸟绑架》都先锋化，具荒诞性，它们共通的东西是对人类精神生活的关注。从日常生活出发，进入到精神生活，情感生活。

《春茶》从高官到梅云，被不同欲望折磨形成种种社会病，导致了人际关系恶化和心灵病态。小说塑造了一个内心隐秘、被权力和欲望奴役陷入中年情感危机的底层女性形象，塑造形象的时候，采取一种极端化、荒诞化的写作方式。而小说最后的情景与小说整体上日常化却又荒诞化、女性体验和哲学深度相结合，创造出一种非常独特的人文体验。

生活非常现实，却提出尖锐问题：中年女性要过什么样的生活？它不仅是个人权利，且是更宽广的人类欲望问题，小说从日常生活入手，走进人的内心世界，因此又有超现实的荒诞感觉。在平常的生活中主人公梅云太无聊了，她太想突破这种生活方式；生活给她的压力太大，却无事可做。荒诞本身是现实所迫。小说正是看到这一点，才抓住人物内心与现实世界的矛盾，用现实主义的日常生活做底色，用荒诞主义的出乎常理做柱台，二者结合，恰当表达出来。

作家东紫在这种日常的现实化叙事与荒诞叙事中寻找到了矛盾统一，最终通过这种矛盾实现了对人性的关怀、人道的弘扬。

（四）关注生活冷暖，展示反抗与温情

东紫，第四个创作倾向是以女性的敏感对生活本身冷暖的关注，寄予作家的反抗与温情。

她的创作呈现出了冷、暖两种美学基调。

1.冷色调表示反抗。这一部分作品中，东紫以客观、冷峻、犀利的笔触，探讨社会、人性的幽暗深处，在戳破世道人心隐秘的同时，将一个时代的病态暴露无遗。生活的种种乱象、丑陋粉墨登场，社会风气的恶浊，婚姻生活的沉闷，以及人性本身潜藏的自私、脆弱与阴暗等等，使作品散发出一股阴冷气息。正是在对这些普遍对象感到不满，作品总有起而抗争的精神。它寄居在人物形象里面，浸透着堂吉诃德式的悲剧意味。在《左左右右》这部日常题材小说中，东紫将反抗矛头指向了权力对人的迫害。段长——岳非的领导，为了满足自己的变态情欲，利用职权将在厕所里画性爱图的罪名强加到岳非头上，这不仅使得岳非名誉受损，爱情受挫，事业受创，最终还导致了他精神分裂，触电身亡。面对自己好友遭受如此不平待遇，姚遥不顾姐妹麦乐乐的劝告，即便放弃工作，也要跑到岳非单位门口举牌静坐，为他讨回公道。寓言式小说《我被大鸟绑架》，再次对权力做了揭露，"弹弓"专打高

官的淫欲之鸟。可惜主人公不被理解一出场即被贴上精神幻想标签。揭露社会不公之后，东紫将视线转移到婚姻围城里，女性的具体困境。在婚姻家庭小说《春茶》与《被复习的爱情》中，梅云、梁紫月不满婚姻死寂，情感压抑，出轨，离婚，或沉浸在一夜情中不能忘怀，或执着地寻找失落的初恋。在勇敢地完成站在婚姻墙头上"纵身一跳"之后，她们没有收获幸福。精神空虚，内心不安，弗洛伊德所称的"人们在真实的或臆想的危险面前发生的一种恐怖，害怕的情感"由社会到家庭，东紫对准了人性自身的缺憾。《珍珠树上》中，东紫聚焦人心中那种潜藏的破坏欲，并以此建构了一场战争。一个小区的住户出于各种不良目的，往珍珠树上乱扔安全套。叮当爷爷为了给小孙子营造健康良好的生长环境，力图阻止这种行为。他先"给各户主开会，晓之以理，动之以情；紧接着贴告示，做出严重警告。"接着找物业，找律师所，到派出所报案，反抗精神足见一斑。然而，各种努力均以失败告终，被气得脑溢血住院。《饥荒年间的肉》中，在一个全员吃人的村落里，饱儿宁死也不吃人，宁死反抗人性的无耻与残忍；《相互温暖》中，落脚人性的自私与阴暗，表现常人对弱者的蔑视与欺辱。患有恋物癖，又呆又傻，但心地淳厚的老四，惨死在自己亲哥哥的面子之下。临终的一句"我是招你惹你了"，委婉表露内心哀怨，同时透露了反抗意识的觉醒。

东紫小说要反抗的对象，非常明确。而其反抗精神充满唐吉诃德式的悲剧意味，这些具有反抗精神的人物态度自觉与坚定，毫无妥协、犹疑、摇摆，而反抗结局却无一不是失败、尴尬、疼痛。与唐吉诃德的永远前进，永远仆倒十分神似。这与东紫自己对反抗的理解与思考有着紧密的联系。东紫是一位极具理性意识的作家，在她看来，社会病态与人性弱点形成一股极为庞杂而又强大的力量，处处紧紧地夹裹和制约着个人。现实秩序的反抗者，破坏者，不免都会被洗礼，甚而被吞噬。这不是说反抗就毫无意义了。就像《显微镜》中印小青说的那样："大家都充好人，那糟烂的事就会越来越糟烂，永远没个好的时候。"反抗的价值值得肯定，有了反抗，才会有变革的动力，才会有社会进步。堂吉诃德存在的要义，即在永远仆倒之后，必是坚定的前进。

2. 暖色调显露温情

东紫没有放任黑暗席卷，而是用人性之光支撑个体生命灵魂。在《天涯近》《在楼群中歌唱》《乐乐》和《白猫》等作品中，光亮开始渐渐突显。笔触不再是一片难堪和四处丑陋，而是开始注入真、善、美的光芒，用平静、舒缓、温和的语调向我们诉说着温情。温情作为反抗的另一种形式，得到了特有的青睐。人物是抵达这一精神元素深处的重要载体。这类作品大多是以平凡人，特别是那些经受过苦难的，卑微的小人物为描写对象，并力图于他们身上表现出一种内在的、高尚的品格。"为什么快乐，怎能快乐？"这种带有人生意义的疑问，在《天涯近》主人公——丰雨顺身上传递了答案。丰雨顺，一个底层的青年，他贫穷，却很有抱负。他住在一所废旧的大楼里，是糕点厂的一名会计，业余爱好写诗，并视作家为奋斗目标；他为人老实，"我"故意留下的 2000 元钱，他分文未动；他富有正义感，不计个人利害，因为他不能对猪饲料中含有激素、抗生素等有害物质熟视无睹检举厂长。待父亲去世，儿子自闭，妻子离开，贫穷与苦难一起来啃噬他的时候，他并没有灰心丧气。他坚信：太阳每一天都是新的，妻子会回来，儿子的病也会看好。什么是有意义的人生？有意义的人生就像丰雨顺一样，无论贫富，幸与不幸，都能够对自己，对生活抱有坚定信念，担当的勇气和深切、不变的热望。《在楼群中歌唱》，将对小人物美好心灵的探寻引向勤劳朴实的农民。李守志为了挣钱与妻子朱桂芹来到城里，给小区当垃圾工。中秋节那天，他捡到了一万块钱，心里既欢喜又担忧。担忧的是：这一万块钱也许是失主用来看病急用的。于是，平日里一高兴就唱歌的他却怎么也唱不出来了。最后，在母亲的劝导之下，决定将钱还给失主。这样，楼群中又响起了他那嘹亮的歌声。他的歌声告诉人们：做人做事不要昧良心。还有《乐乐》中，苦命的弃儿——乐乐，勇敢活泼，乖巧懂事，她的意外到来弥补了牟琴年轻时没有当好妈妈的遗憾，抚慰了武立国（牟琴的丈夫）失去亲人的悲痛，促使武强（牟琴的儿子）理解父母的辛苦，发奋学习。《白猫》中的小动物——白猫受伤，拉近了"我"与儿子之间的距离；白猫的陪伴，帮"我"捱过一个个漫长的寒夜；搜集和谈论白猫的故事，"我"和小区人由陌生变得熟识。后来，白猫丢失，黑猫（白猫的妃子）来接续它和"我"之间的友谊，更是教会了"我"——爱的传承。我们看到，无论是身处逆境依然不改男儿本色的丰雨顺，或是拾金不昧、人穷志不穷的李守志，还是坚强善良的女孩乐乐，知情知意、给人教诲的白猫，他们的背后无不深藏纯洁、坚毅、不被世俗所染，不为生活所累的童心、热心。它代表一种自然，本真的生活方式，召唤着个体从被异化的命运中脱离出来，也为个体注入了暖意与生气。它就是东紫努力寻找，并最终找到的"温情"——用来反抗人性丑恶，拒绝人生寒冷的有力武器。透过浮华喧嚣的现实表层，给人们送来温情。在最缺乏温情、需要温情的年代，获到温暖。它体现着东紫对至真、至善、至美人性的挖掘坚守。

三、东紫创作论

（一）荒诞现实与孤独内心的感觉化书写 ——东紫前期小说的独特话语体系

1. 女性感觉中的荒诞现实与孤独内心

东紫以女性独有的敏感、细腻、缜密的笔法描绘城市的荒诞现实与孤独的内心生活见长，作家对于生活的认知、反思以及努力追求精神质量的提升，形成其作品最震撼人心的生命张力、精神张力。

其一，通过复杂的世态景象，揭示生活的现代性与荒诞性。现代性的本质是科学、高效、平等、自由，但在中国的新旧转型时期，尚未建立或者说没有完整建立现代精神，却滋生了麻木、自私、虚伪、浮躁，甚至残忍等黑暗世态。这无形中培育了现实的荒诞性，那就是表象的光鲜靓丽背后往往隐藏着极端残酷、残忍的故事，本来简单的人生旅途在现实冲击下游走着沉重、悲凉的灵魂。

获得人民文学奖的《春茶》，是较有代表性的作品。小说围绕真情送茶，假意献茶和意外退茶展开故事，把女性情感觉醒、内心苦闷及在世俗中挣扎，表现得真切、透彻，并具有近似自然生发的人文关怀精神。女人犹如春茶，时节对于她们来说，是赞美，同时也是一种威胁，极富象征意义的"一叶一芽"和隔冬假冒的"春茶"，则暗示了女性及其情感在现实世界双重标准下的非自主性，从而造成模糊性与荒诞性。梅云是众人心目中爱情最完美，家庭最幸福，生活最安宁的女人，偏偏这样的女人，却在临近40岁时遭遇了情感纠葛，就连她自己也弄不清楚，旋风般的情感如何着陆，又刹那间烟消云散的。一闪而逝的迷惘，是她身上最富人性的节点：表层表现梅云为那真切而荒诞的"一夜之爱"惊喜，痛苦，怀疑，陷入欲罢不能境地；深层却是探讨春茶至于自身只是自然的境界和品位，但这个定位却身不由己，隐喻着女性在这个看似平等的时代，地位与品位难以自主，处于被动与茫然之中。在情感主题的引导下，世相反思被层层剥开，在生活的枝节中释放出女性悲哀与孤独的思考。但一闪而逝的迷惘，是她身上最富人性的节点。

《饥荒年间的肉》以一个被拐卖女人的现世悲惨人生与梦中桃花源世界相符相应，形成一个现实世界与荒诞世界的完整对接。现实世界穷人家的女孩子被拐卖到遥远又野蛮的乡村，遭受着残酷的虐待，跟小叔子阿福一同出逃来到另一片大山深处，在这里女人患了一种奇怪的病，阿福为救治女人每天出去劳作，发现了水中的桃花源，传出之后造成轰动，女人得到去医院救治的条件，在医院期间，她做了一个梦，梦中她是出生在穷苦乡村又遭逢饥荒年代的女孩，名字饱儿，父亲饿死之后，母亲也气息奄奄，她被卖到桃花源，这里富裕而且美丽，人人都善良温厚，最重要、最让饱儿满意的是不仅能吃饱、能吃上肉，而且婆婆公公丈夫还对饱儿那在远方忍饥挨饿病势恹恹的母亲表示关怀，并派人去接。家中婆婆每天会拿钥匙去到一个大地窖子割肉，过了一段日子饱儿得到婆婆信任，得到钥匙到地窖割肉，到地窖之后，离奇的景观出现：右眼看到的是猪肉，左眼看到的是人肉，原来她来到桃花源举行婚嫁仪式的那天，仪式上用一种药水扫眼睛，因为在扫右眼的时候，她感觉疼痛，于是在扫左眼的时候，她把眼睛闭上了。因此左眼保存了看到真实世界的能力。特别是她第二次到地窖，她分明看到母亲的尸体，于是萌发了反抗、逃跑的决心。最终在人们的追捕之下她跳下了悬崖。这个荒诞故事隐喻很深：表面光鲜亮丽的群体是用一种特制的药水改变人们的眼光，然后吃着穷人的肉保持这种繁华与光亮。

其他几部作品，《天涯近》《显微镜》《珍珠树上的安全套》《左左右右》等均是当下流行的现实题材与荒诞意识有机融合的，包括采用超现实主义手法写作的《我被大鸟绑架》。这些作品的主干框架，汇聚了她所选择的复杂世态。在规律当中发现无常，在无事中剥离异象，充分揭示了生活的现代性，它是真实可体验的，又是虚幻荒诞的。

其二，依靠强烈的人性与心理探索意识，表现人类孤独、反叛、回归与救赎。人性是人类生存的依据，但在一定空间里会有变异，这种变异导致心理的压抑与扭曲，进而形成心灵的反叛，但作者并没有仅仅赋予人们压抑之后的反叛，而是在生活的重压之下提纯出一种精神——面对悲凉生活，不仅没有倒下，却磨砺了一种品性，就是懵懂、真诚、良善、温厚的乐观、坚韧，这是作家的提纯，同时也是作家面对生活的一种理想化思考。

《天涯近》围绕孤独、反叛、回归与救赎展开。大宝和丰雨顺代表着两种不同人生，大宝反叛并努力改变现有生活状况，但建立什么秩序他没有目标，他在金钱与生活、物质与精神的矛盾中痛苦挣扎。在富裕的家庭生活中，大宝排斥一切人，讨厌父亲，讨厌继母马丽，讨厌侍女玉儿，只有"开满了白色小花的圆柱形枕头是这个家里唯一不让我讨厌的东西"；除此之外，就是继母的咒骂："她咒骂的时候，就是她痛苦的时候。我希望看见她的痛苦"，这种心情足以表达他的生活与心理状态。他苦闷，是因为拥有太富足的物质条件，他感到自己成为物质的奴隶，发出"活着真没意思"的哀叹。正在他百无聊赖的时候，他遇到了丰雨顺，"常常问他为什么这么快乐？他经常反问我为什么不快乐呢？"他便试图"照着他的样子找答案"。面对丰雨顺并不"风调雨顺"的生活，他感到了"一种离快乐很远也离厌烦很远的东西"。丰雨顺的快乐简单不过，在他眼里，"有钱并不见得快乐"，有奋斗、能读书、有爱情、有正义感、肯奉献、重理想，这些才快乐。贫穷的他不为金钱所动，婚礼上靠自己坚实的后背将心上人背进简陋的洞房，特别是丰雨顺的父亲患了绝症，竟然让儿子将钱用于救治同病房的血癌病人，父亲病逝，儿子患了自闭症，妻子离家出走的败局，丰雨顺依旧乐观："人在灾难和挫折里可以哭泣但不能放弃，我相信安文文还会回来……"，丰雨顺遇到的困难在大宝看来已经走投无路，但丰雨顺却依旧对生活充满热情，大宝被感动得哭了，他的泪水激活了他的心灵，救赎了他的灵魂。大宝反叛以物质和欲望为代表的现实生活，向往丰雨顺充满奋斗、纯真、正义和宽容、乐观的生活。之所以将这种向往称作"回归"与"救赎"，是因为丰雨顺的道路才是人类的正常走向。小说以大宝的救赎历程揭示物质主义者以欲望为导向的腐朽生活，揭示功利主义给自己和他人的精神世界造成冷漠带来灾难，警示人们关注人本、关注内心。

不遗余力地揭示心灵与现实危机及造成危机的冷漠与残酷，体现着作家对生存、人性的关怀。《白猫》通过主人公面对各式各样的人物——作家、同事、朋友、前妻、儿子、情人、邻居，心底一片空旷，内心极为孤独；而一匹白猫不仅在生活中给主人公以温暖，而且在不能继续亲自给主人送来温暖的时候，又委托黑猫——它的情人来照顾主人，揭示一个残酷的现实——人类在功利主义与自我意识中人性缺失，表面热情实际虚伪、冷漠，而且已经对这种虚伪冷漠毫无羞耻，生活在虚构的光明中洋洋自得的荒诞状态。

《北京来人了》以一个坚持革命精神的老英雄及其家庭展开故事，着力写他儿子的成长、工作及在各种关系中的变异，写老革命与儿子的差别——老一代英武勇敢、儿子懦弱温厚；写儿子本分的行为与敏感多思的内心之间的差异；儿子读了《福尔摩斯探案集》帮助公安破案；为了实现对伟大祖国首都的憧憬与崇敬、也为了完成父辈的期待，独自赴京，火车上助人抓获小偷，下火车被便衣警察当成小偷严刑拷打，侥幸回来之后在朋友鼓励下写信申冤，等待半年终于等到北京来人处理问题，结果父亲革命精神膨胀（不管什么情况不能给首长添麻烦），儿子不仅没有申冤，反而落下"幻想症"定论；最终，儿子忍受不了这看似热情实际残忍的现实与结果，结束了自己的生命结束了华丽当中隐藏着的邪恶梦幻。美好的理想遇到实际邪恶的现实是何等羞辱，生命的尊严与价值也得到了拷问。

其三，孤独内心的书写与温暖情怀的诗意追求。小说始终紧扣"人如何选择生活"这个心理型主题，透过一系列复杂细碎的生活描述，表现人与人之间的关系裂变，探究改变现状的途径。

从现实的冷酷中提取人性的坚韧与生命的乐观，是东紫女性化叙事的重要核心，也是她追求精神充实及质量的体现。《腊月往事》是在生活的残酷面前树立人生信念与温暖的典型。浮来村的三婶，丈夫早逝，儿女在外，孤身一人在家靠侍弄一群小鸡，调节孤独枯燥的生活，也想靠鸡蛋来充实物质生活，但连续几年每到母鸡能够生蛋的时候就会被全部偷走。三婶悲伤愤怒，想用农村传统的巫术——炸面人来炸出那些偷鸡的人，其实她只是想吓唬一下这些人，终于有人自己找上门来承认作孽，并交代了同伙，三婶对他们进行一番教育，宽恕了他们。本村的另一位中年女性遇到一场变故，想自杀的时候，三婶以自己的经历鼓励她坚持活下去，日子总会好转。与其他小说不同的是，在荒诞而又冷酷的现实、悲凉的人生中提取人性的精华——对邪恶抗争，对不幸抗争、对残酷抗争，这些抗争不是靠以暴制暴、以恶制恶，而是靠坚韧、智慧和乐观的心态。

《左左右右》可以作为悲愤的抒情诗来读。这部小说将人的生存困境及造成的孤独、悲凉，以诗化的文字和意境表达出来。生活中被主流抛弃的铁路医院护士姚遥与铁路职工岳非两人的内心悲凉孤独互相温暖，姚遥因为赴一个已婚男人柚子的约会，误了岗位调整的动员大会，被从南康市调到荒凉的"爪哇"铁路工务段卫生所。岳非是她的病人，本是很有才气的青年，想依靠自己的才华做出事业，所以积极工作，并承担为单位出黑板报的工作。但有一天男厕的墙上发现一幅性爱图，画中的男女主角是段长和女工臧萍萍。此时恰逢单位竞争上岗，一个岗位只有岳非和臧萍萍两个人竞争。岳非是大家印象中唯一会画画的人，自然成为大家的怀疑对象，单位将他下放到偏远的工务段，她的女友也跟他断绝了关系。但岳非和姚遥其实都是纤尘不染的纯良之人。岳非知道自己的冤屈，但一概不辩解，不报复，只等有一天真相大白，他能获得一句"对不起"。他仗义善良，不仅以冷幽默让姚瑶温暖，还亲自陪她到上海找到那个欺骗了姚瑶感情的男人，让他说出"对不起"，让姚遥获得心理安慰；同时岳非还用自己的收入，照顾死去的工友王小伟的妻子和两个儿子的生活学习等等不一而足。姚遥虽然医疗水平很低，但对病人尽心尽力，特别是对患有癌症的工友给予最大帮助，用自己的积蓄买高档礼品为病人求院长批准公费医疗，本来是闺蜜为她谋到的到院长家申请调回市里的机会，可她却只对院长说了工友药费报销的事。后来麦乐乐发现了画画事件的真相，并说通黄蕾原谅岳非，此时岳非却已神经失常，摸电闸死了。姚遥与王小伟的家小一道在机关大门口静坐，只要求有人能对岳非蒙冤死去说一声"对不起"。

小说以姚遥和岳非的悲凉生活与温暖内心以及互相温暖作为主线，从世界对不起岳非、姚遥开始，以姚遥在岳非的帮助下获得"对不起"的道歉和岳非死后，姚遥与王小伟一家，为岳非静坐争取一句"对不起"结束。小说中，"对不起"的现象表明着人们的悲凉孤独，"对不起"的道歉则表白着人类灵魂深处的正义与温暖需求。

东紫以卓越的洞察力感受到生活中的真实，却给人一种荒诞感，并力图通过作品唤起对人类回归纯朴本真和重建良好社会环境的重视，唤起人类救赎自己心灵的良知。

2. 女性敏感与荒诞写实——东紫小说的独特艺术感觉

东紫特具的女性敏感不仅对日常化的人事、庸常生活的琐碎有着独特的烛照，而且融入特有的敏锐与纤细描写，在嘈杂的现实环境中守住孤寂，在荒诞的生活中寻求本真，而且以荒诞的笔法表现真实，让文字在精神生活中扎根，又有着独特的品位，形成东紫小说极鲜明的特色。

首先，在错综复杂的现代生活中，以多元的生活形态和多变多向的人物性格与命运，建立独特的话语方式——以敏感而又荒诞的文字写现实真实。东紫在两个层面上努力探索，呈现独特的艺术世界：一是在生活的体验与深度开掘上，展现女性写作的敏感性与柔韧性；二是在艺术展现的领域里，女性化、个人化的视觉。更为重要的是，作者的写作虽然来自荒诞的现实，但却不是浮在幻觉水面，而是深入现实泥土挖掘现实生活，使她的女性敏感和荒诞笔法体现一种超乎常规的感觉和张力。

《我被大鸟绑架》情节简单，实质上讲述了两个荒诞故事：弹弓和"我"的故事。弹弓是环保局的一名职工，受领导赏识，为报知遇之恩，工作努力，常常加班加点，却引来领导反感，令他困惑不解。终于有一天他加班时发现局长晚上要带女孩来单位幽会。他向女同事小 A 求爱，夜里却发现她从办公楼里狂奔而去，局长随后出现。弹弓气愤至极，他做了一个弹弓，伤了局长的下体后躲进女厕被抓获。审讯多次之后，局长出证：弹弓患有精神病。他被送到了安慰医院。"我"的故事则是，在等情人电话的过程中，"我"被一只大鸟绑架，看着它们井然有序的活动，"我"知道"我"遭到了智商极高的鸟精鸟怪的预谋迫害。鸟们像宙斯折磨被缚的普罗米修斯一样折磨"我"，用人类的方式来戏弄"我"，伤害了"我"的贞洁。这本是一场梦，当"我"向院长讲出时，却被当作精神病人送到了安慰医院。

这部小说的两个相对的故事其实就是报复的故事和忏悔的故事，同时这两个故事揭示：现实是个噩梦，而梦境却是现实。弹弓用自己的方法报复道貌岸然却心灵丑陋——依靠职权强迫女下属淫乱的局长，当局长被击伤，弹弓即将被逮捕的时候，局长却作证他是个精神病患者，使其免于刑罚。这看似荒唐的情节站在局长的角度又是多么富有智慧：假使弹弓不是精神病患者，那么他所供述的一切将作为罪证，局长则不仅不能继续升官，甚至无以为人，更可能银铛入狱。而在第二个故事中，"我"通过鸟用人类的方法折磨"我"的事件，替人类表达深深的忏悔，"人是动物世界里最乱交最不重情又最自以为是的物种，并教会了与人类接触最多的动物，比如猪、狗、牛、羊、驴等乱交"，这是对人类行为辛辣的讽刺。大鸟用嘴轮番叮"我"的乳头的行为，与希腊神话中被缚的普罗米修斯和推巨石上山的西西弗斯所受的炼狱之苦具有异曲同工之妙。这两个故事并没有成为毫无关系的独立情节，而是合二为一表达着人类报复与忏悔的矛盾心情。弹弓仇恨自己钟情的人被玷污，通过击伤局长这样的方式进行报复；"我"替人类的这种乱交行为感到羞愧，并以"我"的血肉之躯承载鸟类对人类的报复，即以这种炼狱的方式表达忏悔之情。作者安排女生被大鸟绑架，男生用弹弓打击男人乱交的根，都有着无限的隐喻空间，这就使超现实主义的荒诞氛围恰到好处地为主题提供了坚实的基调。

其次，意识流动与情感融入的叙述方法与时序交叉累加情节构造，是东紫小说的另一个重要特征。东紫的小说很少采用传统小说客观的时序叙事，而是将客观叙事与主观感觉融为一体，按照意识流动和情感辐射的规律叙事，这也就打破了传统小说的单一性和刻板性的缺陷，而形成了立体化多向度的结构特征。

《左左右右》叙述融入情感、意识流动，情感与情节交融。同时在叙事方法上鲜明地呈现出时序交叉和情节累加的特征。作者开始并不交代事情的缘起，而是在姚遥给岳非看病打针过程中将现实与历史交叉进行，故事层层剥笋，开篇"姚遥对着岳非的左半边屁股突然发现自己的手在颤抖"，体现出情感叙事和意识流动。通过这样的方式，将小说的主要人物推出。人物出场之后，故事便将人物过去的经历和现实的遭际交叉推进。连打针都不熟练的姚遥为什么到了卫生所独当一面？她为什么会想到麦乐乐？她为什么会对岳非充满信任……犹如层层剥笋，核心是姚遥、岳非，外围是周围形形色色的人物，一个个紧凑的故事。作者随着问题的创设而渐渐加重，开始了层层剥笋的过程。作者并没有完全顺着生活的进程展示故事，而是用时序交叉的方法铺陈线索，写岳非与姚遥的出场是顺序，写姚遥到爪哇卫生所的过程以及她与柚子的相爱是补叙。将岳非蒙冤之后的内心焦灼隐藏起来，不写他因被诬陷而奔走呼号，因大家的猜忌而意志消沉，重点写他帮助姚遥和王小伟一家的过程。这种在时序交叉中抽取重点又以点带线以点带面让岳非作为一个普通铁路工人仗义正直、珍视友谊、热情勇敢的形象鲜活起来。最终揭示出事情的真相，让读者充分理解了这种时序交叉、层层剥笋的结构方法的巧妙所在。结局将围绕在人物身上的故事全部揭示，岳非的悲剧结局、姚遥从荒诞爱情中解脱出来、臧萍萍与段长的龌龊秘闻被揭露、王小伟的妻子和两个儿子在姚遥的引导下站出来为岳非讨一个说法等等，最终也展示出作者创作的终极目标：深切揭示冷漠、躁动世态，孤独、苦闷、悲凉的内心，温暖、信任与尊重的渴望。

这种时序交叉和层层剥笋的情节设计呈现的效果非常明显：不仅表象上使故事曲折化，实质上为塑造人物形象、表达主题思想起到更重要的支撑作用。《左左右右》中表现核心人物岳非的性格时，作者不仅安排了姚遥作为见证人，还将董汉民一家、郭武的前妻和孩子作为对照人物，更通过王小伟妻子为两个孩子分别取名为"王念岳、王念非"这样的情节来表达他对朋友的赤诚。这些细节和故事交叉展放，形成了表达的合力。岳非完全取得了异性朋友姚遥的信任，因此，她把被欺骗，爱上已婚男子的荒唐行径告诉了岳非，令岳非十分震撼，本来与此事无关的岳非挺身而出，领着姚遥找到上海，通过近乎暴力的手段让骗子说了"对不起"——小说的结尾是姚遥为岳非讨一句"对不起"，这种前后呼应的方法让故事在经过情节变化之后回到完整而圆润的整体上来。

再次，东紫融汇现代性的表述方式，将莫言的超现实主义、荒诞主义和张爱玲的心理型叙事控制游刃有余，字字含情句句比心的展示生活的真实与荒诞，实现二者之间的无缝对接。

《饥荒年间的肉》荒诞与现实完美对接，《我被大鸟绑架》中的超现实主义手法、《天涯近》中个人化叙事表达社会性主题的方式等，都是十分成功的尝试。

《白猫》里的叙者"我"是某学院副教授，前妻则为医学博士，儿子八岁前与"我"相依为命，八至十八岁期间则与前妻过活。小说起始于前妻履行承诺，让儿子在十八岁生日后也是高考结束后与"我"相聚，东紫以细腻的感知写这对父子的外显行为与心理状态，写善感的父亲在机场见到阔别十年的儿子以及碰到流浪猫之后的情感交流实质上是写父亲的孤独：

"我已是儿子的陌生人。儿子在机场见了我连激动的情绪都没有。我孤独地激动着，心酸着。我紧紧抱住他，他推我，没推开。从机场回到家，他主动说的第一句话是——能上网吗？"

自此儿子一连三天坐在计算机前，将背影对着老子。他不喜欢听到小时候爱吃菜、爱淋雨的回忆，进入青春期后不免耍酷，却又无意间流露出稚气，就这一点儿稚气，已让眼巴巴盼着交流的父亲充满了欣喜若狂的感动：

"爸！它能听懂你的话呢！我儿子八岁前的语调像强电流击中我。我的脚步不由得停顿了一下。我不敢回头看他，生怕一眼又把他看回了十八岁。我的儿子在我脚步短暂的停顿里一步跨过了十年，甩动着长长的胳膊表情冷漠地越过我，给白猫当向导。"

同样，获得人民文学奖的《春茶》，更是在一个象征性意象的引领之下，引入情感叙事，引发人生与世态思考：表面写春茶呈献给品尝者的感觉，写中年女性对婚外情的回味与对青春的自伤，实际呈现的却是女性对生活就像春茶对饮者难以自主的无奈——春茶的品质不是由春茶定位而是由饮者定位，而男权社会女人的品位也不能由女人自身定位，而是由男人定位，最终表现女性在中国当代表面具有独立、平等地位实际毫无自主人格与空间的悲凉：

"一叶一芽。

"女人和茶叶最好的时期。

"她看着那个无法伸展成叶片的芽苞，那树林一样拼命拥挤着消散自身色彩博取别人喝彩的短暂，想到那其实就是一个个生活里的女人，在人生的舞台上没有两只水袖的女人。或许水袖是有两只的，但舞动的只能是一只。另一只必须是紧握着的，是永远不能顺应生命和情感的需要抛撒舞动的。"

将生活中的故事和人物用自己的感觉和眼光提炼、升华，用自己的表达方式展开性格、心理、精神世界，诊断并揭示时代病灶，思考、探讨时代精神建构。相对于秩序井然的自然世界，个人和群体的变异思维，在长期生活中逐渐形成一定的社会规则和人性法则——直率单纯的复杂、有条不紊的浮躁、热情真诚的冷漠，这种荒诞形态竟然成为我们人生、世象的主体，成为人们公认的主流形态。

人类学家克劳德—列维·斯特劳斯在回答"知识分子的用处何在？"时指出，一个以知识分子自命的人，其首要责任是"把精神集中在他所选择的道路上"也就是说知识分子发挥功能的关键在于在自己选定的领域倾力发展。对文学家而言，文学的责任在于发现一个时代、一个民族、一个区域存在的问题，发掘一个时代及其未来可能需要的精神价值，然后用恰当的手法来表现自己的发现。而东紫正是以其特有的敏锐眼光发现我们时代、我们国家、我们民族存在的问题，并常常在情感化叙事的引诱之下让你逐步深入，让你在平凡生活、在荒诞与现实的纠合中获取深度认知。东紫在这条道路上走得很扎实。

（二）生活逻辑演绎亲情、人性与民间文化——东紫近期小说创作论

东紫是一位责任心极强的作家，她从创作伊始就以剖析人性之优劣，提纯、建设健康、优良人性，推进人类进步、文明为目标，并以此建构自己的艺术世界。努力通过优美的文字、巧妙的构思、独特的人物、奇妙的艺术来打动读者内心，渗透作者情怀。正如王倩、孙慧所论："东紫小说的更大价值，还是在于她是一位敢与黑暗对抗，勇于坚守理想的作家。正是这样，她的小说中才会出现反抗与温情的交织。"

而她以获泰山文艺奖的中篇小说《芝麻花开》为代表的近五年小说，《芝麻花开》《时间的秘密》《未了》《未了之被背叛的遗嘱——想得美》《月村的斯芬克斯》《罗小π》《亲爱的你得理解我》《纸棉袄》等，延续《白猫》代表的前期小说所进行的人性剖析。同时加强了亲情体验与文化探究，在写法上则一改早期小说的荒诞风格，以生活逻辑为基点，以自然写实路子、平静沉实笔触，铺陈生活琐事与细节，往往从现实的琐碎、庸常甚至腐朽、残酷中提纯出亲情、人性、文化的珍宝。

生活就是"自然"，包含着自然的空间格局，自然的时间变换，自然的神秘玄奥。尊重生活，忠诚生活，尊重生活逻辑，方能进入生活，把握生活，解释生活。东紫近年来的小说就是在生活逻辑的指引下生成，也是在生活逻辑推动下表现、演绎。使东紫近年作品的思想意蕴更加厚重、更加沉实，也使她的表现力、感染力、渗透力如水一般温柔却更为强大。

1. 亲情体验

亲情在中国传统中是情感起点也是情感归宿，在某种意义上中国观念中亲情是胜过爱情的情感。基于这一点，亲情体验就是生活逻辑的大前提，亲情叙事成为东紫近年小说创作的重要主题。

其中《芝麻花开》最为典型。《芝麻花开》的"话语"主线及显像主题，无可置疑，就是亲情叙事、亲情体验。小说由"砌坟"切入，黏连辐射、开枝散叶。纵向，过去、现在、未来黏连一起；横向，夫妻、父子、母子、父女、母女亲情熔为一炉；纵横交错之间把长期积淀形成的亲情厚度与温度呈现在读者面前，让读者回味、深思。而在亲情叙事这个话题上作者煞费苦心，不管是亲情角度选择还是叙事手法选用、融合、创新，都将主题强化，也使小说的渗透力加强。

《芝麻花开》是建立在传统伦理基础上理解、叙述、阐释亲情的。小说中，对"我""父母"等都没有从现代意识的"独立个体"层面展开，而是从家庭关系层面，沿袭儒家传统：祖孙老少、父母子女、伦理纲常、辈分秩序，并通过这些自然伦理关系将亲情之根、干、枝、叶统绪起来；虽然每个家庭成员不单是伦理关怀、守护对象，更是独立的生命个体，但如果单从"独立个体"来说，儿媳的离去虽然让人们悲哀也只能顺其自然，父亲的"老去"也同样，而对一个伦理家庭而言，儿媳之去、父亲之老不仅是大家的共同悲哀，同时可能有着不同寻常的因果，也可能包含着新的转折，这也是小说中的父母亲在儿媳背离家庭、父亲行将远去的时候，试图通过"神老嬷嬷"沟通神明和风水先生选风水宝地改变家庭气运的思想基础。这样来看，东紫选取伦理化角度叙写亲情既符合生活逻辑、亲情本质，也自然蕴含了中国文化特质。

《想得美》则是在不同理念——个人追求与"老理儿"抗争中展现亲情的温度与厚度。小说中秦老五的老婆留下遗言，死后坚决不跟丈夫合葬，引起兄弟三人和妹妹之间的冲突，三兄弟从"面子"方面考虑，认为应当尊重老理儿，让夫妻合葬。女儿小幸回顾痛苦婚姻里母亲的屈辱、悲惨，从女性地位角度考虑应当让母亲来生享受死后独立自由，坚决支持母亲的遗嘱，并以死相挟，最终三兄弟屈服。斗争反映了三兄弟与妹妹对亲情的不同理解，妹妹的胜利表明了以尊重个人意愿为中心的更接近现代精神的亲情态度逐渐被认同、被接受。

《纸棉袄》则在儿孙需求与个人诉求本应和谐却产生矛盾时的选择，突出艰难困苦老人的淳朴情感。写一对老年夫妇在省城一个小区负责保安和卫生，夫妇俩以国家有关部门规定的城市最低工资一半的收入，做着十几人的活计，还做得干干净净、明明白白，也从没跟领导要求过什么。儿子突发脑溢血死后余婶细心地为儿子缝制"纸棉袄"准备在儿子上坟时祭奠儿子，让儿子在另一世界能够保暖。同时准备找人为最低工资的事情打官司，但这时孙女儿打电话说妈妈要孩子们跟爷爷奶奶要钱，不然就只能每天喝凉水吃咸菜。余婶马上决定为了孙女儿放弃打官司，维持现在的工作争取多干几年，因为一打官司，便失去工作，即使补齐欠缺工资也不如长期工作。缝纸棉袄与放弃打官司本来风马牛不相及，但联系起来却能体现两位老人对儿子对孙女儿浓浓深情与强烈责任。

　　2. 人性剖析

　　人性，虽然表现在人类行为中极为复杂，但实际上简单而实在，就是本无美丑善恶之分的本性经过生活的磨炼和淘洗，逐渐分化、逐渐养成的处事、待人风格与心理品质。

　　思想家、艺术家们注重人性剖析，探析人性扬弃标准，发掘、分辨美丑善恶，并赞美、弘扬美好人性，鞭挞、指斥丑恶人性。东紫从创作伊始就用小说挖掘艰苦、悲凉、惨淡的生活背后，潜藏着的朴素而美好的人间温情、厚重人性，以图引领社会健康发展。

　　王成一、王均策曾论说东紫早期小说这方面的特点："依靠强烈的人性与心理探索意识，表现人类心灵的孤独、反叛、回归与救赎。"

　　只是前期小说对人性的探索主要在荒诞叙事中展现，近期小说则一改前期的荒诞，取写实笔法。《芝麻花开》在夫妻、长幼、兄弟、姐妹、亲戚四大伦理关系中展示家庭琐事，从亲情体验推演出人性的复杂，提纯出人性之厚重。而其他近期小说则在此基础上进一步剖析旧相识、陌生人等几种非亲的社会关系，辐射到人与动物再辐射到人与自然之间的关系，寻求人性的温暖与宽容，将温情传递、人性探究达到清晰化、立体化，也让叙述者的思考自然而然的渗透读者心灵。

　　（1）伦理亲情中的人性剖析

　　首先是夫妻之情。东紫近期不少小说写到夫妻关系，有夫妻相惜也有夫妻背离，还有夫妻成仇，进而透视夫妻关系中的复杂人性，以图给读者警示。

　　《芝麻开花》充分挖掘并表现出父母双亲平凡中的厚重及互相关爱、珍惜等出自本心的温情。梳理出部分年轻一代信奉享乐主义，践踏传统道义、背离家庭伦理的不良行为。

父母双亲尽管在漫漫历史长河中没有激起什么浪花，反而承受太多的无奈与苍凉，但长期共同生活的琐碎与平凡实际上已经积淀出来自本心的温情。细致入微地疼惜、照料，星星半点之间涌动惊涛骇浪般让人酸楚、心碎的暖意，而这又全来源于两位平凡老人的本心。

《芝麻开花》写到儿媳背离家庭的故事，既表现儿媳代表的部分年青一代在不良风气影响下的人性裂变——自私、冷漠，形成了与老一辈人的互相反衬。根本上拓展了来自伦理亲情走向人性思辨的宽度与厚度。这样也就更凸显《芝麻花开》所着眼的温厚人性这个主筋、脊骨。

而《想得美》中的秦老五夫妻则是成仇的典型。小说中的丈夫"秦老五"天天酗酒打老婆，而"秦老五老婆，那眉眼，那身条，那脾性，在我们村里算不上一等一，也能算一等二。"几乎算是完美的女性，每次被打之后或者隐忍或者自杀，当然自杀一直没有成功。后来秦老五肝癌死去，妻子把秦老五生前所用过的东西全部拉走焚烧，想要过一个清净自由的晚年。但不幸，长期受欺受气隐忍的她也查出肝癌，她选择不用任何办法治疗，而是为子女们准备好自己死后丧葬所用一切之后，"把自己打扮得利索索干净净板整整，在她家靠近张学文坟墓的自留地里，用秦老五未来得及哈的小酒子和一瓶安定，结束了她悲苦屈辱的一生。"这种死法表明：活得不自主、无尊严，悲苦屈辱，但要有尊严的死，要在来生获得自由幸福。而且通过自己的外孙留下遗言，"死后坚决不和那个畜生埋一块，一辈子已经受够了，不能没头没尾地受。"就葬在自家的自留地里，并希望儿女们为她送一个"替"（一种风俗，为死者用纸扎一个所期望的人或物，这里指塑造一个适合她情感需求的男性形象代替她现世的丈夫陪伴她来生）。这警醒人们，人性体现在夫妻之间即使无爱也必须尊重。

其次，长幼秩序也是人性剖析的重要内容。而长幼关系中也存在"关爱""宽厚""冷漠""偏狭"等不同类型。

《芝麻花开》中叙述让父亲萌发最后一次生命之力的是一个非常悲戚、

窘迫的事件——儿媳背离。由此事件前后引出难堪、伤痛的往事和面前的窘境。儿子、儿媳躲计划生育，两位老人在家承受毒打；儿子右脚伤残不能下田，老人把儿子家的田地代管；儿媳不仅基本上不做家务，而且从来没尊重公婆，为了家庭的维系，老人选择原谅。面临儿媳背弃家庭跟一个包工头私奔这个羞辱，父母毫无责怪之意，也没想要通过其他方式追回儿媳，只想通过改变运势、改变家庭条件，让儿媳领着孙女儿回家。因着此一变故的刺激，出于对子女未来的期望，在母亲的关爱、引导下，父亲近似于置之死地而后生般的渐渐振作。叙述者平和的文字中包含着家人共同的伤痛，却又看似无意之间烛照了从父母辈传承到子女辈的平凡中高贵的人性境界——将心比心、宽和谅解。

《月村的斯芬克斯》中傻女朝霞的娘则看似通情达理却冷漠自私。她前两个孩子都聪明伶俐考上大学，傻女不仅傻而且身有残疾。后来因为为在外地工作的女儿、儿子照顾孩子，感到疲劳，就想到傻女的婆婆也去世了，等傻女生了孩子还得自己再次受累，基于这个原因，她竟接受了大女儿和儿子的劝告，一次性把"后患"除掉：割掉傻女的超大乳房、拿掉她腹中的孩子并刮掉傻女的子宫。如此残忍的事情虽非出自她手，但她被动接受也可看出她的冷漠、自私与偏狭——他对子女的亲情不是来源于本心的舐犊情深，而是是否有利于自身。

再次，亲人同辈关系中也体现着人性境界。《芝麻花开》中另一个重要人性话题："二弟"暗中把祖坟进行了改造，这个改造不仅有利于"老二"自己，更重要也更无耻的是破坏其他兄弟的风水、运势。真相以及自家连续遭遇的不幸、污糟无疑让父母非常痛心、愤怒。但愤怒之后，母亲选择原谅："不是还有天么，天在看！""天在看"几个字表明母亲所代表的父辈原谅的态度与原谅的心理基础，来自古老信仰的"人在做，天在看"。另选风水宝地，避开丑恶的"二弟"。原谅与避开无疑是一种厚重，二弟的行为邪恶，但毕竟"二弟"的后辈无罪。不与"二弟"为伍、为邻，又是另一种厚重。毕竟不管从道德还是法律层面，如果无视对方的恶意，这是对自己、对家人其实也是对对方甚至对社会的不负责任，恶行越是无视越会膨胀；如果选择以怨报怨，破坏对方风水，虽然看似"公平"，但其实是另一种犯罪，因为这伤害了无辜的儿孙们，那么应当负罪、歉疚的就是"我"。这样就使宽和、包容的人性内涵具体化、明确化。

《月村的斯芬克斯》聪明能干的"姐姐""哥哥"对待傻女妹妹的残忍则让人发指、愤怒。他们为了一己之利，打着为母亲着想的旗号，断然残忍地把亲妹妹现有的美好——超大乳房、未来的希望——腹中胎儿及生育机器，割掉、杀死、破坏，这种极端残忍的践踏人权、践踏生命的行为竟然出自两位"高素质"的知识分子之手，其理念之邪恶、行为之恐怖无法用语言形容，其人性之卑下、灵魂之龌龊更是无可比拟。这个反例也导出另一个人性主题：兄弟姊妹之间关爱、友善才是正道。

其四，亲戚关系在伦理关系的末端，人们常说远亲不如近邻。但事实上有情有义的亲戚的帮助支持可能让起步阶段就处于困境的人们产生强大的前行动力。《芝麻花开》就讲述了一个让人感奋一生的故事：夫妻两人最悲凉的时候，母亲的二姑夫"雪中送炭"。结婚半年，分家没分到半粒小麦和一分钱，父母亲过第一个大年，在别人家吃饺子的时候，他们却只能闻着他人家的饺子味眼睁睁地承受悲凉，特别是父亲想回自己父母家吃几个饺子，不仅没吃到饺子还被二弟赶出来，回来后对着母亲一顿火，两个人在大年夜开了火："在大年夜凛冽的风声里，犹如江湖上深夜郊外的一场仇人相遇。"这样的状况不可谓不悲凉，不可谓不伤痛，不管是叙述者还是读者心里不可能不堵得慌，而且为他们的婚事捏一把汗。好在，善良且善解人意的二姑夫出面了，"割了两根肋骨宽的一长条肉，拿了一棵白菜，两瓢面，放在筐里，让他的两个孩子抬着送过来。……两个人均等匀速地吃着他们成家后的第一顿饺子。"小说中二姑夫只出了这一次场却是让人久久不能忘怀，对那时一贫如洗的新婚夫妻来说，更是婚姻的希望、生活的力量、未来的信念。这个小小故事，不仅将二姑夫的高贵提纯、延伸、传承。这样也使小说在叙写那个惨痛时代、悲凉过往时有着坚定信念。

（2）其他关系中的人性探究

在伦理亲情之外的社会关系更为复杂，但可以概括这么几大类：旧相识、陌生人、其他（动物、植物及自然中的一切）。

其一，旧相识包含着很多伦理关系之外的熟人：乡邻、同学、同事、战友等等，这种处于亲情关系与陌生人之间的人际关系往往最能显露内心和本性。

《亲爱的你得理解我》中有过特殊经历、追求安静、隐蔽生活的女性梅云，突然收到久未交流已经不知是谁的同性柚子的微信，然后听她倾诉生活艰难、内心苦闷的现状，因为有共同感受，越聊越多越聊越深，一发不可收，而且自己封闭的心理也逐渐打开。简单的单线交流串联起多个人物的生活、心理历程，透视了当代人性的复杂多变，提出了"认知、倾诉、理解"等看似简单易行实则难能可贵的人性境界。

《未了》中的能人张学文能干且仗义，靠自己的本事在一家水泥厂干上了"管理"，但他始终不忘乡邻、伙伴，不仅常请伙伴们吃饭喝酒，而且凡有所求在力所能及范围内必有所应，因此得到几乎所有乡亲、伙伴的敬重，不幸遭遇车祸死后乡亲们、伙伴们都表示极大伤痛，采取各种方式表示哀悼，还都在口头、心中把他作为偶像。个人行为与死后殊荣，包含了一个先贤倡导过的"穷则独善""达则兼济"的人性准则。

《月村的斯芬克斯》的傻女虽然身体残疾且智力低下，却对人善良真诚，对丈夫执着坚定，她的行为不仅感动了自己的丈夫，感动了大多乡亲，而且有治愈功能，不仅治愈了自己丈夫的心理障碍，特别是治愈了知识青年姚远，他因在工作岗位上不顺导致夫妻离异，随后心理抑郁成疾放弃工作回到老家，准备混吃等死，但被傻女纯净、善良的心地、坚定执着的意志感化，心中块垒被打翻，心底坚冰被融化，重新定义生活，重新规划人生。这也使青年的母亲特别感恩傻女，在傻女死后把这份感恩送给傻女的丈夫。"斯芬克斯"本是希腊神话的概念，意为"怪物"，小说中是姚远的前恋人根据傻女的外貌和言行给傻女定位的，抛开形貌，单从言行方面人们对傻女的认知显然暗示了一个重大变异：人们已经把"纯净、善良、真诚、坚定"抛弃、践踏并定性为怪物。由此可见，"纯净、善良、真诚、坚定"不仅是"月村的斯芬克斯"个人品性，也应成为众生共同保持的人性境界。

其二，陌生人的相处没有情感牵制，却有一种来自法则与道义的心理制约。人与人之间以何种姿态相处体现人们对规则与道义的理解，展现人性纯净、高贵与否。《时间的秘密》秦三叔和张局长两个不同阶层的陌生人同住一个病房成为病友，互相照顾。一天秦三叔如厕发现在大便器旁边的垃圾筐里有一只手表，这让一直渴望手表的秦三叔异常兴奋，立即藏了起来，不久失主发现丢了手表于是到处寻找，这让他非常紧张，也让他为自己算不上卑下也不高贵的行为感到惶恐，表示要帮助张局长找回手表，此时张局长不仅拒绝了秦三叔帮助找寻，而且不知有意无意跟他谈了一段话，核心"得之是缘，失之亦缘"，得失无谓的淡泊境界，看透一切的人生体验，虽然秦三叔并不明白，但让秦三叔没有尊严受伤，心底虽然仍有压力，但不再有被污"偷窃"减轻了一些负担。张局长的谈话是经历官场沉浮人际明暗的人生末尾的哲理性感悟，但他的目的显然包含了一个古老话题"人之将死其言也善"。而他有意无意之间对秦三叔的尊严的保护，虽然没有根本上解决秦三叔的心理负担，但却给读者以人性启迪：以良善之心待人，以保护之心尊重。

其三，与生活中、自然界其他生命或非生命的关系也可检出人性的本质。《罗小π》以一只宠物猫的自述展开情节，叙述自己从被迫断奶又被迫到新家，如同一个小娃娃对新家充满怀疑、提防，如同堂吉诃德那样对一切都充满敌意，并随时准备抗争、攻击，于是趁新主人不注意钻到主人发现不了也不便捕捉的暖气仓里躲了起来。后来逐渐感受新家三位主人的宽容、善意、爱护，又慢慢变成一只淘气猫，随时破坏家里的物品，被主人教训，但"痛并快乐着"，小说幽默、轻松的叙写，也渗透了一条人与人、人与动物甚或人与自然一切事物之间应当坚持的情怀："爱护、宽容、善意"。

人性剖析贯穿东紫前期和近期小说创作，但近期小说的人性探析更平静，也更理性了，几篇小说几乎涵盖社会生活的各种关系各个层面，而且探讨的问题简单实在、入情入理，因而更加接地气。

3.民间文化探索

东紫近期小说增添了一个重要话题玄秘民间文化探索。

其中《芝麻花开》自然而然的渗透了两种与生命运势和子孙前景有关的传奇、玄奥文化现象。

（1）"神老嬷嬷"

《芝麻花开》写到"神老嬷嬷"为牵引背离家庭的儿媳能够回归而"作法"："按照母亲提供的生辰八字，神老嬷嬷掐着皲裂的不太能伸直的指头算了算，闭着眼咕哝了片刻，进到里屋在红纸上画了拐拐弯弯的符咒，又出来当着他们的面用剪刀剪了两个双喜字，从八仙桌上供奉的泰山老母像旁边的纸盒里，捏了红花和艾草，用红纸包了，把囍字放到纸包上，用九股红线缠绕了九道，打了死结。……神老嬷嬷把两个红包用一张草纸合着包了递给母亲说，回去放到你儿的左脚鞋里和你儿媳妇右脚的鞋里，然后在他家院子里挖个深坑，把两只鞋并排放到里面，埋上。记住，一定是鞋尖朝着堂屋。"

"神老嬷嬷"作法是以她特有的渠道沟通神灵，然后用一系列特殊手法制作法器，进行心理暗示与引导。我们无法判断"神老嬷嬷"到底有没有能够与神灵沟通，但她的操作却有一种神秘感、玄妙感，这明显让求拜者获取一种心理暗示与精神安慰，进而产生了一个重要心理效应，让父亲在绝望中产生希望，虽然这可能是一种虚妄，但最起码有着阶段性信念。

至于，最后的结果是不是达到了目标，"是否灵验"，小说没写，但有一点是可以肯定的，儿媳有回来的可能性。抛开"神老嬷嬷"的操作是否具有牵引性不论，单从儿媳方面说最起码有两个客观因素形成可能性：（1）跟一个有家室的男人出走无名无分，不仅不是长久之计，而且还可能会出现许多不良后果；（2）作为母亲，家中有正上高中的儿子，自己还带着女儿，有一根血缘之线牵扯。当然能否回来还有其他可能性因素，比如儿媳在外是否会遇到不可控的灾难，或者心理上无颜回见亲人等等。"神老嬷嬷"琢磨透了求拜者的许多客观与主观因素，再采取一定手段，的确应该说"逻辑严密"。如果儿媳能回家，那么就足以受到众人膜拜。如果未能回来，亦可理解：医者、巫者并非万能，他们只是比普通人强大而已。这样说来，巫师努力的方向就是让可能性变得更大，以至于尽量接近或变成现实。

而"神老嬷嬷"还很清醒地告诉求拜者："林地，我不会看，你得另请高人，毕竟那是根儿，根上出了问题，自然家里就不安生，即使咱们现在破解了也总还是受干扰。"这又可看出职业巫师的"职业原则"——做能力范围内的事情。

（2）风水先生

《芝麻花开》写到风水先生，写出先生的职业底线，"有什么说什么是他的职业底线。"也写出他的自责，曾经为"二弟"所求改变了"我"家的风水，使我们家蒙受灾劫："他要求只发他家，还要求用最绝的招。我心里不落忍，就犹豫，说给调调，让三家一起发。他不肯。我，我就应了，东边主老大，用了打黑豆墙的办法，西边主老三，深埋了铜钱和压制石，中间主老二家，埋了兴旺发达的法器。"也写出了操作的方法与器具：看好风水兴衰之方位，然后依据"旺"和"压"的需求在不同方位给要"旺"者埋下"兴旺发达的法器"，给要"压"者打黑豆墙、埋铜钱和压制石。

抛开风水先生给"父亲"坟地的规划效果不论，单从他告知"二弟"委托他破坏"我们"家风水真相及导致"我们"家灾难连连的事实，可见这位风水先生和前面讲的"神老嬷嬷"都不是那种故弄玄虚、骗人钱财的神棍，而是那种有底线、有素养的专业人士。而且从他从前对"我"家风水破坏的操作来看也颇合古代对风水学论述的标准——堵风、断水、破气。所以他要给"我们"家另外寻找一块风水宝地，自然赢得家人的认可，也让全家充满希望。

（3）鬼魂敬奉

东紫在近年的小说中多次写到鬼魂现身，其中《未了》《未了之被背叛的遗嘱——想得美》最为典型。其中既有敬鬼、驱鬼等行为，也有冥婚等习俗。都表明人们出于信仰而产生的对鬼魂的恐惧、敬重以及通过"敬奉"表达的祈望。

《未了》多次写到张学文灵魂回到大家身边，也写到群鬼进入某地，于是村民或焚香、烧纸祭拜，或做"替"满足他在另一世界的其他需求。

而《未了之被背叛的遗嘱——想得美》则有个细节，在秦老五打老婆时，老婆如果喊一声"张学文"，秦老五抬起的打人武器会立马停在空中不再落下，可见连秦老五这样的酒鬼也怕真正的鬼魂。从中看出乡民对鬼魂的信仰，也是对逝者的敬重，是对中国乡村传统观念"死者为大"的认同。

从现实生活来说，不管是求拜巫师神婆，还是风水先生，或是敬奉鬼魂，都是基于对玄秘博大宇宙的好奇而形成的传奇文化与精神信仰，都有一个根本原因，就是个人、家庭、家族、宗族、国家面临重大转折或重大变故——婚丧嫁娶、祭祀动土、修宅搬家等，目的是祈福纳祥、驱病禳灾。《芝麻花开》等所涉及的传奇、玄秘文化"故事"本身正是源于变故中悲哀的遭际和心理的无奈，以及人们心底的美好期待，特殊背景的水到渠成，真实生活的自然渗透，这样的前提下，叙写时就避免了在此话题上常见的故弄玄虚，也摆脱了作者有意卖弄、炫耀文化认知的嫌疑，当然更不存在迷信传播，而是有效的把握了人们正常的心理需求与指向，是生活逻辑的自然演绎。小说中的玄妙文化渗透把乡土中国的朴质信仰与优良品质完美结合，不仅写出了乡村人性琐碎中的厚重，也写出乡土文化信仰简单中的神秘。

这样说来，如果说生活记忆、亲情叙事是小说的本源或出发点，那么人性剖析与文化探索就是目标或归宿。生活琐事、亲情表现中含着人性情怀也含着文化精神，而人性情怀、文化精神又来源于生活记忆、亲情行为。

总之，《芝麻花开》为代表的近五年小说从主题意蕴上来说，保持了东紫创作的一贯风格与主题，注重真情传递、人性探究、文化探索，这三者的黏连又是依靠生活逻辑演绎，生活逻辑就是源于自然生活的各种形而下的客观现象、结果而产生形而上的主观情绪、意识等的逻辑过程，东紫近几年小说即是这样，由凡常生活、具体亲情、推至人性剖析，人性剖析推进到文化探索，从这个逻辑关系及各个节点的表现来看，东紫的近期小说在各个层面、各个角度，都有独到之处，都让读者在动容、动情的同时，能够深思。这源于在写法上作者做到了废名、沈从文、汪曾祺等京派大师开创的如水一般的真诚、自然，这样就使小说展现个人生活波折、压力，苦涩、无奈甚至撕心裂肺，却保持着平和、宁静，让读者在无尽的难以压抑的沉重伤痛与悲哀后，体验背后的温度与厚度。

周哲、贺仲明《"疼痛"的揭示与"温暖"的烛照——东紫小说论》中论及东紫近期小说时谈道："在悲悯之下观照当下生活中的痛处，以一丝不易察觉的温暖打动人心，从日常生活的琐碎之中提炼出诗意，真切地反映当下生活现实。不仅如此，其渐趋平静、柔和的叙事话语，也使得浸润在作品中的情感呈现出温暖、健康、自然、中性、适度的温良品质，既不故作深情，也没有极端化的血泪控诉。可以说，将深度的揭露和犀利的批判转化为一种对人性厚度的追寻与探求，将对"先锋"的热忱与追索转化为对凡俗人世的体味与描摹，便是东紫现阶段小说创作的追求之所在。"可谓切中肯綮。

参考文献：

1. 马季桫椤《城市·乡村·郊外：女性写作三人行》《大家》杂志 2010 年第 1 期。

2. 岳雯：《小说家东紫与好人戚慧贞》，《文艺报·第二版》，2013.7.22。

3. 石晓枫：超脱而冷峭的日常叙事——读东紫小说《山东文学》2016 年第 03 期。

4. 周景雷：《隐喻的"城堡"，温暖的观照》，《当代作家评论》2015 年第 2 期。

丁建元论：性灵天地铸诗思

王成一

丁建元小传

丁建元，1956 年 7 月生，日照市东港区涛雒镇东石梁村人，日照第五中学高中毕业，务农，后为联办中学教师，1977 年考入山东师范大学中文系，1981 年毕业，同年开始发表作品。

1984 年调入明天出版社做编辑工作，业余坚持创作，发表过中短篇小说、评论，1987 年始以散文创作为主，先后在《散文》《中华散文》《天涯》《时代文学》《人民文学》等刊物发表许多有影响的作品，被《散文选刊》《散文海外版》《书摘》《语文学习》等重要刊物转载，并收入各类选本，受到有关高校关注。2001 年 4 月起任山东友谊出版社副总编辑、总编辑，现任山东省散文学会会长。作品被收入《中国风景散文三百篇》（佘树森、乔正胜主编）、《二十世纪文化散文系列 生命文化卷》（刘湛秋主编）、《中国散文精品 当代卷》（冯牧、佘树森主编）、《中国散文百年经典》（林非主编)、《21世纪散文精品》(王兆胜、李晓虹主编)、《百年中国灵性散文》(王兆胜主编)、《新中国散文典藏》(王景科主编)、《新中国70年文学丛书散文卷》(孟凡华主编)等重要选本。另有作品收入各类年选、读本及试卷百余种。

21世纪初,开始对西方油画进行研究解读,探索油画鉴赏和散文的联姻,把油画赏读和人生体验与感悟以及对现实生活的观察结合起来,尝试以"乱炖"为特色的"杂种"散文,并以人生哲学与通觉表现开创当代新性灵散文。2004年,最能体现其风格的油画赏读散文《色之魅》,由中国文联出版社出版,在国内产生较大影响并获奖。许多美术院校,将本书列入学生课外必读书目,成为专业研究生撰写论文的参考书籍。2007年,北京大学、北京外国语大学学生会推荐217种名著,《色之魅》位列艺术类;2013年,中国人民大学出版社再版此书,更名《读画记》,影响远及海外;2014年,北京三联书店推出第二部读画散文《潘多拉的影》,并于2019年获泰山文学奖;2022年,香港三联书店出版其新作:《画布上的灵眼—色与线与善与恶》。

一、丁建元及其创作成果

丁建元,1956年7月生,日照市东港区涛雒镇东石梁村人,日照第五中学高中毕业,1977年考入山东师范大学中文系,1981年毕业,同年开始发表作品。

1984年调入明天出版社做编辑工作,业余坚持创作,发表过中短篇小说、评论,1987年后因为对散文独有风韵的痴迷,开始转向以散文创作为主,先后在《散文》《中华散文》《散文海外版》《天涯》《时代文学》等刊物发表许多有影响的作品,被《散文选刊》《书摘》等重要刊物转载,并收入各类选本,在全国较有影响,并受到高校关注。1998秋,受单位选派,到上海财经大学首届新闻出版MBA班学习两年。2001年4月起任山东友谊出版社副总编辑、总编辑。山东省散文学会副会长。作品被收入的重要选本：

《中国风景散文三百篇》佘树森　乔正胜主编。

《二十世纪文化散文系列生命文化卷》刘湛秋主编。

《中国散文精品当代卷》冯牧　佘树森主编。

《中国散文百年经典》林非主编。

《21世纪散文精品》王兆胜　李晓虹主编。

《百年中国灵性散文》王兆胜主编。

《精美散文读本》王景科主编。

《新中国散文典藏》王景科主编。

《新时期新锐散文精选》付德岷主编。

《散文200期精品》。

《散文300期精品》《新史记从这里走向永恒》《散文选刊》编辑部编。

另有作品收入各类年选、各种形式的读本、试卷近百种。

20世纪末，开始对西方油画进行研究解读，并探索油画鉴赏和散文的联姻，把油画语言和人生感悟以及对现实的观察体验结合起来，尝试以"乱炖"为特色的"杂种"散文。2004年，由中国文联出版《色之魅——中外油画名作的解读》。出版后产生较大的影响。《哈尔滨晚报》最早连续选载。王兆胜、贺绍俊、王景科、罗兴萍等专家教授著文评论与介绍。之后获第二届齐鲁文学奖散文创作奖第一名。许多美术学院，将本书列入学生课外必读书目。2007年，北京大学、北京外国语大学学生会，向学生推荐的217种中外名著，《色之魅》列入艺术类。至今，本书成为美术研究硕士论文写作的必要参考书。

2013年，中国人民大学出版社将本书再版，更名《读画记》，出版后反响依然很大。《人民日报》《光明日报》《中国日报》对本书重点介绍并刊登书影，新华网、人民网、新浪网、凤凰网、搜狐网等各大网络媒体都做了专门介绍，雅昌艺术网连续转载。中国人民大学出版社社长、法学博士李永强，在《北京晨报》"社长荐书"栏目中推介本书，尔后，又被本社列为2013至2014跨年度温暖读者的十大好书之一。

2013 年，解读油画系列散文之第二部《潘多拉的影》，由北京三联书店出版发行。

二、丁建元的主要创作理念

1. 平民意识

丁建元是充满平民意识的散文家，不管其创作观念还是创作实践都直追五四精神，充分体现平民意识。作为农民之子，作者不只熟悉农村的风土人情，更重要的是对农村、农民生活和命运刻骨铭心的经历和体验，因而它的平民意识出自原生态的感觉。他本人主张创作要有平民意识，而在自己的创作中也始终坚持以平民意识写作。

1898 年，在河南焦作由中国作协创联部和《散文选刊》编辑部联合召开的散文创作研讨会上，他曾经专门强调"人道主义""以人为本"与"平民意识"（《中国当代散文创作研讨会发言纪要》《散文选刊》1998 年第九期）.提出，天下之道，人道为最。人间正道是人道，明确提出："多道之中，以人为本！"

他说："说到散文的'载道'，我对这'道'的理解是多元、多维的，是无数本质规律的错综混合。天、地、人，人是天地间的精华，人为天道地道命名并在穷究天地之理，我认为万'道'之中首要的是'人道'（人道主义）。文学是人学，而载的道就不仅仅是政道，更不是为某种理论、某时的需要来生硬的传道（那是牧师的职业），而是以自我之心来思天地人生，以自我感觉来认证天地人生，己情、己性，化入作品，也就有了个性，无形中也载了道。

"多道之中，以人为本！

"这使我想到了'平民意识'，这不是对等级而言，不全是阶级范畴，教授高官同样有这种意识。'平民意识'有朴素的感情，有同情心、怜悯心，有尊人心，有善良和良知，它与一切压抑人、贬低人、践踏人的恶的势力不容，勇于斗争，来弘扬人间正道，如是，就能形成文章的'铁性'和'钙质'，同时也以高尚之美来滋润人心，化育灵魂，逐渐造就空气一样的人文精神。我觉得'平民意识'比孤立地讲个性、自我、人格更接近始源。"

作者说，在"这是我首次提出以人为本，自己在创作中一直坚持平民意识。许多年以后，我党提出'以人为本'，温家宝提出需要更多仰望星空的人。我早在1996年即写出《凡眼瞩望星空》。

他对如何支撑、如何落实"平民意识"提出几点看法：必须具有悲悯情怀，这种情怀包含着对孤弱者的同情；还要具有警惕性，那就是注意哪些所谓高雅的、高级的、高位的"高人"，警惕他们是不是"高人一等"，甚至利用自己的话语霸权，以手中掌握的权力压制、凌辱他人的人格。

丁建元的平民意识来源于他的少年体验。在改革开放前的几十年岁月，农村贫穷、落后、封闭，尤其是经历十年"文革"动乱，经受连续失学、辍学，经受物质和精神的双重匮乏，置身荒原一般的乱世，面对在饥饿和贫穷中挣扎、叹息的苍生，刀割一样深深扎在少年的心里，痛苦煎熬。家庭、身份，未来的迷茫，都成为少年心事和摆脱不去的忧伤。

特殊的生活体验使作者的视角自然地落足在平民百姓的位置上，也使作者一出手就倾力叙写草根经验、平民生活。80年代，他的《苍老土地的行吟》《泥哨》；90年代的《老房子系列》，到后来的《晚祷的悲哀》《昨天的祖父》《牧羊女的忧伤》《饥饿的屋子》，尤其是写故乡的长文《涛雒记》，当年体验、往事回忆、旧情抒发，嘶吼的无不是"哀民生之多艰"的声音，哀婉、沉郁而又热烈、慷慨。如《涛雒记》中写只身闯关东的遭遇："他们只有躲避着捉拿，坚韧地流浪，在流浪中碰机会。他们厚着脸皮去找原先的邻居，找朋友的朋友，找转了几转的表亲。这些人有的富裕，但多数也不富裕，更没有把他的户口移过来落下的本事。他们看着人家的脸色蹭饭，念旧情的就容他住些日子，帮着干活就算是报答，但许多人会从人家的冷脸不悦，甚至指桑骂槐中灰溜溜地离开。寒风呼啸，大雪茫茫，人在原野上，孤魂一般疲惫地游走、蹀躞。举目，无亲；再举目，还是无亲。冻云天，暮色地，雪压的屯子里，亮起了点点温暖的灯火，但那都是陌生的，没有一盏灯火是为他们点亮。"

为了保证自己作品能够不居高临下，他的散文一直在强调和追求真实，而真实的内核就是真诚。没有对客观事物、对人事的真诚，也就没有感动的力量。正因如此，作者不写自己不熟悉的生活，不写没引起自己感动的人事。他恪守的原则是，和所写的人站在同一水平线上，进一步，和所写的人换位，把他变成"我他"。尊重人，尊重任何人，尊重任何人的创造包括不成功的创造，甚至他们真诚地失败。在20世纪80年代，著名散文评论家、重庆教育学院教授付德岷，评价丁建元的散文时，认为他的散文表现了"对人的尊重"。2012年11月9日，胡锦涛总书记提出执政为民、以人为本的政治理念。而在丁建元的许多作品中，都在警惕对人的尊严的侵犯，在《诗人之死》中，作者这样写道："强力，任何不同形式的强力，都隐含着对人的轻蔑和鄙视，它原本就是世俗权力的注解。任何强力哪怕是以善为归的强力，都携带着恶的毒性。"

2. 哲学意蕴

丁建元经常强调也非常注重散文创作传递深刻的哲学思想，使文章形成思辨说理风格。因此，许多评论家把丁建元的散文定性为理思散文。其中，最早发现作者写作特点的是著名散文评论家、北京大学教授佘树森先生，他说，丁建元在思辨，在说理，用形象说理。

如《睹地狱》，写奥斯维辛集中营，作者思辨曰："地狱，人间地狱。然而，人类构想出这个报应性的存在，它原本为了惩恶扬善，是对在世人生的死后清偿，对恶行罪愆的严正追究，是对脱身歹徒的最终拦截。地狱成为良善苦弱遭受凌辱而无力伸张的终极寄托所在，人们在地狱里设置出种种酷刑，隐含着对种种恶人的切齿诅咒和报复快感。地狱，为彰显正义成为人类世代的黑暗创造，使光明从这黑暗中透射出来。……"

形成理思特点，与作者的职业相关，作为编辑，他编辑过儿歌、童话故事、美术画册，编选过小说散文及古典文学各类选本，工作需要，必然要学习大量文学、艺术理论。在此期间，他自己还比较广泛地涉猎了经济学等方面的经典书籍。后来，又学习了西方企业管理理论，涉猎大量哲学著作等。当然，所有理论都是晦涩的，都经过了提炼和抽象，把具体的、生动的事物削去了血肉，成为骨骼、筋络；因此，它似乎与形象思维格格不入，与散文创作相去甚远。作者在发现这个问题后，就产生了一个大胆设想：把晦涩、抽象的理论嫁接或融合到具体、生动的形象上，以理思做灵魂、筋骨，以形象做血肉、肌肤，创造出血肉筋骨完美结合、生动饱满的生命体。他勇敢地拿他的散文创作这么尝试了，而且成功了。

《面包之光芒》中，作者这样写面包背后的黑色背景："那黑，有一种纯粹的美感，它黑得无边无际也似乎无法测量，奥玄之中有着严肃和庄重。虽然它与观看者如此之近，但又有着不可轻渎的意味。黑中潜存着一种尊严般的高贵因素，仿佛其中有着神位，隐喻着一种无法言说的理性，是规定你情感的至高准则。黑是光的反面，光的矛盾，但它又是光的最终解释，甚至说黑也是否定的光，是光的暂时零存。当黑与光相遇的刹那，就会吸收光的活跃的微粒，使光线、光束波动、震颤着，把它明亮的乐音传入黑的内里，直到触及那幽深之处的秘底，让受蔽的意义敞明起来。"文中看起来是对"黑"这种色彩、形象的描述与阐发，实际上是在辨析"黑"与"光"的各自意义以及它们之间更深层关系，最终，哲思与形象，水乳交融，完美融合。

3. 悖论思辨

在现有的许多理论教科书中，对世界的认识、对事物的分析是二元化的，对与错、黑与白、上与下、善与恶、美与丑、好与坏等等。丁建元认识到：这种非此即彼的思维方式，其实割裂了人们对世界真实的看法，好的无缺点，坏的无优点，而事实上，在现实生活中，人们遭遇的，往往不是对与错的二选一，而是悖论式的荒谬，是一种囚徒困境里的选择。与其说选择的正确，不如说是选择的适度。这种二元化的两极思维，放在文学创作中，把生活、人物简单化、标签化处理，其实错解了生活，误导了读者。

丁建元认识到，任何创新都是思维方式的转变，散文创作当然不能例外。在对与错中间还有一个灰色的地带，而真正的文学，是建立在这个灰色地带上的，但大多数作家没有注意到。在法国、德国尤其是在俄罗斯文学中，塑造人物总是把他置身于悖论的困境中，让他作难，让他困顿，让他迷茫甚至失足。正是因为这些作家认识到位、深刻才能在作品中真正准确地把握、表现生命、生存的本质。

丁建元在散文创作实践中，非常注意揭示人类生存所处的困境、现实人生必然的悖论。

如《储藏室里的篮子》："他们用坏了一只又一只篮子，又提着一只新买的篮子，来来回回地装进、倒空，然后再去装进，再回来倒空。突然有一天，他直起身来，抬起头，平了下喘息，用手一抹额头涔涔的汗水，发现人生的某种东西被遗落了，忽略了。……但不知人们是否认识到。他使用篮子包括所有器具，其实也在使用着自己，消磨着自己。"篮子的生命在被使用中消磨，而自己的生命似乎在使用、消磨篮子的过程中在成长进步，但实际上也在消磨着自己的生命，顺应与悖论在字里行间清晰表现，又让人费尽心思琢磨不透，因为他打破了传统意义上的成长、发展观——每一次历练都是一种成长。他发现并阐发了成长背后的自我消磨这个人生悖论真实又冷漠的存在。

在《根是一条路》里，作者写到了人们寻找生存依赖的土地，扎根土地，在土地上安身立命，土地也因为人的勤劳而生产出五谷。于是，"人的身体与土地贴紧了，甚至合一了，或者说土地异化了劳于其上、耕入其里的人的身体，土地变成了人的无机血肉"。土地与人类呈现出特殊的原则和伦理，作为人们生存依据的土地也自然成为人的囚笼与墓地，人就处在耕种和落草的矛盾与骚动之中。

4. 性灵开发

丁建元认为，文学创作的根本是性灵开发。"性灵""性灵"，一个"性"字标志着生命存在，一个"灵"字，标志着超越于一般生存、生命而存在的更高生机、情感、智慧、精神。而所谓散文、诗歌，比之小说，更需要性灵，否则，文章会板涩、沉闷和僵化，就像干枯的树枝、落地的枯叶。性灵之感，总是瞬间的发现与感悟，苦苦求索而不得，信手拈来而妙趣横生，只要散文中充满感知、启发性灵，就会使得作品具有强大生命力。

著名散文评论家王兆胜博士，在《百年中国性灵散文》中，收入丁建元早年散文《泥哨》，在前言中对性灵散文做了精炼的界定。其首要的特点是

"人"的文学，是"人气"，但如果没有"天地之气"就不是性灵散文；第二个特点是，它注重个性、自由和想象力，没有条条界规，率性自然，我行我素，得天然之意。第三特点是具备强烈的文学性和艺术性，意境如画，美轮美奂。

要使散文达到传播、启发性灵的境界，必须要具有化实为虚和化虚为实的功力，这首先要依靠作者的想象力作为依托。对于丁建元的想象力，北京师范大学哲学系教授严春友这样评论作者的读画散文，"作者超人的观察力和想象力。读者可以做一个小小的实验，在阅读其中的某个篇章之前，先面对其中的一幅画进行观察、思考和想象，将自己的所得记录下来，然后再与本书中的文字进行对比，看看会有什么结果。我曾经就其中的多幅画作进行过这样的实验，结果很失望，只得出很少的感受和想法，无论如何也想不出本书作者所写的那么多，那么深和广。甚至于连画中的一些细节，我也没有看到，经常是边读文字，边回到画作中，因了作者的指引，才发现了某个细节的存在。"

所谓化虚为实，就是做到善于描写，能把整体、笼统、朦胧的镜像，原本虚无、抽象、模糊的意识，描写的如在目前。而化实为虚，则是要在具体现象描写、表现的文字中能够传递作者的思想精神、传递抽象的哲理、意蕴，也就是前文所说的"理思"。丁建元就是这样。如对声音的描写，《泥哨》是这样写的："哦，泥哨儿响起来了。它似乎列不进乐器的家族，它的声音，既不雄浑，也不优美，更流不出纡曲华丽的旋律，只是一种单调的重复。然而，它是一种张扬，一种不受约束的意志的扩散。当吹奏者深深地吸进气去，然后小腹一收，气流猛地上冲，经过哨腔变成了一种凛冽粗野得有点儿悲壮的高音，闪烁着银片一样的晶莹，像被强蛮的弓弦绷向云天的羽箭，化作旋转的白云和阳光！"这段描写既做到了化虚为实把"泥哨"发出的本来难以文字表现的声音化作物象，又化实为虚，将泥哨声音中携带的特殊情感、气韵、精神呈现给大家。

对形色及其蕴含着的精神，丁建元在《荷艳滕州》中，作者先写滕州万亩野生荷花，结尾处写参观当地博物馆收藏的汉画像石，"一进门口，我一下子就被一块石头吸引住了。侧立的桌面大的石头上，左右两角各雕刻了两条鲤鱼，两条鲤鱼并靠着，眼睛得圆圆的，鳞片整齐精致，被手抚摸得黝黑发亮。我伸出手去，轻轻摸着，有湿漉漉的粘滑的感觉，甚至还有肉性的柔软，恍闻淡淡的腥气。这是四条微山湖的鲤鱼，当年被人带到他的墓里，墓是那人的阴宅，他要养着这四条鲤鱼，因是舍不得这人间的美味。但是鲤鱼们却在往回游，它们要回到人间，回到微山湖那辽阔的水域，依然想念那美丽的荷花荡，这一游就是两千多年！两千年，它们就穿行在浓重的黑暗里，自己身上的金红色就慢慢退了，完全变成了黑色。但是，它们还在往西游着，在夜深人静的时候。在它的天灵盖之上，总飘着一朵红色的荷花做它的灯吧？"写这画像石雕刻的鲤鱼，不仅将鲤鱼写活，也将鲤鱼追求自由的精神表现的活灵活现。想象奇特、巧妙、出人意料，不但能让读者感受到生活的趣味性，也自然从中获得生命、性灵的启迪。

5. 语言为"家"

丁建元认为，"语言是存在的家"。也就是说语言既是文学创作的基础、起点，也是根本、归宿，散文语言更体现这个本质。散文的语言与其他文学体裁有别，散文语言因为主体性强，更具有个人色彩，因此也更加讲究，但这绝不是要求语言繁缛铺张，而是准确、精到，就像绘画中的线条，要简不要乱，要繁，但不是杂，要生活化但不要俗气。散文短，因为短，所以更不能藏拙。

基于这种对语言的认识，在实践上丁建元非常重视提炼语言。他根据不同文章类型使用不同语言，他自觉地形成了自己的语言风格。又像不同的家庭住不同风格的房子一样，不同类别的散文有不同的语言风格。最明显的有三类：

（1）解读油画的散文、偏于性灵挖掘的文章因与解读的油画多与西方作品相关，所用语言，偏重于西化。语言旋转、隽永，追求言外之意，像外之旨，往往语句本身具有丰富的内涵。评法国画家莫罗的作品，"先知死了，传播善与爱，引导人们行义的圣者死了，见证、指证人间罪愆为神执法者死了，人们再也听不到正义的声音和悲悯的呼告。于是，这里又完全变成了强盗的疆域，恶可以横行泛滥，世界沉沦在无望的黑夜里。黑夜，末日的黑夜，渎神的黑夜，永恒的黑夜，背景里的金粉银粉，又让这罪恶的黑夜糜烂而高贵。"为什么"糜烂而高贵"？五字需要思考的太多。是赞美还是反讽？是具象还是抽象？是行为还是心理？是自得还是定位？不可一言定位！

再如评俄罗斯画家苏里科夫的画作《女贵族莫洛佐娃》：

"我信，所以我在；因为我信，所以我不在；

我信，所以我自由；因为我信，所以我不自由；

我不在，因为我已经属于了上帝。

我不自由，因为我勇敢面对着魔鬼。"

这段文字显然是悖论表述，其中含着人世多少真理？"信"作为意识，有"信"则说明自我存在；但既然进入"信"这种意识形态，那么自己的意识就已经丢失，也就说明自我已经不存在。同理可推，"自由""不自由"，"属于上帝"与"面对魔鬼"也都具有多层思考价值。

（2）游记散文因题材需要，所用语言，质朴、简练，善将古典句法、语汇现代化、口语化以达简洁利索之功效，尤擅白描、使作品诗意浓郁。如《盐花三月》："春暖四月，桃花开放，远山淡冶而江水如蓝。此时长江的鲥鱼最为珍贵。盐商要吃最鲜最嫩的鲥鱼，那就派船离开扬州。船上除了艄公、渔夫，还有盐商派出的厨师，并且把炉子砂锅等带上。船经运河，再入江东去，直到镇江焦山宽阔的江面，开始撒网捕捞。捕到鲥鱼后，厨师立即在船上剖腹洗净，加入各种作料烹制。船这就收网回转，炉中的文火舔着砂锅，炖着鲥鱼。春风江上路，艄公们轮番摇橹，逆水行舟，待返回扬州泊靠码头，锅中的鲥鱼正好炖透。"这段文字显然是将古典句法、语汇进行了现代化、口语化处理，第一句"春暖四月"是古典式的倒装，而"远山淡冶而江水如蓝"古典语汇巧妙运用，使语句显得简洁、利索。"炉中的文火舔着砂锅"口语化白描，一个"舔"字，文火的形态穷形尽相、惟妙惟肖。

（3）乡土人物传记、自媒体散文，代表作《沂蒙山好人记》因为题材和自媒体风格需要，采用人物自述的形式，体现真实感和亲切感；常用民间口语、方言叙述；人物和事迹更具乡土气息、更接地气。这样也使作品有了世界情怀、人道精神，能够让更多的人包括外国读者了解沂蒙好人、了解沂蒙山区。这些人多都出生在农家，几代草根，其中有许多成功者，不忘初心，保持本色，他们的建树朴素自然，而且有意无意地淡化自己，突出他人和群体更显示他们的品格之高尚。

《我最喜欢红霞》："我老家就是本地车辋镇的，是顶我父亲的班，从农村到了镇上，在镇政府做打字员，干了几年后，有一天，镇上对我说，崔侠，看你这人脾气怪好，去分管残联，说完了，就把办公桌从这屋搬到那里。"对话中不管是语法习惯还是用语常见临沂方言。读起来、听起来亲切自然。

三、"本体"思考与"通觉"表现

丁建元"新性灵散文"论

当代散文作家中，丁建元不仅善于继承、借鉴、融合，将明清"公安派"及20世纪二三十年代周作人、林语堂倡导的"独抒性灵"精神传承下来，而且勇敢探索、开拓、创新，走出一条独特之路，建构起独特的个人艺术世界——"新性灵散文"：将生活体验、生命体验与艺术鉴赏有机结合，延伸至对生命、人性及人与自然的关系、人在宇宙中的地位等进行普遍化、哲学化思考，实现对生命"本体"的深入探索，创造出更广阔、更博大的题材空间；通过"通觉化"将众多感觉方法、思维方法、艺术界域、表现手段全面打通，创造一种专属于丁建元的艺术空间。并通过它对生命张力与艺术张力进行全面挖掘，引领散文创作、散文阅读、散文研究走向一个全新的"位面"或者"界面"。

丁建元在20世纪80年代开始散文创作，80年代的《苍老土地的行吟》《泥哨》，90年代的《老房子系列》《晚祷的悲哀》《昨天的祖父》《牧羊女的忧伤》《饥饿的屋子》《涛雏记》等都产生了较大影响。20世纪末，除继续精雕细刻乡土情思、旅行札记、生活小品外，同时对油画进行更深入的研究、解读，并探索油画欣赏与散文创作联姻，把油画语言和人生感悟以及对现实的观察体验结合起来，尝试建构以"乱炖"为特色的"杂种"散文。至21世纪初，正式形成了个人艺术风格，建构了个人艺术世界，并因此在散文创作、散文阅读、散文研究领域掀起一波浪潮。

应该说在当代散文作家中，丁建元是既有探索精神又富创造勇气的一位，而且是当代少见的能够建构自己"艺术世界"的散文家。他的散文传承中国古代、近现代"性灵"文学精髓，并吸收现当代中外进步的人文、哲学观念与文学创作的艺术理论、艺术手段，特别是"后现代主义""后结构主义"和"解构主义"文学理论的相关见解，逐渐走出自己的独特路径，形成自己的独特风格，开创全新的创作方法、创作理念，构建"新性灵散文"体系，扩大了散文创作的途径与空间

其标志是，2004年中国文联出版《色之魅——中外油画名作的解读》，出版后迅速产生较大反响。2013年，中国人民大学出版社将本书再版，更名《读画记》，发行后反响再起高潮。《人民日报》《光明日报》《中国日报》对本书重点介绍并刊登书评，新华网、人民网、新浪网、凤凰网、搜狐网等各大网媒都有介绍，雅昌艺术网连续转载，《北京晨报》等在"社长荐书"栏目中推介本书。2013年，解读油画系列散文之第二部《潘多拉的影》，由北京三联书店出版发行，再次产生重大反响。至此，他的各类题材散文除在文学领域作为高端读物被收到各种选集、选本、书库外，在教育领域更是影响深广，最典型的是各大美院、综合院校美术专业纷纷用来作为油画赏析教材。

（一）"新性灵"——文学视域开拓

丁建元的散文不管是写景、记事、抒情、随想还是艺术品评，都不局限于叙写对象本身，而将视角放在现象背后的深层意义、价值等文化哲学层面，特别倾注心血用非凡的眼光与开阔的视野进行生命的本源、本质与意义探究，开拓一种以"入世"姿态达到"出世"境界的视域。

北京大学教授、博导王岳川先生在《色之魅序》中评价丁建元的散文："一部散文集能够将思想表述得如此透彻，能把个体关于天、地、人、神'四重根'的体验感悟始终贯穿在西方名画视觉阐释中，可以说是拓展出一个新

的灵性阐释的角度。丁建元先生以其独特的入思方式，从事物的表象深入到背后的语言、思想、哲学以及体系性问题中去，从而完成了他的'本原式思考'——对世界深度、人性深度、艺术深度的测量。""建元善于用人性化语言去透视并阐释中外绘画名作，这使他有可能超越一般的文化散文而进入'灵性散文的'的境界。灵性散文超越于文化散文之处在于，从外部事物的描摹进入人性深度的探测，即不再热衷于外在的气氛烘托、景物描写、人物行动来说明某种艺术理念，而是用内在的心与心的对话、情与情的互动、艺术家生命与生命的交流，去阐释此时此刻个体内心的世界，激发内心的澎湃激情。"

王岳川的"序"恰如其分的概括了丁建元散文的两大特征：1.通过"本源式思考"进行"世界深度、人性深度"的探究，进行生命张力的挖掘，2.用人性化语言将心灵感悟与情感体验连通，将视觉、听觉、触觉、嗅觉、味觉等一般感觉打通，实现艺术境界的新体悟与拓展。更重要的是，王岳川先生的"序"从丁建元散文的思想启迪性、艺术创造性方面给丁建元的散文做了一个非常有力的概念定位："灵性散文"。不能不说，王岳川先生的定性具有极强的概括力和创新性，也给当代散文阅读和散文创作提供了有力的理论指导。

不过，如果换个角度，从丁建元散文创作思想与实践的文化传承来看，可以发现：他显然继承了性灵文学"独抒性灵"的创作思想，从基本体系看属于"性灵散文"。

"性灵"是我国古代诗歌评论中提出的创作观念，比较明确的概念见诸刘勰《文心雕龙·原道》：人之所以是"有心之器"，而不同于自然界的"无识之物"，即在于人是"性灵所钟"。《文心雕龙·序志》中又说"岁月飘忽，性灵不居"，亦是指人的心灵。《原道》篇所谓"心生而言立，言立而文明"，进一步强调文章是人的心灵的外在表现。其后，钟嵘在《诗品》序中强调诗人通过"即目""所见""直寻"，获取"自然英旨"，进而"吟咏情性"；并通过赞扬阮籍诗"陶性灵，发幽思"倡导文学表达来自灵魂深处的情感。《文心雕龙》和《诗品》的论断虽然尚未构成体系但奠定了性灵文学的理论基础及其基本内涵：诗人、作家建立在自然、生活体验基础上的独特的个人体验、个人情感。

"性灵"学说正式创立是在明末清初。晚明文学革新派"公安派"领袖袁宏道在《叙小修诗》中提出"独抒性灵，不拘格套""各极其变，各穷其趣"，袁枚在《续诗品》之《著我》篇中更明确主张"著我"，强调诗歌"不学古人，法无一可"，在晚明、清初诗歌、散文领域掀起了以反对前后七子倡导的"文必秦汉，诗必盛唐"的复古模拟风气、强调文学创作要直接抒发个人情感、表现人的性灵、表现真实情感、追求个性风格的浪潮。这种具有开拓精神、革命意义的创作观念除了明末清初兴盛一时，在近代和现代文学史上都产生过重大影响，特别是从"五四运动"前夕《新青年》倡导"随感录"开始再次走向兴盛，到二三十年代受到以周作人、林语堂为代表的大批散文家推崇、提倡、推广，达到极盛。

著名散文评论家王兆胜博士主编《百年中国性灵散文》收入丁建元早年散文《泥哨》，在前言中通过对百年性灵散文的评价对性灵散文的特点做了精炼的定位："天地之气是百年中国性灵散文的第一个特点"；"灵动自由的叙事方式是百年性灵散文的第二个特点"；"意境空灵和语言精美是百年性灵散文的第三个特点"。他还提到性灵散文还应该有的另一些特点，如必须有己见、个性、闲情、宁静、超脱、境界等。应该说，这是对"性灵散文"非常精当的概括。

丁建元坚持"性灵"散文传统，表达自己的感觉体验，发散自己的思考、探索。但他拒绝教条主义的继承"性灵散文"的一般传统，不拘泥于明清"公安派"和周作人、林语堂倡导的"性灵"文学的渊源与传承，而是在坚定继承传统"性灵"文学讲求的个人体验、独抒性灵等主张，传承其创作理念及创作实践的优秀传统基础上勇敢、坚定地继续革命、努力创新，将传统"性灵"文学进行拓展，开拓出适应新时代、新文化、新艺术，属于自己、适应现代、瞩望未来的"新性灵"散文体系。其与传统性灵文学区别在：

在题材内容方面，以"入世"之形塑"出世"之魂，以"躁动"之气抒沉静之情。传统性灵文学，之所以要"独抒性灵"虽然大方向是个人独立情感，但其本质更偏向于摆脱经典教义、功名利禄之拘禁，争取超脱、宁静、闲适，实际上大多是文人在重压之下寻求灵魂的遁世，具有隐士情怀，之所以产生在明末，应该是明朝严酷的知识分子政策的必然产物；而丁建元却不避世俗，能在凡俗事务感受和油画艺术鉴赏中融入作家的人性体验、悲悯情怀，并在个人体验基础上，对人类及其生活环境进行肉体、精神、心理、遭际探究，表达自己对客观、具体的复杂人性、生命悖论的思考，在具有强大的世俗气、烟火气前提下上升到人类共同性、普遍性、哲学化思考，进行"生命张力"的深度挖掘，达到不悖个体而通向人类本体的思考。

在艺术表现方面，以"超表现"之法传情，以"非文学"之技达意。传统性灵文学虽然讲求"不拘格套"，其实不过是摆脱秦汉唐宋模式，取庄子与魏晋六朝所实践的体验、想象以及自由叙事、自由抒情一脉，到周作人、林语堂又吸收、融会西方近现代的幽默、风趣之风。丁建元在继承这些优秀传统的基础上，刀削斧砍大胆开拓，开创出属于自己的新路径、新天地。通过"通觉化"思维，将诸多感觉方式汇聚一炉，将众多思维方法融汇贯通，将多种艺术门类的界墙拆开，把其中有益于"我"的艺术手段拿来为我所用，将语言、表达的门槛拆除，实现多向综合交叉运用，创建多向度、多色彩、多维度、立体化的艺术空间，将艺术张力扩展到极致。

这种探索基本上涵盖作者所有散文中。其中，最能体现这种生命思考、性灵境界的自然是他的油画赏析散文，特别是代表作《读画记》，其吸引读者、造成影响最根本的因素就在于作者"读画"不是仅仅着眼于绘画本身，不局限于研究画的技法、构图以及画本身的美感，而是把重心聚焦到"读人""读心""读生活""读世界"，读出"绘画"作为人文艺术所蕴含的生命张力与艺术境界，并进行深入发掘。

（二）"本体"论——生命张力挖掘

"本体"概念，在西方哲学中，主要研究宇宙本源与介质，此文不作详解。在中国古代哲学史、人文史上"本体"又称"本根""本源"等，探讨对象是世界万物之间的关系特别是人与自然、人与自我的关系，其中一个重要着力点在于对"生命"探讨，在这个着力点上其核心又在于抛开维持生命的一般物质及其现实光环的功名利禄，而探究人类的生命意义、生命价值、人生境界及由此引申的顺应自然、尊重本体、实现天人合一等哲学话题。中华几千年大致形成了一条脉络：春秋战国时期，道家学派老子、庄子提出"道""自然"，儒家学派孔子、墨家学派墨子提出"天道"，致力于探讨人与自然、人与人、人与自我的关系，大都主张"顺应自然"。魏晋六朝时期，玄学勃兴，更明确主张超越世俗物质追求、实现灵魂自足。宋代理学家朱熹在《四书集注》中正式提出："天理自然之本体"，主张人应顺应"天理""自然"；明代王阳明融汇儒佛道诸学派思想，创立"心学"，在他的《传习录》中多次提到"心之本体"，认为"心"为宇宙"主体"，要"致良知"，强调天人合一，知行合一，达到人与自然、人与自我的和谐。这条脉络中诸多思想家提出的观点虽然并不完全一致，但可以看出思想家们对生命、人心及与自然、社会关系的思考，不仅重视、认知、珍惜生命的载体——客观实物，更重视而且努力认知、探究生命的本体——超越实物的本质、精神、灵魂，努力实现本体与载体的和谐统一。

丁建元继承先祖对人类本体、本源思考的衣钵，而以"入世"体验进入角色，建构起更高、更远、更深的"出世"位面。他的散文选择与他个人生活体验、深沉思考交汇的部分，然后通过各种方式深挖细凿，清晰而且牢固地建构起四大框架，最终自成一系。

生命轨迹探索是丁建元非常重视的主题。生命轨迹虽然几乎是一条简单直线，从生命诞生开始一步步走向死亡，但人类却始终没有真正把握准这条直线，因此从文明人类诞生直至当代思想者们一直在探索着生命的轨迹及其延伸。丁建元虽没有倾注过多心血，但也在字里行间探索着生命的轨迹。《凡眼瞩望星空》喟叹：地球上的生命，即使几百岁的生命，还是会飘忽即逝。而且还有诸多天灾或者人祸导致人类大面积的生命沦丧。《冰堆下的船骸》借地震造成人类灾难思考："人是什么？人是一件容器。……人的躯体软弱而易碎。"《睹地狱》，写奥斯维辛集中营，写法西斯惨绝人寰的对人类生命的虐杀，作者感叹曰："地狱，人间地狱。"他犀利地写到，"奥斯维辛，成为人类地球上最丑陋的永不愈合的伤疤，永远在时空中痛楚。它拆解了信仰，夺走人们对世间的信任，把罪恶抵到了人性的底线和底限，这里是创世以来独有的魔鬼地域，它矗立在这里，匍匐在这里，它让所有善良的人为之惊悚，但也为后世的犯罪提供了范例甚至启示，……"丁建元不仅对人在残酷的自然灾害和人类暴力面前无能为力感到悲哀，并由此认识到：人类肉体的生命放在时空隧道，不仅极为短暂、弱小，而且十分无谓，不管是贫困潦倒还是荣华富贵，在宇宙长河里都渺如尘沙，要想延长人类的生命必须依靠延长人类灵魂的生命、精神的生命。

生命向度拓展体现着丁建元思考问题的广度、深度与厚度。生命向度是生命力量、价值及其影响力的场域。丁建元的散文特别注重人类生存的向度、厚度探索，将生命之本体、未来、期盼放在一个"场域"中比照，将生命的一般性存在与其存在的空间、辐射的境界进行理性拓展探索。《凡眼瞩望星空》由人类肉体生命的短暂想到人类对星空的瞩望，提出了更深刻更复杂的生命向度、厚度问题：生命短暂，大地永存，但永存的大地放在星空当中，却又何等渺小无定，同大地比起来，星空才无限辽阔、不可估测。作者设想，假如有一颗灾星，突然脱离轨道，冲向地球，人类又怎么能够守住这小小的家园？在此前提下，作者又深入思考：人们无法突破归土的命运定数，但人们对星空的瞩望使人产生了敬畏，正是这种敬畏才使生命产生出高尚、仁善与洁爱。生在浊世，命归尘埃，但人们希望能将灵魂送上星空，设想人类在那里筑建万灯齐明的殿堂，这星空中万灯齐明，隐喻着人类高贵精神至高无上的境界，这样一来，作者就巧妙而有效地将一般性的生命历程放置到了空间、时间及其组合的多维空间里，上升到此生之后的未来世界，由此便有了仰望、敬畏、涅槃、升华等超越世俗生活进入新境界的向度。

生命意义探究是思想家难以回避的话题，也是思想者丁建元探索的核心问题。丁建元的"新性灵"散文崇尚理性并诉诸理性，对生活中人们熟视无睹、司空见惯的事物独有敏感，或对人们很少发现和感受到的细节、暗流、潜质独有烛见，因此也就能对自然和人生有着深层的认知和见解，继而用看似寻常、简单的意象组合点染出生命意义与价值的深层思考，形成对生命由野蛮逐渐趋向文明、由卑下逐渐趋向高尚的立体化建构：纵线——劳作、创造、奉献；横线——良知、信仰、高尚。《根是一条路》里，作者写到了人们寻找落草的土地，在土地上安身立命，土地也因为人的勤劳而生产出五谷。于是，"人的身体与土地贴紧了，甚至合一了，或者说土地异化了劳于其上、耕入其里的人的身体，土地变成了人的无机血肉"。作者借写人与土地的关系，在凸显土地作为人的生存之根——生于其身、死于其身的同时，暗示了人类生存的部分意义：劳作、生产、创造。《潘多拉的影》中《临绝地》通过批判为了满足膨胀的欲望而疯狂掠夺和残酷杀戮的行为，表明"追寻生活的真理、拒弃生活的谎言"的态度。《虐杀与游戏》清醒地看到"良知永远守看着他的灵魂，然而并非所有的人都有良知"。提醒人们，尊重良知、把握良知。《缅希科夫在别廖佐夫》中缅希科夫临终前嘱咐孩子们"学会去死，别为尘世的空虚悲哀"表明一种超越肉体超越现世的情怀。《聆听》借马克思的言论表明人类应有的共同目标"使人和他趋于高尚"！这些文字又在探讨着人类在一般生存基础上的本体精神——良知、信仰、高尚等精神命题。

生命悖论思考作为终极体验展现了丁建元的眼界和胸襟。生命本身就是一个自我否定的矛盾统一体，一个悖论。从生命本我来看：生，都想活得好，但，不管活的怎样都必然向死；更重要的是，拼着命想活得舒适，却往往命途多舛，而向舒适迈进的过程本身又苦乐难分，等到得到舒适的条件时，却往往又无法真正享受常规意义上的舒适；而且生与死并非完全由自己掌控，"我命由我不由天"显然并不能确定是否是真命题。从生命与外界关系来看：看似人类正在主宰世界，实际上这是一个背反，人类不管是个体还是整体在主宰或者战胜外物、世界的同时，也在自我消耗而且有意无意之间接受反噬。《储藏室里的篮子》："他们用坏了一只又一只篮子，又提着一只新买的篮子，来来回回地装进、倒空，然后再去装进，再回来倒空。突然有一天，他直起身来，抬起头，平了下喘息，用手一抹额头涔涔的汗水，发现人生的某种东西被遗落了，忽略了。……但不知人们是否认识到。他使用篮子包括所有器具，其实也在使用着自己，消磨着自己。"美好的理想与残酷的现实，美好的人性与残酷的人生，坚定的信仰与悲哀的遭际，善良的初心与凄凉的结局，诸如此类在人的生命中残酷地纠缠在一起，难以割离。丁建元殚精竭虑，在人类思考几千年没有解决的这个哲学命题里面徜徉很久，虽不敢说已经得出准确结论却也努力想要获得真知。

丁建元说过："说到散文的'载道'，我对这'道'的理解是多元、多维的，是无数本质规律的错综混合。天、地、人，人是天地间的精华，人为天道地道命名并在穷究天地之理，我认为'万道'之中首要的是'人道'（人道主义）。文学是人学，而载的道就不仅仅是政道，更不是为某种理论、某时的需要来生硬的传道，而是以自我之心来思天地人生，以自我感觉来认证天地人生，己情、己性，化入作品，也就有了个性，无形中也载了道。""多道之中，以人为本！"北京师范大学教授博士导师张清华也曾概括丁建元散文的思想境界："他通过对个体生存悖谬与矛盾的思考，表现了他对人性困境的富有深刻社会历史内蕴的把握，在这里，他也展现了自己充满理想主义、道德精神和反叛情绪的人格理想。"

不管是生命轨迹、生命向度、生命意义，还是生命悖论，在丁建元的散文中都不是浮在空中而是立足于"入世"生活体验走向生命"终极"；而且更非简单触及，而是把它作为核心深入探讨，作为文学艺术的灵魂、人文哲学的本体来深究，并上升到人类学、哲学、宗教学等层面，发掘、凸显生命张力。

（三）"通觉"化——艺术空间拓展

一般意义上的"通觉"，又称"通感""移觉"，《当代中国修辞学》释义"通感"："有意识地将视觉、听觉、触觉、味觉、嗅觉的界限打通，彼此交错地使用起来，或者用这一种感觉代替另一种感觉。"文学创作中常常使用这种修辞手段以造成新奇、精警的表达效果。

其实从丁建元散文创作来看，"通觉"的范围远远超越一般修辞学意义上的"通感"，它不局限于一般感觉的替换、转移、融汇的修辞手段，而是除修辞手段的置换、融合外，还包括思维方式、艺术门类的贯通，还包括语言表达打破常规的"点化"而进入"立体化"——点画齐出，多向多面，使他的散文呈现出多层次、多向度：点上明确尖锐，线上清晰有力，面上多姿多彩，体上多面绚烂。

从感觉对象亦即题材选择来看，大千世界，宇宙万物，随物赋形，随情而动，不拘一格，不落俗套，可以是人、事、物、景、情、理，可以是虚拟的想象空间，可以是艺术画面的独特切入，或者是它们的组合；从感觉的思路、过程看，既有有头有尾的完整故事，也有或断或连的片段组接，甚至只是生活中的某一片段，可以是单线，也可以是多线交叉，可以一线贯穿始终，也可以旁逸斜出，延宕跳脱，感觉相渗，感慨相扣。从感觉方式看，既有视觉也有听觉、嗅觉、味觉、触觉，而且常将几种感觉贯通一体；从思维方式看，将形象感觉思维、抽象理性思维、瞬时灵感思维打通；从艺术体验来看，不仅将现实与想象贯通，将直观与玄幻沟通，还打破传统艺术门类的壁垒、界限，将音乐、美术、诗学等手段融会贯通；从语言表达来看，不拘泥于一字一意、一词一意、一句一意，而是尊重感情表达需求、尊重词语的表达功能，获取多元混成、多向多面的立体体验。

　　感觉的贯通是丁建元散文艺术创新的起点。感觉是多元的，人们写作时自然会根据不同的感觉体验获得不同的认知效果，而丁建元的散文创作不仅能把各种感觉元素游刃有余驾轻就熟地运用于写作中，更重要的是他能够打破各种感觉局限，将各种感觉打通，形成一个立体多元的感觉链，引导人们进入他所勾画的独特界面。《面包之光芒》中，作者这样写面包背后的黑色背景："当黑与光相遇的刹那，就会吸收光的活跃的微粒，使光线、光束波动、震颤着，把它明亮的乐音传入黑的内里，直到触及那幽深之处的秘底，让受蔽的意义敞明起来。"《泥哨》："气流猛地上冲，经过哨腔变成了一种凛冽粗野得有点儿悲壮的高音，闪烁着银片一样的晶莹，像被强蛮的弓弦绷向云天的羽箭，化作旋转的白云和阳光！"两段都自然地把视觉与听觉打通、贯穿。《废墟门》写老树"遭逢了太多的狂风，那树身全都歪斜地兀立着，树皮苍黑皴皱，疤痕累累。脱光了叶子之后，只剩下稀疏的枝柯，粗短的主枝盘曲、欹斜、扭折、横翘，以隐忍之态向四处伸张，又好像带着迟钝、犹豫，带着惊怵向天空伸出的手臂"。将视觉与触觉融合为一。《一把汤匙》"那金属上的芒，细密如刺，瞬间短长，银匙就如冰缝间长出的褪尽寒意的精物。它流线型的柄，从宽渐窄带着边纹伸延，然后括成椭圆形的勺头，如一枚卵形的叶子，反看又如一枚生自茎端的花苞，或者就是一枚绽放开的白郁金香的花瓣儿"。将视觉、触觉、嗅觉无缝对接。

思维的融合是丁建元散文实现艺术创新的关键。借助于将感觉思维、抽象思维、灵感思维融合为一来表现在生活的时间流和空间界里对人生的理性审视、启悟与沉思。山东师范大学教授、博导曹明海评价丁建元的散文："散文从主题意旨、主体结构和主要表现对象三者融为一体的整体特征的艺术体现。独到的哲理意蕴熔铸了散文既有的结构框架，使感性的表达形式为其理性的阐释和哲理揭示服务。"《凡眼瞩望星空》浮想联翩，作者将纷繁多层的理念注入浩瀚奥秘的星空具象中，创造了多向叠合的象征意蕴和深层的哲理境界。《橡树·种族·橡树》："不论大地如何震颤，严酷的风神从天上发出多大力量，也不论冬天多么猖狂，橡树总是巍然屹立，因为它的根扎进地泉之下，并且使土地丰腴而有灵性。对森林尤其对橡树的崇拜，产生了欧洲的宗教。"从形象到抽象再到涉及灵魂与灵感的宗教，自然过渡自然融合。不难看出，他的这些文字彻底打破了一般思维方式的界限，实现互通共融。

艺术的跨界是丁建元散文艺术融合创新的标志。为调动各类读者对艺术的感受、体验，进而理解作家对生活和艺术的认知、品鉴，作家打破艺术门类的壁垒，将文学的叙述、描写、议论，将美术的线条、色彩、构图，将音乐的音色、节奏、旋律等艺术元素交互使用、完美统一。从文学与美术结合来看，将美术与文学的共同特点发挥得淋漓尽致，最为典型的是讲究象征和暗示及虚实契合，那些被挖掘、吟咏的对象，往往在暴晒现实、透视心灵最隐蔽、最深层的同时，借助某种事物具象作为特定的情感、思想"触发物"，将其从单纯的指向意义拓展为更复杂的象征意义。《橡树·种族·橡树》："树上全是繁密的叶子，顶天立地丰满而自若，似乎在宁静从容地环顾着无垠的大地，依然透出英雄般的气度，如同恢宏的乐曲。"将文学的描写、抒情与绘画的描摹、象征贯通一体透出内在的情感与哲理。从文学与音乐结合来看：打破传统散文章法结构的拘禁，以充满乐感的"意识流动"手法，展开心理意念的阐释与透视，采用交响乐的乐章形式结构散文，情感的流动与语言的节奏仿佛音乐的回环往复。如《奏起生活意志的强音——写给梵高的乐章》。

文章分为"序曲""第一乐章""第二乐章""第三乐章""第四乐章""尾声"六节，表现梵高的坎坷人生和与命运顽强抗争的精神。"序曲"奠定总基调，每一乐章表现一个相对集中的专题，各个部分似在自由发挥，但都照应着、强化着主题。这种以音乐旋律来组织的文章韵律和谐，节奏感强，而且极富感染力。

表现的多维是丁建元散文艺术创新的外在、直观体现。多维空间的建构，是丁建元散文创新的尖峰所在。其主要体现为，通过各种感觉、思维和艺术手段，更通过语言的多向开拓、叠加反复，勾画出立体结构及其色彩的同时，表现出空间、时间的变化，展现出人物内心的情感状态及其演变，彰显出场景与人境的情感交流。《涛雏记》写只身闯关东的时间、空间、心理，"寒风呼啸，大雪茫茫，人在原野上，孤魂一般疲惫地游走、蹀躞。举目，无亲；再举目，还是无亲。冻云天，暮色地，雪压的屯子里，亮起了点点温暖的灯火，但那都是陌生的，没有一盏灯火是为他们点亮。"短短几十字，将一生情感倾洒在寒风呼啸的陌路雪夜，将万里空间冻结在一个小小的"雪压的屯子里"，将无尽期盼寄托在毫无温情、毫无希望的陌生灯火。短短文字将自然空间、时间空间、心理空间的界限打破，然后用融合到无法分辨的描写、抒情、叙事等表达手段进行重组，创造出全新的难分时间、空间、心理的多维空间。

打破语言传统与常规、强化语言的柔韧度与多维化是丁建元艺术通觉化的终极体验。一字一意、一词一意，一句一意、一段一意；一字多义、一词多义、一句多义，或多字一意、多词一意、多句一意，点线纵横，意义繁复。如评俄罗斯画家苏里科夫的画作《女贵族莫洛佐娃》："我信，所以我在；因为我信，所以我不在；我信，所以我自由；因为我信，所以我不自由；我不在，因为我已经属于了上帝。我不自由，因为我勇敢面对着魔鬼。"这段近乎绕口令的简短文字就是体现柔韧度与多维化的典范。柔韧度，就是耐咀嚼，越咀嚼越有筋道、越有感觉，此段文字就是这样：初看，是评画，咀嚼后发现是谈人生，再咀嚼发现在谈信仰。多维化，在于字里行间有着点、线、面、体，从一般意义上看：我、信、在、不在、自由、不自由、上帝、魔鬼都是具有单纯意义的点；稍加注意可以发现：我、信、在、自由等每个单词本身的意义本非单一化，每个字的本意和引申义都构成了线条，"我"不但是一个称谓，还具有"肉体存在"的"我""灵魂存在"的"我"等内涵，连接起来就是一条线：肉体之我——灵魂之我；同理"信""在""自由"也是如此。"信"：相信——信仰；"在"：客观存在——精神存在；"自由"：行动自主——灵魂超脱。又因为点和线的存在，无需刻意组合，一句自成断面，如第一句"我、信、在"三个字的表层含义和引申含义分别组成不同的断面；两句即成立体：由每句表层意义和引申意义形成四个以上的断面进而组合成体。这样的语言表达值得读者细嚼慢品，而且必须深入研读。

丁建元的散文就是这样，打破固化、单一化、封闭化、模式化的感觉与思维窠臼，不仅结构上从单纯走向多元，从封闭走向开放，更重要的是打开感觉、思维与艺术门类壁垒，不拘一格，随物赋形，随情而动，充分体现了散文形式开放、手法自由的天性，呈现出通达、立体、开放、多元的感觉与思维形态。

优秀的艺术家总是致力于艺术创新，但很少见像丁建元这样能在感觉、艺术、思维等方面勇敢跨界、融合实现创新方面迈出如此大的步伐，又能实现通透，几乎达到驾轻就熟、游刃有余境地的艺术家。

小结：丁建元"新性灵"散文瞄准世相与心态，瞩望人类的生存、生命与精神信仰，注重"本体思考"。不论是揭示世相或展放心态，摹画自然或谈论人生，续写生活或品评艺术，都传承"性灵"文学所倡导的抒写个人情感，出于自我而非人云亦云，而且将这种"载自己之道"从一般性"个人体验、个人思考"的层面扩大、发展，达到由我及人、由此及彼、由近及远、由小及大的抽象性、普遍性、哲学性、宗教性境界。而为了展现这种"本体思考"承载"自己之道"，作者又勇敢克服刻板、封闭、保守以及趋于死亡的模式化创作，努力开拓一种属于自己的创作方式和艺术场域，实现一种通觉化体验。惟其如此，也将自己对生命张力与艺术张力的深度挖掘推向极致。

丁建元坚定地探索生存与生命的本源，探索艺术的开拓与创新，最终通过对生命张力与艺术张力的深度挖掘，在散文观念、散文创作领域开创出"新性灵"散文这一新的流派，在散文阅读、散文研究领域开拓出新的空间，进而在文学史上奠定大江大河或高峰峻岭一般的地位。

四、乡土的就是世界的

丁建元乡土人物散文论

丁建元偏向于性灵、艺术、哲学、思考的散文多数都寻求一种自然而然超越普通阅读感觉的性灵化之路，在艺术上走通觉化之路。而他的乡土人物、自媒体散文则走出另一种路子：回归乡土、回归民间，以人道精神，世界眼光写沂蒙山好人的高尚行为、高贵精神，以土得掉渣却极接地气的草根日常话语写出生活在乡间好人们的日常生活。这样使他的散文真正走向全国、走向世界，符合"乡土的就是世界的"这个真理。

丁建元的乡土散文，早期有《眷恋黄昏》近期有《沂蒙山好人记》，早期的乡土散文诗意浓郁、哲理深厚，总体上属于性灵散文。近期乡土人物散文《沂蒙山好人记》，既有真实的乡土传统又有着自媒体和古典人物传记风格。

这部散文集的根本主旨是展现沂蒙山好人救助孤寡病残老人和残疾孤弱少儿、孝老养亲、助众致富等人道行为、世界精神，集中精力表现沂蒙山区好人即使生活困苦依然能够照顾、救助他人的人道力量与情怀、理想追求以及心理诉求。在现实生活中展现他们付出的艰辛努力与代价。诸多美好品德，作者虽然没有有意识与宗教挂钩，但却不自觉地暗合了宗教精神的三大品质：真善忍，和宗教的基本行为准则：与人为善，救苦救难，这是这部书具有世界性情怀的关键。

（一）沂蒙山好人的精神品质——《沂蒙山好人记》的主题。

这部书呈现了不同人群的心理维度，却体现着共同的的精神品质。29个好人，职业身份多样、出身性格各异。有中小学老师、个体户、地方企业家、普通村民和社区居民、乡村基层干部、政法系统的优秀干警、乡村医生及其他医生、家庭农场场长，等等，涉及社会的方方面面，但这些人物，却体现出一种社会全景的宏大视野、一种贯通全人类的精神境界。《沂蒙山好人记》，把这些人物的内心世界完整地呈现出来，让我们知道，一个个真实的人真实的想法。可以见出这些好人鲜活的人格力量和精神品质。

第一，这部书的出发点也是沂蒙山好人的共同精神——人道主义精神。比如，《还要谢俺爹》这篇，详细写了郭军见的发家过程。而发家后的郭军见，虽然实现了财务自由，却一度失去了人生方向，对自己的未来感到迷茫，险些走错方向。但在父亲的影响和引导下，他选择成立蔬菜合作社，带动当地乡亲种菜，发家致富。虽然这条路并不好走，但他坚持走了下来，帮助、带动了当地乡亲。在他的身上，我们真正感受到真实的、活生生的人的气息以及她身上传出的人道主义精神的来源。

《沂蒙山好人记》一批遭受天灾人祸身体残疾却身残志坚的人们，他们不仅坚强地生活而且在实现自我解困后，还寻找机会，救助社会更多身残孤苦的人们，他们身上体现出的人道精神及坚韧意志出乎我们想象，像保尔·柯察金一样让世界人民敬仰。

《我的右胳膊没了》实录了一个女孩从小聪明勤快，但在上班期间因为一个女孩无意操作机器造成他的右臂被机器绞掉，从此残疾，虽然经历很长一段时间身体的磨难和心理的悲哀，但最终打起精神，不仅学会很多手艺，生活自理，而且出嫁后夫妻两人开了印刷厂，经常帮助贫困和遭受灾难的的人们。

《眼不亮了心要亮》写一老人两岁时因"生痧子"没有恰当治疗，引起高烧，导致眼睛失明。但他不伤感，不怨人，利用记忆优势，不仅记住很多书上的内容还把村子几百户的住址都记得清清楚楚，帮助村子送报纸、送信、送快递，全都准确无误，期间遇到很多天灾人祸他就像《钢铁是怎样炼成的》中的保尔·柯察金那样坚强自力，在送报纸送信过程中帮助村里做了不少好事。还帮助村里其他残疾人，解除心结，处理事务。

第二，沂蒙山好人高尚道德本身具有的深厚传承和强大感染、巨大辐射是沂蒙山人民适应社会发展、整体素质升级换代的标志。这部书29个好人背后，既是这 29 个好人及所在团队——临沂市孤困儿童志愿服务团。也展现他们一步步成为好人以及背后包括父母夫妻儿女和其他社会力量、良好家风和社会优良传统支撑。关于自己感人事迹的口述，既是他们表现的动人事迹，也是他们几十年来走上这条道路的心灵史，其辐射广度、宽度、厚度，远非我们所能想象。这些好人并不是孤立存在，他们作为"好人"的表现，不刻意、不做作，是发自内心的。比如第一篇，写拥有熊猫血的中学老师谢春雨。他多年无私献血，不仅与自己所在家庭的良好家风有关，还与他的职业传统密切关联。通过他的叙述，我们看到，不止他自己，包括他的家人，也都值得尊敬。他们的善行，自然转化成了一种带动他人一同向善的力量。《愿天下无孤》上下两篇中，提到了以孤困儿童为主要帮助对象的徐军。他的周边有八九千同样心存善念的志愿者，成立了八九千人的志愿服务团。所以，这部作品讲述个体的故事，其实是在讲群体的故事，并且，这个群体，不止成员具有强烈的集体归属感，彼此之间互相影响，而且还在向外产生积极的、正面的影响。

人道精神与沂蒙优良传统熏陶的沂蒙山区好人群体齐心合力帮助孤独病苦儿童的事迹让人振奋。"我发起成立了临沂市孤困儿童志愿服务团，我是团长，从成立到现在，不过几年，就有八九千志愿者干这个事儿。""不要突出我，要突出我们这个群体，事情是大家干的，我不过是个组织者，也是临沂五千多孤困儿童的父亲。想到这里我很自豪。我们做这事儿不为名利，可是会议室里，各级部门的表彰很多很多，荣誉证书'奖状、奖牌、奖杯、锦旗'，三面墙都放不开了，我看重这些，因为这不是给我的，是给这个群体的，我要全部陈列，我们八千多志愿者。"

《愿天下无孤（下）》"志愿者发出祈请函，大家立即响应，有钱的出钱有力的出力有物的出物。两天后，二十六名志愿者来到小玉家，有的扛着铁锹，推着小车。大家戴上头套和口罩，围上围裙，给小玉家打扫里外，爬上屋顶给他们修房子。""接着，志愿者们捐款买来了衣橱、组合床和沙发等，有的从自家带来床上用品，给小玉家重新布置。床上给他们铺上褥子、单子、上边铺上凉席、挂上蚊帐。给小玉单独布置了学习的房间，放上新书桌、新椅子。"

第三，沂蒙好人的助人精神与爱心行为是世界性价值的标志，具有感染全人类、提升全人类品质的境界。沂蒙山好人，或者说临沂好人，实际上是山东乃至中国无数好人的代表。他们身上展现了沂蒙山人除了淳朴、善良、革命信念坚定等优秀品质之外的特点。救助孤苦病疾少年儿童的善意行为是人道主义行为也是世界美德，他们的行为、精神感染着更多好人。《圆他们的梦》："也就是从寄出第一笔钱开始，我就注意失学的孩子，后来注意贵州省的贫困少年，资助了那里三十六名学生。手续很正规，是我联系了贵州省妇联，这些孩子都是经过严格调查最后确定的，他们都填了表，贴上照片，学校盖章，最后是省妇联的钢印，然后寄给我，好多学生是少数民族子女，有苗族、水族、布依族、毛南族等，他们在偏远的大山里，很艰苦。"

面对突发危机不顾个人安危舍生忘死抢险救人的精神，是沂蒙精神也是世界精神。《车着火了》"我把手伸进去，从里面拉开车门，玻璃碴子把我的胳膊都划烂了，我也顾不上淌血，顾不上疼了，——到现在我这只胳膊也伸不直。一看小孩和我孙子差不多大，我想我非把你就出来！火越来越大，浓眼圈别在车里面，呛得我睁不开眼，我弯腰进去，把小孩一把把哦出来，一溜小跑跑到我的车上。放下孩子我又往回跑，我要救驾驶员，开车的肯定是孩子的妈啊。这时候，火更大了，我也红了眼了，豁上了，我想孩子太小，他不能没有妈！"

《碰上了就躲不开》实录临沂市郯城县码头镇埝上二村村民韩勤彩——靠卖菜养家的农村妇女遇到车祸舍己救人的行为。"……眨眼的工夫，我看见老人抱着孙子就站在中间，我一下子扑过去，一把抓住孩子拽过来，当时就听到嘭的一声，我什么也不知道了。""我当时不能动弹，不知道自己左右断了三根肋骨，颧骨、眉骨也断了，到现在眉骨还是断的，耳朵鼻子都往外流血，脸当时就变形了。""老人的儿子来看我，孩子的妈妈哭着对我说，婶子，感谢你救了孩子，你是俺家的恩人。""我说，孩子没事儿就好，什么恩人不恩人的，这不是碰上了，谁见了也得救，你好好照顾你婆婆。"这些好人舍己救人的事迹让人们感动敬佩。

分担亲人、夫妻、亲戚困难、分担痛苦、相互扶持走出困境的人们也是世界公认的人性善、美品质。《我给他捐肾》一对夫妻相爱相亲，丈夫却不幸得了尿毒症，妻子决定为丈夫换肾，妻子不惧危险为丈夫换了肾，换肾之后丈夫状态良好，妻子能坚持日常劳动，家庭生活又走向健康之路。亲戚之间能够像照顾自己人一样全力照应的感人事迹实际上是人性力量散发。《亲家就是一家》实录梁付华和她丈夫照顾贫病的亲家两口子和生病的儿子的艰难时光："从那开始，我就每天骑着电动车来到亲家那里，去了就给他们拾掇，屋里屋外，该扫的扫该擦得擦，再给他们做饭。""实在地说，我从来不烦，我也没觉得亲家是负担，我两头跑，就是让儿媳妇在外边儿安心，人家的闺女嫁到我家，成了我的儿媳妇，我就得尽心把亲家照顾好。"后来女亲家去世梁付华主持照顾后事，在整个过程中梁付华起早贪黑两头跑经常出现这样那样的灾祸，但梁付华都坚持了下来。一直照顾到亲家两口子及儿子病故。

自己富了带动全村甚至周边村庄富起来的好人更显示世界精神。《咱还是农民》表现临沂市兰陵县卞庄街道代庄村党委书记王传喜自己做生意发了财响应镇委领导的安排回村做书记，全心全意带领一个贫穷落后的乡村逐渐富裕文明并成为全县甚至全市的样板村、模范村，成为旅游，参观点。"这个靠近县城的穷村庄，让王传喜他们接过来，十几年间变成闻名全国的富裕村。代村建得比城市还城市，比田园还田园。排排新楼，栋栋别墅，村中广场，林荫道，果园，菜园，……村街整洁，左右看看，就会觉得这个村有着丰厚的经济实力。"

"时为春末夏初，代村田野里，满眼是成片的金黄的油菜花，花间小径蜿蜒，花海里有凉亭，有观光台。清澈的水塘里小荷露出尖尖角儿，圆圆的绿叶贴在水面上。那边是现代蔬菜博览馆，周边省市的大巴轰轰开到这里，旅游参观者络绎不绝。"王传喜的努力让所有观光者感到振奋、敬佩。

《追梦獐子崮》实录临沂市蒙阴县獐子崮家庭农场场长公茂田辞去工人职务，回乡绿化獐子崮，十几年工夫把光秃秃的獐子崮栽上树，种上花，种上各种水果，并修上路，打上井，使獐子崮不仅成为花园，而且成致富的源泉，公茂田致富后，又无偿的引领当地贫穷落后的乡亲发家致富：帮助他们移栽各种水果，培训他们技术，免费送给他们果树苗木，使周边很多村民跟着一同致富。

"绿化荒山，现在和上边的政策完全合拍。有人说我看得远，咱哪有那么神呀，咱就是沂蒙山人的性子，看准了就干，牛脾气，牛劲头，不把它干好不算完。……老辈人给我起的名字没起错：公茂田。"

文集《后记》补记的很多好人也是世界共通美德的典范，其中高文中是自己富了带动村民的范例。

"高文中自主创业，他辞去公职，下海经商。""几年后生意有了起色，高文中开始回报家乡。他的家乡是个穷山村，至今在他房间里挂着放大的照片，高高的秃山梁下，是小小的村子，山坡上是一溜一溜贫瘠的梯田。两片柏树林，还是几十年前他当村支书的父亲和乡亲们栽下来的。老高出资为村里修路架桥，打了两口水井，从此结束了百年缺水的历史。谁家里有困难他就帮，二十多年里，每到中秋或春节，他都是车载着大米白面和花生油，还有棉衣棉被，送给村里所有的老人。他办工厂，首先从自己村里招工。因为贫穷或别的原因，村里好多青年是光棍子，有的是四十多岁的老光棍子，高文中把他们都招到厂里，安排他们做适合的工作，然后再张罗着，托人给他们找媳妇，慢慢地，这些人都成了家。"

沂蒙好人付出的牺牲与代价让读者既感动又痛惜但更多的是让人们对他们的美好品行充满敬仰。

全心全意做好人付出巨大牺牲与代价：经济上和时间上援助孤寡老人及孤困残疾儿童，自己的孩子照顾不够引起孩子误解或孩子有病没能及时照顾留下这样那样的后遗症都让人心灵震颤。《圆他们的梦》"我们资助这些孩子，十几年也有六七十万了，我们的孩子开始不理解，看着同学都穿的很好，有的还穿名牌，回家就埋怨俺俩，使小性子，老孟他光笑不管，我就哄他们，到外边买打折的冒牌衣裳，反正小孩子不知道，好糊弄。"《我就愿意干教师》"我最愧疚的，是对不起我的大女儿。我忙学校里的事情，对他还是粗心，他得了脑炎，送医院送晚了，昏迷了整整五天，当时医生就说孩子恐怕要呆了。但是很庆幸，没有，可是他的智力受到影响，听到声音就害怕。他就在我们学校学习，有一次我到教室里去领她，看到他一个人坐在座位上等我，脑袋伸到桌洞里……（哭了）她是害怕。"

全心全意做好人辛苦忙碌的生活必然影响到家庭生活。由于很多事情要做，特别忙碌，很难有时间照顾亲人、父母，心里总有着某些愧疚：《我最喜欢红霞》"母亲比我大两旬八十多岁了。我回到家里，看着俺娘又老了很多，我这当闺女的，对她没尽多少孝，心里就觉得愧疚。我说娘，我给你梳梳头吧。"

"当娘的明白闺女的心意，知道我干的这事儿不容易，他看看我，微笑着说走吧，忙这个样儿还回来献殷勤，快走快走。我好不容易回趟家，每次待不上半天，娘就这样撵我，可是我不回去她就想我，对俺弟弟俺妹妹老是念叨。"

忙碌的生活挤掉夫妻交流的时间，失掉了夫妻感情，本来平和圆满的家庭，最终导致夫妻分散："我离婚了，四十岁时我和他离了婚。原因……我实在太忙了，敬老院里几百个老人，还有几十个孩子，里里外外我一个人，回到家里身心疲惫。我说，咱们有个女儿就行了，如果再带孩子，敬老院怎么办？""他在别的镇工作平时我们各忙各的。有一天他回来了，很平静地说咱们离婚吧。他提出来了，我很难过，我说咱们成家不容易，不看我们的感情也要看孩子，女儿懂事儿了。他说我的心思你也知道，我们好聚好散。"

当然，沂蒙好人得到的回报让人们心里慰藉、温暖、明亮，证明"好人总有好报"的道理也让人们对做好人充满希望。《我最喜欢红霞》写红霞救治张桂丽"那是 2011 年，张桂丽突然来镇上找我，是爷爷领着她来的，进门姑娘就给我跪下了，之前我就知道，她患有严重的心脏病，因为喘不上来气，脸憋得发紫从小就这样家里人一看治不好，也就放弃了。基本上是把她扔了，就跟着八十多岁的爷爷。"爷爷和张桂丽求告红霞想办法救治张桂丽，红霞找到临沂的各大医院，然后千方百计找到省医院专家，终于等到省医院的专家通知，外国专家访问省医院，能给张桂丽做一台只收外国专家手术费一万元、其他免费的手术，专家的手术费张桂丽和他爷爷拿不出来，红霞帮助拿上手术费，"手术后，姑娘完全康复了。理家做活儿都没问题。结婚后生了两个孩子，她对我很孝顺，开口就叫我妈，我们就是母女关系。我母亲病了，她说妈你工作太忙了，我来照顾奶奶吧，我母亲就是她照顾的。"

很多文学作品，在挖掘沂蒙山区的精神资源时，往往只强调和凸出红色精神，挖掘红色精神本没有错，但忽略了沂蒙山人的另外一些高贵精神。沂蒙显然已经不是原来那个穷困落后的沂蒙，也不再仅仅具有红色精神，经过改革开放几十年发展，新时代的临沂，已经发生了翻天覆地的变化，人的精神也由红色精神和历史优良传统辐射、繁衍出更多符合时代变迁、社会发展和世界共识的人文精神，人的思想、生活等等方面，都在发生巨大变化。这种变化，有着非常重要的历史意义。这些好人身上体现着这种变迁，他们往往小时候家庭贫困，赶上了国家高速发展的快车，得以摆脱贫困，乃至发家致富。在经济条件好转以后，他们产生了回馈社会、造福乡里的想法。这并不是说，只有经济条件好，才做好事，比如《都是应该的》这一篇，写农村妇女张付香。尽管她家庭条件差，但并不妨碍她对亲人的关爱，并把这种关爱做到极致。但经济条件好，更方便做好事。所以，这部书中，以第一人称"我"所讲述的，横跨十几年乃至几十年的故事，也是沂蒙山人改革开放以来，物质与精神共同成长的故事。他们的成长，在某种意义上，也是临沂的发展、临沂现代化进程以及走向世界并具有世界精神的一种侧面见证。对于刷新外省及世界各国读者对沂蒙山区贫困落后的认识及临沂人精神境界更为开阔、宽广、高贵的实质，显然有着巨大作用。

总体而言，这本书的意义，不止在国内传播正义善良的美好道德，而是确确实实地告诉我们，在临沂有这么多实实在在的好人存在，从人的心灵维度到在实践中展现的品质，具体展现着沂蒙山区，这些年来的发展变迁，以及沂蒙山区人民传承的优良品质，这些品质显然具有世界性意义。

（二）朴实、真诚接地气——《沂蒙山好人记》的艺术风格

《沂蒙山好人记》以人道主义精神、普世观念架构全书，框架结构极为简朴、利索。开篇有十几或几十字的好人简介；正文是主人公的回忆介绍，一般平铺直叙主人公回忆展现沂蒙山好人付出的辛劳，展现乡村人们的追求。最后有一百字左右侧记，白描受访人物或采访环境。

　　1.记录的人物全是乡土人物，或者回到农村教书、创业、从政的乡村之子。"文章采用人物自述的形式，体现真实感和亲切感。这些人都出生在农家，几代草根，有许多成功者，但不忘初心，保持本色，他们的建树朴素自然，而且有意无意地淡化自己，尤其有几位，经历了许多酸辛往事，不愿重提，他们把过程和细节都省略了……因人物、事件、和文本的要求，甚至怕因为文学性而造成失真，尽量保持如同期声的语感，多写具体事，不修饰，少议论，使故事原生态，让朋友读者品味。"（《后记》）他们的思想有传统伦理的形塑，但都超越了传统伦理。因为按照传统伦理，他们无须照顾亲家、上门女婿在离婚后无须留在当地照顾岳母，无须领养那么多失孤的孩子。所以说，这些人物具有人道主义精神，他们本着良心、善心做事，不为名利。像乡村女教师刘艳丽：我做的这些事情，都是孩子们的疼点，我不想把对我的表扬建立在这些疼点上。

　　丛新强说："丁老师写了一些让人感动的人物，那种感动是无以言表的。那么多的细节娓娓道来，没有情绪化，丁老师在写的时候，感情是很充沛的，但文字比较客观冷静，克制了自己的情感，如果不克制的话，这个书是写不下去的，就是用一种非常克制的笔法来表现一种特别充沛的情感。"

　　"丁老师的书里有很多的民间智慧，那些民间好人里边，除了民间伦理精神之外，确实还充满了很多的民间大智慧，没有这种智慧，他也坚持不下去。像那个徐军，他从个人做慈善，到成立爱心组织，里面有一句话，'没有真心养不了别人的儿'，印象深刻。每一天中都会出现，就是为了天下无孤。这都是一些打动人心的地方，就是用生命唤醒生命，救助者是让人感动的。那么，被救助者其实也同样让人感动。这些好人不仅有很多的觉悟，而且都很聪明，就是民间的一些智者。一开始是从物质提供，后边才讲到怎么样呵护一种心灵。丁老师的这本书中，包括写母爱的也非常多，家庭的各种伦理关系，涉及的很多行业，做生意开公司的、回乡致富的、敬老院的院长、公交车司机、中小学的教师、法庭的厅长、乡村医生、捐肾的夫妻、上门女婿、代理妈妈、去武汉支援疫情的护士、照顾 30 多年的闺女等等，这些都是丁老师发现的民间所存在的大爱。"

2.语言，走向民间、走向乡土。乡土人物是全书素材、书写对象，因此，在作品集中，表现沂蒙好人的生活都是来自最简单的生活，真实自然，叙述朴实无华干净利索，人物对话保持本色，全部来源于乡间口头语言。真诚所以感人。何瑛说："这本书就是一种'退场'的叙事。而这也加强非虚构文本的感染力。这些故事本身已经足够有感染力，于是丁老师非常敏锐地明白华丽的辞藻都应该退场，故事本身可以散发出山林的清新，泥土的芬芳。"

独特、朴实简练朴实的语言、真诚的叙述，传神的表达，为生活在沂蒙山平凡而又具有非凡人格力量的好人造像，体现一种向善的、有情怀、有人文关怀的写作立场，捕捉人物内心的波澜起伏，透彻书写人世间纯良朴素的大爱。在展现人性、人情的温度、人性之美的力度、现实生活的本真和深度等方面，都非常出色。从"人"出发，注重人物细节和生活真实，坚持人道主义精神。《我就愿意干教师》全篇因为都是真实生活叙事，所以字里行间传递的都是感人肺腑的故事。《愿天下无孤（上）》："顾圣妍把晨宇抱起来，可是，孩子不理她，眼神空洞，一点儿表情都没有，话都不会说，每当顾圣妍回想起当时的情景，就禁不住流泪，她说就感觉我们对不起这孩子，那种痛，没法说!!""顾圣妍要把晨宇带出去让他受教育。不然这孩子就毁了。可是爷爷不理不睬，听要动孙子的心思，坚决不同意，儿子不在了，孙子是家中唯一的香火，不能离开自己半步，他不相信自己命这么苦，还会碰上这样的好人。"

顾圣妍他们不放弃，每周去看晨宇一次，带上吃的用的，帮爷爷照顾孩子，反复地和老人沟通，告诉他服务团是干什么的，为什么这样做，来来回回半年多，爷爷才同意让顾圣妍把晨宇带到她家。因为行为有自然的高贵，故真诚纯粹，叙述和对话全是口语，朴实无华又人性化接地气。有的作品全部用主人公的个人回忆。像第一篇《我是熊猫血》全文写主人公因为血型特殊，需要时很难找到同型血型，他把义务献血、救人生命作为人生义务和责任，并且把这种高贵品质作为教师的职业道德："说心里话，我不太情愿被采访，我做的这点儿事儿，没有什么可说的，就是献点儿血，这就是救人急，救人命的事儿，可做了也就是应该的，别的都不说，咱还是人民教师，总得记着为人师表来"。朴实无华的语言中含着真情实意。

《我最喜欢红霞》"我老家就是本地车辋镇的，是顶我父亲的班，从农村到了镇上，在镇政府做打字员，干了几年后，有一天，镇上对我说，崔侠，看你这人脾气怪好，去分管残联，说完了，就把办公桌从这屋搬到那里。"对话中不管是语法习惯还是语汇多见临沂方言，亲切自然。

3. 开头的介绍和结尾的侧记抓住重心叙写感受十分利索，干脆到位。语言简朴而又富有内蕴，思想有深广度且诗意悠长。

"侧记"更像《史记》中的太史公曰，既包含着评价，也是对人物形象的补充。往往在简单的描述中表达真情厚意，透着浓浓的诗意。正文从不直接表达作者的感受和见解，只在侧记中通过真实的描写透露作家的感受，也像《史记》的格局。

《我就愿意干教师》"德玉穿着很破，我就给他买衣服，十多岁的孩子，居然从来没有穿过内裤，我把他领到我家，让他和我女儿一块儿玩，我也和他聊天儿，一年四季，我都给德玉买衣服，慢慢地，他变得活泼了，上课的时候总是坐得很直，教室里打扫卫生他特别仔细，边边角角都不放过。"《我就愿意干教师》开头简介"刘艳丽，郯城街道唐桥小学教师，国家二级心理咨询师，临沂市孤困儿童服务团志愿者。"结尾侧记："唐桥小学是一座美丽的山村学校，山峦三面重叠，云气缭绕，一座整洁的教学楼板，对着平阔的院子，垂柳白杨，鲜花盛开。快乐活泼的孩子们，下了课就在教学楼前欢蹦乱跳，兴奋得嗷嗷喊叫，无数的童子音明亮清脆。"

"年轻的刘艳丽老师，细高个儿，披肩发，带着白框眼镜，文静地坐在对面讲着，右手里拿着面巾纸，说到动情处就托起眼镜，轻轻地擦眼泪，然后轻轻地说，不好意思，我忍不住……"

"我突然想到，刘艳丽的故事，完全应该拍成电影，名字就叫《山村女教师》。"

开头小记介绍刘艳丽，正文是刘艳丽的自述，结尾表达作者的感受，全文真诚自然。

《俺就是他们的妈》：叙述曹广玲收养了 11 个孤苦儿童，比抚养自己的亲女儿还尽心尽力，个个培养得活泼灵动。《侧记》白描曹广玲："曹广玲四十多岁，婀娜而立像个舞蹈演员，白皙的修长脸，匀净的额头，细眉大眼，几乎到腰的披肩发柔顺黑亮。她也会打扮，因为自己就是卖服装的，卡腰的红色短褂，黑色的滚边儿，圆领盘口，到脚面的黑裙子，平底红绣鞋，鞋帮上绣着牡丹。"

《追梦獐子崮》侧记："在獐子崮山腰看，往东、往南都是崮。东边山顶上两个，像蒙古包，叫大崮、小崮；南边山上一排，扁扁的，叫板崮；西南面拿一大一小叫油篓崮，真像油篓；再往西叫龙须崮，细溜溜像龙伸出的须子。獐子崮在山洼间偏西北。"

"后峪子村坐落在很大的岭上，高高低低是错落的宅院，红瓦房旧了，但村民早就不在这里住了，空房子成了村办工厂。参天大树，街两旁月季花鲜艳盛开。站在村中的街上，可以看到周边的山峪。从前的荒山秃岭，如今全都是树林和果园。村北最高的大崮山郁郁葱葱，那是村里的李子园。"简短的侧记情感内蕴，深厚绵长。

祁春风评价《沂蒙山好人记》："我觉得这部作品文体很独特新颖，是中国史传传统的创造性转化。不同于常见的报告文学写法，也不同于现在的非虚构写法。主体部分的人物自述和文章结尾的作者侧记相互补充，给好人立传。绝大多数作品都是采用主要人物的第一人称叙事，也就是'人物自述'的形式。人物用质朴的语言讲述他们的人生经历、生活的艰苦，以及他们充满良善、勇气的行为。读者仿佛和人物直接对话，原生态的语言和生活迎面扑来，让读者沉浸在他们的故事里。人物的谦虚、质朴、带有方言词汇的语言与他们不平凡的善举、壮举形成张力。这部作品不仅写出了人物的真实的生活图景和人生经历，而且写出了人物的精气神，刻画了人物精神肖像，体现了作者深沉的人道主义精神和人文关怀。真实性体现在没有拔高人物形象，没有夸大他们的事迹，写出了他们质朴的思想、内心世界，甚至心灵创伤。而作品的命名方式，常画龙点睛，凸显人物的精神气质：都是应该的，咱还是农民，我就愿意干教师，亲家就是一家，我不当娘怎么办，当儿就是这样，俺就是她们的妈……"

　　总之，《沂蒙山好人记》从现代精神与传统道德中寻求支点，又将沂蒙山区发展与人道力量有机结合，从传播的精神来看一切都是建立在人道主义与世界公德基础上，具有明显的时代性与世界性。将文学性与新闻性、将散文与自媒体文章有机结合，开创了文学创作的新路数、新局面。以简单明了的架构、朴实无华的文字、乡村口语、民间方言传递乡土情怀，进而走向全国，走向世界，真正实现了"乡土的就是世界的"这一文学原则。正如刘军所说："《沂蒙山好人记》，都是从人性的角度找到切口，说人话，不是说官话，也不是说套话。无论是哪种语言，体现的都是在说人话。……他在语言、行文结构、题材上，一直在追求突破、在探索，在创新。"

瞿旋论：笔力雄浑寄意深

任相梅

瞿旋小传

瞿旋，1956年出生于山东日照，先后当过工人、史志工作者、市文化馆创作员、市文艺创作室创作员、市文联创作员。1991年毕业于山东大学作家班。中国作家协会会员、影视剧编剧、文学创作一级。曾任山东省作家协会全委会委员，省作协军事文学委员会副主任，日照市作家协会副主席、秘书长，市作协长篇小说创作委员会主任等。在文学创作与影视编剧领域颇有建树，先后荣获日照市德艺双馨中青年文艺家、全市十佳文化工作者、全省文联系统先进工作者称号。并多次获日照市精品工程奖、日照市文艺奖。

文学创作方面，1986年在《柳泉》杂志发表处女作、头条中篇《路就在你脚下》，开启文学创作之路。先后在《中国作家》《江南》《时代文学》《柳泉》等刊物上发表长、中、短篇小说多部（篇），1997年中短篇小说集《海上的风》由百花文艺出版社出版。其中，中篇小说《港上的风》获山东省新时期工业题材二等奖。2002年，长篇小说《惊天动地》发表于《中国作家》第9期，同年由长江文艺出版社出版；2004年，长篇报告文学《苦门里走出的博士兄弟》，由山东友谊出版社出版，获山东省齐鲁文学奖；2005年，长篇小说《大改制》发表于《中国作家》第6期，同年由中国电影出版社出版；2006年长篇小说《侦察连》由长江文艺出版社出版，获山东省"五个一"精品工程奖；2009年长篇小说《武训大传》由长江文艺出版社出版，获山东省"五个一"精品工程奖、山东省泰山文艺奖。

影视编剧方面，1993年担任编剧和制片人的电视剧《港上的风》，先后在中央电视台一套、二套以及山东电视台播出，该剧剧本在《影视文学》1994年第3期发表，并于同年3月获山东省电视单本剧三等奖；1997年电视剧故事《靠山村里的年轻人》发表于《影视文学》，获山东省泰山创新奖优秀奖第一名。

主创电视剧《民兵康宝》自2015年全国多地播出；主创电视剧《我叫苗金花》自2015年在广东南方卫视、天津电视台播出。参编电视剧《大刀记》自2015年在中央电视台、山东卫视、黑龙江卫视及全国数家卫视多次播出。2019年由《侦察连》改编，与束焕合作编剧的长篇电视剧《胜利日》已杀青，因出品方小马奔腾影视公司破产，发生产权纠纷暂时搁置待播。

瞿旋认为，"真正成功的作品，都要归结于文化底蕴的储存。"他自觉地把文化价值尺度作为衡量作品成功与否的标准。因此，瞿旋既系统了解康德、叔本华、尼采、萨特、索绪尔、德里达等人的哲学思想，也阅读不少蕴含现代、后现代主义思想的文学作品；既深入了解《论语》《中庸》等孔孟圣贤的儒家思想，又阅读了大量深受读者喜爱的畅销书，并结合个人创作实际，逐渐形成了自己的创作特色和创作风格：坚持主流思想和主流概念的同时，自觉传承儒家思想等优秀传统文化，不排斥现代、后现代思潮中的合理元素，并注重吸纳当下鲜活的文化现象与文化符号，注意捕捉活跃于网络时代的现代语素与语码。在这一创作思想的引领之下，瞿旋立足海滨城市日照，书写了鲁东南山乡、海港、渔村和企业的历史变革与现实生活，企业改制、农民上访、渔民转型等丰富多彩人物与事件跃然纸上，具有浓郁的地域色彩。在如何把握和表现时代生活、如何深刻体现群众丰富的思想情感变化，特别如何对当下的现实生活作出积极的回应等方面，瞿旋进行了可贵的探索，触及了诸如生存艰辛、贪污腐败、生态恶化、精神困境等许多现实问题，取得了不小的成绩。

日照所处齐鲁大地的儒家文化成为孕育瞿旋小说创作的精神沃土，不论是行乞办义学的武训、农民出身的传奇士兵许传领，还是国企改制的先锋人物史方正、有智谋敢担当的政府官员商京，他们身上都无一例外地闪烁着大仁大义、大智大勇的光芒。瞿旋的作品深入生活底层，敢于直面现实，直面矛盾，写出了急遽变动中的社会万象，以及生活湍流中沉浮搏斗的各色人等，体现出强烈的现实主义精神，自始至终都贯穿着作家真实、坦率的思索和追求光明、维护光明的勇气。某种意义上，瞿旋的创作既是精神的返乡，又是历史的守望。而日照正是瞿旋的文化记忆和精神原乡。

一、故乡的隐匿与浮现

瞿旋的作品因扎根故乡日照而饱蕴感性、灵魂和血肉，既有思想的穿透力，又富有诗性和叙事性。创作于 1980 年代的中篇小说《路就在脚下》把一个特殊历史横段面上人的多向性追求以家庭的形式展现出来，其中传统观念与现代思潮的剧烈碰撞，大公无私与自私自利的鲜明对照，开放思想与保守心态的激烈交锋，在一家三兄弟的不同人生选择中复杂而深刻的展现出来。《海上的风》中，铁血汉子刘保民背负着沉重的十字架，奋斗在历史的航船上，他的改革阻力不可谓不大，既有明枪暗箭，亦有无形圈套，这些负面因素地显现既是历史陈腐的遗留，也是人性阴暗的羁绊。小说结尾，刘保民的改革事业虽然成功了，他却被迫进了囚房，但这丝毫无损他的人格魅力。《一把好手》在诙谐、幽默的氛围中，讲述了善良、正直的小商贩曹得宝与心狠手辣、欺行霸市的供销员张敬环在贩运海带中斗智斗勇的故事。人物语言生动活泼，人物形象惟妙惟肖，故事情节引人入胜，展现了作家精巧的故事架构能力。

创作于1990年代的短篇小说《情感》以"我"的情感经历为线索，深刻地发掘了"文革"后期政治意识形态对人的心理和精神的深层影响，及对人们情感、工作和生活的全面渗透和控制，暗含着血与泪的无声控诉。《大势低迷》非常巧妙地把主人公成元的恋情、炒股票和文学创作三件似乎毫不相干的事件关联在一起。股票市场的波诡云谲、阴晴不定，恋爱的相爱相守却不能步入婚姻的尴尬与失落，文学创作光环消散后无路可走的迷失，都给人以沉重、压抑和窒息的感受，它们共同构成并造就了成元人生的"大势低迷"。《孤漂》是瞿旋小说中最为独特的作品，既没有跌宕起伏的故事情节，也没有恢宏磅礴的气势，仅仅通过一艘漂泊在茫茫天海之间的孤独船只上的人物行为与人物关系来展现人性的"善"与"恶"，体现作家对秩序、平衡等生存法则的探索，是一部哲理性超越文学性的中篇小说。《故土热风》是较早书写日照市企业改制的中篇小说，小说中海曲市副市长方信试图在全市工业系统大力推行承包制，以"三大能人"李建国、甄锋和郑全禄所在的企业为试点全面推行机构改革，由于家族关系的盘根错节、同僚拉帮结派的挤压、企业内部互相倾轧以及守旧思想的牵制，改革遭遇了诸多挫折与磨难，小说中的主人公或身陷囹圄或突然死亡，只有头脑灵活、心思细腻、做事果敢的改革者李建国突围而出，郑重吹响了改革的号角。

创作于新世纪的长篇小说，瞿旋一方面力图对现实发言，对转型时代复杂的现实生活迅速做出审美判断，如《大改制》《惊天动地》；另一方面在探索如何将优秀的民族文化精神及其传统如何转化为文学创作的精神资源，如《侦察连》《武训大传》。这些作品既有工业改制小说、新乡土小说，也有战争小说、历史小说，无一例外地延续了瞿旋过往的创作风格，哲理性的文采、沉甸甸的诙谐、充沛饱满的情感、巧妙构思的情节，以及丰盈流贯的精神气质，都得到了淋漓尽致的发挥。这些长篇小说不仅具有完整的故事和贯穿的意义，而且塑造了诸多个性鲜明、令人印象深刻的人物形象，明快而凝重的语言风格也为作品注入了强硬的力度。《大改制》围绕着推进大型国有企业改制时各种力量的纠缠与博弈展开，从政府到企业，从高层领导到普通工人，在种种利益的支配之下，发生了阻挠改革推进的一系列惊心动魄的事件，既揭示了改革的艰难与不易，更塑造了史方正这一激昂、果决的改革"引领者""开拓者"形象。《惊天动地》从反腐败入手，深层次地挖掘农民文化的潜在力量和本质，提出了农民文化、封建文化和腐败现象的同根性这一尖锐命题，既写出了中国乡土现代转型的艰难性和曲折性，也揭示了当代农民的精神建构问题和新的精神个体的成长的急迫性。《侦察连》以山东兵团的成长为背景，讲述了一群憨厚朴实的农民兄弟扔下锄头，毅然参加八路军并迅速成为主力部队的经历。小说在写战争的同时，有意从社会学、地域文化学等角度表现山东人智仁忠义、坚毅刚强的品格。《武训大传》在叙述武训生平事迹时，旨在将武训悲天悯人的情怀、至仁大义的精神和金刚无畏的志量介绍给读者，因此突出了武训"善、慧、勇、俭"的品行特征，写出了武训行乞兴学成功的必然。惟其善，才能品格卓立，以不学之身，立下宏愿，教泽千秋；惟其慧，才能继美先哲，以行乞之力，动众化民，广布教思；惟其勇，才能忍辱苦行，而创成德达才之业；惟其俭，才能惟精惟一，而遗淑人寿世之泽。

二、《武训大传》：生命的力量与心灵的向度

清朝末年，外忧内患，民不聊生，逢到蝗灾、大旱、瘟疫等灾年，百姓更是生活在水深火热之中。在此情形下，社会不同阶层、不同群体的有志之士都致力于重建公正合理的人间秩序，变"天下无道"为"天下有道"，不止朝廷庙堂之上有维新派与守旧派、洋务派与顽固派等流派纷争，乡野江湖之间如武训生活的鲁西北一带也是如此。

小说《武训大传》中，杨太、宋景诗等八卦教黑旗军首领，眼看着老实安顺、但求温饱的百姓屡屡遭遇官宦叠压、豪强横行，意欲揭竿而起，反抗

官府暴政，改朝换代；杨明恭、章信斋等地主富户恪守"得君行道"传统，寄希望于朝廷官衙，积极组建乡勇、编办团练，防范贫民暴乱；杨书远、娄崇山、武奉贤等乡间士绅不赞成流血牺牲，希望通过缔结村规乡约，令百姓遵规守制，保一方物丰民安；武训则认定唯有人人读书识字，知理明礼，方能天下太平。处于百年未有之变局的动荡变革时期，缘何目不识丁的武训独具慧眼，颇富前瞻意义地认识到教育的重要性，而自觉踏上行乞办义学的"觉民行道"之路？以赤贫之身，历经38年创办3座义塾，武训又是如何做到的？《武训大传》中，作者瞿旋在田野调查并在充分占有史料的基础上，最终确定了武训经由"心悟"一途不断突破自我，并忍辱苦行最终实现创办义学的宏愿这一叙述架构，对行乞兴学这一亘古未有之异事给予了富有说服力的文学呈现。

（一）忍辱苦行创办义学

武训生于鲁西北堂邑武家庄的一个贫苦家庭，自幼丧父，乞讨为生，求学不得。去章家做杂工，成为武训人生中至关重要并富有转折意义的事件，对他人生路向产生了决定性影响。一是，有幸受到饱学之士刘士吾的亲炙，特别是"至诚尽性"与"人人皆可成圣贤"的观点对武训影响极大，为他实现"心悟"突破奠定了基础。后来，武训行乞办学正是以"至诚"为宗旨，以"尽性"为体用，以己之至诚善心感召千千万万颗善心。二是因不识字被诬为赖账并遭毒打，激发了武训义无反顾兴办义学的决心和勇气。徘徊在死亡边缘的武训发出大哉之问，"庄户人家不识字，就该一辈一辈、不吭不哈地任人欺，任人宰吗？"痛定思痛，武训认为唯有兴办义学，人人读书知理才能教化众人，净化风气，实现世世代代的公利公义。自此，武训高唱着"我开口，你出钱，合伙办个义学院！你修心，他行善，明日个个成圣贤"的"要饭歌"，斗志昂扬地踏上了兴办义学这一永生之路上。

除了武训娘和刘士吾相信武训办义学的虔诚和决心，其他人多持怀疑和否定态度。一般人如武奉贤、宋顺孩等都觉得武训一时冒出个痴想，靠行乞办学注定徒劳无功，不可能办成义学；杨书远、娄崇山等人尽管从武训的谈吐见解以及吟唱的"要饭歌"中听出诸多合乎圣贤大道的意蕴，对他办义学仍不免持怀疑态度；章信斋、焦明义等人则认定武训是个打着办义学的幌子骗钱敛财的奸诈之徒，"要饭歌"里所唱的"人人能读书""个个成圣贤"是妖言惑众，办义学更是毁纲常乱天理的大恶之行。即使一直伴随着质疑和反对之声，武训却毅然决然孜孜于兹。对21岁的武训来说，行乞之路，绝非坦途。受人冷眼，看人脸色，忍饥挨饿，风餐露宿，是常有之事；被恶语相向，拳打脚踢，百般侮辱，亦司空见惯。对此，武训却丝毫不以为苦，忍人之所不能忍，行人所不能行，归根结底是因为武训胸怀"兴办义学"之大志。别人的行乞是为了满足私心私欲，受到不公或挫折，难免灰心丧气、怨天尤人。武训却不同，他既不是为了个人享受，也不是为了满足任何其他世俗的愿望；他行乞的"义之所在"只是为了"办义塾，让穷人的孩子也能上学"。正因此，只要有助于"办义学"这个宏大深远的目标，哪怕历经艰苦卓绝，武训却不改其志。

更进一步，得益于长年累月的"心悟"，武训的心性不断觉醒，悟性不断提高，他一开始便把行乞看作是"你修心，他行善"，积攒众人的善心善念合力创办义学院的过程；这一过程中经历的种种，也自然看作助力自己修行的顺缘。当杨书远询问他"恐怕行乞一辈子也未必能办成义塾，能吃得了这个苦"时，武训毫不犹豫地回答"善养在心里，使在外边，是享大福，怎么是苦？"武训把所遭遇的种种误解、讥讽、谩骂、指斥、怀疑、打击，所经受的种种劳累、艰苦、辛酸、悲痛、压榨、诬陷，统统当作修炼心性的种种功夫。因此，"行乞"这个常人眼中卑贱、辛苦的、贫困的行当，在武训这里却是高贵的、安乐的、富足的。可以说，武训虽然过着颠沛流离的生活，却实现了"食无求饱，居无求安"的自在逍遥。因为心性的通达，武训已把行乞的"苦"转化为修心的"乐"，然而却不能否认武训行乞生活的不易。为早日办成义学，武训费尽心思琢磨赚钱的法子，乞讨之外，还做工、撂场子、编线球、做媒……举凡种种，只要能赚钱，不管多苦多累，他都乐意去做。

经过多年的辛劳，武训终于积少成多，存了一笔数目可观的钱。光绪十四年（1888），武训用了整整三十年的时间，罄尽一生积蓄，在杨书远、娄崇山等士绅的资助下，终于在柳林建起第一所义学"崇贤义塾"。光绪十六年（1890），武训攒够三百串钱后，由寺院捐庙产和宅基，与了证和尚合作兴办了第二座义学——馆陶杨二庄义学。光绪二十二年（1896），武训又靠行乞积蓄，在临清士绅施善政的帮助下，办起了临清御史巷义塾第三座义学。

（二）急公好义助危济困

因以"乞丐"之身"兴办义学"，注定了武训一生交游甚广，上至士绅、知县、巡抚，下有八卦教徒、丐帮成员、贫苦百姓，五行八作皆有来往。除却上文的"义学症"外，武训急公好义，乐善好施，以"仁义"闻名。突出表现在两方面：

一是以"要饭歌"及其意旨，广行布化，劝导人心。武训乞讨与其他乞丐的不同之处，除却一意为兴办义学，就是他整日挂在嘴边的"要饭歌"。这些要饭歌都是武训自编自唱的，其中最广为人知的是："我开口，你出钱，合伙办个义学院！你修心，他行善，明日个个成圣贤。"这首要饭歌的含义，杨书远有过深切地解读：

> 一层意思是劝人人行善；一层是呼吁叫人人都读上书。这里边就有了叫人内修的意思。还有更深的一层，人人可以向善，人人可以读书，更有个"明日个个成圣贤"，就是人人平等的意思了……人只要能向善，各得其所就成，就可以称作圣贤。[1]

武训吟唱的要饭歌旨在以人人平等之义，劝人读书向善。因此，日常乞讨时，他竭力劝导八卦教、宗族、丐帮、清军、官衙等不同组织、不同帮派的人修心行善办义学。武训规劝八卦教首领杨太"刀枪罩不住人"，只有识字读书懂道理的人多了，世道才能清明；不赞成武家宗族族长武奉贤鞭笞族人，反问道："人人心里都有个圣人，个个都能修贤行善，我怎么就不能办

---

〔1〕《武训大传》，长江文艺出版社 2009 年版，第 111 页。

义学？真要个个修好了，恐怕就不用在这里使鞭子了"；对逼其入伙进贡的丐帮帮主宋大头，他反复申明自己要饭是为了办义学，并解释"要饭的、种地的、读书的、做官的，不论哪个，只要把善修到功夫了，由着这个善来，就是圣贤"；对卖身侍母的孝媳麦穗，武训吟唱着"花子舍钱为仁义，女子孝敬是行善。天下人人皆兄妹，修心行善成圣贤"，把推车的钱一股脑奉送；八卦教起事，武训被抓后仍力劝已称帝的杨太放弃仇恨与砍杀，通过办义学催人向善；黑旗军与清军大战中，他毫不犹豫地迎面而出，点燃火堆，张开双臂，护住身后的百姓；血洗小刘庄惨案中，武训长跪不起，极力救护村子残存的老小；偶遇黑旗军，在马前跪地苦劝，宋景诗虽依旧率部而去，临去前主动赠送银两助其办学；被诬陷为用假银子诈骗，对簿公堂之上，武训一再强调"善"无高低，办义学就是让万民都懂得仁义之心，懂得"善"；去济南面见巡抚，武训边编线球边诉说着人的善心可以推出去的道理：我推你你推他，一而再再而三，终能推遍天下。总之，武训深信人人具有良善的本性，一旦被激发出来，皆能"即知即行"，辅以读书知理，皆能成圣成贤。他所说的"圣贤"并孔孟老庄等人，而是王阳明所谓"四民异业而同道"，不同职业的人尽职尽责，便是圣贤。

二是武训凭借智慧与胆识屡屡击破章信斋的造谣与陷害，创办并保护义塾的同时，弘扬了正义与正气。早年那次乞讨中，擅长看风水的武景二在章信斋几次三番挑衅之下，放出"五十年内章家气数必然衰竭，武家必出异人"的豪言，自此章信斋对武家怀恨在心，开始了对武训长达数十年的四处造谣和无事生非。丫环香香奸杀案中，为包庇章福，章信斋利用武训不识字，拟造伪证栽赃武训，武训举证救护了自己，并劝退意欲行凶的八卦教徒，保护了章家宅子，章信斋非但不感激，反怨恨武训把章福送进牢狱；第一次成功救护宋家官庄学塾，令章家收买学塾失利，章信斋对武训凭借"要饭歌"令百姓言听计从的能耐百思不得其解，却更加仇恨武训；第二次救护宋家官庄学塾中，章信斋命人向清军状告学塾为反贼黑窝，在学塾即将被查抄焚烧的危急时刻武训端坐学塾前，宁肯被马踢刀劈也毫不退缩，武训的坚定隐忍，学塾师生的朗声诵读，以及随之而来的百姓们的跃跃欲试，终于逼退了清军；"诈骗"钱庄案中，章信斋指使手下人状告武训使用假银子诈骗，公堂之上武训坦诚自己乞讨的钱是以办义学名义要的，是天下善人汇起来的，因此不属于自己，并当场委托杨书远和娄崇山代为管理；放赈大战中，武训不忍眼看百姓饿死，陆续购买四十石高粱放赈，章信斋闻听后也加入赈灾行列以期扳倒武训，到后期章家因先松后紧、以稀敷衍，遭到饥民围攻时，武训毫不犹豫地拿出自己的高粱帮助解围；救助麦穗一事中，武训感念麦穗不惜割股侍奉瘫痪在床的婆婆而赠予十亩良田，却被章信斋造谣为以办学之名诲淫诲盗、欺诈民心，宗祠审讯现场，武训坚持义学终归是为教化，像麦穗这般良善孝敬之心，帮助她是为成全至善大孝，是教人修心向善；"义塾贷款担保诈骗案"中，尽管人证物证俱全，武训是以绝食和自责对一些恶人进行大劝诫、大教化。

"德不孤，必有邻"。武训的大仁大义终是赢得了众人的尊敬和爱戴，尤其为杨书远、娄崇山等乡绅所敬重、信任与支持。他们不仅帮武训代管钱财，而且带头捐献银两，帮武训达成了兴办义学的心愿；义塾建立前后，在武训频频陷入诉讼时，杨书远更是毫不含糊地与他人对质公堂，为武训开脱辩护；在盖棺论定的人生晚年，他们更是为自己跟随武训修心行善办义学而由衷地欣慰。就连一向仇视武训的章信斋也终被武训所感化，闻听武训在师生的诵读声中含笑病逝时，病重中的章信斋潸然泪下，写下了一份将章家地产捐出办义学的遗嘱，并赠予了武训一副挽联，提云"铜勺广乞，好歌泛唱，殷殷慧心泗士民；桃李遍栽，善心普施，孜孜大情滋天地。"

（三）因此渐进"心悟"之途

武训之所以能至诚向善，推己及人，创办三座义塾，源于他一生惟精惟一，以进德为务，有着笃定的道德信仰和道德自信，最终做到德高才自出，德高慧自显，德高功自大。而"进德"的关键则是"心悟"。然则何为"心悟"？武训的"心悟"经历了怎样的历程，有着怎样的特征？以关键词的形式予以阐释。

心悟。心悟，简言之即心的开悟或心的启悟。余英时曾指出，"心"在中国精神史上占据了极其特殊的地位，中国的精神传统是以"心"为中心观念而逐步形成的。极其所至，"心"被看作是一切超越性价值（即古人所谓"道"）的发源地。[1]简言之，"心"承担了现实世界与超越世界的中介功能，因此"心"既是人精神的总枢纽，也是价值之源。心何以有如此强大的功能？自先秦以来，有诸多论述。荀子说："人何以知道？曰：心。心何以知？曰：虚壹而解。"（《解蔽》）荀子认为"心"修炼到"虚壹而静"的状态，便可以知"道"。反之，未经修炼的"心"是无法和"道"接触的。在此基础上，荀子提出"道心"与"人心"的分别，并极力鼓励求"道"之士"治气养心"，发展心体功夫，以期达到"心与道合"的最高境界。在荀子看来，"道"则属于"天"的一边，如董仲舒所言"道之大原出于天"；"心"属于"人"的一边，这易于理解；因此，所谓"心与道合"则是"道心"常作"主宰"，也便是"天人合一"的境界。而"道"与"心"的关系正是"天人合一"的精义所在。[2]"心与道合"或"天人合一"的特色贯穿于两千多年的中国精神传统中。朱熹说：

> 凡物有心而其中必虚……人心亦然。只这些虚处便包藏许多道理，弥纶天地，赅括古今。……心是神明之舍，为一身之主宰。性便是许多道理，得之于天而具于心者。[3]

朱熹"道理得之于天而具于心者"这一句话，把"心与道合"的观念表达得最为清楚，"道心"何以能成为一切价值之源也不言而喻。武训的"心悟"，正是通过种种修炼功夫把超越的"道"收进"心"中。由于"心悟"得"道"，武训最终确立了"立善常所欣"的人生道路。纵观小说中三教九流、各色人等，有着不同的人生追求——宋大头等普通乞丐"得酒莫苟辞"，

---

〔1〕余英时《中国文化史通释》，生活·读书·新知三联生活书店2011年版，第195页。

〔2〕以上概述，转引自余英时《中国文化史通释》，生活·读书·新知三联生活书店2011年版，第199页。

〔3〕《朱子语类》，卷九八。

及时行乐；李秃子等平常人"营营以惜生"；宋景诗、宋顺孩等八卦教徒揭竿而起，企图"杀向京城，坐了天下"；杨书远、娄崇山等士绅追求"立善遗爱"，声名长存；章信斋则"汲汲于私利，兢兢于浮名"；唯独武训以贫苦之身，节衣缩食，罄尽半生积蓄办成义学。

琢磨。关于武训的"心悟"，小说中用的最多的词是"琢磨"。"琢磨"一词源自《论语》"如切如磋，如琢如磨"，原是指玉石需要切磋成形，再打磨得更加细腻，才能成为真正的良玉美石。后来指学问之功，非加切磋琢磨，不能成器。武训对学问义理的体悟，便是"琢磨"。武训自幼寡言少语，喜欢发呆，看起来有些憨傻，实则是进入"琢磨"状态。武训这种对学问的痴迷状态，小说中有着精彩的描写。一次，武训在闻听刘士吾讲解"至诚"后，如醍醐灌顶，顿觉心门开启，陷入了琢磨思悟状态。这时恰好被指派去磨豆子，武训边磨豆子边思索，将一切置之度外，小说写道：

> 磨发出轰轰隆隆的声音，像远处的雷声。渐渐地，嘴里的念叨声和上了它，步子也合上了。头点着，步颠着，嘴念着，一圈又一圈。对一些学问……也琢磨了多少年，心里积累了一层东西，厚厚的，实实的，又有些模糊，但今日听了刘先生的话，觉得一股豪气顶上来，在胸间荡漾，在全身回旋，把那层厚厚的东西向上抬了抬。也不知过了多长时间，外边一直没人来喊他，他也不知道停下来。磨坊已经黑下了，他还在一圈一圈地推，念叨不停……[1]

武训一意沉浸于学问，忘记了饥饿的难耐，忘记了劳作的艰辛，满头、满脸的豆沫也毫无觉察，因此得了"豆沫儿"的绰号。又一次，章福有意捉弄正在偷听的武训，趁其不防，猛然往他身上浇水倒土，哪知陷入"琢磨"状态的武训竟浑然不觉，沉迷不动。这种"琢磨"状态，正是神游物外的忘我状态。无论是"琢磨"还是"神游物外"，都是指人的心灵或精神的一种

---

〔1〕《武训大传》，长江文艺出版社 2009 年版，第 24 页

特殊活动，通过修炼达到一种自由而超越的境界。《庄子》中的"乘物以游心""游心于坚白异同之间"，都意在揭示这种人心的自由和超越。武训正是经由"心悟"一途，通过"琢磨""打坐儿"等方式，不断超越，不断突破，积小悟成大悟，积大悟就成大彻大悟；最终达到孟子所谓"尽其心者，知其性也"的"识心见性"境地。

至诚无息。早年刘士吾讲授的"至诚"观点对武训产生了极大的影响，除却"至诚尽性"观点，还有"至诚无息"的观点，刘士吾讲道：

> 故至诚无息，不息则久，久则征，征则久远，悠久则博厚，博厚则高明。博厚，所以载物也；高明，所以覆物也；悠久，所以成物也。[1]

意指一个人的德行若修炼到至诚的境地，其自性之德便运行不息，没有须臾间断；内在德行自强不息，形著于外的真诚、善良、仁义等品性，必能感化提升众人，而能行之悠远。行之悠远，则所积之德愈加广博深厚，而受其德风感化者则越发见其崇高而明睿，终至足以承载、庇护并化成万物。以此观照武训的一生，赫然发现武训的人生历程、德行修养、办学行迹均暗合了"至诚无息"的运转法则。

"至诚无息"观点对武训的启迪是双重的，使他对自己和他人都充满了信心。于己，武训坚信久久为功，只要坚持不懈，定能精诚所至、金石为开，无论是自己的"修心"还是"创办义学"的志向皆然。因此，武训把在人世间的种种遭际，举凡行乞、做工、助困、解难、济贫、救危，都当作修心的功夫；反过来，长年累月的修心悟道，与"道"保持经常的接触，又赋予武训的生活以精神价值和内在意义。二者相辅相成，故此武训的修养境界年年提升，日积月累，在人间世界之外，又逐渐构筑起自成一系的超越世界。这一超越世界，是一个生生不息和无所不在的精神实体。拥有这一精神实体的武训，说出一些出其不意的大道理，做出几番震动人心的大善举，亦不足为

---

[1]《武训大传》，长江文艺出版社 2009 年版，第 23 页。

怪。

于人，武训抱定"心诚则灵"的信念，坚信只要把自己的"善"推出去一定能换得众人的"善"。这其实是中国传统文化中的心体扩充与推衍功夫。以宋儒为例略作说明。戴震说宋儒以"理得于天而藏于心"，"理"虽有"天"的远源，但一切价值问题都收归人的"心"中。或问道明先生：心如何是充扩得去的气象？答曰：天地变化草木蕃。程颢的回答源自《易经》，形容心体扩充的情景犹如天地阴阳之气相互交通，使万物得以生育繁茂。武训因为深得此法三昧，方才对"人人能读书成圣贤"充满信心。小说中，面对巡抚张曜的质疑，武训坦然回答：

> 凭我两条腿，一张嘴，自然不行。可人心可以推出去，推得很远很远，推到别人心里去。我就推我的心，能推多远是多远。我推别人，别人再推别人。我这一辈子推不完，别人会接着推，早晚有个推遍天下的时候。[1]

足见，武训与古圣先贤的学说精神已融化为一体。武训之所以能掉臂独行，生发出"行乞办义学"的坚定信念，是因为他全部的智慧与才思数十年如一日地沉浸在"至诚尽性""至诚无息"等论说之中。入道深，故能信道笃，这在清末这一兵荒马乱的时代是不可多得的。

日用人伦。小说中，杨书远、娄崇山等人数次称赞武训从"格物致知"始，继而完成"内圣外王"，最终达到"天人合一"的至境。一则因为武训屡屡扶困济危，并最终创办了三座义塾的辉煌事迹；二则是他三十年间吟唱的"要饭歌"，透露出他由浅入深的修行次第，最终达到庄子所言"天地一指、万物一马"这种内外交用、万象生焉之境。然而，由于武训不识字，没有接受系统的教育，又终日过着居无定所的行乞生活，因此武训所凭借的"心悟"一途，完全不同于杨书远、娄崇山等人的修行路径。对此，杨书远

---

〔1〕《武训大传》，长江文艺出版社 2009 年版，第 276 页。

曾指出：

> 对四书五经等圣贤书，他肯定零星地听说过，可人家并没背了那么多圣人的包袱，只在天地底下行走，以万物为伴，悟出了自己的东西……他的想法可以这么归纳——道生阴阳，相合比爱，爱生万物。道是本，阴阳是根，爱是母，浑然互动，三位一体，乃天地万物之源。万物有命，平等一致，皆为圣贤。既各得其所，又依存生爱，方有参赞化育，生生不绝，达至善，致中和。实为天人之至境啊！[1]

武训的思悟重心偏向"民间思想"或"通俗思想"，和杨书远、娄崇山等人之注重上层思想或正统思想截然异趣。如果我们要寻找一个前例，则禅宗六祖慧能适可比类。六祖慧能"字即不识，义即请问"，他认为"本性自有般若之智，自用知惠观照，不假文字"，因此主张"直指本心"。其后，陆九渊强调"心即理""宇宙便是吾心"，并提出"本心说"，他指出"若其心正、其事善，虽不曾识字亦自有读书之功。"接着，王阳明更进一步指出"心者，天地万物之主也"，并提出"致良知"学说，认为"人皆可为尧舜"。武训走的正是类似慧能、王阳明等人的内向超越之路，他的"超越世俗当下"即是内在于人的"本心"。以本心聆听内在的玄音，透过沉思虚静的功夫，扩展心灵，使心灵达到空明之境，从而无所偏执地观照外在实况，生发出无穷妙用。这种穷尽玄妙，通达无我的境界，便是破除人的主观意识投射下万物的参差差别，达到"天人合一"圆融和谐的境界。

不过，武训"心悟"境地的不断深入，是从四书五经等古圣先贤的学说中引申出来的，并不是无源之水。如果当年不是受刘士吾讲课的启发和影响，武训则不易实现"心悟"至关重要的突破。儒家教育一向以"人"为中心，着意提升人的道德，在此濡染下，武训的内在品性持续改进，精神境界逐步提升，养成了看似相反而实相成的两大学习门径，一方面尽量扩大认知范围，

---

[1]《武训大传》，长江文艺出版社 2009 年版，第 339 页。

另一方面力求打通认知世界的千门万户，取得一种"统之有宗，会之有元"的整体理解。武训早年用拔草比喻"格物致知"，已显示出他求学问道注重"通达"的特质，力求学与思一贯、知与行合一，在"一贯"与"多闻"之间保持动态平衡。

■ 三、《惊天动地》：当代"乡土中国"的复杂性

（一）个体的蜕变与政治生态的多元化

《惊天动地》完整地呈现了农民黄昌久们如何从"反腐败"斗争蜕变为"妄图夺权"的全部过程，笔墨重心则落在黄昌久的心理变化上，对主导百姓上访集会过程中他的遭际、心态和欲望进行纵深的剖析。小说中黄昌久串联起了政府官员的贪污腐败和反腐倡廉、农民的憨厚淳朴和狭隘落后，并在小说时空中由黄昌久家族的衍变展示了农民抗争前世今生，逐步揭示出受封建传统文化基因的延续、激变和不可控性的影响，导致了黄昌久等人欲望的极度膨胀而最终走线毁灭，因而呈现出开放性。因此，《惊天动地》有着不同于以往农民题材长篇小说的品格与质地。主要表现在三个方面：

其一，小说真实刻画了黄昌久从反抗腐败到渴慕权力的精神和生命历程。在小说刻画的若干人物中，黄昌久无疑居于中心地位。他是故事的主体，也是故事的衍生剂。他对"权力"的态度变化，无疑是《惊天动地》故事表层的核心。小说开头，在兴和镇三村，村民黄昌久是个落魄潦倒之人。他原本是民办教师，因故被取消教师资格后，妻子随即带着女儿弃他而去，接二连三的打击之下，黄昌久渐渐变得沉默孤独。尽管也会慨叹人生坎坷，但多数时候他在兴和镇的生活仍是平静自足的。但自从为了创建"小城镇建设明星乡镇"，兴和镇要搞商业一条街，各种集资、摊派、提留，令兴和镇村民的生活陷入困顿。在这一背景下，黄昌久、魏魁等村民高喊着"把拆迁费还给老百姓""反对乱集资、乱摊派"的口号，踏上了"反腐败"的途程。"反腐败"这一举动，对黄昌久来说，一方面有着历史和现实的强制性，兴和镇乱拆迁、乱征集的现象已持续两年，并且愈演愈烈，老百姓入不敷出、不堪

其扰；另一方面，也有着个体的主动性，这种主动性既体现在黄昌久在反腐败中感受到的自我存在价值和意义，又体现在他对前同事、现兴和镇党委书记段志忠的仇视上。这就使黄昌久的"反腐败"不可避免地带上了矛盾色彩，其一心为民与自私自利的背离趋势必然会影响和伴随他的"反腐败"途程。

从组织谋划数百人围攻镇政府起，黄昌久的"反腐败"途程经历了三个阶段：

一是踏上"反腐败"途程。小说甫一开始，就是黄昌久主导的数百人围攻镇政府的"4·29事件"。"4·29事件"以失败告终后，为保护自己安全并解救被抓捕的闹事群众，黄昌久利用百姓的同情心理，紧接着策划、组织了上千人的"5·16事件"。这次事件惊动了上至中央、省委，下至明州市委，兴和镇"反腐败"事件成为各级政府关注的焦点。黄昌久等人的"反腐败"肇始于"兴和镇商业一条街"项目，该项目不仅先斩后奏、程序不合法，而且多次雇佣外乡刺头泼皮组建征集队运用简单粗暴的手段解决拆产和征费问题，导致民生维艰、民怨沸腾。这种情形下，老百姓与镇政府多次交涉无果后，不得已选择了围攻政府这种原始的抗争方式来维护合法权益。这也昭示了黄昌久早期的"反腐败"行为具有一定的合理性和正当性。这时的黄昌久内心涌动着强烈的"为百姓做事"激情与渴望，不仅因为他身为被欺压的百姓一员所直接感受到的不公与愤怒，更由于杨学富夫妇及其他百姓对他的掩护和守卫令他感激不尽。他一心想"成为老百姓心目中的英雄"，以不辜负百姓的尊敬和期望。在为无罪释放的闹事群众张广师、魏魁等举办的盛大接风宴上，黄昌久慷慨致辞鼓励老少爷们继续抱团，势必把反腐败斗争坚决进行到底！自此，黄昌久在百姓中的声明和威望达到前所未有的高度，也把兴和镇"反腐败"运动推向了新阶段。黄昌久很快兑现了诺言，为被迫交纳超额提留款的里河村村民主持了公道。

二是成立"南政府"。在一系列反腐败努力下，兴和镇政府彻底陷入政不通、令不行的瘫痪状态，黄昌久趁机又陆续运作了若干"反腐败"的大动作——对外，通过在半月桥等处设卡，以扣押、掀翻公务车辆的方式先后赶走了锦湖市委、明州市委派遣的工作组，并拦截镇政府外出的公务车辆；对内，逐步建立起分工、协作的领导机构和组织机制，依据特长与辈分，张广师任军师，魏魁任保卫部长，张兰兰任秘书，黄明、魏强任总联络员，分别负责与东西两片各村联络员的联系工作，并布置联络员在各村组建二三十人的机动队，便于日常联络和武力训练。不仅如此，黄昌久们还隔三岔五拟定"坚决减轻农民负担""严惩贪官污吏"等口号，并以贪官不除、拆迁费和非法集资不退为由，鼓励百姓拒交提留。这种种举措，赢得了百姓的支持与尊重，黄家大院为"南政府"的说法在民间不胫而走。自从黄昌久处理了一起宅院纠纷案，赢得了"兴和有青天"的锦旗后，越来越多的百姓前来"南政府"告状，黄昌久在百姓中的威信和口碑也不断提高。这一过程中黄昌久对自己的执政能力变得越来越自信，"他有时想，往后自己名气会越来越大，锦湖、明州乃至全省、全国……都不是不可能的"。这令他对"反腐败"的远大前程满怀憧憬。此外，商京带领的明州市委工作组的入驻，也让他看到了"死敌"段志忠彻底垮台的可能性。随之而来，黄昌久的心态也发生着微妙而剧烈的变化。一方面手中的权力逐渐异化为徇私舞弊的手段，他们虽然仍打着"反腐败"的旗号，潜意识里却开始学习腐败官员的腐败手段，并毫不犹豫地牺牲百姓权益。魏强又一次被状告霸占摊位并伤人后，黄昌久表面上让魏强退让几处摊位，私下却暗示他向段志忠学习，与其他乡镇"菜霸"交换地盘，有谋略地霸占所有菜摊以彻底息事宁人。另一方面则担忧权力落空，尤其是看到工作组务实质朴的作风逐渐赢得民心后，黄昌久开始把工作组看作最大的威胁与对手，担心老百姓被官方"收买"而导致他们反腐败事业的流产。这一担忧随着段志忠被抓捕入狱而推向顶峰，也开启了黄昌久与商京较量的大幕。这时的黄昌久已不再着力于如何惩治贪官、解决过度征费问题，而是殚精竭虑于如何保有并巩固自己在"反腐败"中获得的权力和地位。

三是妄图夺取政权。段志忠被抓捕入狱后，工作组陆续清退非法集资和退补拆迁费，已进入清查各村账目阶段，他们在群众中的影响不断扩大与深化。不少村民从对黄昌久的盲目崇拜、跟从，转向信任工作组，主动找工作组联系、沟通感情，甚至对黄昌久们提出不满和质疑的也越来越多。黄昌久们更强烈地意识到工作组的威胁，为了继续拓展"反腐败"大业，他们决定利用各村查账的机会，通过重新选举把村两委全部替换为自己人。商京识破了他们妄图夺取镇村各级政权的苗头，严正告知他们"没有任何越出法律界限的特殊公民"。黄昌久恼羞成怒，对外声称工作组将会清算村民们此前的上访行为，他们与工作组处于有你没我的对峙状态，以此号召各村联络员发动群众在月底组织一次万人大上访，彻底把工作组赶出兴和镇。同时，商京领导的清账小组在黄昌久等人监督下在全镇反复查账，其结果却是只有三个村子存在严重问题。这一结论无疑直接动摇了黄昌久们反腐败的正当基础，为此黄昌久们对内通过发放会议补贴、许以村委主任名号等变相贿赂的方式，加快调度组织"万人大上访"，不惜暴力伤害持有异议的村民；对外则通过公开持械驱赶、在镇政府附近放炸药示威等手段，迫使工作组的工作全面停止，并撤回镇委大院。商京敏锐意识到黄昌久们的斗争性质已彻底发生变化，积极筹划应对，请求上级派遣公安机关抓捕黄昌久等人。抓捕失败后，孤注一掷的黄昌久以更剧烈地形式发动了"万人大上访"，企图一如既往地逃脱惩罚、释放同伙，并彻底赶走工作组。然而在商京冷静沉稳的周密应对下，黄昌久的阴谋被彻底粉碎，并以银铛入狱告终。

其二，小说通过刻画段志忠这一贪腐官员形象，揭示了某种畸形变异的官场政治生态。小说对黄昌久反腐斗争的叙述，是在某些官场生态无序混乱的背景下展开的，正如商京所说，尽管改革开放、民主法制建设正在向前推进，但过渡时期的失范现象非常严重，"行政职能、行政权力扭曲、异化严重，腐败行为已在相当程度上演化成为一种公众性的组织化的游戏规则"[1]，由此导致了百姓的不满与反抗，腐败问题也成为社会不稳定的源头之一。小说中段志忠、谭干等腐败官员无一例外地挣扎于个人前途与百姓利益、权钱交换与自我良知的纠葛中，最终屈从于对金钱与权力的臣服，走向生命的末途。沉重的官场畸形文化压迫着小说人物的同时，也压迫着读者的神经。

---

〔1〕《惊天动地》，长江文艺出版社 2002 年版，196 页。

小说是从解决兴和镇官员腐败问题的角度来串联人物演进情节的。段志忠为进官加爵不惜压榨百姓并四处送礼是小说前半部分的主体。段志忠腐败的特殊性在于贪污资金除却极小部分为个人贪占外，绝大部分用来送礼跑官。与之相应，他的精力也没有用于怎样因地制宜为民谋利，而是放在如何出"业绩"争取提拔上。因此，当商京帮他分析兴和镇修建商业一条街的种种劣势，及建设绿色产品集散中心的优势时，段志忠却哀叹时间来不及，因为他急于把一个能看得见的项目当成谋求个人攀升的筹码。不仅段志忠如此，省市各级部门都有这种急功近利、不顾百姓的官员，层层传导形成了不良政治生态下的悲剧个体。小说借商京之口指出，"他（段志忠）的悲剧就在于官欲已经畸形化，彻底放弃了官道上正统的游戏规则，完全被隐性的、惰性的游戏规则浸淫、俘获了。"[1] 对于这种官场的隐性规则，小说中通过段志忠向锦湖市长谭干、明州市委副书记辛崇贤的行贿等情节，把不同级别官员提拔的明码标价、"五十九岁现象"、变相权钱色交易等不良官场生态予以触目惊心的展示。段志忠、谭干等人被抓捕，预示了畸形变异的官场文化、贪污腐败的官员行为终将被惩治被遗弃，而辛崇贤的成果逃脱却暗示了反腐道路的艰辛漫长。

其三，小说浓墨重彩地塑造了商京这一正直忠诚、有勇有谋的官员形象，揭示了未来政治生态的美好图景。《惊天动地》的基调是高亢和激烈的，充塞着一股剧烈昂扬的气息。这一气息，很大程度上源自商京与黄昌久之间正义与邪恶的较量。商京明知处理兴和镇反腐败事件的复杂与棘手，仍旧义无反顾地接受并承担起工作组组长的使命。工作组一方面顺从民意，坚定地搞反腐败；另一方面花费大量精力做群众工作，使百姓逐步真正理解党的方针政策。这期间，商京强大的责任心、敏锐的洞察力、缜密的逻辑思维，以及与百姓同甘共苦的朴实作风发挥了极大作用，令工作组迅速赢取民心，各项工作也顺利展开。

不过，商京很快迎来了两次挑战。第一次挑战是抓捕段志忠，并牵扯出

---

〔1〕《惊天动地》，长江文艺出版社 2002 年版，190 页。

锦湖市市委前书记谭干、副市长王继亮,甚至明州市委副书记辛崇贤等相当一批领导,引发了明州市一场前所未有的政治地震。尽管预知作为这场地震的始作俑者,会被一些人看作"是某种游戏的叛逆,是一个逸出圈子之外的另类"而对自己有所忌讳,商京依旧采取果断措施把段志忠送进监狱,并在关键时刻据理力争说服有所动摇的郑书田,重新获得这位明州市委书记的支持。第二次挑战则来自黄昌久们的夺权企图。黄昌久虽有英雄情结,但没过多久权力欲望就占据了上风,致使原本还算清醒的道义力量和为民请命的理想逐渐退却,转变为妄图称霸一方"土皇帝"的强烈渴求。商京敏锐觉察到黄昌久的阴谋和企图,一方面顺应对方要求,争取时间继续做群众工作;另一方面积极争取上级的支持和社会的理解,坚定主张把兴和镇事件定性为对立矛盾,并动用武警前往处理。明知动用武警威慑被操控的百姓,以及抓捕黄昌久等人要担负极大的风险与责任,处理不好还会酿成重大政治事件。商京依然坚持己见,并在上级领导支持下,亲临前线,与黄昌久斗智斗勇,并成功把握震慑的时机和程度,一举抓捕黄昌久,圆满解散被蒙蔽的上访百姓。至此,商京顺利完成了兴和镇反腐败和恢复政权职能这两大任务,并升任锦湖市委书记。

(二)分离的人性与悖反的人格

其一,乡土文化或农民文化的狭隘性呈现。《惊天动地》不仅描写乡村的现实苦难和生存状貌,更重要的是关注了农民的精神状况,剖析了农民的文化人格、道德精神与现代性的差距。我们可以看到,小说中无论是诡计多谋的黄昌久、凶狠暴戾的魏强,还是崇武尚义的魏魁、老实憨厚的刘正月,尽管他们性格迥异,人生遭际也不同,却无一例外都揭露了他们身为农民这一"老中国的儿女"所具有的保守与自私的狭隘意识,以及愚顽与奴性人格。作者透过这一农民群体,写出了中国乡村之所以衰败乱象,既有贪官污吏胡作为、乱作为的原因,也有传统文化的滞重与负累。小说的特别之处在于揭示了传统文化负面因子影响下乡村凝滞的超稳定文化结构对现代乡村伦理秩序与文化道德建设深刻而复杂的影响。

一是宗族情结。在黄昌久主导的兴和镇农民大上访这种集体抗上的行动中，宗族情绪发挥着很大作用。如小说所言，"宗族情结似乎是活在人血的，尽管平时那么静缓地淌着，可在关键时刻，还是最能粘合人心、燃烧人情的"[1]。黄昌久之所以能率众反抗，并能迅速受到百姓的认可，不仅因为他足智多谋、屡见成效，而且因为他是黄家的后代，流淌着黄嘟嘟勇于抗暴的热血。黄嘟嘟的起事，小说虽着笔不多并以失败告终，但他那敢于反抗的传奇经历为黄昌久等人带来丰硕的精神之果。而黄昌久之所以瞧不上段志忠除却现实因素，另一个重要原因是，兴和镇的张、黄、魏、刘四大姓氏中以黄家为翘首，历代都出过不少大人物，而段家不过是从外地逃荒过来，落脚在兴和镇最西边旮旯的小户人家。"5·16事件"中，黄昌久在串联、发动各村百姓时，"先是血缘近的互相煽乎、串通，渐渐扩展到了多数同姓的人家"，以此迅速蔓延至全镇十个村。宗族情结在黄昌久们的反腐败斗争中，起着重要的粘合与推动作用。颇有意味的是，尽管这些张、黄、魏、刘等姓氏子孙生活的时代、环境不同，他们的性格、身份各异，命运却殊途同归，呈现出回环的特征。黄昌久"反腐败"斗争中张广师和魏魁是他的左膀右臂，呼应着明朝黄嘟嘟起事时张家和魏家是他的左右副手；黄家家族主人公黄嘟嘟和黄昌久的生存命运，都是由最初的反抗不公逐渐异化为对权力的渴慕和占有，并均以失败告终。这种回环的结构预设了这些农民在一种超稳态的文化心理结构下的生存悲哀，他们的生存意识和生存状态在本质上的一致，是导致他们屡屡陷入困境的主因。小说叙事从"上访"开始，然后又以"上访"终结，所呈现出回环的特征，正是这种文化心理结构的寓言式展示。

二是封建迷信因子。《惊天动地》作为一部寓意丰富的农民题材小说，如果仅从"作为百姓"的伦理正义出发单向突进，并不能在小说中展现一个丰富驳杂的民间生活。同理，如果仅从单一的"为民请命"的民间立场，并不能呈现出民间文化心理的多维性。黄昌久的反腐败斗争始终笼罩着一层神秘的面纱，这面纱首先源于近年有关兴和镇风水传说的一段玄论。该玄论认为兴和镇有潜龙之状，千年迸发，发之则出惊天动地之人。经历了两次上

---

〔1〕《惊天动地》，长江文艺出版社2002年版，第24页。

访事件后，这段玄论在杨学富等人眼中逐渐从传说变为现实，他们的精神世界开始倾向于乡土传统一侧，这促使他们进一步支持和拥护黄昌久的反腐运动。其次，黄嘟嘟的传奇经历，为黄昌久的揭竿而起蒙上了一层神秘宿命色彩。一方面，百姓们对黄家老屋及黄昌久满怀敬畏地揣测："人家那叫黄家老屋啊，该是胡叫的？有说头、有来历啊！那地儿风水也不一般，头几百年前就该出个人物没出来，现时啊，说不定……"[1] 黄昌久通过黄家老屋接续上几辈的生命，也屡屡从黄家老屋的东北角感受着日积月累熏染下祖先的佑护，以此积蓄成一方霸主的意志与决心。另一方面，黄昌久在点将台、拴马桩等地隐约却又强烈地感受到农民血液里从古至今流淌着嗜斗和暴力的基因，"自上访以来，他就觉得这东西从这些不起眼儿的黑兄弟身上慢慢地复苏、散溢出来，氤氲着、集聚着。"[2] 因此，兴和镇的反腐败斗争，这不仅有勇于抗争式的农民观念，更有传统封建迷信因子作祟。而黄昌久承继了家族的反叛血统，目的是重振家族所习传的封建式荣誉与骄傲，并以此证明自己的生存价值与存在尊严。

三是农民式的传统思维。小说中多处细节描写，都展现了农民式思维的朴素、狭隘和刻板。如魏魁娘仍持守着传统的重信守诺、打抱不平的侠义精神，对镇政府一些盘剥百姓的作为，她认定是官府出了奸臣贪官，而好汉黄昌久的所作所为是反贪官污吏、是忠君报国，便鼓励魏魁跟着黄昌久好好干，这便有了魏魁对黄昌久的忠心耿耿，言听计从。再如，"南政府"时期，黄昌久们处理百姓官司时，每每依照旧时官衙办案的场景依次落座，尔后依职倾听、记录，最终商讨决断。事毕后，百姓送的锦旗也是"敢为民做主，兴和有青天"的字样，这一切都让人仿佛回到了依靠青天老爷做主的封建时代。又如，当刘作家表示要写好他们的反腐败宣传文章，让更多人声援他们时，黄昌久闻听后内心满怀激越，想着"豁出去了！弄他个青史留名，也不枉这一辈儿了"；"决战"前夜，黄昌久更是迫不及待地挖出黄嘟嘟遗留下来的

---

[1]《惊天动地》，长江文艺出版社 2002 年版，第 238 页。
[2]《惊天动地》，长江文艺出版社 2002 年版，第 268 页。

那枚玉玺，仔细观照摩挲，把它看作"祖先的灵魂"，并不断暗示这是祖先即将保佑自己成就大业的明证。小说中，叙事的现实部分常常与黄家家族历史轨迹对照连接，作家想表达的是中国数百年历史语境中，农民受其生存环境、现实变迁、历史因素的影响，很容易受黄昌久为代表的民间权力话语所辐射的权威意识形态所蒙蔽与裹挟。

其二，黄昌久的生存心态和人格构成。《惊天动地》的故事表层固然活跃着黄昌久的"反腐败"斗争历程，但作者并不着意于以他人生遭际的变幻吸引读者，故事深层的人物心态刻画和人格剖析占有显著地位，也正是借助于此，小说对人物的描写才达到一定深度。

一是黄昌久的生存心态。黄昌久的"反腐败"斗争途程中，生存心态的巨大矛盾一直萦绕着他。他既懦弱自卑，又妄尊自大；既多疑狡猾，又自负傲慢；既企慕权力，又贪恋着英雄名号。自卑心态、自负心态和幻想心态是他矛盾心态的三个构成要素。自从被剥夺教师资格，特别是妻女离去后，黄昌久深觉颜面扫地，日子陷入窘迫，人也陷入自卑心态。只不过，兴和镇的乱收费乱集资把他送上了"反腐败"斗争的途程，在这一途程中，黄昌久逐渐被认可、被尊重，他不仅一步步挽回了尊严和荣誉，而且成为兴和镇说一不二的风云人物。对这一转变过程，小说通过杨学富逼迫着妻子刘洪芸前来黄家帮忙做家务一事予以精彩呈现。黄昌久初闻杨学富的请求很是惊讶，既不好意思又觉心虚，待他看到极尽小心、唯恐被拒绝的杨学富以及怯怯地傍着门口的刘洪芸时，"心里突然刮起了一股硬猛的风，陡然自信、傲然起来。是啦！你现在干的正是一件正义的事业，是不是还不知道自己的身价？恐怕也是多少人仰望的人物了吧！"[1]念及此，黄昌久一扫二十多年的压抑畏缩，不自觉地"在一种隐隐的欲望中崇高着自己"，最终以矜持、威严地态度接纳了刘洪芸。不久后，在自认为是"干大事的男人"的欲望激荡下，黄昌久以"自己可以对他们更好一些，更加尽心尽力地为他们办事情"为由说服自己占有了刘洪芸。小说通过诸多类似细节的描写生动展现了黄昌久如何在短

---

[1]《惊天动地》，长江文艺出版社 2002 年版，第 82 页。

时间内从卑微胆怯转变为昂扬自负，最终自负心态完全占据了上风。我们还要看到，黄昌久的自负心态是建立在他对生活幻想的基础上，幻想心态正是他自负心态的动力和催化。他踏上"反腐败"，固然有"官逼民反"的性质，但更多还是他对荣誉、地位与尊严幻想的驱使。当更多百姓到"南政府"打官司时，黄昌久就不时想到"往后自己名气越来越大，锦湖、明州乃至全省、全国……这都不是不可能的"，他所得到的正是这种幻想的满足。黄昌久能鼓起勇气率众抗争，依仗的是他对生活的幻想，而他的毁灭也同样源于他的幻想。随着权力欲望的高涨，黄昌久把更多农民身上争斗、嗜杀的基因煽动了起来，他对自己能否掌控全局都满怀质疑和恐惧，"他恐惧的是，一旦它轰轰烈烈地爆发了，你驾驭得了它们？可了不得啊！那是千万头能吞吃一切的猛兽啊！那是要翻江倒海的啊！你担当得起吗？"[1]然而幻想心态仍促使他继续实施"万人大上访"计划。上访当天，尽管张广师等人抓捕，逃脱的黄昌久面临着孤注一掷的险恶情形，在垂死挣扎的最后关头，他的幻想心态越为强烈，他想象着"占了镇委大楼，抢出广师几个人，发表个公开声明，影响肯定就造出去了，说不定要轰动国外呢！上边敢不解决问题？"[2]黄昌久以他的幻想，驱动着他的自负，"他感到当前的形势已完全控制在了手掌之中，只要他表态，什么都可以做到！"[3]这一不切实际的自负，正是常年自卑导致心灵的高度不安定，以及对权威感和掌控感的极度渴求。黄昌久的自卑心态和自负心态，既是他幻想心态的内涵，又是实现和完成他幻想心态的步骤，三者在交叉演进中透露出人格的因素。

二是黄昌久的人格构成。"光宗耀祖"的梦想最能代表黄昌久的精神人格，这是一种非常典型的乡村人格和农民人格。光宗耀祖、出人头地这种人格占据着黄昌久意识和潜意识的中心，与他为民作主、主持公道的理想人格，自始至终发生着冲突，并最终彻底排挤了理想人格。而事实上，黄昌久踏上

---

[1]《惊天动地》，长江文艺出版社 2002 年版，第 268 页。
[2]《惊天动地》，长江文艺出版社 2002 年版，第 285 页。
[3]《惊天动地》，长江文艺出版社 2002 年版，第 286 页。

"反腐败"途程的动机里暗含着自私的心计，在他找段志忠反映情况三番五次受挫后，"段志忠骨子里对他的鄙视，硬是在他的心上戳了一道口子。"这道口子，最终令他痛下决心把组织开展反腐败斗争，把段志忠拉下台。"反腐败"给了黄昌久重生和蜕变的机会。"反腐败"不断深化的过程，也是黄昌久的人格被改造被异化的过程。尽管一直把自己当做老百姓的一分子，然而随着掌控权力范围的不断扩大，享受权力带来的殊荣与好处不断增加，黄昌久越发感受到成为祖先黄嘟嘟这种一方霸主的诱惑。成为一方霸主、掌控政权正是黄昌久"光祖耀祖"人格精神的内涵，而权力是促使他形成这一人格的重要环节。权力为黄昌久赢得了百姓的尊重，"不知是从什么时候开始，黄昌久在路上走，路人对他表示的尊重就渐渐多起来……不论是骑自行车的、开拖拉机的，还是荷锄的、挑桶的，凡认识他的，见了他都隔老远黄老师黄老师地叫着，恭敬地打招呼"[1]，这种尊重让他获得了前所未有的神圣感和满足感；权力让黄昌久体会到自由意志的快乐，"黄昌久恍惚有一种幻觉，觉得天地中有一只无形的手掌，许许多多的事情就像从这手掌中撒出去的网，延伸出去，收拢过来，都在这手掌的操纵之中。着手指当然是他的意志"，这种掌控万千百姓意志，操纵万千百姓作为的自由，让对权力有了别样的体味；权力让黄昌久对自己胆识谋略充满信心，在谋划万人大上访时，他意识到先是同意工作组入驻，再以现阶段工作不力、不能满足百姓正当要求为由驱赶工作组，显得有仁有义、有理有节，因为"这一退一进，一让一逼，显示了一种谋略，一种驾驭局面的才气"，这种才气的迸发，让黄昌久深切感受到自己的存在价值和意义。然而，不幸的是，黄昌久始终没有认识到自己对权力的掌控和体认，都是建立在他所进行的反腐败斗争与百姓利益是一致的。一旦逾越了这条界线，妄图通过操纵百姓实现称霸一方的野心，他所享有的"权力"必将落空，所构建的"南政府"也必将成为昙花一现的海市蜃楼。最终，黄昌久的理想人格彻底萎缩，"光宗耀祖"的人格将其彻底吞没。

---

〔1〕《惊天动地》，长江文艺出版社 2002 年版，第 203 页。

三是商京这一人物形象的意义。小说中，商京不仅是成功处理兴和镇事件的优秀官员，也呈现出精英知识分子的启蒙视角和审思意识。商京的出现以及他对事件的精准分析，让读者注意到事件中的不同声音与矛盾中的不同方面，也展现了作家对现实的复杂思考。

处理兴和镇事件中，政界舆论的质疑、诘难和攻击，父母亲友的担忧、关怀与规劝，都没有影响商京的精神冒险。当他一次次逼近黄昌久等人，一次次亲临这场没有硝烟战火的战争前线，一次次感受着矛盾的尖锐峻急，他冷静沉着地应对着眼前的危急局势，化身一个坚强不屈的战士，以其理想主义和英雄主义来逼视和检阅其精神的纯粹性和坚韧性，事实证明商京生命的韧性和刚性超乎想象。商京的屡屡历险不仅是来自心灵内部对共产党执政为民这一精神信念的坚守共振，还有来自心理空间为一次次挑战险恶所激越的责任与担当、勇气与谋略的火花碰撞，这种碰撞正是商京的光明形象从一众政府官员中突跃而出的一种精神折射。

小说中，作家不仅强烈意识到了封禁思想残渣余孽对农民的影响，进而对社会安定与社会秩序的破坏与危害深度，而且通过商京这一有勇有谋、有胆有识的强力人物，呈现出正视与解决问题的勇气和方式。商京是真正具有英雄气概的人物，其所作所为是为了政府的尊严、百姓的利益和正义的复归。此外，支撑商京奋勇直行的精神支点不只是道义、良知等理想信念，还有物与民胞的人文关怀，以及不断挑战风险的坚强意志，他身上闪耀着正义、勇气、智慧、责任等人类引以为豪的生命向力。商京这种对正义与良知的极力维护，构成了小说内在的强大精神主题，既展现了其所具备的现实作用，又展现了道义与尊严的本质力量。

在考察和梳理了长篇小说《惊天动地》的深层内涵之后，仍觉得尚有欠缺。作者在成功塑造黄昌久、商京、段志忠等主要人物形象之余，还生动形象地描述了张广师、魏强、张兰兰、刘正月、刘洪芸等一干人物。兴和街的第一"闲悠"张广师足智多谋、贪财好利；一介武夫魏魁头脑简单，尚武好勇，惟母命是从；"街痞"魏强，心狠手辣，工于心计；质朴农民刘正月被蒙骗、被蛊惑后的飞扬自信；普通村妇刘洪芸的自哀自怨、争风吃醋……无不刻画得栩栩如生。其中，令人印象深刻的是张兰兰。张兰兰给人以疼痛和绝望的感受，这种感受直接来自她不幸的命运遭际。因考试紧张导致连续三年高考失利的张兰兰，在家境贫寒无法继续补习的境况下，被迫去明月饭店做了服务员。在那个环境恶劣的人性大染缸里，她以清高和倔强为盔甲保全了自身的清白。然而仿佛是一种宿命，张兰兰在做服务员的间隙继续刻苦备考以期改变困顿处境时，命运向她伸出了悲剧之手，她毫不犹豫地接受了黄昌久们的邀请。当她自以为效力于为民请命的反腐败英雄，并为自己人生价值的实现和才干抱负的施展而满足并自豪时，却被黄昌久趁机霸占，并遭到刘洪芸的强烈嫉妒。张兰兰把肉体凌辱及招致的嫉恨看作身为女性的悲哀，勉励自己不必较真，重要的是在黄昌久开拓的"事业"里争得一席之位。然而欲望、权力、性、嫉妒……它们交织在一起疯狂发展，最终把张兰兰推向了死亡境地——在"决战"前夜她被嫉妒已久的刘洪芸下毒而亡。就这样，作为农村新一代知识分子的典型代表，张兰兰战胜了物欲和性欲的异化，却没有躲过以正义之名实施的权力运作与自我价值实现的诱惑，在所谓的"反腐败"中获得了片刻的喜悦和自豪后，迅速沦为牺牲者。

（三）丰富的叙述话语系统

其一，叙述视角。《惊天动地》中作者采用全知叙事，但视角更多归附于黄昌久，小说正是以黄昌久的角度来构思和演进故事的。而第三人称"他"作为故事的全知全能的叙述人，这个隐含在故事的起源、发展和结局的情节中的"他"最大可能地展现了现实的客观历史性。作者叙事人称的选择也是为了《惊天动地》这部长篇小说操作的题材需要，此书头绪复杂，线索众多，反映的生活面开阔，而第三人称叙事，由于叙述人跳出故事之外，可以自由随意地从不同的角度切入故事，因而故事的掌控更加收放自如了。

当然，《惊天动地》的第三人称并非是单一不变的，随着情节的不断推进，由分散的第一人称叙事综合而成。小说中可以看到大量的有关黄昌久、段志忠和商京的内心独白和内心抒情，这种内心演绎充分发挥了第一人称的叙述功能，既体现了小说中躁动、热切的情绪，也更好地呈现了文本涵义的复杂性。这使得整部小说在整一中见变化，平衡中现张力和弹性，因而富有活泼灵动之美。

第二，艺术结构。小说以黄昌久为故事的媒介，通过他从为民谋利到为己谋利、从反抗不公到权欲膨胀的发展变化串联起三条情节线，包容了政府官员和乡镇农民两种思想形态和生存方式，牵连三种不同的人生命运。这种辐射式的结构，把故事组织得更完整、更立体。段志忠的贪污腐败是一条情节主线，直接引发了黄昌久为首的农民上访，且他跑官买官，与谭干、辛崇贤为代表的贪腐官员挂上了钩。第二条线索是黄昌久等人主导的农民上访，从"反腐败"为百姓主持公道，到企图通过操控民心夺取政权的步步演进变化。当商京带领的市委工作组入驻镇政府，既着手解决因段志忠腐败遗留的种种问题，又与黄昌久斗智斗勇，粉碎他们妄图夺权的阴谋，构成了第三条线索。三条线索拧在一起，把故事推向了结局。不过，这三条线索中，黄昌久这条主线一直占据中心地位并主导和支配着其他两条线索。

此外，小说在结构上讲究照应和铺垫，倒叙与顺叙手法其他并进，结构圆满和典雅。小说以黄昌久引导着数百人围攻镇政府开幕，又以黄昌久操纵着数千人围攻镇政府闭幕，故事情节正好构成一个封闭"圆"，既显示了作者独到的艺术匠心，也与小说的内涵高度一致，暗示了黄昌久一无所有的最终结局。

第三，象征意象。小说中，黄家老屋有着丰富的文化意象，它与点将墩、拴马桩一起承载着沿袭自久远历史的深邃而厚实的文化内涵。黄家祖先虽然有知府大人、县丞老爷、举人、秀才等等，但令黄家后人印象深刻并格外偏爱敬重的却是明朝年间起事造反的黄嘟嘟。黄嘟嘟造反起事、希图改朝换代的精神一脉，凝结在那枚尚未制作完成的玉玺大印中，盘踞在黄家老屋的东北墙角，隐隐地向黄昌久发出着召唤。黄昌久也自觉地将这枚玉印看作祖先的灵魂，当作保佑自己成就大事的护身符。因此，黄家老屋成为积淀了上千年的封建文化精神和宗族文化基因的汇聚地，是作家揭示传统文化沉疴、推演历史真相的重要叙事载体。在黄家老屋的主人黄昌久的身上，我们不断地看到沿袭千年的封建愚昧落后基因闪现期间，构成一种变相的残忍和粗暴，陈陈相因，至今发挥着潜在的作用。

《惊天动地》较为完整地拓示出历史文化积淀和惯性思维影响下农民特有的精神状态，把农民的存在状态及精神内质投置到了新的思考维度上，打开了新时代有关农民题材小说的新视野。小说中，作家在探寻不同群体的不同生存状态，思考官场政治生态的驳杂，体悟人的种种存在禀性，以及拷问人性的内在品质等方面跃入一个新层面。

四、《大改制》《侦察连》及其他

（一）《大改制》：悲壮谱写的时代之歌

《大改制》围绕着省属大型国有企业大华药业集团改制为股份有限公司中产生的种种激烈的矛盾、对抗以及由此引发的罢工、跳楼、失火等一系列惊心动魄的事件展开，作家试图以一种宏大叙事的方式，把国企改革的全局叙述与展现出来。小说以其切近生活、聚焦当下，以及对现实主义精神及其艺术表现方法的继承与创新，塑造了"史方正"这一性格鲜明的"改革者"形象，全书情感充沛，展现了丰实的时代内涵。

瞿旋调动他在工厂、文化馆、创作室、市文联等不同单位任职时，特别是下海经商、竞选厂长、担任经理的生活阅历和人生经验，先后创作了《海上的风》《路就在你脚下》《山路》《故土热风》等描写改革的艰辛、展现改革者困境的中篇小说。2005年发表的《大改制》在同类题材作品中格外引人注目，因为小说对国有企业改制以及在改制中所出现的一系列症候作了充分揭示和描写。主要表现在三个方面：

其一，以史诗般的手法，全面再现了国企改制的艰难不易。小说紧扣大华集团改制这一事件，集中展现了国有企业改制从内部到外部所遭遇到的重重阻力矛盾和诸多现实问题，从而为那个时代国有企业改制的艰难处境作了集中呈现。大华集团股份制改革是C省第一家省属大型企业改制，具有先锋探索意义。虽然集团党委书记、总经理史方正对改制面临的困难有过考量，但他没想到因为企业改制关系到利益的重新分配，各种问题和矛盾浮出水面，出现的阻力和障碍之大超乎想象。史方正的主要对手、集团副总经理刘中华予以坚决反对，改制不仅使得他原本接任总经理的愿望落空，而且他从中觉察出史方正有侵吞国有资产的嫌疑，为此与史方正就企业改制展开不屈不挠地斗争。他与亲信李子木联手通过向省里写上告信反映大华腐败问题、设局收买负责大华离任审计的会计师等，试图阻挠总经理离任审计；不果后，他们又暗中煽动工人，大孙等工人组织职工前往省政府上访，签名检举信也递交到省领导手里，经此一闹，大华改制问题终于引起省里重视，并派遣工作组入驻大华；工作组在账目核对、线索搜集等方面一无所获，而审计报告却对史方正在大华二十年的作为予以表彰肯定，以此引发了大孙等人封锁占领一分厂，并组织工人集体罢工事件。工人罢工这一恶性事件令大华改制陷入前所未有的困境，在上上下下掀起一场凶险的狂风恶浪。对改制持保守态度的省长郑泽群、省医药卫生厅副厅长曲直，与大力支持改制的副省长梁栋、生医药卫生厅厅长王守业在不同层面展开了针锋相对地激烈角逐。随着大华形势的发展，双方力量此消彼长。

工人罢工尚未解决之时，大华财务部长、史方正的情人张扬跳楼自尽，工作组认定的另一隐藏账本的线索就此中断；刘中华私下找人做得大华固定资产评估既不具备法律效力，且工业用地是否能简单地以商业用地标准衡量也不好定论；曲直的意外身亡，更是令刘中华的"反改制"之旅雪上加霜。与此同时，史方正积极调整应对思路，一方面向刘中华公开宣战，积极向上级反映公司内部领导煽动工人闹事造成现在的被动境况，另一方面通过与老工人魏正公推心置腹地解释有关改制的种种，令魏正公茅塞顿开，自觉在工人中宣传改制的意义。

柳暗花明之际，突然传来大孙等人在车间烧烤引发火灾，并致使十余人伤亡的消息。这一消息令刚刚向好的改制形势陡转急下，郑泽群甚至提议充实工作组力量，重新对大华进行全面评估审计此时，中央传来免去郑泽群省长职务，由梁栋代理省长的重大消息，C省也掀起了为改革开放创造优质安全环境的浪潮。在此情形下，工作组撤出大华，一分厂也恢复生产。刘中华却依然定史方正有问题，决意辞职查个水落石出。不过由情人明静远赴深圳取回的存有另一本账目的软盘时的疑惑，以及史方正与自己的坦率交流中，刘中华终于得知了事实真相——虽然史方正的儿子史前进的确是华美公司和爱菲儿公司的实际掌舵人，但是它们与大华集团的业务往来却完全遵循市场规则，另一账本与公司账目数据完全一致，仅仅是为了避嫌用了其他形式，没有实质意义。曲终人散后，江上数峰青。大华药业集团股份有限公司第一次股东代表大会召开了，这也意味着大华集团终于完成改制，只是小说的主角史方正与刘中华却都因失去最宝贵的亲人而低沉失落。

其二，深入剖析了伴随着改制产生的各种现实矛盾问题。《大改制》通过对集团领导、上级官员、普通工人等几类人物形象的塑造及其生活遭际的书写，对国有企业改制转型中所遭遇的现实问题及在此境遇中各类人的生活遭际作了集中揭示。小说通过不同派系间人物的激烈对峙的揭示，着力呈现了各色人等的精神风貌，特别是他们在经济发展和道德观念间的冲突景观，从中展示出"改革""体制""权力""欲望"以及"人性"等因素的相互纠缠与制约。各种矛盾环环相扣、层层交缠，其严峻性、复杂性超乎想象。作家在通过这些矛盾纠葛塑造人物时，最难能可贵的一点是保持了人物形象的立体化和复杂性。无论是大改制的推行者史方正以及他的支持者王守业、梁栋，还是改制的反对者刘中华及其支持者曲直、郑泽群等人，他们既非大公无私、只讲奉献的圣洁人物，也绝非一味为了权力和金钱而争斗，他们的争斗既有私心的计较，也有公利的考量，从各自的角度出发看待"大改制"这一新生事物都有其合理之处。正因如此，《大改制》这部小说才呈现出丰富的现实意蕴。

一是集团内部高层史方正与刘中华之间的斗争，既是推动情节发展的主线，也是矛盾最激烈的集中所在。刘中华反对改制的原因既有私心也有公心——于私，史方正眼看就要退休，自己接替总经理职位这一实现理想抱负的机会，随着改制的推进即将落空，过早地把理想凝结对四十几岁的自己来说太过残酷；于公，当发现依照现行的改制方案，史方正通过持股三千万就可以控制一个拥有十几亿庞大资产的企业，而其中一个公司正是三分厂抵押给的美华公司时，他断定史方正妄图用独断霸道、贪婪卑鄙的手段侵吞国有资产，变相地把大华集团变成他的私人财产。在这种悲愤、决绝的心境下，刘中华对曾经钦佩的史方正彻底失望，并决定以置之死地而后生的决心和勇气与他抗争到底。正如刘中华所言，"改制是大势所趋，我们不是反对改制，而是坚决反对趁机非法占有国有资产！"从这个意义上说，刘中华并不是改革的反对者，也不是个唯利是图的投机者，他虽然有私心，但更多的是着眼于保护国有资产和职工权益。正是在这种心理作用下，刘中华开始了漫长而曲折的"反改制"之旅。即使为刘中华作了种种辩护，也并非意味着他有足够的能力驾驭大华。表面上看企业改制导致了刘中华不能接班这一不公平的事实，但从深层看刘中华一直没有做好应对市场经济的充分准备，尽管史方正虽曾多次提醒，但"他谦虚的姿态淹没了他的悟性"，他始终"没按照市场规则去研究经营管理的科学，去熟悉大华庞大的商业关系和营销网络，去学习驾驭它们的本领"，这一致命缺陷决定了如果由他掌舵会把大华集团拖入深渊。

二是省医药卫生厅副厅长曲直与厅长王守业，以及省长郑泽群与副省长梁栋之间的矛盾对抗。王守业是大华改制的坚定支持者，一方面固然是为史方正在大华的骄人业绩所折服；另一方面则是为了积累政治资本，因为下一任省长人选梁栋坚定主张"把国有企业的改制当作全省进一步解放思想，加大改革力度的突破口"。不过王守业越是支持改制，老对手曲直则越是持质疑态度。数年前，王守业曾对曲直担任代理市长持反对意见，导致二人间的龃龉。对曲直来说，在关键时刻王守业压制人才、掐断别人前程的卑鄙做法，一直像刀一样刻在他心里，后来王守业开始扶持庄副厅长，更令他憋屈恼火。恰在此时，大华改制出现签名检举信、工人上访、省委书记作批示等系列事件，曲直下定决心在大华改制一事上不再犹豫、失策，而是利用当前形势，坚决支持彻查大华集团问题。这样不仅可以扭转自己在梁栋心目中的印象，而且可以就此查清王守业的腐败问题，既为党和国家剔除了一个毒瘤，也为自己的仕途清除了障碍。由此，曲直主张因为厅里没采取积极的态度对待大华职工的上告上访，才导致了罢工事件的发生，建议下一步把大华问题的工作重点放在反腐败上，而王守业则认为没有证据能证明史方正侵吞国有资产，上访不过是别有用心的人借此另有图谋，二人数次激烈争执，相持不下。

实则，左右曲直与王守业争执胜负的背后力量则是省长郑泽群与副省长梁栋的较量。大力推行国有企业产权改革，是梁栋来 C 省后抓的最重要的大事，如果出师不利，不仅会辜负中央的期望和 C 省加快改革步伐的需求，对自己来说也是一个不小的挫折。此外，史方正的勇于担责和深谋远虑也赢得了他的好感。在相继发生罢工事件和火灾事件后，郑泽群主张对史方正采取措施，并认为解决大华问题的根本所在就是要反腐败，保护国家和广大职工的利益，因为"保护党和国家的利益，这是一个高级干部最起码的觉悟"。梁栋则态度鲜明地予以反对，他认为大华集团的问题不在于是否改制而在于有无腐败，产权制度改革是中央的决策，应该坚持毫不动摇；大华集团到底有没有问题，有多大问题，要用事实和法律说话，在没有证据的情况贸然作为，不但会毁掉一个优秀的企业负责人，更有可能毁掉一家每年交税高达数亿的企业，造成几千名职工下岗的混乱局面。梁栋数次激越表态令郑泽群很是反感，认定他是以改革派自居捞取政治资本，尽快取代自己，甚至是收受大华的好处，与之结成利益共同体。从郑泽群的心态和作为中，我们可以窥见改革的阻力何其艰巨，不仅是利益关系的纠葛，还有落后保守的思想观念作祟。最终，随着郑泽群省长职务的撤销，梁栋代理省长身份的确立，二人的争斗也终结。而王守业和曲直却在争斗中两败俱伤，王守业误以为自己收受大华贿赂的罪责已被曲直掌握，而雇凶杀人；案情曝光后，他也自戕身亡。

三是普通工人面对改制的矛盾心态集中体现在老工人魏正公身上。魏正公年轻时苦大仇深的经历，令他非常珍惜国企工人这一身份，他以报恩的心态兢兢业业的工作，不仅勤俭节约而且善于发明创作，因此被评为全国劳模。这样一个在大华工作了三十余年的老工人，突然听到改制的消息也同大孙等人一样陷入困惑及对未来的不安。闻听一分厂被封锁，爱厂如家的他又多了一层不安，一方面他不满大孙等人罢工，却又真切地忧愁大孙所说的，改制后的他们失去的不仅是省属国有企业职工这一体面的社会地位和优厚的工资福利，而且成为资本家的打工仔后，要任意接受老板的剥削甚至开除；另一方面，他希望史方正能暂停改革，史方正注意到他对改制抱持的怀疑态度，只是承诺绝不会做出伤害企业和职工利益的事，却没有停止改制的想法。满怀愁绪的魏正公，每天能做的就是守护厂房，避免车间、仓库的设备和产品受到损害。此后，说服魏正公，成为化解史方正与工人矛盾的关键。在史方正推心置腹地解释下，魏正公终于理解了改制的真正含义，企业改制是把国有制改为公有制，改制后公司所有职工都持股，持股越多承担的风险也越大，也越有动力为公司尽职尽责。此外，公司会支付高额资金买断工人的工龄，且改制后工人的权益受到劳动合同和法律法规的保护。魏正公想通后，立即把改制的相关情况及时传达给了大孙等人，令不少人转变了对改制的看法。只可惜，随之发生的火灾事故，令魏正公在救人中身亡。魏正公的逝去，令史方正有一种痛彻骨髓的怅然和迷惘，因为这意味着一个时代的结束。

其三，塑造了史方正这一果敢、有力的改革者形象。尘埃落定后，刘中华自忖史方正是"一个一直坚守着所谓道德规则的魔鬼"，这一论断可谓切中肯綮。坚守道德和"魔鬼"特质，正是史方正的一体两面。坚守道德是指史方正的有情有义、秉公决断，不仅体现在他对病妻的不离不弃，对张扬的深情厚谊，更体现在他对公司和职工利益的自觉维护；"魔鬼"特质则是就他在商场上的果敢、决断、百折不挠而言，既表现在他面对改制重重阻力的决心、毅力和勇气，也表现在他在商业上的沉着、冷静、富有谋略。小说中，史方正身上迸发出的积极向上的精神力量，具有强烈的审美冲击力。

史方正积极推进改革的原因，一方面因为 59 岁的他即将面临退休，而改制后他却可以继续担任董事长，"可以使百万、千万甚至数亿元的资产成为你生命舞蹈的平台"，这完全契合他不甘平庸、勇于拼搏冒险的精神特征；另一方面 20 余年间他把大华集团的净资产由 20 万扩展到 10 多亿，可以说大华凝结着他的全部心血汗水，他希望通过改革促使大华药厂的发展前景越来越开阔。改制之初，史方正试图利用高度集权体制的优势再次充分发挥自己的意志，尽量缩短改制的时间，却没料到改制令许多矛盾因素生发、激荡，甚至发展成水火不容的对立。随着改制的推进，他发现改革的阻力超乎想象，而伴随着改革发生的一系列尖锐的争执和斗争，以及因此而导致的十几条人命的消逝，包括他最心爱的女人张扬，都令他承受了亲所未有的压力和重轭。在此情形下，他没有怨天尤人，也没有自暴自弃，而是鼓足干劲，积极寻求解决的办法。在经历了生与死、高尚与卑鄙、温暖与残酷、忠诚与背叛、真实与荒诞等一幕幕人生悲喜剧之后，曾深陷改制引发的漫长纠葛与旋涡中的史方正，终于获得了一种更为清晰、更加坚定的思路与目标。

工人罢工一直僵持不下，史方正拒绝了梁栋让公安部门介入的提议，坚持从内部解决问题，最终通过说服工人中威信最高的老工人魏正公化解了矛盾；火灾发生后，他不仅没有事故追究责任人的责任，反而给予最高补偿，并且通过逻辑清晰地分析把事故的矛头指向了教唆工人闹事的刘中华和影响公司安全稳定的工作组；大华改制举步维进，竞争对手乘虚而入之际，史方正果断采取"弃魏救赵"的措施，防止了多米诺骨牌效应的发生；传言新的工作组入驻大华的严峻形势下，史方正依旧沉稳冷静地召开公司业务会议，盘算着怎样弥补一分厂罢工的损失，并针对各项生产指标出现的问题提出精准的改正措施；改制形势明了后，他依旧不计前嫌地邀请刘中华担任公司的副总经理，心胸的宽宏大度由此可窥。

《大改制》毫不掩饰地、尖锐而真实地揭示改革中以经济问题为核心的社会矛盾，并注重刻画不同阶层人群的生存境况和摆脱困境的奋斗，力图写出艰难竭蹶中的突围，贯注着浓重的忧患意识。

（二）《侦察连》：狂热而凝重

《侦察连》以人民解放军第 35 军 103 师（以下简称"35 军 103 师"）的侦察连的真实历史事件和历史人物为蓝本，以农家小子许传领参加八路军成为侦察英雄为主线，以侦察连腥风烈火的战斗为副线，一主一副两条线索交织在一起，生动展示了这支侦查武装力量奋力抗击日本侵略者、国民党反动派和狡诈土匪势力为新中国的诞生作出重要贡献的革命故事，再现了中国抗日战争、解放战争的壮阔历史，以及山东军民抗击敌对势力的峥嵘与豪情。

小说的故事情节源于作家对三舅徐传翎和原侦察科长沈鸿毅等 35 军 103 师现存侦察连英雄们的采访，因此整部小说的创作秉持着"大事不虚、小事不拘"的原则，故事建构重点突出、细节生动，颇为出彩；在人物塑造上，无论是个体刻画还是群像展示，都形象鲜明、各具情态，十分传神；在故事叙述上，既有对波澜壮阔战争场面的宏观把握，也对战术、武器等战争技术的细致描绘，弥补了红色小说的某些缺憾；在故事意蕴上，除却讴歌和赞扬了八路军战士勇敢无畏的英雄精神，对于战争对人性的异化予以叩问，丰富了主旋律小说的意蕴和厚度。

其一，小说叙述了 35 军 103 师侦察连如何从地方部队的侦察部成长为主力部队侦察连的艰难历程。小说从抗日战争初期鲁南地区一支地方部队的侦察班写起，通过第一主人公许传领的视角把侦察班所在的八路军支队经历的大大小小数不清的反扫荡、阵地战、攻坚战按时间顺序娓娓道来。许传领入伍后经历的第一场战争沟坡伏击战，令他印象深刻，明明敌我实力悬殊，八路军出动六百多人攻打七十余人的日伪军，却以我方的惨败告终。究其原因，除却极少数淬火滚血、死里逃生的老红军，其他八路军多是些刚刚下锄头扛起枪的农民，他们既没有经过像样的训练，武器装备也不够，更不懂得战术战法，战斗中只知道蛮冲硬上、以肉相搏，这与日本鬼子训练有素的枪击刺杀、精良的战术素养形成了鲜明的对比。沟坡伏击战给了侦察连等人深刻的教训，他们夜以继日地加强军事训练。在班长董家莆这一练兵狂的带领下，侦察班的兄弟们利用没有任务时昼夜不停地练习射击、刺杀、投弹、利用地形地物、匍匐前进、修工事等步兵战术动作，以及捉俘虏、格斗、匕首等侦察兵所需的军事技术，数月下来战斗力有了极大提升。在加强日常训练的同时，侦察连特别注重实战经验和技巧的传授，譬如"潜伏者衔枚"即侦察时口含匕首既可在需要时迅速出刀，又能闭气，减小呼吸声音；还可以防止牙齿打颤、打喷嚏、咳嗽等，必要时还能缓解疼痛。经历了反扫荡、孙祖战斗的洗礼，侦察班的训练成效在棘手的蔗旺争夺战中显示出来。争夺战中，董家莆、罗成、彭二、许传领等侦察兵，无论战斗前期的侦察探路、巧夺弹药库，还是战斗中端着刺刀与鬼子短兵相接、生死相搏，都展现出一流的战术素养。蔗旺争夺战反复了三次，打了十余天，终以日伪军死伤九百余人，八路军占领该地而结束。在和尚崮突围中，侦察兵依仗着神出鬼没的高超武艺和聪慧过人的胆识计谋，一举除掉了沂蒙山根据地的"两大坏"谢洪顺和贺本斋。敌人趁着一营离开的间隙，发动突然袭击，血洗了许传领的家乡上崖村，乡亲们的无端死亡令许传领和其他侦查员们悲愤不已。为报仇雪恨，八路军积极谋划策动了蚂蚱岭战斗。这场激烈的血战中，侦察班所有人在复仇怒火的驱使下，如同杀人机器般拼尽全力大开杀戒，似乎唯有拼命厮杀才能告慰那些逝去的乡亲，最终蚂蚱岭战斗胜利告捷。莒县战役中，通过侦察班的可靠情报制定了炸碉堡计划，并由许传领、李乃好等人率领下成功实施炸毁两座碉堡，顺利攻下莒县。至此，许传领所在的侦察班经历了蔗旺争夺战、和尚崮突围、血战蚂蚱岭、莒县战役等无数次血火战斗，终于成长为八路军主力部队的侦察连。解放战争时期，侦察连参加了济南战役、淮海战役和渡江战役，成为渡江第一连、占领南京第一连。随后，他们又深入浙西，开展了艰苦卓绝、险象环生的剿匪战斗，成功剿灭了。这一过程中，不仅穿插讲述了零星的战术侦察、战役规模的全方位侦察等丰富多彩、惊险绝伦的侦察活动，而且刻画了侦察兵们从无奈到觉悟，从战战兢兢到血性勃发，从笨手笨脚到杀敌如麻的成长历程。小说以缜密的史料引用、真实的侦察战斗场景和充满张力的叙述结构，描绘了一幅绚丽的战争历史画卷。

其二，小说着重刻画了许传领从农家子弟成长为战斗英雄的曲折过程，并以点带面展示了侦察连的英雄群像。许传领14岁参加八路军的直接原因是可以手握钢枪的自豪，深层原因则是经历了惨绝人寰的"5·12"大轰炸后内心涌动着"杀进日本鬼子和天下不平事"的抱负。沟坡伏击战中明明我众敌寡却以大败告终的情形，深深地刺激着少年许传领，他深刻意识到唯有练出真本事才能跟日本鬼子在战场上比试较量。为此，在侦察班日常苦练之外，班长董家莆还额外给他开小灶，新兵许传领不仅训练能吃苦肯用功，而且善于琢磨钻研，仅就跟着董玉麟学匕首术，他不仅学会了倒卧式，直卧式，刺、劈、抹、挑等各种招式，还学习了"一招制敌术"，可在半秒内直刺敌人咽喉。两三年的功夫，许传领就出道了，侦察班的弟兄们再跟鬼子拼刺刀时已能杀出一种气势。

不仅战斗技能得到大幅度提升，许传领在战斗中的心态也逐渐发生着变化。战争的残酷无情对士兵的心态予以极大考验，一方面来源于战争的血腥杀戮和极端残忍，另一方面来源于失去战友同伴的悲痛欲绝。对于前者，蔗旺争夺战中，许传领第一次手刃敌人时尚能听见敌人骨骼的断裂声，感受到敌人的血液溅射；血战蚂蚱岭中，因怀揣着为死去的秀菊和乡亲们复仇的钻骨锥髓、漫野狂躁的仇恨，许传领变成了"一个哭喊着的、狂热的杀手，一头狂躁的雄狮"，一个只膨发着"杀"念头的杀人机器，那迸溅的血污，反而令他醋畅淋漓，荡气回肠。对于后者，蔗旺战斗中罗成为掩护许传领壮烈牺牲，这是许传领第一次面对战友的死亡。深受打击的他不吃不喝，只流着泪发呆，睡梦中都喊叫着"罗成哥"，好几天才缓过神来。再后来，庞有福为堵上阵地缺口英勇就义；李乃好被俘拒不投降被枪决；赵庆江、宋家强等在战场上相继英勇就义……每倒下一个兄弟都会令许传领难受好些日子，甚至会找个人少的地方痛哭一场。这种状况一直持续到淮海大战。淮海大战第二次阻止战后，再面临战友死亡，他依旧悲痛，却出奇的冷静，"好像身上的器官经过千百次烧冶，已经渐渐冷却了，却有了更坚实的密度，蓄满了冷静的杀机，在任何情况下，都不会消耗无谓的冲动了，但会把所有的灵敏、机智和力量，都集中在杀人的动作上。"这时的许传领，结结实实地成熟了。成长起来的许传领智谋双全、勇猛善战，杀敌数量遥遥领先，很快从侦察连中脱颖而出。后来，许传领先后担任班长、队长、排长等职务，也从未辜负组织的信任。解放战争中，许传领和侦察连的弟兄们率先渡过长江，率先占领南京；浙西剿匪运动中，他们又成功抓捕土匪头子戴藏宜、徐子林、汪成俊等，立下赫赫战功。

其三，小说叙述了我党武装力量不断发展、壮大的过程，从侧面揭示了我党成功夺取政权，并建立新中国的必然性。抗战期间，山东八路军从最初地方党领导暴动拉起的不到一万人，短短八年时间发展到主力部队二十七万人。之所以能深得民心民意，因为共产党、八路军是一支有着清醒、坚定的政治战略目标的力量，尽管生存条件恶劣，却促使他们把组织与军队的功能发挥到极致。"他们的军队绝不是简单的作战工具，每一个作战单元都负载着清醒的政治、经济、文化的战略目的和功能，就像裂变力极强的种子，走到哪里就深深地下潜到哪里，以极快的速度适应那里的水源、土壤，牢牢扎下根，以坚韧的毅力向外快速分蘖、扩张。"[1]正是依靠这种顽强的韧性和毅力，他们每到一处发展一处，建立起许多根据地，发展了更多的八路军，获得了更大的民间支持。一是在根据地里，共产党送给了农民最为可贵的"政治"。有了农救会、妇救会、青抗先等组织，农民终于能抬头挺胸说话做事了，因为这几千年来的大翻身，让农民深切体会到"主人、权力和自尊"，这些"精神上的裂变和爆炸，是豁上性命也值得捍卫的"。许传领离村三年后回家便充分感受到上崖村乡亲们的巨大变化，尽管他们的穿戴依然破旧，然而"他们说话拉呱的派头，骨子里溢出的精神头儿，真像换了个人似的"，如同"灌了浆的高粱，一下就舒枝展叶，挺起来了"。二是八路军爱民如子，宁可牺牲自己也要保护群众。和尚崮突围中，八路军冒死冲锋，打开一个缺口掩护百姓逃离。正准备撤离时，看见一个小女孩扶着一个老太婆踉跄走来。已打完子弹的八路军百多条汉子，硬是和日军拼起了刺刀，以自杀式方式迎着数十倍于自己的敌人，用血肉组成了两堵墙，护卫着祖孙二人离去。这一幕幕的壮烈牺牲，演绎着军民情深。三是八路军不仅注重军事训练，而且注意发挥思政教育功能。他们隔三岔五进行"整风运动"，并在整风中提出"谁养活谁""为谁当兵，为谁打仗"的问题。通过充分引导和启迪，大家充分认识到，穷人当兵就该为穷人，八路军是穷人的兵，而自己是穷人，就是为自己当兵，为自己打仗。有了这样的思想认知，八路军在战场上的勇猛善战、摧枯拉朽丝就不足为怪了。四是八路军有着敢拼敢打、不怕牺牲的作战精神。日本鬼子不仅装备精良，训练有素，而且讲究战术战法，他们发明运用了铁壁合围、拉网、梳篦、剔抉、蚕食等种种战术，最后却仍旧失败，归根结底是因为八路军是一群既有着钢铁般顽强意志又甘于奉献牺牲的人民战士。淮海战役前夕，侦察连与国民党第7兵团展开血淋淋的肉搏战。他们"有的被子弹击中了，踉跄一下，照样向前走；一个战士被炮弹的震波鼓上了天，落下后，奇迹般地还在射击；一个机枪手的双腿站没了，竟然还趴在地上，边推着机枪边向前爬，边搂着扳机"……昏黄的空气里，他们都成了一个个打

---

[1]《侦察连》，长江文艺出版社2006年版，第62页。

不碎、击不倒的虚影，成了来自另一个世界的索命之神。正是在这种大无畏精神的支撑下，八路军打赢了解放战争。五是共产党军队有着强大的再生机制。抗战时期，根据地形成了村民兵、区中队、县大队、军分区部队、野战主力部队的层递结构，提供源源不断的兵源，形成了绝无仅有的兵役体制。解放战争时期，除保留这套体制，更是充分利用俘虏补充队伍。国民党士兵绝大多数都是穷人子弟，通过开展数次诉苦运动，他们便对共产党产生天然的亲近感，而成为"自己人"。这数量上的一削一加，双方的实力变化成倍增减。小说从以上角度剖析共产党武装力量的基因和核心，梳理并挖掘了抗战、解放时期的共产党军事文化。

其三，通过揭示战争的残酷和荒诞对人与生命的无情嘲讽和戏弄，对战争的异化进行了深刻反思。正如论者所言，《侦察连》以金戈铁马的气势描绘了战争，又以细致入致的笔触，深入到人的精神层面，表现了血淋淋的厮杀后，人性的震颤和痛苦。在长年累月的战斗生涯中，革命战士不仅经常面临着物质的匮乏和死亡的威胁，而且因为缺乏爱情的滋润而产生种种性苦闷。况且，在你死我活的战斗中，消灭敌人是必须的，但是战争的血腥以及屠杀的不断重复，又会使人陷入某种疯狂状态，欲罢不能。小说中写到上崖村的村民许开镰及某位连长都在战斗骤停后发疯，令人震撼。同时，那些生死与共的弟兄们的牺牲给他们内心造成的创伤，很长时间才能修复过来。此外，这些身经百战的革命战士面临的生存环境之残酷，承受的苦难之沉重，是后来人无法想象的。他们要想在战争中生存下来，不仅要战胜敌人，更要在精神上战胜自我。小说所呈现的这种战争对人精神的压抑和心灵的异化，既是对战争的反思，又是充满人文情怀的深层叙述。

侦察连人物命运的结局也令读者唏嘘不已。小说不仅写了他们的成长、成熟和牺牲，也有战争对他们的异化，对他们生理世界包括性心理和朦胧恋情的压抑以及扭曲性塑造，几个人物都有着血淋淋的、触目惊心的深度：因为喜欢摸寡妇门多次被开除，又多次逃脱并重新参军，具有性变态心理的功臣侦察兵彭二，最终在大都市里迷失了人生方向；全师年龄最大，先后在吴佩服、张作霖部队里当过侦察兵的传奇性老侦察员董作霖，一身武艺一手好棋，却在别人勋章的光芒中默默引退，坐卧而亡；解放战争后低挡不住钱财的诱惑的邹见富，静带着自己的百宝囊不辞而别；与许传领有关的三个女性在他心灵上留下的无可挽回的创伤……其悲剧性结局，都有着摄人心魄的撞击力，也丝毫不妨碍竖立起一群热血男儿的英雄形象。

《侦察连》既是为解放军第 35 军 103 师的侦察连英雄们立传，也是为山东农民正名，讴歌了他们侠肝义胆、忠勇彪悍的精神。大敌当前，他们坚定决心追随共产党保家卫国，宁为玉碎，不为瓦全。这种刚正不阿、大义凛然的气节，既源于孔子、孟子等儒家文化的仁义忠勇精神，也源自姜尚、孙子等兵家文化的尚武精神。因此，《侦察连》不仅让我们了解了战斗英雄们的成长历程，也让我们知晓文化传承、伦理因袭、道德自律的影响和意义。

（三）《苦门里走出的博士兄弟》：严峻人生的璀璨绽放

长篇报告文学《苦门里走出的博士兄弟》讲述的是日照市涛雒镇栈子村一户郑姓人家历尽千辛万苦培养出三个博士的故事。作为"非虚构"作品，《博士兄弟》的总体是客观陈述、娓娓道来，然而却并非单纯的传记与回忆，而是重在目击和见证，重在揭示心灵的真实。这也是该书备受读者喜爱的原因。

苦难的日子里，郑家人从未放弃对生命的期待和对希望的追逐，他们依靠着亲情，互相支撑、互相鼓励，陆续踏上成才之路。在郑家兄妹的成才之路上，他们没有因为贫穷的羁绊和钱财的诱惑而轻易止步，而是不满现状的永远追求。他们知道，唯有更好地成才，更好地服务大众，才是对亲人最大的告慰，才能不辜负社会的厚爱。可以说，《博士兄弟》既是记录了郑家人的生命奋斗历程，更是借着郑家兄弟，写了一种生存世相，一种精神状态，一种追求情怀。此书的魅力，正来源于书中主人公们的人格魅力。其中，令人印象深刻的有两点：

其一，郑家父辈咬紧牙关、齐心协力供应郑家兄妹求学的艰险不易。对一家人平凡、淳朴、贫穷却温暖生活的呈现，让我们重新体验那失落已久的本真状态和动人情怀，品味人性中的真善美，体验他们用生命和热力对抗贫穷、疾病、饥饿时迸发出的魅力与光彩。

郑家父慈子孝、长幼有序，有着儒家仁厚孝悌的传统美德。如同真实版本的《活着》，郑家人是时代的巨轮下苟且存活的普通人，他们有着历尽劫难，苦海翻波的平凡命运。郑家人口最多的时候有九口人，只有郑淑全和哥哥郑淑文两个劳力。改革开放前，凭村里分的粮食，如果放开吃连三个月都不够，平时全靠哥哥郑淑文捞鱼摸虾、干点零活贴补家用。尽管生活困难，可郑家硬是有一条不可触动的规矩，这就是"有几个孩子就要让几个孩子上学，能上到什么程度就上到什么程度"。这种重视教育的执着，在当时是很罕见的。

伯父郑淑文是长辈中最令人印象深刻的。郑家之所以能够支撑下来，郑淑文起了关键作用。以他的谋生能力与智慧，完全可以寻找自己的幸福，然而当弟弟的家庭难以为继时，他数次推掉机会，不惜终身未娶，把自己的命运与子侄的求学读书牢牢地捆绑在一起。郑淑文劳碌了几十年，七十多了仍要冒着严寒下到冰冷的海水里推虾皮儿，经常茫茫夜色的大海之上，唯有他孤独的身影起伏在浪岭上，再苦再累也硬撑着。郑淑文无私的奉献和牺牲精神，赢得了郑家兄妹由衷地尊敬与爱戴。母亲秦洪喜如同华夏大地无数普通女性一样，一辈子生儿育女，辛苦操持，有着无奈的命运和无尽的苦涩。她为了省钱，耽误了病情，却常常拖着病体晚上操持家务，白天去镇上集市卖虾皮。直到病入膏肓，身体无力支撑时，才肯就医，却又常常为花钱治病而自责。尽管如此，秦洪喜还是早早撒手人寰。从秦洪喜身上我们可以看到世世代代中国女性的困境、沉默、坚韧和力量。母亲去世时，最小的儿子才不过3岁，郑淑全既当爹又当妈，学着裁衣做饭摊煎饼，与哥哥一起含辛茹苦地把郑家兄妹五人抚养成人。

当时不少人家由于家庭困难，让孩子中途辍学，成为"小牛倌""小猪倌"，既节省学费又帮家里干些农活。可是即便秦洪喜得了重病，贫苦的家庭雪上加霜时，郑家人却依旧咬牙坚持着不让孩子辍学。郑家长辈对教育的重视程度异乎寻常。在秦洪喜病重到昏死过去几次后，老大郑鲁每次放学回家都陪护着娘。但娘即使已说不出话来，还是表情焦急不安地把眼神飘到他的书包上。他才明白，娘是叫他看书，否则娘的心里不安宁。无独有偶，郑淑文的癌病发展到晚期，生命垂危的时候，正是小五郑越考研究生的关键时刻。郑越回家看他，他硬把他撵回了济南，说考不上就不能来见他。郑家的长辈们近乎悲壮地把孩子一个个推上了康庄大道，自己却有的走进了坟墓，有的独身守家中。不过，正是在他们的庇护下，郑家兄妹得以有机会刻苦勤奋的学习，陆续取得了优异的成绩。

其二，郑家兄弟贫不失志、自强不息的拼搏精神。他们如雪地的萌芽、林中的响箭，满溢着生命的韧性与活力，透示着鲜红亮丽的拼搏之美。这种丰富饱满的生命个体，以及刚健清新的创造性生命的自然流淌，与当代人的所谓的生存困境与精神饥渴形成鲜明的对照，既扣人心弦、激人奋进，又对现代人生意义具有哲理性的启迪。

郑家兄妹总让我想到《平凡的世界》里的孙家兄弟，他们虽然都是物质上的贫穷者，却是精神上的高贵者。他们理想高远，品质高尚，毅力顽强，外在的贫苦与内在的坚韧形成鲜明的对照和反差。郑家兄妹五人虽然性格不同，但对命运的抗争、不屈，以及力图通过学问改变贫困现实的强烈愿望是共同的。他们兄妹常常忍饥挨饿，却都课上听课认真专注，课下主动学习，路上、院子里、树底下、谷垛旁，都常常看到他们读书学习的身影。五兄妹相继上学，特别是老大、老二、老三上了中学后，郑家更是穷困不堪。为此，在校住宿的老大郑鲁常常因带的煎饼不够而饿得眼冒金星，浑身发虚，却仍旧勤学不辍，他暗暗下定决心，不但自己要考上大学，也要给弟妹们做出榜样，让他们也都考出去。最终郑鲁以优异成绩考上了山东大学医学院，他想学好本事，救治像母亲一样的好人。老大这种挨饿的经历，其他兄妹也都经历过。然而困苦压不弯脊梁，老二郑全忠高中毕业后考上了山东工学院。老三郑全战从小学时，各科成绩都保持着年纪第一的纪录，最终考入北大计算机系。老四郑芸是郑家唯一的女儿，由于家庭困难，她读了中专。老五郑越考上了西安交通大学。

贫困的家庭生活，铸就了郑家兄妹坚强的性格，面对困难，他们永不言败，争做生活的强者。考入大学或踏上工作岗位后，他们不贪慕虚荣，不热衷名利依旧志存高远，奋发进取。郑鲁大学毕业后，被分配到临沂医专当教师。经历了十几载的寒窗苦读，生活终于向他绽放笑脸。然而郑鲁却不满足，已结婚生子的他下决心考取研究生。自此，每当月上中天之时，郑鲁依旧在闷头苦读，经过几年的拼搏，郑鲁终于考上了第三军医大学。硕士毕业后被分配到解放军第91医院，担任神经外科医生。然而，随着经验的积累和业务的发展，郑鲁又一次感到知识的欠缺，为此他又考上了301医院的神经外科博士。与此同时，老三郑全战在北京大学读书期间，连获北京大学三好学生，优秀三好学生标兵称号，北京大学光华奖、北京大学安泰奖、北京大学第一届"挑战杯"暨"五四"青年科学一等奖，全国大学生第三届"挑战杯"团体第一名，后入中国科学院读博士，同时，被美国明达尼达大学计算机科学工程系录取，获得该系博士。毕业后成为美国微软公司工程师。老五郑越也不甘示弱，在大哥郑鲁、三哥郑全战影响下，他从西安交通大学毕业后考入兰州铁道学院土木系读硕士，毕业后，工作二年，又考上了上海交通大学的博士。这一路走来，郑家兄妹互相扶持、互相激励，他们相亲相爱的兄妹情义、家人情感，真切感人。

"如何讲述真实"是非虚构作品的核心问题，《苦门里走出的博士兄弟》也不例外。如何从毛茸茸的现实生活和各种毛糙的感受中，抓住叙述对象的典型特征，并通过生动、耀眼的细节展现出来，是对作家的极大考验。为此，瞿旋采用"田野调查"的方式，通过走访郑家故地、采访郑家父子、与郑家兄妹书信电话往来、拜访郑家兄弟的老师等各种方式，通过他们的口述或记忆，最大限度地记录和呈现郑家兄弟成长成才的生命历程。不仅如此，作品对教师、乡邻、军人等社会各界对郑家的关怀，对主人公之间的亲情以及他们坚韧不拔的学习精神，进行了细致地刻画和描写，读来感人至深。

《苦门里走出的博士兄弟》的撰写不同于一般的报告文学，给人以浑然天成的鲜活的感受。作家在占有丰富原始资料的基础上，怀着敬意与悲悯之情，把郑家饱经忧患的家庭阅历和痛彻肺腑的沧桑体验不断地开掘、提炼和升华，把郑家数十年生活的完整性、原生性和流动性统统打捞起来，真实而质朴，艰苦而温情，使得全书内蕴着一股强烈的精神追求和向外扩张的伟力。这种生命和实践的感悟，没有大开大合的情绪，却无声的浸润着读者的心田，历久而弥新。这既是一种"走向民间"的写作方式，也是"写作见证时代"的有力表现。

█ 五、结语

瞿旋曾经说过："我的作品并不是简单地阐释社会、历史意义，而是利用社会、历史嬗变、冲突的框架，探讨人生存的终极原理。作品中涉及的人物，都从自身的存在意识和生命意识出发，演绎了形形色色的观念和行为。力争把对他们的本质描写，上升到哲理的、形而上的层面，产生强烈的审美感染力，透出一种深刻的文化况味。"这不仅是瞿旋作品的特色所在，也是其价值所在。正如雷达所言，有的作家作品只有写晦暗污浊腐败的能力，没有审视、思辨、取舍、提升，以及使正确的审察植入作品血脉之中的精神。而瞿旋作品的价值正在于其肯定和弘扬正面精神价值的能力，这正是一个民族文学精神能力的支柱性需求。瞿旋的作品既有直面生存的勇气，又有揭示负面现实的能力，亦有面对污秽的胆量气魄，然而更重要的是他有辨别是非善恶的能力，有塑造正面人物形象的能力，更有呼唤爱、引向善、求取光明的能力。这种对伟大人性的礼赞，对民族精神的高扬，对坚韧、乐观、正义、尊严、创造等人类普遍价值的肯定，散发着人文精神和终极关怀的耀眼光芒。

夏立君论：省察人间问苍茫

张元珂

夏立君小传

1962年生于山东沂南县刘家庄，现居日照。中国作协会员，山东省作协散文委员会主任，日照市作协主席。

自8岁至17岁，在沂蒙腹地沂河岸边的本村读完小学、中学。高中毕业后，"文革"期间贫下中学管理学校的模式结束，母校由高年级到低年逐步撤除。母校因此成为村史上空前绝后的学校。

进入初中后，就匪夷所思地开始做作家梦，作文常得到老师表扬。作家梦促使他在文化匮乏环境里，自主自觉培养阅读能力，不但弥补了当时教育的人文缺陷，还为此后追求深度读写奠定了基础。读书并不多，人却送外号"书虫子"。

1979年，作为母校惟一考入大专的学生，进入临沂师专中文系读书。1981年，毕业分配至莒县任教。1980年代始发作品，新诗处女作发表于《胶东文学》。1986年，为《透明的红萝卜》的独特氛围所震惊，产生这种小说我亦能写之念，迅速写成中篇小说《沂蒙山童话》（未发表）。1980年代末至1997年，主持创办《沂河》诗社，陆续在《光明日报》《大众日报》《散文》等报刊发表作品。1997年2月至2000年1月，申请赴新疆喀什支边三年。生活与文学视野产生飞跃，支边期间及随后数年发表的《在西域读李白》《怀沙》等作品，产生了较广泛影响。2003年自费出版首部文集《心中的风景》。2006年前后发表小说《草民康熙》《天堂里的牛栏》等，产生一定影响。其小说创作总是偶尔为之。2010年出版第二部文集《时间之箭》。自2000年至2022年初退休，一直供职地方媒体，任过编辑、记者、广告员、副刊部主任。其创作长久处于业余状态。

2014年前后，创作始进入集中攻坚阶段。五十多岁后才呈现应有的创作状态。2016年至2017年，《钟山》破天荒两次以头条加按语方式，推出其十余万字系列散文《时间的压力》，译林出版社随即推出同名文集。2018年8月该文集获第七届鲁迅文学奖。2019年出版文集《时间会说话》。2020年《时间的压力》推出学生版。2021年，《时间的压力》经由市场途径输出韩语版。这期间，其作品另获过钟山文学奖、泰山文艺奖、林语堂散文奖等。2020年前后，主攻小说创作，并于2022年出版首部小说集《天堂里的牛栏》。

文学观点：写作是必须亮出个体本质的劳作。写作而想隐瞒个体本质，是一个不可能完成的任务。

沂蒙地当古齐鲁之间，蕴鲁风，兼齐气。在此出生、成长并长期受此种文化影响的沂蒙作家自有其独有精神气质和人文风采。性格上的沉稳，风格上的朴野，顽固的执着与奉献，不计一切的忠诚与牺牲，以及与老乡土缔结的割舍不断的挽歌或牧歌情结，自是其中最为引人瞩目的传统之一种。然而，在此之外，还有另一种传统也总在自在、自为地野蛮生长，即，从沂蒙民间生成并蔓延出来的一种恣肆、自由而又不乏躁动的精神力量，总会以另一种完全不同的方式、路径，抵抗、消解或重构历史之路。这两种传统、两种力量一直并行不悖、交叉影响，深刻潜移默化地影响着沂蒙作家的为人和为文，并在中国当代文坛形成了清晰可辨的文学风貌。不同于刘知侠、李存葆、刘玉堂、赵德发、苗长水等当代沂蒙作家在国家、民族或启蒙视角下所展开的对于"新沂蒙"及其文化谱系的深刻书写，夏立君其人其文，沐鲁风，有齐气，谨重与恣肆兼具，在审美姿态、实践向度、书写主题、文学气度方面均显示出了独特的格局、格调，从而为沂蒙文学和新时代文学提供了一种新样态。夏立君及其散文、小说创作，较多吸纳沂蒙民间和中国士人文化传统之影响，不仅放大了当代沂蒙文学的现有格局，也在接续张炜、莫言等继承"齐人"、弘扬"齐气"一脉上展露其朴野而又恣肆的气象。截至目前，夏立君的创作量不大，却是一个不可漠视的、可供发现并阐释出新意和新质的作家样本。

▌ 从散文家到小说家：对其身份和从文之路的学理考察

解其文，必先懂其人。古人所谓"知人论世""以意逆志"，说的就是这个道理。我们知道，作为主体的"作家"与作为客体的"作品"是作家研究中的两大关键因素；在作品诞生之前彼此间如何关联，之后各自又如何自立为"主体"并独立生成意义，一直就是"作家论"这种文学批评活动所着重关注和展开的主体向度。由此出发，若解读夏立君及其文学创作，须首先对其人生历程和从文之路作必要梳理、阐释。

夏立君于20世纪60年代初生于山东沂南，后曾任中学语文教师十余年，期间曾有在山东教育学院中文系进修二年、新疆喀什支边三年之经历，现供职于《日照日报》，兼任日照作家协会主席。从人生履历来看，其人生经历似并不复杂，所受教育和读书生涯也相对简单：

"我所受中小学教育比较特别，从一年级到高中，没出沂蒙山区我那个闭塞村庄。那时口号叫'贫下中农管理学校'，一直管理到我高中毕业。高中毕业时，高中初中一齐撤了，后来小学也撤了，我没母校了。所幸，在那个糟糕的读书时代，我仍保持了必要的课外阅读。当时较易读到的是《艳阳天》《大刀记》等读物，亦能读得如醉如痴。大我七岁的长兄有少量存书，其中约有七八种鲁迅单册书，包括《呐喊》《彷徨》《野草》等。初中时，我就试着读它们，理解有限，感受却是强烈的，与读《艳阳天》等大异其趣。鲁迅著作特别是《呐喊》，给我开启了一个有些曲折幽暗却又崭新异样的文学与人性世界。待理解能力渐强，就大体能形成一个与教科书塑造的不太一样的鲁迅形象。时至今日，不论写散文还是小说，仅回味一下《阿Q正传》《药》等作品的氛围，或某个开头某个细节，就能抑制一下轻薄为文的冲动。"[1]

生在闭塞农村并在此完成从小学到高中阶段的教育，相比于同代人，是幸运，也是遗憾。幸运的是能一直上到高中毕业，须知，在当时，初中生、高中生即可当教师了；不幸的是，这阶段所接受的教育以及所读过的有价值的图书都极其有限且陈旧，对于成就一个哪怕三流作家所必需的阅读视野和阅读量，是远远不够的。倘若没有《艳阳天》《大刀记》等通俗读物所激发的对于读小说故事的渴望，以及由鲁迅若干经典作品给作者"开启了一个有些曲折幽暗却又崭新异样的文学与人性世界"，那么，夏立君在青少年时代关于"文学"的理解与想象可能就要彻底绝迹了。高中毕业后，即使做了老师，也依然在农村，物质穷困，地理闭塞，身心受阻，也一定是其日常生活中的常态。在此背景下，对于象征理想的星空、大海和远方的遥想，以及由此所带来的暂时的精神代偿，作为一种虽虚幻但并不虚无的"文学梦"，也一定曾在彼时夏立君脑海中反复萦绕过。儿童少年时期眼中的乡村乞丐，引起的竟是他对这种有吃有喝、自由来去生活的追慕，成年后远赴新疆喀什支教以及动辄在宏阔空间里的自由游荡，以散文方式叩问历史以及与历史人物所发生的深度共鸣，这一切若追根溯源，最终还要从那个寂寂无名的刘家庄说起。沂蒙大地上这样的村庄枚不胜举，包括李存葆、赵德发、刘玉堂、夏立君在内的众多沂蒙作家在青年时对其怨恨又爱的复杂感情，以及由此在逃离与皈依之间所演绎出的感人故事，本身就是一种典型的承载丰厚历史讯息的沂蒙叙事。村庄、少年、作家、文学梦，在这一代沂蒙籍作家文学实践中，无一不首先体现为在对乡村叙事中的讲述中，完成近似成人礼似的惊艳一笔。

传记批评作为"作家论"所倚重的重要方法之一，尤重分析若干"节点"在作家人生和从文之路上所起到的重要助推力。由此，节点和节点叙事便成为"作家论"或"作家评传"所侧重展开的主体向度。具体到夏立君，几个区隔较长的"时间单元"对他从事文学创作的影响还是相当内在而深远的。自童年时期便逐渐培养起来的对历史读物的阅读喜好以及由此而生发出的对历史体验的"苍茫感"；业余办刊和创作所形成对文学的虔诚心态、转向专业型作家后所生发出来的文学抱负以及对精品意识的自我加压；早年从教经历以及近十几年来不间断的有选择性的读书所慢慢形成的知识分子素养、学者型心理结构；长期在农村生活以及对于乡村伦理、公社秩序和生产队风景的熟稔；在媒体与文坛之间从未间断过的交互往来，以及他那种天生具有的寡言、多思和对人、事、物及其关系的敏感悟性，等等，都为他从事有深度、有难度、有识见的文学创作，打下了坚实的基础。今天看来，其文本中所呈现的对历史的亲和力以及由此而带来的绵延不绝的压力感，特别是那种宏大的空间感和绵长的时间性，都与他在这种漫长的文学准备期内的文学活动、经验历练、读书积累、生命体验息息相关。

夏立君不属于莫言那种灵感爆发型作家，而类似陈忠实那种厚积薄发型作家。从创作经历来看，他的文学活动开始于 20 世纪 80 年代，早年与文友创办诗社，合办民刊，写诗，写散文，偶尔也写小说，是典型的在新时期文学影响下成长起来的一代作家。按说，他早已是文坛"老人"了，但并非如此，在文坛前沿阵地上，直到 21 世纪第二个十年，他依然是个不折不扣的"新人"，因为在没获"鲁奖"前，他一直没有进入中国当代文学现场的中心地带并为同行所熟知。为什么会形成这种局面呢？原因当然是多方面的，但其中有三方面的原因不容忽视：由于文学准备期内所耗费的时间过长，且发表作品过少，自然难以在混脸时代快速脱颖而出；创作长期处于业余状态，且在从业余到专业型作家的转型过程过于漫长，自然也难以引起学院派批评家的关注与阐释；这些年来，他主攻散文，但散文在文学四大类中最不受重视："如果说诗歌、小说、戏剧是朝阳，散文至多也就是余晖。所以，各种文学史几乎没多少散文的事，如果有也是其他文体的叙述之'余'，且有点千篇一律的赘述。[2]"在这种背景下，散文家很难像小说家那样，只要有力作，即可快速成名，更何况，夏立君既不是那种高产量散文家，也不是那种八面玲珑的文学活动家。他难以突入"中心地带"，当事出有因。好在，文学创作不以谁先谁后、年龄谁大谁小定胜负，成就和声望最终要靠作品来衡定。正如陈忠实在五十岁才发表《白鹿原》并因此而一鸣惊人一样，夏立君也在这个年龄阶段突然闯入"中心地带"并为众人所瞩目，毫无疑问靠的也是作品质量。

优秀作家大都跨界或跨文体写作的多面手。选择何种文体，即意味着一位作家在思想、审美、修辞或艺术观上发生某种有意味的变迁。事实上，文体选择及其实践并不是一件无足轻重的小事。具体到夏立君，亦然。一个显在的事实即，作为散文家的夏立君，与作为小说家的夏立君，以及由此所各自生成的文学景观，存在不小差异。这在提示我们，首先从身份上予以界定、阐释，确有其必要性。作为散文家的夏立君，笔者以《时间的压力》《时间会说话》为重点考察对象，对其生活史、阅读史、精神史、文本史予以追溯、阐释，以考察作者与作品之间的内在关联及其意蕴生成。

一方面，散文这种古老而又现代的文类，不仅赋予夏立君以情感和形式上的亲和力，更诱发其以此为工具或媒介，回溯历史长河，展开精神寻根的强烈愿望。对根的寻求着实发生于其从事文学活动以来的各个阶段，而在近几年以来，这种倾向愈发明显。其突出表现就是，他对时间、空间的审美体验早已脱离狭隘的"此在"与自闭的小我，而趋向于对浩渺的"彼在"和宏大历史的体验与建构。作为一种精神实践，他复归传统典籍与历史现场的信心、能力，以及从中获得创作灵感并取得创作成果的实践，在同代作家中堪称典范。在他看来，那个"传统"并非一个虚无的存在，它总是与其生命体验发生内在感应。他之于历史，不仅是后来者，也是建构者；古人之于他，不仅是对话者，也是同路人。既然他在与历史对视、与古人对话中获得了足够多的"恩惠"："……历史比现实更有用、更易用。古人能照应呵护我的生存。他们以稳定真实的面目朝向我，他们再也不会扯起半缕面纱掩饰自己。无数有趣的古人施大恩于我，却不求一丝回报，不给我添加一丝与活人打交道的麻烦。³"那么，作为回报，作为个体行为的阅读与文学创作便被委以特殊的重任，沿此通道与逻辑，以某种感恩心态——即"我把解读传统养育出的杰出古人，当作对抚养自己传统的一种回报⁴"——从事有难度的阅读与写作，也便顺理成章。然而，在追求速度与效率的当下，其姿态可谓标高独异，但其实践可谓出力不讨好。所以，我更愿意把他这种活动归之为"文化之旅"与"精神寻根"。以美学的、情感的方式解读古人文本，以历史的、批判的方式展开文史考证，从而从点到面、从局部到整体，为重新认识古人与传统，作了一次极有价值和意义的文化寻根活动。不过，与20世纪80年代以韩少功、阿城、张承志、李杭育为代表的所谓"寻根文学"作家们致力于传统意识和民族文化心理的探索与表达不同，夏立君的"文学寻根"并未偏离中国传统文化的主线与主流。如果说他们总是对那些偏远的、蛮荒的野地文明、边缘的文化遗风或深层的心理结构报之以探索的巨大兴趣，那么，夏立君试图以"同情的理解"方式，回到并还原历史现场（即他所言"把自己投入到历史长河中去"），不仅通过对屈原、李白、陶渊明等"人之子"们复杂的心理结构和丰富的精神图谱的重勘与描绘，以从中寻找到助力现代文化与文明向前发展的动因与力量，也通过对商鞅、李斯、韩非等历史人物身上所展现出的反文明、反人性的历史窠臼与文化暗点的揭示与批判，以企引起今人在面对那个巨大存在时所应采取的理性态度、所应坚守的文明底线、所应反思的制度问题。可见，他的寻根不是弃今复古、崇古，不是膜拜先人、圣人，既而绝尘而去，而是以今人之眼光打量历史，揭示秘密，呈现真相（文学真相、人性真相、制度真相、皇权真相），既而反哺当下。

另一方面，以散文方式参悟个体存在本质以及与此紧密关联的时间、空间等形而上命义，也成为其重要的精神活动。人类从未放弃过对于时间的体悟与描述，但若要给"时间"下一个准确定义或者说对其外延与内涵做个准确界定，大概是一个具有相当难度且永远也没法完结的课题。与物理领域内的把握与界定不同，文学（作家）与时间的关系却是具体的、形象的、可把握的：从孔子的"逝者如斯夫"到庄子"人生天地间，若白驹过隙"，从鲁迅的"时间就像海绵里的水"到朱自清的"我的日子滴在时间的流里"，再到夏立君的"时间的压力""时间之箭""时间会说话"，都可看出，他们的"时间"已非历时的、一维的、不可逆的，而是共时的、多维的、可折叠的。作家们改变了"时间"的物理属性，故可以自由出入任何"时间单元"。夏立君也是这样一位自由出入于"时间单元"并以"时间"为伴侣、为攀谈者、为灵感来源、为灵魂归宿的文化探寻者、精神建构者、散文书写者。或者说，对夏立君而言，时间作为一个历史、美学与精神的符码，构成了他及其文学实践的源头性的、统摄性的存在。从《时间的压力》到《时间会说话》，"时间"以及"时间话语"都是其最为核心的主题向度。由此进一步延伸，时空、人性、历史、时间单元、婢妾心态、苍茫感、存在、困境、孤独、痛苦等在《时间的压力》中屡屡出现的负载丰富现代意蕴的这些关键词，无不与之有着本质性关联。所以，围绕这些关键词所展开的有关九位古人精神品质、心灵形态、存在本相以及文本思想及美学风格的挖掘、描述与探析也就展现了十足的现代品质。而在《时间会说话》中，他在修辞策略上对"时间主题"做了艺术转化，即将时间的"直接呈示"转化为时间的"空间表达"；而无论怎样表达，表达什么，却又都不脱离当代性视野。即，他将"刘家庄时间""长河时间""喀什时间"重叠或并置于当下，并在当代意识的烛照下，展开对乡愁、生命、历史、古人的再度书写。这种书写不仅直接表达一己所想、所念、所思、所忆，也对当代精神文明建设提供有益启示。

如今，夏立君已近花甲之年，虽突入文坛并有所成就也仅持续十多年间，但从其从文之路和愿景来说，可算是大器晚成，有相应的实绩与名望，并有在创作上保持持续掘进展现的潜力。当然明面的光鲜并不代表，也不能遮蔽从文之路上的苦恼、坎坷或诸多不便表白、无以释怀的生命信息。但不管怎么说，对于任何一个成功者来说，在其身份和角色的不断演变过程中，一定隐藏和承载着关于生活本身和生命本体的原始密码。具体到夏立君，从教师、编辑、作协主席、散文家到小说家，在其诸种职业和身份或并存或前后承继演进过程中，一定也含蕴着作为一位优秀作家的特殊而丰厚的生命讯息。我们知道，教师和编辑分别是其早年和现今的职业身份，作协主席和散文家是在过去几年间依凭数部散文集而约定俗成的志业身份，而小说家则是目前正在快速生成的又一作家身份。作为散文家，夏立君所取得的文学成就和在业界的口碑已基本奠定。如前所述，在其长达数十年的不间断阅读积累中，特别是在前些年有计划的以中国传统文化精英及其典籍为中心的精读中，他凭借一己之力寻找并建构起了精神世界已足够宏阔，以此主导并生成的文化产品自然也格外震撼人心。那种"干净利索，剥皮见骨，时有水落石出之效，通情而又达理，读来简洁畅快，而又时时让人警醒，破费思量"⁵的文化寻根、探察和表达之力，也足以展现出沂蒙作家天性中厚积薄发、一鸣惊人的对于识见、灵感及其表现力的特立独行、敢破敢行。而作为小说家，尽管在过去十几年间也陆续有作品发表，但终因散文家身份声名远播和强势影响，而致使这一身份被遮蔽。当然也有另一个原因，即由于其创作数量太少、向来不注意自我宣传使然。然而，如同他在散文界的"气象不凡"（梁晓声语）而引发读者和评论界关注一样，他在近两年间所发表的《在人间》《俺那牛》，以及早些年发表的《草民康熙》《乡村少年的1976》《天堂里的牛栏》，也展现其出手不凡、叙述老道、内蕴深厚、风格独特的新气象、新格局。从主写散文转向主写小说，不仅意味着其身份、趣味和志业的转变，也昭示着对自我与历史、自我与时代关系的认知、体悟发生某种有意味的变化。

对于任何一位优秀的作家来说，以何种文体从事何种写作，一般都有其主客两方面的诱因。比如，鲁迅在小说、散文、杂文、文论之间来回跳脱：因乡恋乡愁而选择散文，因灵魂独语而选择散文诗，因针砭国民痼疾而主选小说，因方便快速介入现实或论战需要而选择杂文，因探求真理、发展"新文学"而选择翻译与文论。鲁迅的文体实践可充分表明，源自生命本身的内在诉求和来自"当下"的外在需要，都可以独自或合力影响作家的文类选择。具体到夏立君，时间、空间、苍茫感、文学梦等生命内宇宙意识在中年后的猛然觉醒并受其诱导而埋头读书，并在与屈原、曹操、司马迁、李白、杜甫、夏完淳等十几位中华民族精魂对视、攀谈中获得自我主体性的飞扬。如此一来，选择以散文方式重构自我与文明史的渊源关系、精神谱系，就至少有其必然性。或者说，以"形散而神不散"为特征的大散文体式，更切合作者对于非虚构、大容量、驱除羁绊、自由交流、充分表达之主观需要。那么，此番悄然发生由散文向小说领域的转场，其动因何在？若依他公开的说法："可是，虚构注定是一种宿命式诱惑。要进入更苍茫更真实之域，虚构永远比非虚构更有力量。数年前，放下《时间的压力》后，就向虚构的诱惑屈服，沉醉于小说了。⁶"他即将付梓的小说集《天堂里的牛栏》中有此题记："虚构作为人类异禀，是一种宿命般的诱惑。为抵达可能的更苍茫亦更真实之域，我屈服于这一古老的诱惑。"在他看来，"虚构"是到达"更真实之域"的手段或路径，也就是说，以想象和虚构为核心特质的小说相比于散文更能契合他这一精神诉求。在笔者看来，为了探求"真实"，为了抵达可能的"真实之域"，作者发现、体悟、把握到了唯有小说才有的秘密和力量——以想象开路，用虚构赋形，最终用小说方式渡己、观世、察人。因此，所谓"宿命般的诱惑""更苍茫"，与其以散文方式所达成的愿景、所释怀的主体意念，有着内在的一致性。事实上，无论选择散文，还是转向小说，之于夏立君，都不过寻找一种形式罢了，其对人生之路的回溯、对梦想的代偿、对自由的渴望、对可能性的探寻都是一以贯之的。

夏立君的文学创作是典型的宏大叙事。大写的人物形象、大开大合的结构、跨越时空的对话、内敛的激情，以及基于宏大历史时空的关于种种场景和关系模式的建构，更是在其大文化散文创作中得到集中、充分展现。如果说他以散文方式完成了对于历史的回访、审视，是一次背对现实、时代而专注于"过往"的精神寻根，那么，用小说替换散文，则展现出其背对历史而聚焦时代、现实，继而以超然姿态介入并完成对于民间世相和人间百态的审视与书写的宏愿。"民间"是作者所秉承的一种立场、观念、方法，是据此观察社会、审视历史、培育灵感、寻找素材、提炼故事、培育形象的艺术装置，是确保意识独立、写作自由不受他者驱遣的精神栖息地。当然，"民间"更是其小说审视、表现、建构的对象。与之相对的是，"人间"是其在"民间"基础上建构出的一种形象、主题、意境，是最能彰显其小说思想和艺术独特性的符号标志。从"民间"到"人间"，即预示着作为小说家的夏立君从小说观到具体实践已形成了自己独有的价值体系。对"人间"和"非人间"的空间建构，以及以"非人间"为参照系所展开的对于"人间"的审视，并升华为对"人"或"人类"本身的整体关照，则正好显示出从散文领域转场后的夏立君，试图在更高层面上赋予小说这种文类以宏大意义的企图。

人与人、人与社会、人与自然作为文学所要重点表达的三大关系向度，而在其小说理念和实践中得到全面展开。其中，对人与自然关系的深度思考，特别是以野鳖、野兔、耕牛、大刺猬等动物界灵物为视点，所展开的对于人或"人间"的审视与书写，也都进一步表明，作为小说家的夏立君并非仅仅服膺"小说是一种俗文体"的传统信条。当然，这并不是说他有意在推动小说的"文体革命"，而是在重拾并激活长久以来被弃置或被漠视的小说传统。从根本上来说，小说之于夏立君，更多是一种链接自我与他者关系、通达"可能的真实之域"的便捷方式或手段——乘坐虚构之舟，借助虚构之力，最终实现渡己于彼岸、开启并抵达"真实之域"的全新可能。

在过去数十年间，夏立君公开发表的小说并不多，且从事时间也不长，正如他所言："业余写作数十年，青春时代迷恋诗，后来主写散文，写小说一直是业余中的业余，偶尔为之。"[7] 他所谓"业余中的业余，偶尔为之"是事实：目前笔者能查阅到的最早公开发表的小说是 2004 年发表于《山东文学》上的《天堂里的牛栏》；此后在 2008 年、2017 年才有另两篇小说《草民康熙》《乡村少年的 1976》分别在《小说林》第 2 期、《北京文学（精彩阅读）》第 7 期刊出；待至 2021 年，又有两部中篇《俺那牛》《在人间》先后发表于《红豆》第 9 期、《大家》第 6 期。这些小说因为沂蒙大地上一个个原生而纯粹、真实而朴野的鲜活生命作传，并由此而形成对乡村世界及其精神谱系的溯源或赋形而给人以深刻印象。对夏立君来说，2004 年和 2021 年具有特殊的意义：前者标志着其作为小说家身份的萌芽，后者则昭示着夏立君小说家身份的生成以及匹配于这种身份的代表作的出现。按照这种发展态势，2022 年及在此后可预见的几年内，其小说创作和发表将会有一个明显的进展。

散文论

夏立君从事散文创作的时间最长，影响最大，在相当长时期内也主要以"散文"和"散文家"而彰显其作为当代文坛中的地位。他在国内有影响力的文学期刊或报纸上发表的散文量也不多，主要有：

	文章题目	发表期刊	年份	期数／月日
1	《西窗》	《当代散文》	1994	第 5 期
2	《看人》	《光明日报》	1995	1 月 11 日
3	《天问》	《光明日报》	1995	11 月 29 日
4	《蟋蟀入我床下》	《当代散文》	1995	第 5 期
5	《会唱歌的鸢尾花》	《中华读书报》	1995	10 月 25 日
6	《鸣沙山，月牙泉》	《西北军事文学》	1998	第 4 期
7	《一座桥》	《散文》	1999	第 3 期
8	《乡村肖像》	《散文百家》	1999	第 6 期
9	《爱鸟者说》	《大众日报》	2000	1 月 26 日
10	《感受西部》	《绿洲》	2000	第 1 期
11	《庄稼》	《散文》	2000	第 6 期
12	《我生命中的河流》	《散文》	2000	第 6 期
13	《梦见大雁》	《光明日报》	2001	11 月 28 日
14	《大树》	《中华散文》	2002	第 6 期
15	《冰雪里的灵魂》	《散文》	2002	第 11 期
16	《读边塞诗》	《延安文学》	2003	第 2 期
17	《他有一颗中国心》	《大众日报》	2003	7 月 18 日
18	《怀沙》	《散文》	2003	第 5 期
19	《豪情兵马俑》	《散文百家》	2003	第 7 期

（续表）

	文章题目	发表期刊	年份	期数／月日
20	《在西域读李白》	《散文》	2003	第 12 期
21	《从〈东史郎日记〉想到的》	《光明日报》	2006	9 月 22 日
22	《一粒大豆的喜剧》	《中华散文》	2007	第 1 期
23	《时间之箭》	《山东文学》	2008	第 6 期
24	《荔子悲歌》	《山东文学》	2009	第 10 期
25	《李斯：中国古代思想分水岭》	《散文百家》	2011	第 4 期
26	《一个人的仪式》	《散文选刊》	2011	第 8 期
27	《端灯者是谁——赵德发印象记》	《时代文学》（上）	2011	第 9 期
28	《大地卜辞》	《钟山》	2012	B 卷（长篇作品增刊）
29	《中国少年的绝唱》	《钟山》	2013	第 1 期
30	《傻子二舅》	《北京文学（精彩阅读）》	2014	第 6 期
31	《老鼠与黄犬》	《书屋》	2014	第 12 期
32	《故乡狗》	《散文选刊》	2014	第 5 期
33	《大地之诗》	《北京日报》	2014	3 月 6 日
34	《〈述志令〉中的曹操》	《书屋》	2015	第 8 期
35	《生命的初衷》	《散文百家》	2015	第 10 期
36	《对屈原的仰望与理解》	《光明日报》	2015	6 月 19 日
37	《你是我的爷》	《山东文学》	2015	第 11 期
38	《曹操为何不称帝》	《阅读》	2016	第 6 期
39	《时间的压力》	《钟山》	2016	第 3 期
40	《诗人的天空》	《新华日报》	2017	10 月 3 日
41	《公元 405 年的一次退却》	《青岛文学》	2017	第 8 期
42	《时间的压力（续篇）》	《钟山》	2017	第 5 期

	文章题目	发表期刊	年份	期数／月日
43	《娘亲周年祭》	《山东文学》	2018	第 10 期
44	《从童年出发》	《红豆》	2020	第 9 期
45	《发现与自我发现》	《北京文学（精彩阅读）》	2021	第 11 期
46	《城与人》	《山东文学》	2022	第 7 期

在这些公开发表的 46 篇散文中，《冰雪里的灵魂》《在西域读李白》《对屈原的仰望与理解》《时间之箭》等诸篇被多家刊物转载过，也最能代表其散文创作的实绩；《大树》《鸣沙山，月牙泉》《傻子二舅》《娘亲周年祭》等诸篇或谈理，或述事，或记行，或言情，或忆人，较为充分地呈现了其散文创作的多种面向和风格；《一粒大豆的喜剧》记述因一粒豆子而引发的奇事、异事，从讲述语调到故事展开皆类小说笔法。期刊和报纸上发表的这些文章在题材、主题、风格等方面都比较"散"，而且篇目相对较少，故这些文章很难将夏立君及其散文从文坛中醒目地凸显出来。真正引发强烈反响，始自他在《钟山》杂志上发表长篇散文《时间的压力》和《时间的压力（续篇）》，以及此后以此为基础接连获得若干文学大奖，继则出版同名散文集《时间的压力》而快速为业界所熟知。他的绝大部分散文收入在已公开出版的四部散文集中，即《心中的风景》《时间的压力》《时间之箭》《时间会说话》。其中，《时间的压力》和《时间之箭》分别获得"第七届鲁迅文学奖""第五届泰山文艺奖"。

首先，以散文方式与历史人物展开对话，并形成系列写作，是夏立君文学创作中影响最大、接受面最广、艺术成就最高的一脉。《心中的风景》中的《想起了李斯》《冰雪里的灵魂》《在西域读李白》，《时间之箭》中的《李斯：中国古代思想分水岭》《荔子悲歌——柳宗元与柳州》，《时间的压力》中的《屈原：第一个独唱的灵魂》《曹操：说曹操曹操到》《陶渊明：那一团幽暗的光明》《李白：忽然来了个李太白》《司马迁：在肉身和灵魂之间》

《李斯：失落的家园》《李陵：冰雪里的灵魂》《商鞅：历史深处的那块木头》《夏完淳：少年的绝唱》，都是这方面的代表作。这一类散文是夏立君多年聚力凝神读书、阅史的艺术结晶，也是自新时期以来中国当代散文发展史上的精品力作。它为如何继承和复兴传统文化、传统精神，特别是怎样解读古人，作了有益的探索与实践。如今，文化界、文学界都在大倡"国学"，强调中国作风、中国气派、中国方法，以凸显中国文化、文学的本体特性；由政府主导的全面复兴中国传统文化的时代课题正加速、有序展开。在这种背景下，夏立君及其《时间的压力》突然立于中国当代文坛最前沿并引发强烈关注，就具有非同寻常的时代意义。然而，为何以及怎样解读古人，是两个在必要性方面无需质疑，但在目的和方式方法方面仍需质问的话题。因为传统是联系着过去、现在和未来的文化范畴，自身有着强大的割舍不断的文化记忆，故对当代学者、作家来说，它既是挥之不去的必须面对的巨大存在，是一笔宝贵的财富，同时也是一种不愿面对或难以承受的负资产。因此，如何解读，怎样解读，如何继承，继承什么，就成了看似平常实则较为棘手的时代课题。但不论怎样，有一点是可以肯定的，即几千年皇权专制制度与思想影响下形成的所谓"国学"，其中优劣参半，故任何人在面对传统文化时，都需小心谨慎、仔细甄别，以防"国渣"泛滥，危害无穷。同时，这所谓其中有益的"传统""国学"到底能否或者在多大程度上转化并融入现代文明社会中，也需存疑。夏立君以"理解的同情"姿态进入历史现场，秉承理性批判精神，从历史的、美学的方式审视他们身上正负两面的精神因子，不仅其所作的文学解读已远超常人思维和视界，而且其解读古人的方式、方法亦足堪今人借鉴。

其次，以散文方式重温童年和乡村，构成了夏立君散文创作的重要一维。刘家庄之于夏立君，既是贫困、饥饿、凄凉、封闭的地理坐标，也是温馨、温暖、梦想、自由的精神之源。然而，对青少年时期的夏立君而言，以刘家庄为核心圈，向外辐射沂南（县城）、沂河、沂蒙，乃至百里外的海边，已构成其彼时"精神版图"的最大范围了。在这种时间和版图里，所亲与所念之人无非是娘、爷、傻子二舅、若干邻里，所做与所为无非是割猪草、打新豆、斗蟋蟀、看月亮，所见与所触无非是老宅、坟茔、黄鼠狼、大月亮。这是农业文明或曰乡土中国驻足刘家庄时所映现出的日常风景。乡土人事、地理、风物、风俗内化为主体审美因子，即或是对彼时河川印象的细致描摹（《生命中的河流》），或是对生灵世界和儿童世界的趣味书写（《蟋蟀入我床下》《一粒大豆的喜剧》），或是对亲人的赤诚怀念（《傻子二舅》《你是我的爷》《娘用她的影子》），或是对民间节日及其光影的直接讲述（《门神门神扛大刀》），或是对青少年幼稚情感的真诚表达（《生命的初衷》《从童年出发》）。这些故时"风景"一经作者悉心打理、审美转化或修饰后，便会凝结并生成一种叫做"乡愁"的时间沉淀物。它让包括夏立君在内的所有"乡土之子"们念兹在兹且每每触及便会寸断肝肠。可是，夏立君的"刘家庄时间"早已伴随乡土社会或曰乡土文明的衰竭而消隐于历史深处，刘家庄与他已彼此形同陌路，互不接纳。这是他们这一代人的精神悖论：身在城市，但不愿也不想皈依；心在故乡，想回但不能也无法回去。如此一来，故乡被悬置，身心被分离，漂泊成宿命。正是这种"逃离→出走→回归→再出走"式游走状态，让夏立君们永远也找不到安放灵魂的那个家园。家园何在？现实的刘家庄已不再，也不能接纳他，可堪安慰的大概也就只有记忆中的刘家庄了。那里有生他养他教他如何做人处事的爹娘和曾经相濡以沫的族亲，那里有他被贫穷逼出来的想作为一名乞丐游走四方的少年梦，那里有夜间闯入床下陪他入梦的一只蟋蟀所弹奏出的悦耳的曲调，那里有和乞丐的日常相比也好不了多少的普遍的乡间贫穷，那里有像二舅这种乡村边缘人物生活的无奈和孤独，那里有像爷娘那样的真纯而朴野的人性和坚韧而随便的生死……这一切一旦在夏立君笔下呈现出来，便演变一种有关情感的艺术，其情切切，其意绵绵。这类作品只能出自至性至情之人笔下。其中，《你是我的爷》《娘用她的影子》《傻子二舅》更是用情之作，其调，一如袁枚的《祭妹文》，读之，让人动容。

再次，夏立君也写了很多游记散文。不过，"游记"不过是一种形式，以此探察地理文化和文明，并在自我和他者之间寻觅、通达某种精神之境。以喀什为中心，旁及西安、兰州、敦煌等地，从而构建起了他在西部的时空体，以探寻或追问时间与西部地理或时间与西部人文的内在关联以及其在当下的存在之谜。无论《那拉提》中的对那拉提之美的折服，《根》与《大树》中对胡杨、国槐、银杏等树木生命力的礼赞，还是《怀沙》中对沙漠状貌、成因、生灵以及独旅体验的书写，都须臾不离时间话题；无论在《大地卜辞》中对"雪泥鸿爪""惊鸿一瞥""胡搅蛮缠"、老子与函谷关等典故的记述，与敦煌飞天、楼兰美女的隔空对视后的现代性怀想，还是在《我的丝路》中对始皇陵、长城窟、月牙泉、慕士塔格等地理人文景观的内在体悟，也都把"自我"投放于时间的长河中，侧重从时间维度上表达当代文人的审美与认知；无论在《读边塞诗》中对乐府诗歌《陇头歌词》和王之涣《凉州词》从人文地理学角度所做出的读解，在《绿洲深处》中记述绿洲诗人老祝的生平遭际，在《在世纪末的落日》中讲述自己在喀什东湖边目送二十世纪最后一轮太阳的生命体验，还是在《手握冷兵器的微笑》中对兵马俑"微笑"之真意的独到解读（"刚强的顺从""坚定的卑微"），也都未脱离开时间或时间（历史）哲学的直接统摄。但不论做何种解读，西部地理或西部人文之于夏立君不过是一种"镜像"，他以此反观"自我"在大自然和历史中的映像（由"现实之我"转化而来的"精神之我"），审视自我与时间相处时的生命意义。西部、孤旅、生命、时间，四位一体，将"西部散文"写作的题材特征和审美特质以及当代文人精神之旅的广度与深度展现得淋漓尽致。

相比于同时代众多当红散文家相比，他的散文创作量实在不多，按理说，很难支撑起作为一位著名散文家所应拥有的基本当量，但是他奉行"精品意识"，主要以力作服人，从而以此彰显自我在文坛中特立独行的形象和气质。"五十岁前后，我深感恐慌和焦虑：再也不能低水平重复自己了。我尽可能从工作中撤退，以求能专心读写。我确信，阅读深度决定写作深度。为避免浅阅读，循着以往的写作路子，拟了一个有点野心的五年读写计划：选择近二十位自先秦至明清的代表性文人，深入研读，每人写篇长文。原计划三个月左右读写一人，可是实际每一人皆耗时半年甚至更久，时间少了就是不行。桌边书换了一堆又一堆，五年光阴竟转瞬即逝，仅成文数篇不足二十万字。"[8]坚信"阅读深度决定写作深度"，拟定"五年读写计划"，最终以"仅成文数篇不足二十万字"结成硕果，这就是《时间的压力》这部书中的九篇文章。这种文人方式在当代文坛不多见。夏立君其人其文，显然是"独特的这一个"！

其一，情韵之美与理性之光

从外物描摹、风景描写、人事关系等外聚焦式书写，到情感、情绪、自观自审等内聚焦式表达，"真"与"情"都是散文写作所须臾不可逾越的生命线。我甚至觉得，对于散文家来说，所谓"创作"也不过是如何以艺术方式处理和凝聚主体与客体、内部与外部、情感与理智等若干关系及其表现方式的探索与实践活动。古今中外，凡是在具备丰富生活经验和一定的写作素养基础上，以特异方式完成上述"关系"的艺术整合与表现的，大都深谙其道，表现非凡。优秀散文家须具备容万物于笔下，以理性启众生，以情韵动人心之能力、素养。何谓情韵？佘树森说："情韵是作者的内情和万物、心声与天籁的融合谐和，暗暗透入文字中来的一种情调和气氛。[9]"作家因现实、历史、时代或生命遭际而引发的个体情感、情绪，一经艺术加工、转化后，便在文本中形成一种指涉审美的氛围、调性。情韵作为散文语言显示出来的一种"情调和气氛"，其多寡、浓淡、显隐以及呈现方式、效果，是衡定一部（篇）作品文学性是否丰厚的重要标准。所以，在业内专家看来，"情韵之美在很大程度上体现出散文味的浓淡，即如果作者的情韵表现不够，其散文味便不到家，也正是散文的情韵之美透露着散文家的不同个性与风格。[10]"阅读夏立君的《心中的风景》（第一部散文集），那种将"内情""万物""心声""天籁"容纳一起所生成的文本格调，更是将散文作为一种"真"与"情"的艺术予以充分展现。无论《想起了李斯》《冰雪里的灵魂》《在西域读李白》体悟并复原李斯、李陵、李白在秦、汉、唐境遇中的人生遭际和心灵风景，《丝路行走》与《河西走廊篇》各以十几篇文章以游记方式纵描中国西部时空和历史风景，还是《大树》《蟋蟀》《西窗》将大自然和乡村的神秘、神圣、神趣予以揭示，都无不以对事理的探察和情韵的呈现而感染人。在此过程中，作者内心的律动、风景与西部自然、远古历史、乡村记忆、喀什印象、浩渺时空交相辉映，呈现为一种多音协奏、情韵迸发之势。

这种理性与激动交融、智性与情韵共生的文本景观，使得夏立君及其散文拥有了独特品格。由首部散文集所展现出的三种写作题材、主题、风格在其他三部文集中各有侧重，除熔铸理性与激情的历史人物题材写作结集为《时间的压力》外，《时间之箭》和《时间会说话》都是由历史人物类、游记类、思辨类、乡土类或随笔类文章组成。不论哪一类哪种风格，对"有我之境""有我之情""有我之意"的营构，以及以理性之光对物理、事理、情理或哲理的烛照与察究，则是一以贯之的表达向度。如果说前者是对感情与热力的投入，主导并生成"有我"的意境、情境和韵律，那么，后者是对智性与思辨的渗透，使散文写作趋向明理、寓理，既而走向深广、厚重。比如，《大树》由对三棵大树树龄、树史和树态的介绍，既而引发对"生物之美"和人类与树之关系的理性论说："我的故乡如果没有这棵树，不止是缺了一道风景，而是缺了很多东西。连一棵大树都没有的故乡，还能有什么呢？……这棵树其实就像我们这个民族。对这个民族来说，这棵树已具有了图腾的意义。……正是树的稳定给生命带来了稳定，正是树的无私奉献奠定了生命存在的基础。"在此，作者借助"古树"形象及其所展现出的蕴意将内容和主题大幅升华，有启迪读者之效，给人以豁然开朗之感。《喀什噶尔》将记事、述行、摹景、言情融为一体，侧重对沙漠、绿洲、雪山、古迹及其有关历史和人类活动展开描述，但根旨落脚于对于自然、民族、时代的思虑与期待："西部，中国有庞大的西部，实际上它也是世界的西部。西部是地域概念也是人文概念。现代化，归根到底要落实到人格的现代化。丝绸之路曾是沟通人类的一条线，人类已结束了线性沟通的时代，进入了全面沟通的时代。西部，中国的西部，你要把你前进的步子迈大迈稳啊。"正是因为这种理性之光的烛照，夏立君散文不再是那种拘囿于小情小调和琐碎经验的表现、吟怀，而是展现为聚焦宏阔自然和文化时空的探察、建构。

其二，非凡识见与介入情怀

非凡识见是散文构思和创作充分展开的基本保证："创作活动的展开、艺术构思的产生，还必须要有卓特的思想见解，即对于事物千姿万态的外部特征、复杂微妙的内部联系的独特发现和深刻理解。[11]"没有一定识见的散文创作，如同清汤寡水，甚为无味、无趣、无义，但我觉得，作家识见和文本识见不是同一概念，后者是作家知识素养和生命感知力在散文中所展现出来的一种直达本质的、被艺术化了的意识形态，而并非只是观念形态的知识和见解。夏立君散文创作所依赖的"经验"基本出自三种来源：一种是由早年乡村生活、从教、支教构成的直接经验；一种是由泛读和精读所生成的间接经验；还有一种是由自察、自悟所形成的内生命景观。由人生阅历与读书经验所交叉累积而成的非凡识见构成了其散文创作中极为引人瞩目的品格。更为关键的是，他这些识见并非作搬运工式的直接移植，而是在与历史人物、自然生灵、浩瀚时空等种种"形象"的对话与互审中，修正、凝聚并升华为一种崭新而厚重的思想见解。"作家识见"之于夏立君，不仅在确保构思与创作的充分张开，更在于灵感和想象的飞升，即如"钟山文学奖"授奖词所言："系统的知识储备、卓越的哲思能力，以及把自身投入到历史长河中去的勇气，形成了夏立君开阔的历史感和锐利的想象力"。"文本识见"之于夏立君，不仅见证和成就其"作家梦""文学梦"，更在于为探索和拓展思想性写作路径、方法奉献了弥足珍贵的艺术经验。

尽管非凡识见在《时间之箭》《五官》《想起了李斯》《冰雪里的灵魂》《在西域读李白》等由实入虚、谈玄说理，或解读历史人物的散文中即有精彩展现，但真正全面、充分、深刻展开则集中体现为收入《时间的压力》中的九篇大型文章中。比如，在《屈原》中，他认为"屈原代表了人类困境的一种类型""悲剧成全了屈原""婢妾心态为屈原走上自杀之路加了一把劲""现实困境中的屈原，最强烈的向往一定不是靠'写诗'打通国界留名青史，甚至也不是文化创造，而是存国，存国，存国"。屈原以"准爱情"方式恋着他的国，以"婢妾心态"忠诚于那个想象中的近于完美的国君，然而，历史完全与他的理想背道而驰，他从一个困境陷入另一个困境，"屈原之死"注定成了一个撼动中华文明之根的大历史事件。该篇对这方面的识读可谓力透纸背。在《李白》中，他认为李白有强烈的"预防蔑视"心理与婢妾心态，身兼三重孤儿（政治孤儿、人伦孤儿、美学孤儿），且认识自我的程度甚低。该篇对李白独有的孤儿意识、隐匿的婢妾心态、复杂的人格结构、超拔的自由气质、曼妙的诗文特质的解读甚为精彩。他对李白形象描画可谓形神毕肖，对其精神谱系的描摹可谓精准到位。在《曹操》中，他认为曹操是"中国文化里幽灵味最足的人物"；成为小丑乃历史宿命；他身兼"六气"（豪侠气、英雄气、文人气、帝王气、江湖气、奸雄气），且"清醒地安排自己的死，死在自己想要的细节里"。该篇对"英雄曹操""奸雄曹操""文人曹操""小丑曹操""帝王曹操""侠者曹操"等众多形象的解读，给人耳目一新之感，而对其潜在的儒家人格的揭示，给人甚大启发。在《陶渊明》中，他认为"陶渊明给中国文化额外增加了一个灵魂——田园魂""中国古代最能表达存在深度的文学作品，大约只能是陶渊明诗文和《红楼梦》""人类是个怀乡团""他为人类做了一个梦""人类体验到的孤独几乎全为'被动孤独'，是不得不孤独。而渊明是主动孤独，他主动接纳这份孤独人生。最伟大的文化创造，常由主动孤独者来完成"。该篇对陶渊明在现实与田园、自我与文本、自我与自我之间镜像关系的梳理给人以极为深刻印象。在《李斯》中，他认为"秦朝是没有诗意的，秦人是反抒情的""帝国已成为一架血腥绞肉机，其强大嗜血的惯性，使之连控制他的人也绝不放过""韩非的思想武库里，有最充足的毒汁，连自己都能毒死的毒汁"。该篇对法家思想、专制文化的揭示，以及对专制下君臣关系、社会制度的精研，都极具见地……详述这九位文人的身心遭际、为人与为文情况，论析他们的精神样态、思想状况，品评其诗文的艺术特征、美学格调，特别是从根上解析他们与几千年皇权制度的内在关系，也即进入了中国传统文化的核心地带，从而窥见中国几千年文明史、思想史、制度史、精神史链条上的亮点与黑点。

这些非凡识见又极具现代意识。我阅读《时间的压力》总能体悟到鲁迅式的思维与思想。读《李斯》与《商鞅》，我读得脊背发凉。作者将专制文化中的那种糟粕，那种野蛮，那种非人的蛮荒之恶，从"祖坟"中刨出来。这意识与勇气何等珍贵！读《屈原》《李白》《陶渊明》，我被其对中国传统文人"婢妾心态""婢妾形象"的发现、阐释与建构所深深折服。我觉得，"婢妾心态"是夏立君读史、读古人后的一个最具文化创造力的关键词，而对传统文人"婢妾心态"的揭示与表达应是《时》最重要、最引人关注的主题。这部作品所描写的九个人物都不同程度地深陷绝望，比如屈原和夏完淳对故国现实的绝望，李白对功名仕途的绝望，司马迁对身体与人格的绝望，但他们都无一不反抗这种绝望。夏立君以其深刻的思想力和体悟力写活了他们由"绝望"到"反抗绝望"的过程。很显然，这是鲁迅的精神传统。鲁迅对民族劣根性，特别是对专制与奴性的揭批（"暂时坐稳了奴隶的时代""想做奴隶而不得的时代"），对"立人"思想的倡导（"首在立人，人立而凡事举""个性张，沙聚之邦转为人国"），以及对"反抗绝望"的生命哲学的表达，与夏立君对古人人格、人性、人品的发现与开掘，对"婢妾心理""皇权意识""丛林法则"等文化糟粕的不遗余力地揭示与批判，以及对被描写对象绝望境地与意识的充分体悟与展现，都是一脉相承的。不妨说，夏立君也接续了鲁迅的某些精神传统，在对这一主题的认识与表达方面作出了自己的可贵探索。

除鲁迅传统外，对存在、孤独、虚无、虚妄等人类困境的探索与表达，亦在《时间的压力》诸篇中有突出表现。无论有关屈原代表了某种人类困境类型的概括、有关"诗人是个怀乡团"和"人类是个怀乡团"的体悟、有关陶渊明"主动孤独"特质、司马迁苦难意识和夏完淳崇高义举的分析、有关曹操生死观和李陵蒙羞心态的阐释，还是贯穿于诸篇中有关时间和空间哲思体验的深度表达，都充分显示了其在写作中所一以贯之的现代意识。与其说作者发现了古人身上的这些现代品质，还不如说，古人与今人在这场跨越千载的隔空对话中，彼此因人性相惜、灵魂相通而相遇，继而在人类共性问题上发生强烈共鸣。古人精神或传统文化就是在这样的一次次转化中不断复活、流传、增值。

其三，长篇散文与大文体实践

今之"散文"是在西方文论和脱古运动双重影响下独立出来的与小说、诗歌、戏剧并列存在的一种现代文体。散文自立门户，自成一统，意义当然重大而深远。尽管一直以来就有关于纯化散文的理论探讨与实践，但对广义散文的倡导也同样呼声日隆。然而，无论从古之"文章"到今之"美文"，还是从"广义散文"到"狭义散文"（纯散文），衡定其有无价值或价值高低的根本标准，不在素材、题材、篇幅、所涉领域等外部要素，而在语言、格调（情韵）、格局、审美张力等内部文学性的生成与呈现。在这方面，夏立君的文体实践颇值关注。展露雄文气象的长篇散文，大大拓展了散文文体边界，为当代"大散文"创作提供了新经验。比如，《李白：忽然来了个李太白》全文达五万多字，单从物理指标来看，它具备中长篇散文的基本标准。当然，所谓"长"并不单纯靠文字量来衡定，即除这种物理长度外，更主要的还在于其精神长度。而从后一标准来看，它也的确合乎长篇散文的根本标准。在此，物理之长与精神之长互成比例，趋向融现实、哲思、宇宙贯通一体的雄文气象。诚如贾梦玮所论："文章皆长，却不觉长。这是沉重而有大趣味的文章，这是能将大视野落到根子上、天空笼罩大地的雄文。作者在场，古人才能在场。中国优秀散文的胸襟，从一开始就是伟岸、恣肆、浑厚的。在先秦诸子那里，在司马迁那里，散文所呈现的，就是世界，就是宇宙，就是苍茫又曲折细腻的人心。《时间的压力》在趋向宏大的同时，亦向哲思及人性深度迈进。[12]"我觉得，《时间的压力》之论析理路与格调部分地复归古之"文章"传统，是近年来难得一见的展露雄文气象的中长篇散文力作。好的散文应有"天地之宽的博大与仁慈"，应去"破解世界与人生的密码"，应是"相似的灵魂和心灵的对话"[13]。若按此标准，《时间的压力》这部作品悉数具备。从整体上看，它格调大气、浑厚，表达有力度、有风骨，与那种萎靡游戏的、小情小调的、琐碎的、小格局的散文创作正好形成了鲜明对比。我这么说，并非说后一种创作无意义、无价值，而是说这种创作太多了，太同质化了，太肤浅了，而像夏立君这种具备大历史视野和宏大精神气象的创作不多见。作者对中国历史与历史人物的独到阐释，特别是那些常不乏灵光慧思的识见，常让人闻所未闻。它对优化当代散文创作格局大有助益。所以一相比较，这部作品的出现就显得不同寻常。

其四，别具一格的语言实践

从风格上看，夏立君散文语言精警、干净，偏于智性，又不乏恣意之神采；从语式、语调看，虽采用全知型讲述语式，但论析丝丝入扣，且知识丰富，逻辑性强，故一旦入其境，随其理，便能为其所吸引；从局部修辞来看，那些曼妙的比喻，大开大合的征引与论析，融入非凡识见的抒情与议论，随处可见的陌生化表达，等等，也都让人过目难忘。这种既典雅又恣肆、既内敛又激越的语言质地、风格，亦堪称独树一帜。

情感的热度也即语言的温度，内敛的激情也即语言的节奏。因此，夏立君散文也可以看作是关于"情"的艺术，旨在通过语言来"移情"，以达成自我和他者之间密接、对话。由于"我"时时在场，而介入和对话又往往引发主客之间的深度共鸣。在《屈原：第一个独唱的灵魂》《李白：忽然来了一个李太白》等经典文本中，喧闹的"声音"、情绪的体操与恣意的节奏更是交相辉映，共同制造了语言的摇曳多姿、多音齐鸣。"声音"的此消彼长，愈发照见"作者声音"的无处不在。在他者话语系统之外，或者在讲述或描写间隙，是"作者声音"不断提高"嗓门"，高调介入，待至高潮处，便时有话语狂欢的发生：

> 李白是侠客、求仙者、浪子、酒徒，李白是道家的、儒家的、佛家的、纵横家的、杂家的。
>
> 李白是忽然的、即兴的、自发的、冲动的，李白是大言不惭的、神经质的、几乎本能的、心血来潮的。
>
> 李白是简单的、坦率的、积极的、颓废的、混沌的、清澈的，李白是飘逸的、庸俗的、执着的、放旷的、自负的、狂欢的、空虚的。
>
> 李白是神圣的、卑琐的、多元的、两极性的、分裂的、缺失的，李白既要酒要肉，又要餐霞饮露。
>
> 李白是一位英雄，一位斗士，一位梦想家，一名牢骚大王，甚至是一个"弃妇""怨女"。
> ……
>
> ——《李白：忽然来了一个李太白》

> 李斯这人生，是怎样的一场喧哗与骚动呢？
>
> 黄犬，家园里的那条忠诚的狗，你还记得你那位年轻主人吗？黄犬，

你知道吗？你的主子做了大秦帝国光荣丞相后，功勋卓著后，又极悲惨死去了。

——《李斯：失落的家园》

前者是作者针对李白身份、性格、精神、人格所作的认定或评介。每一段由两个并列分句构成，即由主、谓、宾结构而成的"李白是……"句式。宾语很长，由一连串的修饰性的形容词和表属性的名词构成。五段既各自独立生意，又联为一体，生成一种带有情感热度和急速节奏话语流。后者是作者虚拟与一只黄犬的对话，一连3个疑问句，话语锋芒直指秦相李斯。这两个例子比较典型地代表了夏立君散文语言中"作者声音"的出场方式和呈现效果，也较为清醒地展现出话语背后作家人格及形象。

幽默作为夏立君散文语言风格之一种亦不可漠视。在中国新文学史上，从林语堂的幽默小品，到老舍的市民口语、钱钟书的讽刺语言，幽默作为文学语言类型、风格或修辞，都可谓渊源有自。在散文写作中，继承这种文学传统者尤其少见，能运用至出彩者更是凤毛麟角。从这个意义上来谈夏立君及其散文的艺术价值，就显得尤其重要。幽默话语虽不多，但作为一种点缀或补充，都如金子般珍贵，比如：

"我是一条丧家的乏味的连故乡尾巴也拽不住的从老农民老爹老娘那里跑出来的在城市缝隙里靠腐朽市井气味活命的即使被拔光了毛也不肯回老家的流浪狗。"

——《门神门神扛大刀》

……带头学驴叫的曹丕，人性表达得差不多像驴子一样自然而然了。

笔下的文字能像驴鸣一样自然就好了。

慕士塔格，我在你身边真实地叫了一回。

——《我的丝路·慕士塔格》

夏完淳是一条正宗的中华汉子。"脊梁"是位少年。

——《夏完淳：少年的绝唱》

自古至今，为失恋而深情吟唱的往往是女人。月亮这张脸，怎么看都像个老处女。

——《月牙泉之夜》

司马迁握笔时，大约老是能感到裤裆的空空荡荡，正是耻辱感使他实现了精神的崇高。自我阉割者李斯却从未获得过属于自己的精神家园。

——《李斯：中国古代思想分水岭》

称自己是"一条不肯回老家的流浪狗"，称夏完淳是"一条正宗的中华汉子"，期待一种"驴鸣一样"的文字，以"老处女"类别月亮，以及以"感到裤裆的空空荡荡"形容司马迁的屈辱遭际，都带有幽默色彩，但这幽默是严肃的，承载深意的。

▎小说世界：从"民间"到"人间"

沂蒙、民间是理解夏立君小说最重要的两个关键词，其外延与内涵可进一步拆解为对乡村、公社、生产队原生形态及其内部各类小人物自在自为生命属性的指涉、描写或建构。以此为视角和方法讲述大地上发生的一幕幕令人惊叹不已、感慨万千的乡村故事，以及在故事中融入对特定历史境遇中人之生存本相和生命本质的追问，就成为其小说最引人瞩目的实践向度。

其一，言说沂蒙少年之痛、之困。青春与成长是每一位作家都要涉及或重点表达的文学主题，也注定是一个持续为中国当代文学奉献新形象、新内容、新意义的写作领域。在夏立君小说中，有关乡村少年人形象的塑造及其乡间往事的讲述占了不小比重。无论《天堂里的牛栏》以"我"这个"人见了人嫌狗见了狗嫌的村童"为视点，讲述物质极端困乏年代乡村人为"吃"而引发的种种发疯发狂的异态故事，还是《乡村少年的1976》直接述说乡村世界里一对少年男女因青春萌动而发生关系，但又因不谙时势、深陷惊恐之渊而终致残惨剧发生的爱情故事，以及在《一个都不少》中讲述几个农村孩子因家贫、多子、母病而不能或难以上学的无奈遭际，都为这一文学主题和叙事模式提供了新内容、新形式。其中，《乡村少年的1976》将青春主题、成长叙事与特定年代的政治意识形态整合为一种极富穿透力的艺术格调，从而在同类题材、主题、模式的小说中脱颖而出。在小说中，宋元与小怜因彼此间不可遏制的青春期欲望而发生肉体关系，然而男女相悦与相爱的历程是短暂而苦涩的，由特定年代带有监控、训诫和惩治指向的"流氓罪"自始至终都对宋元构成精神上的钳制、伤害，最后宋元在无尽的惊恐中用一把菜刀剁掉自己"惹事"的命根。这位乡村少年遭际足够奇绝，行为足够震惊，结局足够惨烈，然而，它让人深思，导致这一切发生的根源何在？极端年代里的极端意识形态对民间社会的极端把控，成人世界里日益疯长的实用主义和严重悖逆生命伦理的野蛮举动，共同促成了这一悲剧的发生。

其二，记述沂蒙民间之野、之趣。回到元气淋漓的民间社会，以生长于其中的典型人物和事例为原型，继而以小说方式对沂蒙民间野生人格、特异形象、传奇故事予以再建构，是夏立君创作中极具特色的部分。《草民康熙》开篇便述小毛贼"康熙"以拉家常、套近乎、做示范方式偷羊的故事。其实，在实际生活中，这种让人可气又可笑的小毛贼大都不是大恶人或坏人，其小偷小摸行为更多时候是被贫困生活所逼而不得不为之的一种谋生手段罢了。作者以此为人物和故事为原型，通过想象和虚构，将之与在省城有一个厅级干部儿子的乡间老汉上官仁义及其生活圈子关联一起，并从道德、族亲、现实生活等维度多方切入对这一形象及其故事意蕴的形塑、阐发。从"康熙"的小偷小摸到上官仁义因羊"被偷"而萌生的快感，再到彼此因"偷"而建立起来的亲密关系，以及靠其父"偷"而支撑考上大学的康浩（"康熙"之子）重蹈父业的经历，都耐人寻味。《天堂里的牛栏》聚焦"吃"与生存问题。小说讲述黑牛石大队饲养员马大爷和一帮孩子们为解决这一问题而向鸡、狗、鹅、鸭甚至作为生产队核心资产的耕牛下手的故事。他们的行为被发现、被惩罚是必然的。然而，它让我们思考的是，在大饥荒、大饥饿、物乏人困的特殊年代，既然"吃"是超越一切的第一要务，那么，孩子们偷鸡摸狗，马大爷联合孙四以病死为由（欺骗上级）杀掉老腱子牛，就有了非同寻常的阐释和镜鉴历史的意义。《俺那牛》更耐人寻味。一位"吃烟的浑身带有非常特别气息的女神经病人"来到桃花源大队并被收留。女人拥有为生产队社员所稀缺的珍贵资源——性，并且视其如同吃饭、抽烟一样的随便、来者不拒乃至主动出击。为此，花容嫂想让她三兄弟马全福（光棍汉、模范饲养员）借机当一回男人（但他最终虽与女人同床但无性）；不占白不占，生产队长马云路本拟借职务之便趁机"犒劳"一顿，最后关头却又决绝放弃；青年社员马云飞则不安分地围着女人游来荡去。如果说一个女人和三个男人的乱性故事颇能昭见出人之原始、本能欲望的涌动样态，并由此展现出卑微者在生活和生存上的无可选择、被摆弄、被设计的命运，那么，当马云飞因带着情绪暴打耕牛而被其踢翻、致残，以及马全福移情于牛并因之而命丧黄泉，此种变态之举则映衬出偏离正常生活轨道的乡间小人物的可悲与可叹。这些被现代文明甩出正常轨道的边缘人，无论来还是去似乎都不重要，但他们的存在和遭际让人震惊、感慨。夏立君以小说方式将这些人物从历史长河中打捞出来，将有助于丰富我们对特定历史和人之存在本相与生命本性的深入认知。同时，这类小说也都带有"野史"意味，不仅从故事到人物既奇又异，而且从意蕴到主题也难以做出或是或非或褒或贬的评判。

其三，书写沂蒙民间之爱、之善。夏立君曾有十多年语文教师生涯，不仅对沂蒙乡村教师形象、生活、师生关系特别熟悉，也对其美善、奉献等精神品格有特别感触。他远赴新疆喀什支教，也正是对这种品格的最好注解。到目前为止，《一个都不少》是其唯一一篇教育题材小说，从形象、内容到主题，当然与其早年从教经历息息相关。小说主要讲述公社小学校长兼班主任的罗老师力劝四户农家孩子返学的感人故事，故事很简单，情节也不复杂，而主要以情动人，即由主人翁罗老师不顾一切劝生复学、牺牲自己以成全学生、宁可挨饿也绝不吃学生家一口饭的奉献者形象，所传达出的巨大情感力量而彰显出其独有品格。他在一天内走访四村，力劝学生复学，但终因劳累、饥饿而赶路不支的经历，读之，让人动容。须知，在大饥荒年代，即便煎饼这种沂蒙山常见的吃食也是极其稀缺的，其在当时的珍贵性由此可见一斑。如此一来，无论罗老师发誓并严格遵守不吃学生家一口饭的诺言及最后终因体力不支而爬坡撂倒的一幕，还是沂蒙山特有的烙煎饼场景及其所反映出的辛酸生活一再出现，它们作为小说细节的重要组成部分也都分外感人。另外，小说对赵家疃赵静家、钱家疃钱有家、柴家岭柴青家、孙家岭柴青舅舅家四家家庭状况和难以复学原因的讲述也格外触动人心。四个家庭各有各的难处或不幸，孩子们连坚持到高小毕业也成了难事，但"我要上学"的渴望从未停止过。作者以饱满而极富情感的笔力对这种处境和诉求作了极为细致的描写，读之，也特别触动人心。总之，《一个都不少》是继刘醒龙名作《凤凰琴》之后出现的又一教育题材小说力作，是一篇洋溢着鲁风齐气及浓厚沂蒙地域文化色彩的小说精品，也是一篇直接、正面塑造大爱者形象、讴歌伟大奉献精神的新时代沂蒙文学的代表作。

其四，反思人间之相、之异。他把人与动物、人与自然的关系作为重要的表现对象，尤其擅长并置两种视角（动物视角、人或人类视角），建构两种空间（动物世界、人界），并让前者审视和俯瞰后者，以达成对人或人间世相的反思性书写。这主要有两种表现方式：一种是局部运用。《一个都不少》结尾处以虫子、大刺猬为视点书写饥肠辘辘的老罗爬坡时因体力不支而累倒的身体姿态和心理状态，《俺那牛》以耕牛为视点表现马全福和马云飞不可告人的欲望和扭曲的言行。这种方式主要是借助"作者声音"的直接介入，通过话语转换，以辅助于人物心理、言行或场景的描写。另一种是系统的或整篇的运用。《在人间》下半部以老鳖为视点，建构老鳖的生活和精神世界，既而以老鳖和老鳖世界来反观人和人间世相、世态、世情。《兔子快跑》是以一只母兔为视点，让它自己讲述在一年中从定居、孕育、生产、与人对峙并规避风险的历程，并以此来审视人类施予它们的对峙、驱赶、围猎等行为。这两篇小说非常鲜明地区分"人间"与"非人间"（动物界），作者笔力重心在塑造、建构老鳖和母兔的神异形象及其主体世界，但在整体上又无不指向对人间异相的审视、反思或批判。应该说，这一类小说是夏立君目前最具代表性和艺术独特性的作品，是对"抵达可能的真实之域""往大里想，往小里说""越虚无缥缈越能接近真实"等小说理念的充分、典型实践。

综上，夏立君公开发表的小说数量虽少，但每篇都是用心之作，且在思想表达和艺术风格营构方面自成一体。一方面，无处不在的"沂蒙元素"，对生产队"牛栏"这一空间形象、内涵及其内部关系的建构，对乡间诸多小人物形象及其生活世界的描写，以及对乡村文化及其精神内涵的表达和再建构，构成了夏立君小说创作中最具特色的部分。另一方面，关于大地上的神异之事，关于乡村少年的青春爱恨，关于成人世界里的原欲原性，关于乡间的人伦、奉献、生死……这些令人感叹、感伤、疼痛或戏谑的人与事，以及由此所反映出的历史风景、时代镜像、人文关怀，将夏立君及其小说的境界、情调、格局提升至"独特这一个"的位置。

▍ 小说语言：谐趣、方言、方腔及其他

对小说家而言，写小说即写语言；对读者而言，读小说即读语言。这种说法不免极端一点，如在"写小说"和"读小说"之后加上"首先"二字，应该就不会引发争议了，那就再回到那个常识性的定义吧——"小说首先是一种语言的艺术"。这个定义用来指涉夏立君的小说，也大体适用。读其小说，首先倍感自然、轻松、流畅，毫无雕琢、做作、装腔之态——从句群推进逻辑到叙述节奏，一切如同流水，自然天成。他将作为地方语言的沂蒙口语予以艺术提炼、加工、转换，从而生成了一种带有标志性、风格化的文学语言。

口语风格，轻松幽默，充满谐趣，是其小说语言的首要特色。他的这种语言风格与刘玉堂有点类似，即都是以沂蒙口语为基本语料，以普通话转译为主，从而形成了一种极具地域性、个体化的小说语言形态。但他又有不同于刘玉堂，即无论转述语，还是人物对话、心理独白，更趋向原生、朴野、生活化、性格化。比如：

咱又能与亲爱的王八蛋们在一起了。这里才是我们鳖族可以下蛋的地方。老钱们，滚回你们老窝，下你们想下的蛋去吧。

王八蛋，小王八蛋，世上最好的蛋就是王八蛋。

——《在人间》

有一回，刘为花在家里哼唱"洪湖水呀浪呀么浪打浪啊"，她娘生气地说：死妮子，瞎唱个啥，难听死了，光浪还不行，还得浪打浪。

——《乡村少年的 1976》

"一晚上没睡着觉吧？你来得正是时候。我检查过了，那个女人全福没有使用，就等着你来使用。犒劳犒劳你吧。现在，你是奉命搞破鞋。"队长扬手做了一个请云飞往里走的动作。

——《俺那牛》

钱有兄弟四个，他是老二，他们小名分别叫北京、南京、青岛、界湖。这个村里，用城市给孩子起名，始于文盲钱进家。到给老四命名时，老钱发现全国有名的城市都成了这个村的孩子了，连外国的平壤、伦敦等都有叫的了，他只好让老四叫了县城名：界湖。这个村的大人们扯开嗓门叫唤孩子时，全球就都在震动了。老钱无意中在村里发起了一场命名革命，把什么腊月、八月、狗剩等土名比得再也没人愿叫了。

——《一个都不少》

由"蛋"与"王八蛋"作为关键词连接而成的语句，用"浪"和"浪打浪"为关键词所形成的对话，用"使用""犒劳犒劳""奉命搞破鞋"指涉男女间的性事，都是很典型地整合沂蒙口语资源为"我"所用的例证。这些语言自带生活，一经说出，即将浓郁的人物性格及其所附着于其上的生活趣味一并呈现出来。更重要的是，夏立君尤其擅长将原本司空见惯的生活语汇用作他指，即通过常人意想不到的搭配使之瞬间生成全新内涵、意义。而将沂蒙乡村文化风俗融入小说中，特别是用"这个村的大人们扯开嗓门叫唤孩子时，全球就都在震动了""老钱无意中在村里发起了一场命名革命"这类话语予以评价时，一种新型的陌生化表达方式即由此而生成了。夏立君小说语言洋溢着浓厚的沂蒙地域色彩，既是对民间文化的发掘与保存，也内蕴走向远方的精神品格。

口语是最鲜活的语言，直接关联个体的生活与生命，因而自"新文学"创生以来一直就是中国现代小说语言所借鉴、吸纳和整合的主要话语资源。其中，因为方言是来自山川大地的、不受"污染"的"第一母语"，可以表现"人的神理"（胡适），呈现"地域的神韵"（刘半农），传达"语气的神韵"（张爱玲），故一直以来就为新文学作家所格外看中。夏立君对沂蒙方言也情有独钟。首先，方言语汇及其形象常被立为主体并以此生成统摄小说空间的主情、主调。比如，中篇小说《俺那牛》不仅以"俺那牛"（沂蒙方言，意即"俺那天""俺那娘"）为题，还以此作为小说的主体基调贯穿始终，从而生成某种带有整体指向性的主题意蕴或氛围。每当这一关键词从小说中任一人物口中发出时，也就预示着或标志着某种非寻常之事、之言、之行的发生。由此一来，作为标题的"俺那牛"、作为小说中人物口中说出的"俺那牛"、作为篇章线索和关键词的"俺那牛"，彼此间形成一种互为参照和阐释的互文效果。其次，至于方言在局部或细部的运用则就更为常见，比如"老钱天天开车进进出出。有些人常把这种车叫称作'鳖盖车'。真是岂有此理。"（《在人间》）"女孩子家，能识三个两个蚂蚁爪子就行了。"（《一个都不少》）"鳖盖车""蚂蚁爪子"原本都是沂蒙方言中的常见词汇，分别指代小轿车、汉语文字，用在此处，和沂蒙百姓日常称呼基本一致，可以看作是对方言语词的直接搬用。其次，夏立君不仅直接移用沂蒙方言常见语汇，而且还对这种语言进行创造性转化，使之焕发"神韵"。比如："……喷香的媳妇花惠，将喷香的煎饼塞进老罗嘴里，老罗一面大嚼煎饼，一面将媳妇一把揽进怀里……喷香的煎饼，喷香的媳妇，老罗最需要的好东西，一齐来了……接着，学生们一个一个来到他面前……"（《一个都不少》）"喷香"中的"喷"是表程度的副词，有"很、非常"之意，"喷香"即"很香、非常香"。用"喷香"一词形容和自己的妻子在一起的身心体悟，又动用了"通感"修辞。在此，煎饼的味道，妻子的味道，形成形象和语义上的互文，此种用法以及由此生成的独特意蕴应是夏立君的独创。此类用法还有不少，可以看作是夏立君小说语言另一独有特色。再次，除了方言语汇的征用外，其小说语言风格中的沂蒙方言腔调（即"方腔"）也别具一番神韵：

> "花容二嫂，你是上头饿了，还是下头饿了？急得像个猴子。"
>
> "云路你个孬种。老娘哪里都饿，就吃你那个鳖蛋，大——鳖——蛋。"
>
> "花嫂，想吃俺这蛋，好说，好说，太好说了。发展经济保障供给，保障啊那个供给。"马云路笑着，继续占嘴上的便宜。
>
> 花容举起锄头朝马云路挥了挥。"一锄捣碎你那个鳖蛋，拌蒜吃。"
>
> "捣——蛋啊，捣——蛋，当队长的什么都怕，就是不怕捣他的那个——蛋……"队长身后又黑又瘦的青年社员马云飞趁机高喊。
>
> ——《俺那牛》

> "俺的老伙计呀，您可得原谅俺哪！您说，这一辈子，俺待您不孬吧？1956年啊，刚刚入大社呀，队长和我一块去赶集买牛呀，俺一眼就相中了您呀，您那时才1岁口呀，还没拉过犁呀，自从那一天啊，俺就养着您啊！1971年啊，也就是去年秋收秋种大忙季节啊，可把您累毁了呀，我忘了是哪一天啊，就是林彪的三叉戟从天上掉下来的前三天啊，太阳刚落山啊，您实在拉不动犁了哇，一下趴在地里不走了哇，是俺去拉您啊，您才起来呀。自从那一回啊，您一天不如一天啊。人老惹人嫌啊，牛老了也是这样啊。您拉了16年犁啦，也该歇歇啦！您这一辈子呀，活得可真像个爷们呀，全体社员啊，谁不说您好哇？今天是农历三月初三啊，选了个好日子让您逝世呀！别拿大眼瞪俺啊，您还不知道俺吗！别怨俺心狠啊，实在没办法啊，人的日子难熬，牛的日子也不好过啊，您从今天就捞不着吃草了哇……"
>
> ——《天堂里的牛栏》

前者描写生产队社员之间的打情骂俏。马云路和花容二嫂之间的一问一答，彼此你来我往，话语指向都与"性"有关，但又都是拐弯抹角式的间接指称。由于话题与场域的开放性、自娱性，马云飞的突然插话也就有了使这个场景有了民间"狂欢"意味。在此，由口语所烘托出的空间氛围、交流语气都是沂蒙民间所特有的气息，也就是张爱玲所说的"语气的神韵"；后者是生产队饲养员马大爷在灌杀老耕牛时的一段自白。在此，由"啊""啦""呀""吗""哇"等语气词，以及由"俺""爷们""不孬""瞪俺""怨俺""捞不着""累毁了"等方言语汇所传导出的说话口气、节奏、语调，更是将沂蒙方腔特有的调性和气息予以淋漓尽致地呈现。从目前实践情况来看，夏立君应是继刘玉堂之后又一个将沂蒙方言（口语）引入小说，并成功将之改造为一种具有独特韵味和风格的文学语言形态。

话语杂糅也是夏立君小说语言的一个鲜明特征。不同风格、语体、文体的话语趋向融合，继而生成"多音齐鸣"效应，一直就是当代小说语言的一大发展趋向。其中，革命、政治等意识形态话语与日常生活话语常被整合在一起，并让前者辅助于后者的意蕴生成，更是其中较为常见的实践向度。然而，不同于莫言、阎连科、王小波式的彻底解构，也不同于李洱、李冯、毕飞宇等新生代小说家们的戏仿，夏立君并非以颠覆或戏仿策略展开对这种语言形态的运用，而是从民间立场出发更多为塑造形象、建构关系提供背景支撑和话语烘托。比如："刘为花说：告去吧。革命，革命，就你革命，不要脸，不要腚。我说你癫了，没说你背诗词背癫了。你这是诬陷我。干屎可抹不到人身上。"（《乡村少年的1976》）在特定年代，背诵领袖诗词当然被视为一种严肃的政治行为，如果有人借此讥讽，很容易被作上纲上线的解读，所以，刘为花才这么生气地反驳对方的"诬陷"。但对于这对乡村少年而言，作为政治性的"背诵领袖诗词"只是一种背景衬托，即彼此间因打情骂俏而偶尔喊出的并无实际效力的废话而已。再比如，"明摆着，这个家，两个大的，得做出牺牲。为大的不牺牲，让谁牺牲。打仗杀鬼子汉奸杀反动派，还得当班长排长的带头冲呢。咱是这样的命，就得认命。穷猴子，得知自己能蹦跶多高。"（《一个都不少》）三个孩子只能允许其中一个上学，为了证明老大、老二必须让给老三的合理性，遂以为此为例证明之。在此，将"抗战"

这种宏大命题与孩子上学这种小问题关联一起，以两种话语之间的巨大落差生成崭新意蕴。夏立君以普通话为基础，以沂蒙口语为语料，不但将二者予以整合并作创造性发挥，还在修辞、语式、语调方面作出了有益探索。

夏立君是散文家，将散文语言融入小说，亦成一景。这主要在两个向度上展开：一是以偏于摹物或达情方式构建"有我之境"。比如："有月光的晚上，与没有月光的晚上，很不一样。月亮升起来了。这是一件重要的事情，它以一种隐秘的方式与阵容，展开了可能有的所有奇迹。月光从天上走下来，把非人间的气息压向人间。地上的所有事物都变了。月光下的牛，月光下的狗，月光下的马大爷，月光下的万物，仿佛都变得格外深沉或深情，唯独我失去了分量。在有月光的晚上，我就要把自己抓紧，一不小心，我就可能像一片月光一样飞走了。"（《天堂里的牛栏》）"我"即作者在文本中的代理人，也可以说，这个月光下的"我"与文本之外的作者几乎重合。包括牛、狗、马大爷、"我"在内的"月光下的万物"在这一刻都"变得格外深沉或深情"。这种语言在其小说中显得很纯粹，似乎与上述诸种语言形态并存但不相容。另一种是以述事或谈理方式直陈某种真实，直达某种本质。比如，"吃饭是一件大事。小麦成熟也是一件大事，是一件格外亲切的大事。小麦成熟了，就显出大度慷慨样子，就具备了居家过日子味道，就不该在野外站着了。没有哪样庄稼的成熟，比小麦成熟更重要更有味道。新麦即将到口这一事实，强烈振奋着人民公社社员的心灵与肠胃。收割庄稼特别是收割小麦，能给人带来异乎寻常的喜悦。你看吧，小麦收获时节，连狗都变得格外兴奋。"（《兔子快跑》）这类文字具有散体文的议论、阐发特质，侧重析理或论辩。这两类语言主要是凸显"作者声音"在文本中的在场性，是作者处于自我表达的强烈需要而直接言说的结果。由此也可以看到散文与小说两种语言形态在同一文本中同生共存、相互影响的多姿风景。

结语

作为山东人，夏立君已具备山东优秀作家的共有特质，又是现代沂蒙文化孕育出来的代表性作家。既沉实又开放的沂蒙文化对其人生、人格和文学之路的影响是极其内在而深远的。与李存葆、赵德发等沂蒙作家一样，他及其文学创作也有这个群体所共通的稳健、朴实、厚重之特色，但他又展现出与之很不一样的一面，即他性格中的跳脱思维和在精神上的自由飞扬，常使其文学创作展现为一种活泼的、新鲜的、异质的格调与形式。可以说既蕴鲁风，又兼齐气。"鲁风为何，似乎不必多说，浑厚质朴之风也。""齐气是一种什么气？曹丕《典论·论文》有徐干时有'齐气'一说。当代学人对'齐气'解说纷纭。既言气，即是一种相对模糊的判断。我倾向并赞同释'齐气'为隐逸、汪洋、舒缓，还有大胆、夸诞等意。"[14] 这话可视为夏立君的一种夫子自道。我曾对其作家形象及贡献作过如下一段论述："刘家庄时代的夏立君是沉稳的地之子，而喀什时期的夏立君则是天马行空的漫游者，从喀什回来定居日照的夏立君既是复归悠久传统的古士子，又是面向大海文明的现代精英。……长年累月的苦读，以及对时间、空间的体悟，加之以沂蒙乡土文化所造就的沉稳，使其终以《时间的压力》和《时间会说话》两部散文集而一举成名。以夏立君为代表的'游子型'作家创作所带有的大情怀、大气象倾向的文学作品将沂蒙精神的文学表达引向开放、宏阔，从而为沂蒙文学与沂蒙精神的互源与互构提供了崭新可能。[15]"如今，夏立君已由主写散文转向主创小说，并以《在人间》《俺那牛》《一个都不少》等几部中短篇小说显示出了其在文坛中的独特风貌和气质。我们期待夏立君及其小说创作为当代沂蒙文学、中国当代小说奉献更多的新形象、新内容、新主题、新形式。

注释：

1. 夏立君、宋庄：《夏立君：阅读可以是一种解放》，《中华读书报》2022 年 1 月 5 日。

2. 王兆胜：《好散文的境界——以 2018 年〈人民文学〉为中心》，《中国当代文学研究》2019 年第 1 期。

3. 夏立君：《时间的压力·引言》，译林出版社 2017 年版，第 6 页。

4. 引自夏立君在第七届鲁迅文学奖颁奖会上的获奖感言。

5. 贾梦玮：《序：时间在呼吸》，见夏立君《时间的压力》，译林出版社 2017 年版，第 1 页。

6. 夏立君：《写了个年长的事物》，《北京文学·中篇小说月报》2022 年第 2 期。

7. 夏立君：《写了个年长的事物》，《北京文学·中篇小说月报》2022 年第 2 期。

8. 夏立君：《时间的压力·引言》，译林出版社 2017 年版，第 5 页。

9. 佘树森：《散文艺术初探》，福建人民出版社 1984 年版，第 148——149 页。

10. 王景科：《中国散文创作艺术论》，山东教育出版社 1999 年版，第 25 页。

11. 佘树森：《散文艺术初探》，福建人民出版社 1984 年版，第 17 页。

12. 贾梦玮：《序：时间在呼吸》，见《时间的压力》，译林出版社 2017 年版，第 3 页。

13.《好散文的境界——以 2018 年〈人民文学〉为中心》，《中国当代文学研究》2018 年第 1 期。

14. 夏立君：《齐气与鲁风》，《人民日报》（海外版）2019 年 7 月 4 日第 7 版。

15. 张元珂：《绽放在沂蒙大地上的民族之花——沂蒙精神与沂蒙文学互源互构发展史论》，《中国当代文学研究》2022 年第 1 期。